高等院校会计专业本

GAODENG YUANXIAO KUAIJI ZHUANYE BE

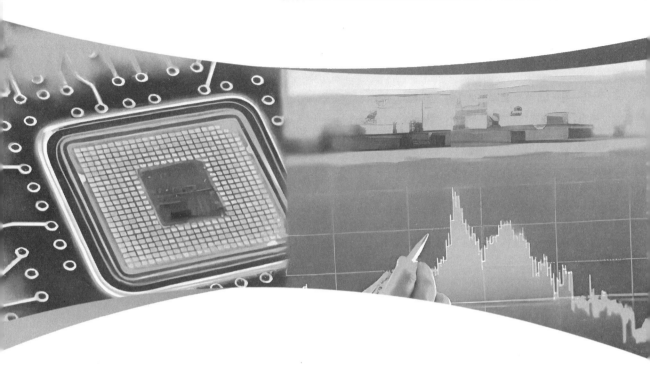

中级财务会计

（第2版）

ZHONGJI CAIWU KUAIJI

主 编／张艳玲 张 丽

副主编／刁顺桃 郭 江 杨 越

重庆大学出版社

内容提要

"中级财务会计"是会计学、审计学、财务管理等专业开设的一门专业必修课程,是构成会计学科体系的核心课程之一。本书深入贯彻党的二十大精神,用党的二十大精神武装头脑、指挥实践、铸魂育人。本书以我国发布的《企业会计准则》《企业会计制度》及相关法律法规、国际惯例为依据,阐述财务会计理论,讲析财务会计实务。本书的主要内容包括总论、货币资金、应收款项、存货、金融资产、固定资产、无形资产、长期股权投资、投资性房地产、流动负债、非流动负债、所有者权益、收入、费用和利润及财务报告。通过对本书的学习,使用者既能掌握财务会计学的基本理论和核算方法,又能遵循我国的会计准则、会计制度,处理实际会计业务。

《中级财务会计》可供高等院校会计学、审计学、财务管理等专业在校师生使用,也可供会计工作者、会计教师、经济管理者等人员自学、培训或继续教育使用。

图书在版编目(CIP)数据

中级财务会计 / 张艳玲,张丽主编. -- 2 版.
重庆:重庆大学出版社,2025.7. --(高等院校会计专业本科系列教材). -- ISBN 978-7-5689-5315-3
Ⅰ. F234.4
中国国家版本馆 CIP 数据核字第 2025DL7727 号

高等院校会计专业本科系列教材
中级财务会计(第 2 版)
主 编 张艳玲 张 丽
副主编 刁顺桃 郭 江 杨 越
策划编辑:龙沛瑶
责任编辑:龙沛瑶 版式设计:龙沛瑶
责任校对:王 倩 责任印制:张 策

*

重庆大学出版社出版发行
社址:重庆市沙坪坝区大学城西路 21 号
邮编:401331
电话:(023)88617190 88617185(中小学)
传真:(023)88617186 88617166
网址:http://www.cqup.com.cn
邮箱:fxk@cqup.com.cn(营销中心)
全国新华书店经销
重庆新荟雅科技有限公司印刷

*

开本:787mm×1092mm 1/16 印张:23.75 字数:550 千
2025 年 7 月第 2 版 2025 年 7 月第 1 次印刷(总第 2 次印刷)
印数:2 001—4 000
ISBN 978-7-5689-5315-3 定价:58.00 元

前言

本书从教学目标出发,遵循会计法律法规的相关规定,运用先进的教学理念和教学方法,结合多年的课堂教学实践经验和国内外会计变革的最新进展,确定结构体例与内容编排。本书具有以下特色:

(1)凸显思政元素

本书深入贯彻党的二十大精神,充分反映新时代我国企业财务会计变革与发展的成就,将社会主义核心价值观和思政教育等思想素质培养贯穿其中,坚持以立德树人为根本任务,引导学生树立正确的价值观,培养学生诚信服务、经世济民、德法兼修的职业素养,助力培养德智体美劳全面发展的高素质应用型人才。

(2)建立会计文化自信

本书的编写指导专家杨良成教授创办了"人文会计"公众号,目前已结合哲学、文学、历史、人文等内容发表了人文会计文章1 000多篇。人文会计以更全面的视角观察经济活动,将其融入教材内容体系中,注重人文对会计的滋养、会计对人文的浸润,增强学生的会计文化自觉、文化自信和文化自强,满足学生的精神文化需求,促进学生全面发展。

(3)树立"大会计"思维和"业财融合"思维

教学过程中借助企业经营模拟沙盘开展教学活动,将企业生产经营活动、资金运动分析与会计信息产生三者有机融合,有利于初学者构建更为全面的"大会计"思维,培养"业财融合"的基本思维。

(4)采用 OBE 教育理念,运用 PBL 教学模式

本书编写以学生的学习成果为导向,以能够交付课内 PBL 项目、提供会计工作成果为目标,以实际工作任务为驱动,让学生成为

学习的中心和主体,学会学习。

(5)产教融合、校企合作

本书吸纳长期从事中级财务会计课程实践教学的外聘行业企业专家参与编写,他们结合多年的会计实务工作经验,将国家颁布的最新企业会计准则、税法等法律法规内容融入教材,为本书的编写提供了丰富的第一手业务资料。

(6)配套多本实训教材

我们为本书编写了配套的《会计基本技能个人实训手册》《会计综合模拟实训教程》等实训教材,以满足中级财务会计课程教学过程中多种实训内容的教学需求,形成了完整的教材体系。

本书由电子科技大学成都学院张艳玲、张丽老师担任主编,湖北省会计领军人才、长江大学客座教授、湖北五方光电股份有限公司财务总监杨良成担任教材编写的实务指导专家,四川省自然资源投资集团有限责任公司财务管理部副部长杨越、电子科技大学成都学院刁顺桃和郭江老师担任副主编,唐桓、杜萌、谢双霜、王书君老师参与编写。

本书在编写过程中参考了相关的教材、论著等,在此一并向有关作者表达谢意!同时,衷心感谢湖北五方光电股份有限公司、成都君创天成财税管理有限公司、四川省自然资源投资集团有限责任公司对本书编写的大力支持!由于编者水平有限,疏漏和错误之处在所难免,恳请同行专家和广大读者批评指正!

编　者

2025 年 7 月

目录

第一章 总 论

【学习目标】

知识目标
1. 理解财务会计目标、财务会计基本假设和基础;
2. 掌握财务会计信息质量要求;
3. 掌握财务会计基本要素及其确认与计量。

能力目标
1. 培养学生用理论分析、解决实际问题的能力;
2. 培养学生自主思考与统筹协调能力。

思政目标
1. 引导学生树立正确的价值观,具备终身学习的意识;
2. 培养学生坚持唯物史观和实事求是;
3. 培养学生对我国发展的认同感,建立文化自信、民族自信和会计情感。

【思维导图】

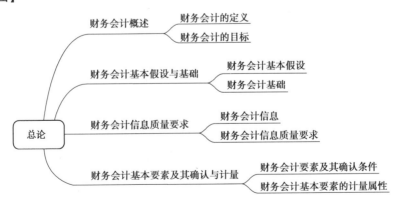

【案例导入】

财政部吉林监管局:进一步提升会计监督成效

在经济发展的宏大版图中,会计信息质量如同基石,支撑着市场的稳健运行与资源的合理配置。吉林监管局始终胸怀"国之大者",以维护财经纪律、保障会计信息真实可靠为己任,不断探索创新,以更加坚定的决心、更加有力的举措,全方位、多层次开展会计监督工作,为经济社会的健康发展保驾护航,营造良好的财务环境。

明确监督重点,精准发力

一是聚焦重点行业领域。密切关注平台公司、制造业等对国民经济有重大影响的行业领域。这些行业资金流量大、业务复杂,会计信息的准确与否直接关系到市场的稳定与投资者的信心。近几年的会计师事务所执业质量检查中,吉林监管局正是聚焦这些重点行业领域,查处了一批重大问题,对财务造假的企业和会计师事务所震慑作用明显。

二是紧盯重点会计问题。将关联交易、收入确认、成本费用核算、资产减值计提等易出现操纵利润、粉饰报表的会计问题列为监督重点,确保不遗漏重大问题,从而对企业会计信息质量进行真实评价。检查发现的很多问题都是企业和会计师事务所乱用收入确认时点、资产减值损失确认等会计估计造成的。

三是关注重大会计政策变更。企业随意变更会计政策可能导致财务数据不可比,影响投资者决策。通过在专项检查和日常监管中对企业重大会计政策变更的合理性、合规性进行重点关注,认真严肃评估会计政策变更的理由是否合理、依据是否充分,防止企业利用会计政策变更操纵资产和利润规模。

四是运用大数据分析提升效能。工作中不断提高信息化监管意识,充分利用财务数据分析软件,全面分析会计信息风险点和异常点。通过大数据分析,挖掘数据之间的关联关系,快速发现异常交易和会计处理疑点。如通过比对企业不同年度的成本费用结构,结合行业平均水平,识别成本费用大幅波动的异常情况,为现场检查提供精准线索。

资料来源:中华人民共和国财政部网站

思考:什么是会计信息? 企业会计信息应具备哪些质量要求?

第一节　财务会计概述

一、财务会计的定义

财务会计是一门随着社会经济环境的变化而变化、发展而发展的动态科学,因此,财务会计至今尚无一个完整而公认的定义。为了教学的需要,理论界往往把会计工作的具体内容概括为财务会计的定义,具体定义如下:财务会计是对企业生产经营过程中所发生的经济业务进行确认、计量、记录和报告,向财务会计信息使用者提供有关企业财务状况、经营成果和现金流量等会计信息,使其作出合理、有效的经济决策的一种经济管理活动。

二、财务会计的目标

我国企业财务会计的目标是向财务会计信息使用者提供与企业财务状况、经营成果和现金流量等有关的会计信息,以反映企业管理层的受托责任的履行情况,有助于财务会计信息使用者作出合理的经济决策。具体来说,财务会计的目标主要包括以下两方面内容:

(1)向财务会计信息使用者提供对决策有用的信息(决策有用观)。财务会计信息使用者主要包括投资者、债权人、政府及其他有关部门和社会公众等。财务会计的主要目的是满足财务会计信息使用者的需要,这有助于其作出更合理的经济决策。

(2)反映企业管理层受托责任的履行情况(受托责任观)。由于现代企业制度下企业所有权和经营权相分离,企业管理层受委托人之托经营管理企业及其各项资产,负有受托责任。因此,财务会计应当反映企业管理层受托责任的履行情况,这有助于评价企业的经营管理责任以及资源使用的有效性。

第二节　财务会计基本假设与基础

一、财务会计基本假设

财务会计基本假设是对会计核算所处的时间、空间等环境而进行的合理设定,是进行会计工作所必须具备的前提条件,包括会计主体、持续经营、会计分期和货币计量。

(一)会计主体

会计主体,是指企业会计确认、计量、记录和报告的空间范围。会计核算应当集中反映某一特定企业的经济活动,并将其与其他经济实体区别开来。在会计主体假设下,企业应当对其本身发生的交易或事项进行会计确认、计量、记录和报告,反映企业本身所从事的各项生产经营活动和其他相关活动。如果企业所有者的经济交易或事项是属于企业所有者主体所发生的,则不应纳入企业会计核算的范围。如果企业所有者向企业投入资本或企业向投资者分配利润,则属于企业会计核算的范围。

(二)持续经营

持续经营,是指在可以预见的将来,企业将会按当前的规模和状态继续经营下去,不会停业,也不会大规模削减业务。在持续经营假设下,会计确认、计量、记录和报告应当以企业持续、正常的生产经营活动为前提,企业的资产将按照既定用途使用,债务将按照既定的债务合约条件进行清偿,企业会计人员在此基础上选择会计政策和估计方法。

(三)会计分期

会计分期,是指将一个企业持续经营的生产经营活动划分为一个个连续的、长短相同的期间。会计分期的目的是据以分期结算盈亏,按期编制财务报告,从而及时向财务会计信息使用者提供有关企业财务状况、经营成果和现金流量的信息。会计期间通常分为会计年度和中期。中期,是指短于一个完整的会计年度的报告期间,如月度、季度、半年度等。

(四)货币计量

货币计量,是指会计主体在会计确认、计量、记录和报告时主要以货币为计量单位,来反映会计主体的生产经营活动过程及其结果。货币是商品的一般等价物,是衡量一般商品价值的共同尺度,具有价值尺度、流通手段、贮藏手段和支付手段等特点。选择货币作为共同尺度进行计量,具有全面、综合反映企业的生产经营情况及其结果的作用。其他计量单位,如重量、长度、容积、台、件等,只能从一个侧面反映企业的生产经营情况,难以对不同性质、不同种类、不同质量的交易或事项按照统一的计量单位进行会计确认、计量、记录和报告,难以汇总和比较。采用货币计量单位进行会计核算和会计监督不排斥采用其他计量单位,其他计量单位可以对货币计量单位进行必要的补充和说明。例如,原材料的实物量度(吨、千克等)可以补充说明原材料的储存、耗费等经管责任的落实状况。

二、财务会计基础

财务会计基础,是指会计确认、计量、记录和报告的基础,具体包括权责发生制和收付实现制。

(一)权责发生制

权责发生制,是指以取得收取款项的权利或支付款项的义务为标志来确定本期收入和费用的会计核算基础。

在实务中,企业交易或事项的发生时间与相关款项收付时间有时并不完全一致。例如:本期款项已经收到,但销售并未实现而不能确认为本期的收入;或者款项已经支付,但与本期的生产经营活动无关而不能确认为本期的费用。

根据权责发生制,凡是当期已经实现的收入和已经发生或者应当负担的费用,无论款项是否收付,都应当作为当期的收入和费用,计入利润表;凡是不属于当期的收入和费用,即使款项已在当期收付,也不应当作为当期的收入和费用。

(二)收付实现制

收付实现制,是指以现金的实际收付为标志来确定本期收入和费用的会计核算基础。

按照收付实现制,凡在本期收到或者支付的款项,无论是否属于本期,均作为本期的收入或者费用进行确认;凡在本期未曾收到或者支付的款项,即使属于本期,也不作为本期的收入或者费用进行确认。

为了真实、公允地反映特定会计期间的财务状况和经营成果,我国企业应当以权责发生制为基础进行会计确认、计量、记录和报告。

第三节 财务会计信息质量要求

一、财务会计信息

(一)财务会计信息的作用

财务会计信息是企业与外部利益相关者进行交流的较为直接、重要的信息来源和载体。财务会计信息的主要作用有:降低企业和外部利益相关者之间的信息不对称性;有效约束公司管理层的行为,提高公司治理的效率;帮助投资者甄别其投资的优劣进而作出投资决策;有利于债权人作出授信决策;提高经济和资本市场的运作效率等。

(二)财务会计信息质量

财务会计信息质量,是指会计信息符合会计法律、会计准则等规定要求的程度,是满足企业利益相关者需要的能力和程度。

二、财务会计信息质量要求

财务会计信息质量要求是对企业财务报告所提供会计信息质量的基本要求,是使财务报告所提供会计信息对投资者等信息使用者决策有用应具备的基本特征,主要包括可靠性、相关性、可理解性、可比性、实质重于形式、重要性、谨慎性和及时性等。

(一)可靠性

可靠性要求企业应当以实际发生的交易或事项为依据进行确认、计量、记录和报告,如实反映符合确认和计量要求的各项会计要素及其他相关信息,保证会计信息真实可靠、内容完整。

可靠性是高质量会计信息的重要基础和关键所在。保证会计信息真实可靠,要求企业不能将不存在的交易或事项在确认、计量、记录和报告及会计信息披露文件中予以记载;保证会计信息内容完整,要求企业在会计确认、计量、记录和报告及信息披露文件中不能存在遗漏行为,即不存在未将应当记载的交易或事项完全或者部分予以记载的行为。如果企业以虚假的交易或事项进行确认、计量、记录和报告或存在遗漏,属于违法行为,不仅会严重损害会计信息质量,而且会误导投资者,干扰资本市场,导致会计秩序、财经秩序混乱。保持会计信息可靠性还要求企业会计信息应当是中立的、无偏的,会计职业判断和会计政策选择应保持中立的、无偏的立场,不得为了达到某种事先设定的结果或实现效果,通过选择或列示有关会计信息以影响决策和判断。例如,在资产负债表日对应收款项的账面价值进行评估时,不是基于应收款项的信用减值迹象的客观事实进行职业判断并获得评估结果,而是迫于股东或管理层压力提高当期利润或降低当期利润的主观意图,确认、计量、记录和报告信用减值损失而达到操纵当期利润的目的。

（二）相关性

相关性要求企业提供的会计信息应当与财务会计信息使用者的经济决策需要相关，有助于财务会计信息使用者对企业过去、现在或者未来的情况作出评价或者预测。

会计信息是否有用是会计信息质量的重要标志和基本特征之一。相关的会计信息应当能够有助于财务会计信息使用者评价企业过去的决策，证实或者修正过去的有关预测，因而具有反馈价值。相关的会计信息还应当具有预测价值，有助于财务会计信息使用者依据会计信息预测企业未来的财务状况、经营成果和现金流量。在证券市场上，股东主要依据企业披露的会计信息对企业的偿债能力、营运能力、盈利能力和现金流量等作出基本评价和预测，以此为基础对企业价值作出基本评估，进而形成其投资决策方案。例如，在财务报告中区分收入和利得、费用和损失，有助于财务会计信息使用者评价企业实际的盈利能力，同时还有助于预测企业未来的盈利能力；区分流动资产和非流动资产，有助于财务会计信息使用者评价和预测企业资产流动性和支付能力；在区分流动资产和非流动资产的同时区分流动负债和非流动负债，有助于财务会计信息使用者评价和预测企业的短期偿债能力与长期偿债能力；实施资产减值准备会计政策，有助于提高企业投资者作出决策过程中的谨慎性；适度引入公允价值信息，有助于提高会计信息的预测价值和实用性。

（三）可理解性

可理解性要求企业提供的会计信息应当清晰明了，便于投资者等财务会计信息使用者理解和使用。

企业编制财务报告、提供会计信息的目的在于使用，要让财务会计信息使用者有效使用会计信息，应当让其了解会计信息的内涵，弄懂会计信息的内容，这就要求财务报告提供的会计信息应当清晰明了，易于理解。只有这样，才能提高会计信息的有用性，实现财务报告的目标，满足向投资者等财务会计信息使用者提供决策有用信息的要求。会计信息应当使用明确、贴切的语言和简明扼要、通俗易懂的文字，数据记录和文字说明应能一目了然地反映交易或事项的来龙去脉，对于性质和功能不同的项目应当分项列示，对于性质和功能相同的项目应当合并列示，合并列示的项目和分项列示的项目应加以附注说明。对于交易或事项本身较为复杂或者会计处理较为复杂的信息，与财务会计信息使用者的经济决策相关的，企业应当在财务会计报告中予以充分披露，不得含有含糊其词、夸大或者缩小等性质的词句，不得有误导性陈述。

（四）可比性

可比性要求企业提供的会计信息应当相互可比，主要包括两层含义。

1. 同一企业不同时期可比

同一企业不同时期发生的相同或相似的交易或事项，应当采用一致的会计政策，不得随意变更。但是，如果按照规定或者在会计政策变更后能够提供更可靠、更相关的会计信息，企业可以变更会计政策。有关会计政策变更的情况，应当在附注中予以说明。会计政策是指企业在会计确认、计量、记录和报告中所采用的原则、基础和处理方法。

保持同一企业不同时期会计信息的可比性,有助于比较考核企业管理层受托责任的履行情况,有助于财务会计信息使用者了解企业财务状况、经营成果和现金流量的变化趋势,比较企业不同时期的会计信息,全面、客观地评价过去、预测未来,作出决策。

2.不同企业相同会计期间可比

不同企业同一会计期间发生的相同或者相似的交易或事项,应当采用同一会计政策,确保会计信息口径一致、相互可比,以使不同企业按照一致的确认、计量、记录和报告要求提供有关会计信息。

保持不同企业相同时期会计信息的可比性,有助于财务会计信息使用者了解不同企业的财务状况、经营成果和现金流量及其差异,比较分析不同企业相同时期的会计信息产生差异的原因,全面、客观地评价不同企业的优劣,作出相应决策。

（五）实质重于形式

实质重于形式要求企业应当按照交易或事项的经济实质进行会计确认、计量、记录和报告,不仅仅以交易或事项的法律形式为依据。

在实际工作中,交易或事项的法律形式并不总能完全反映其经济实质内容。在多数情况下,企业发生交易或事项的经济实质与法律形式是一致的。但在有些情况下,会出现不一致。例如,企业融资租入的资产,虽然从法律形式来讲企业并不拥有其所有权,但是由于租赁合同规定的租赁期相当长,往往接近于该资产的使用寿命,租赁期结束时,承租企业有优先购买该资产的选择权,在租赁期内,承租企业拥有资产使用权并从中受益等。从其经济实质来看,企业能够控制租入资产所创造的未来经济利益,在会计确认、计量、记录和报告中就应当将租入的资产视为企业的资产,在资产负债表中填列使用权资产。

（六）重要性

重要性要求企业提供的会计信息应当反映与企业财务状况、经营成果和现金流量有关的所有重要交易或事项。

在实务中,如果某项会计信息的省略或者错报会影响投资者等财务会计信息使用者据此作出决策,该信息就具有重要性。重要性的应用需要依赖职业判断,企业应当根据其所处环境和实际情况,从项目的功能、性质和金额大小多方面加以判断。例如,企业发生的研发支出中属于研究阶段的支出,尽管多数情况下其金额较大,但是,从其功能看尚未形成预期会给企业带来经济利益的资源,在发生期作为期间费用计入当期损益核算并列报。

（七）谨慎性

谨慎性要求企业对交易或事项进行会计确认、计量、记录和报告应当保持应有的谨慎,不应高估资产或者收益、低估负债或者费用。

在市场经济环境下,企业的生产经营活动面临着许多风险和不确定性,如应收款项的可收回性、固定资产的预期使用寿命、无形资产的预期使用寿命等。会计信息质量的谨慎性要求企业在面临不确定性因素的情况下作出职业判断时,应当保持应有的谨慎,充分估计到各种风险和损失,既不高估资产或者收益,也不低估负债或者费用。如果企业高估资产或收益、低估费用会导致高估利润,可能导致财务会计信息使用者高估企业盈利能力而盲目乐观,作出不切合实际的决策,存在误导性列报和陈述的风险;如果低估负债,可能诱导财务会计信息使用者高估企业的偿债能力,作出不准确或不恰当的决策。例如,要求企业对可能发生的资产减值损失计提资产减值准备,就体现了会计信息质量的谨慎性要求。

(八)及时性

及时性要求企业对已经发生的交易或事项,应当及时进行确认、计量、记录和报告,不得提前或延后。

企业在会计确认、计量、记录和报告过程中贯彻及时性要求:一是要求及时收集会计信息,即在交易或事项发生后,及时收集整理各种原始单据或者凭证;二是要求及时处理会计信息,即按照会计准则的规定,及时对交易或事项进行确认和计量,并编制财务报告;三是要求及时传递会计信息,即按照国家规定的有关时限,及时将编制的财务报告传递给财务报告使用者,便于其及时使用和决策。

第四节　财务会计基本要素及其确认与计量

一、财务会计基本要素及其确认条件

财务会计基本要素是根据交易或事项的经济特征所确定的财务会计对象和基本分类。财务会计基本要素按照其性质分为资产、负债、所有者权益、收入、费用和利润。其中,资产、负债和所有者权益要素侧重于反映企业的财务状况;收入、费用和利润要素侧重于反映企业的经营成果。

(一)资产

1.资产的定义

资产是指企业过去的交易或事项形成的、由企业拥有或者控制的、预期会给企业带来经济利益的资源。根据资产的定义,资产具有以下3个方面的特征:

(1)资产是由企业过去的交易或事项形成的。资产应当由企业过去的交易或事项形成,过去的交易或事项包括购买、生产、建造行为等。只有过去的交易或者事项才能产生资产,企业预期在未来发生的交易或事项不形成资产。

(2)资产应为企业拥有或者控制的资源。资产作为一项资源,应当由企业拥有或者控制,具体是指企业享有某项资源的所有权,或者虽然不享有某项资源的所有权,但该资源能被企业所控制。

(3)资产预期会给企业带来经济利益。这是指资产直接或者间接产生现金和现金等价物流入企业的潜力。这种潜力可以来自企业日常的生产经营活动,也可以是非日常活动,带来的经济利益可以是现金或者现金等价物,或可以转化为现金或者现金等价物的形式,或可以减少现金或者现金等价物流出的形式。

2. 资产的确认条件

将一项资源确认为资产,除需要符合资产的定义外,还应同时满足以下两个条件:

(1)与该资源有关的经济利益很可能流入企业。从资产的定义可以看出,能为企业带来经济利益是资产的一个本质特征,但在现实生活中,由于经济环境瞬息万变,与资源有关的经济利益能否流入企业或者能够流入多少实际上带有不确定性。因此,资产的确认还应与经济利益流入企业的不确定性程度的判断结合起来。

(2)该资源的成本或者价值能够可靠地计量。只有当有关资源的成本或者价值能够可靠地计量时,资产才予以确认。在实务中,企业取得的许多资产都需要付出成本。例如,企业购买或者生产的商品、企业购置的厂房或者设备等,对于这些资产,只有实际发生的成本或者生产成本能够可靠计量,才符合资产确认的可计量性条件。

3. 资产的分类

企业资产分为流动资产和非流动资产两大类。

流动资产包括货币资金、交易性金融资产、衍生金融资产、应收票据、应收账款、应收款项融资、预付款项、其他应收款、存货、合同资产、持有待售资产、一年内到期的非流动资产、其他流动资产。

非流动资产包括债权投资、其他债权投资、长期应收款、长期股权投资、其他权益工具投资、其他非流动金融资产、投资性房地产、固定资产、在建工程、生产性生物资产、油气资产、使用权资产、无形资产、开发支出、商誉、长期待摊费用、递延所得税资产、其他非流动资产。

(二)负债

1. 负债的定义

负债是指企业过去的交易或事项形成的,预期会导致经济利益流出企业的现时义务。根据负债的定义,负债具有以下 3 个方面的特征:

(1)负债是企业承担的现时义务。负债必须是企业承担的现时义务,这里的现时义务是指企业在现行条件下已承担的义务。未来发生的交易或事项形成的义务,不属于现时义务,不应当确认为负债。

(2)负债预期会导致经济利益流出企业。预期会导致经济利益流出企业是负债的一个本质特征,只有在履行义务时会导致经济利益流出企业的,才符合负债的定义。企业在履行现时义务清偿负债时,导致经济利益流出企业的形式多种多样,例如,用现金偿还或以实物资产形式偿还,以提供劳务形式偿还,部分转移资产、部分提供劳务形式偿还,将负债转为资本等。

(3)负债是由企业过去的交易或事项形成的。负债应当由企业过去的交易或事项所形成。换句话说,只有过去的交易或事项才形成负债,企业将在未来发生的承诺、签订的合同等交易或事项,不形成负债。

2. 负债的确认条件

将一项现时义务确认为负债,需要符合负债的定义,还需要同时满足以下两个条件:

(1)与该义务有关的经济利益很可能流出企业。从负债的定义可以看出,预期会导致经济利益流出企业是负债的一个本质特征。在实务中,企业履行义务所需流出的经济利益带有不确定性,尤其是与推定义务相关的经济利益通常需要依赖大量的估计。因此,负债的确认应当与经济利益流出企业的不确定性程度的判断结合起来。

(2)未来流出的经济利益的金额能够可靠地计量。负债的确认在考虑经济利益流出企业的同时,对于未来流出的经济利益的金额应当能够可靠计量。

3. 负债的分类

企业负债分为流动负债和非流动负债两大类。

流动负债包括短期借款、交易性金融负债、衍生金融负债、应付票据、应付账款、预收款项、合同负债、应付职工薪酬、应交税费、其他应付款、持有待售负债、一年内到期的非流动负债、其他流动负债。

非流动负债包括长期借款、应付债券、租赁负债、长期应付款、预计负债、递延收益、递延所得税负债、其他非流动负债。

(三)所有者权益

1. 所有者权益的定义

所有者权益是指企业资产扣除负债后,由所有者享有的剩余权益。公司的所有者权益又称为股东权益。所有者权益是所有者对企业资产的剩余索取权,它是企业的资产扣除债权人权益后应由所有者享有的部分,既可反映所有者投入资本的保值增值情况,又体现了保护债权人权益的理念。

所有者权益的来源包括所有者投入的资本、其他综合收益、留存收益等,通常由股本(或实收资本)、资本公积(含股本溢价或资本溢价、其他资本公积)、其他综合收益、盈余公积和未分配利润等构成。

所有者投入的资本是指所有者投入企业的资本部分,它既包括构成企业注册资本或者股本的金额,也包括投入资本超过注册资本或股本部分的金额,即资本溢价或股本溢价。

其他综合收益是指企业根据会计准则规定未在当期损益中确认的各项利得和损失。

留存收益是指企业从历年实现的利润中提取或形成的留存于企业的内部积累,包括盈余公积和未分配利润。

2. 所有者权益的确认条件

所有者权益体现的是所有者在企业中的剩余权益,因此,所有者权益的确认和计量主要依赖于资产与负债的确认和计量。例如,企业接受投资者投入的资产:当该资产符合资产确认条件时,就相应地符合所有者权益的确认条件;当该资产的价值能够可靠计量时,所有者权益的金额也就可以确定。

（四）收入

1. 收入的定义

收入是指企业在日常活动中形成的、会导致所有者权益增加的、与所有者投入资本无关的经济利益的总流入。根据收入的定义，收入具有以下 3 个方面的特征：

（1）收入是企业在日常活动中形成的。日常活动是指企业为完成其经营目标所从事的经常性活动，以及与之相关的活动。例如，工业企业制造并销售产品，就属于企业的日常活动。

（2）收入是与所有者投入资本无关的经济利益的总流入。收入应当会导致经济利益的流入，从而导致资产的增加。但是在实务中，经济利益的流入有时是所有者投入资本的增加导致的，所有者投入资本的增加不应当确认为收入，应当将其直接确认为所有者权益。

（3）收入会导致所有者权益的增加。与收入相关的经济利益的流入应当会导致所有者权益的增加，不会导致所有者权益增加的经济利益的流入不符合收入的定义，不应确认为收入。例如，企业向银行借入款项，虽然也导致经济利益流入企业，但该流入并不导致所有者权益的增加，反而使企业承担了一项现时义务。因此，企业对于因借入款项所导致的经济利益的增加，不应将其确认为收入，应当确认为一项负债。

2. 收入的确认条件

企业收入的来源渠道多种多样，不同收入来源的特征虽然有所不同，但其收入确认条件是相同的。当企业与客户之间的合同同时满足下列条件时，企业应当在客户取得相关商品控制权时确认收入：①合同各方已批准该合同并承诺将履行各自义务；②该合同明确了合同各方与所转让商品或提供劳务相关的权利和义务；③该合同有明确的与所转让商品或提供劳务相关的支付条款；④该合同具有商业实质，即履行该合同将改变企业未来现金流量的风险、时间分布或金额；⑤企业因向客户转让商品或提供劳务而有权取得的对价很可能收回。

（五）费用

1. 费用的定义

费用是指企业在日常活动中发生的、会导致所有者权益减少的、与向所有者分配利润无关的经济利益的总流出。根据费用的定义，费用具有以下 3 个方面的特征：

（1）费用是企业在日常活动中形成的。费用必须是在企业日常活动中形成的，这些日常活动的界定与收入定义中涉及的日常活动的界定相一致。日常活动产生的费用通常包括营业成本（主营业务成本和其他业务成本）、税金及附加、销售费用、管理费用、财务费用等。将费用界定为日常活动形成的，目的是将其与损失相区分，企业非日常活动形成的经济利益的流出不能确认为费用，而应当计入损失。

（2）费用是与向所有者分配利润无关的经济利益的总流出。费用的发生应当会导致经济利益的流出，从而导致资产的减少或者负债的增加，其表现形式包括现金或者现金等价物的流出，存货、固定资产和无形资产等的流出或者消耗等。企业向所有者分配利润也会导致经济利益的流出,而该经济利益的流出属于所有者权益的抵减项目,不应确认为费用,应当将其排除在费用的定义之外。

(3)费用会导致所有者权益的减少。与费用相关的经济利益的流出应当会导致所有者权益的减少,不会导致所有者权益减少的经济利益的流出不符合费用的定义,不应确认为费用。

2. 费用的确认条件

费用的确认除了应当符合定义外,还应当至少符合以下条件:①与费用相关的经济利益应当很可能流出企业;②经济利益流出企业的结果会导致资产的减少或者负债的增加;③经济利益的流出额能够可靠计量。

(六)利润

1. 利润的定义

利润是指企业在一定会计期间的经营成果。通常情况下,如果企业实现了利润,表明企业的所有者权益将增加;反之,如果企业发生亏损(即利润为负数),表明企业的所有者权益将减少。

利润包括收入减去费用后的净额、直接计入当期利润的利得和损失等。其中,收入减去费用后的净额反映的是企业日常活动的业绩。直接计入当期利润的利得和损失,是指应当计入当期损益、会导致所有者权益发生增减变动的、与所有者投入资本或者向所有者分配利润无关的利得或损失。利得是指由企业非日常活动所形成的、会导致所有者权益增加的、与所有者投入资本无关的经济利益的流入;损失是指由企业非日常活动所发生的、会导致所有者权益减少的、与向所有者分配利润无关的经济利益的流出。

2. 利润的确认条件

利润反映的是收入减去费用、利得减去损失后的净额。因此,利润的确认主要依赖于收入和费用,以及利得和损失的确认,其金额的确定也主要取决于收入、费用、利得和损失金额的计量。

二、财务会计基本要素的计量属性

会计计量是为了将符合确认条件的会计要素登记入账并列报于财务报表而确定其金额的过程。会计基本要素的计量属性主要包括历史成本、重置成本、可变现净值、现值和公允价值等。

(一)历史成本

历史成本又称实际成本,是指取得或制造某项财产物资时所实际支付的现金或者现金等价物。采用历史成本计量时:资产按照其购置时支付的现金或现金等价物的金额,或者按照购置时所付出对价的公允价值计量;负债按照其因承担现时义务而实际收到的款项或者资产的金额,或者承担现时义务的合同金额,或者按照日常活动中为偿还负债预期需要支付的现金或者现金等价物的金额计量。

(二)重置成本

重置成本又称现行成本,是指按照当前市场条件,重新取得同样一项资产所需支付的现金或现金等价物金额。采用重置成本计量时:资产按照现在购买相同或者相似资产所需支付的现金或者现金等价物的金额计量;负债按照现在偿付该项债务所需支付的现金或者现金等价物的金额计量。

(三)可变现净值

可变现净值是指在生产经营过程中,以预计售价减去进一步加工成本和销售所必需的预计税金、费用后的净值。采用可变现净值计量时:资产按照其正常对外销售所能收到现金或者现金等价物的金额,扣减该资产至完工时估计将要发生的成本、估计的销售费用以及相关税费后的金额计量。

(四)现值

现值是指对未来现金流量以恰当的折现率进行折现后的价值,是考虑货币时间价值等因素的一种计量属性。采用现值计量时:资产按照预计从其持续使用和最终处置中所产生的未来净现金流入量的折现金额计量;负债按照预计期限内需要偿还的未来净现金流出量的折现金额计量。

(五)公允价值

公允价值是指市场参与者在计量日发生的有序交易中,出售一项资产所能收到或者转移一项负债所需支付的价格。

【课程思政】

AI 技术正在深刻影响会计数据提取

人工智能(AI)作为战略性技术,正引领会计行业朝着智能化方向发展。

会计数据是企业财务状况和经营成果的直观体现,是会计工作的核心。其提取的效率、准确性和完整性直接影响会计信息质量,进而关系到企业决策制定和战略规划。传统的人工手动提取会计数据的方式,在面对海量数据时效率低下且易出错,难以适应企业快速发展的节奏和市场多变的需求。AI 技术在会计数据提取中的应用,是数字经济与实体经济深度融合的体现,为会计工作带来机遇的同时也带来挑战。深入研究 AI 技术对会计数据提取的影响,对会计行业数字化转型和高质量发展意义重大。

AI 技术应用广泛

随着信息技术的快速发展,AI 技术在会计领域的应用越来越广泛,尤其在会计数据提取方面,既展现出显著优势,也带来一些不容忽视的挑战。

在数据获取的及时性与准确性上,借助大语言模型(LLMs),如 GPT-4、DeepSeek 等,会计系统能够实时解析各类非结构化数据源,像邮件、会议纪要以及社交媒体上的财务信息。这些模型凭借对复杂信息的深度理解,能快速提取关键数据,极大地提高数据获取的效率和准确性,减少人工录入错误。

数据提取的便捷性也因 AI 技术而得到大幅提升。AI 流程自动化结合光学字符识别(OCR)与深度学习算法,可实现对不同格式文档的一键提取。例如,通过 OCR 技术将纸质发票转化为文本,再利用深度学习算法识别关键数据,大大节省时间和人力成本。

AI 技术还有助于财务管理与决策优化。以 Transformer 架构为基础的 AI 技术,不仅能高效提取会计数据,还能运用时间序列分析、聚类分析等技术进行深度挖掘。通过学习历史财务数据,并结合市场动态和行业趋势,预测企业未来的财务状况,为企业资金规划、投资决策提供科学依据。

然而,AI 技术也给会计数据提取工作带来挑战。

存在数据真实性风险,生成式 AI 技术可能被恶意利用,生成难以辨别的虚假交易记录、发票等。而且,若 AI 模型训练使用错误或有偏差的数据,会导致模型输出错误结果,误导会计核算。

决策失误风险同样不可忽视。AI 技术在面对复杂业务场景时存在局限性,仅依据历史数据和既定算法进行预测,可能会忽视突发市场事件或政策法规变化,进而导致会计决策失误。

AI 技术的广泛应用还可能造成人员依赖与岗位冲击。会计人员可能过度依赖 AI 技术,导致专业能力下降。同时,自动化技术使传统数据统计岗位需求减少,部分会计人员面临岗位调整。

应对策略与措施

面对 AI 技术带来的机遇与挑战,会计行业需要采取切实可行的措施,充分发挥其优势,化解潜在风险。

企业要提前做好准备,迎接 AI 技术时代。在技术储备与升级方面,企业应加大对 AI 技术的研究和投入,鼓励会计人员学习最新技术,如大语言模型的应用、基于 Transformer 架构的数据分析方法等。同时,及时升级会计信息系统,使其更好地兼容 AI 技术。

还要夯实基础工作,完善数据治理体系,确保数据的规范性、完整性和准确性。建立标准化的数据格式和存储方式,便于 AI 技术快速识别和提取数据。加强数据安全管理,采用加密技术、访问控制等手段防止数据泄露和篡改。

根据 AI 技术的应用需求,合理配置硬件设备,如高性能服务器、数据存储设备等,确保 AI 算法高效运行,提高会计数据提取的效率和质量。

为确保会计数据保真保全,需制定相应对策。要重视原始数据的真实性,建立严格的原始数据审核制度,对每一笔交易记录、发票等进行严格审核,从源头上保证数据质量。利用区块链技术的不可篡改特性,对原始数据进行存证,确保数据的真实性和可追溯性。

建立有效的数据甄别机制,利用数据验证算法和人工审核相结合的方式,对 AI 生成的数据进行去伪存真。加强对 AI 模型的监控和评估,及时发现和纠正模型可能出现的偏差。

引入联邦学习、同态加密等技术,提高会计数据的安全性和可追溯性。联邦学习实现多机构间的数据联合分析,保护数据隐私;同态加密则保证数据在处理过程中的安全性。

建立新机制,快速培养适应性人才。定期组织会计人员参加 AI 技术相关的培训课程,通过案例分析、实践操作等方式,提高其对 AI 技术的应用能力和数据分析能力。

鼓励会计人员积极接受新技术,营造良好的学习氛围,培养其主动学习新技术的意识和能力。

逐步用 AI 技术取代常规的数据提取工作,将会计人员从烦琐的数据录入中解放出来,使其专注于更高层次的财务分析和决策支持工作。

为更好地融入 AI 技术时代,还需制定法规制度。将 AI 技术纳入会计工作的规范范畴,明确其在数据提取、核算、报告等环节的应用标准和要求,确定 AI 技术提取的会计数据的合法地位。

相关部门应尽快出台新的会计法规,对 AI 技术条件下的会计工作进行规范和指导,明确责任界定和数据安全保护等方面的法律要求。

制定新的会计数据规范,规范数据的采集、存储、传输、使用等环节,确保会计数据的质量和安全,促进会计行业的数字化转型。

深度变革与长远展望

随着 AI 技术广泛应用,会计数据提取的变革更加容易和快捷,会计工作将产生质的飞跃,带来更加广阔的前景。

在技术革新推动数据提取质效飞跃方面,未来,AI 技术将进一步融合图像识别、语音识别、自然语言处理等多模态技术,全面提升数据感知能力,获取更丰富、准确的会计数据。

基于强化学习的 AI 算法将广泛应用于会计数据提取流程,系统能够在与复杂财务数据环境交互过程中,不断学习和优化数据提取策略,实现智能自主提取。

AI 技术将推动数据治理体系全面升级。实现会计数据从采集、存储、处理到分析、应用的全生命周期精细化管理,确保数据安全可靠,为企业决策提供有力支撑。

在供应链金融、集团企业财务管控等场景下,AI 技术将助力实现跨组织的会计数据协同共享,提高供应链整体的资金周转效率。

人才培养也将呈现新趋势。未来的会计人才需要将会计专业知识与 AI 技术深度融合,能够运用 AI 工具进行复杂的财务数据分析与预测。

会计人员需具备沟通协作、问题解决、创新思维等综合素质,积极探索 AI 技术在会计数据提取中的创新应用,推动会计工作的创新发展。

在 AI 技术飞速发展的当下,会计行业正面临深刻变革。未来,随着技术的不断进步和应用的深入,AI 技术将在会计领域发挥更大的作用。会计人员需持续关注行业动态,不断优化应对措施,促进会计行业的可持续发展。

资料来源:中国会计报

【关键术语】

财务会计　财务会计目标　会计基本假设　权责发生制　收付实现制　财务会计信息质量要求　资产　负债　所有者权益　收入　费用　利润　历史成本　重置成本　可变现净值　现值　公允价值

【学习评价】

专业能力测评表

（在○中打√,A 掌握,B 基本掌握,C 未掌握）

业务能力	评价指标	自测结果	备注
财务会计概述	1.财务会计的定义	○A　○B　○C	
	2.财务会计的目标	○A　○B　○C	
财务会计基本假设与基础	1.财务会计基本假设	○A　○B　○C	
	2.财务会计基础	○A　○B　○C	
财务会计信息质量要求	1.财务会计信息	○A　○B　○C	
	2.财务会计信息质量要求	○A　○B　○C	
财务会计基本要素及其 确认与计量	1.财务会计基本要素及其确认条件	○A　○B　○C	
	2.财务会计基本要素的计量属性 及其应用原则	○A　○B　○C	
教师评语：			
成绩		教师签字	

练习题　　　　**答案**

第二章　货币资金

【学习目标】

知识目标

1.熟悉货币资金管理及内部控制的相关规定；

2.理解银行存款余额调节表的编制目的与方法；

3.掌握货币资金增减变动的账务处理。

能力目标

1.能按照规范流程和方法进行货币资金业务的账务处理；

2.能总结出库存现金、银行存款、其他货币资金在账务处理上的异同。

思政目标

1.培养学生的责任感，帮助学生树立担当意识；

2.加强学生专业知识的学习，提升学生的专业技能；

3.引导学生具备"穷则独善其身，达则兼善天下"的思想。

【思维导图】

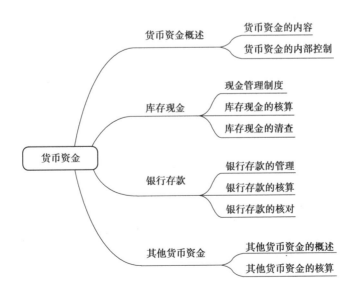

【案例导入】

东方集团：四年财务造假，或遭强制退市？

东方集团被认定 2020 年至 2023 年年度报告存在虚假记载，股票将自 2025 年 3 月 18 日起被实施重大违法强制退市风险警示，实际控制人张宏伟被终身禁入证券市场。同时，公司股价在经历连续数日跌停后已触及 1 元退市红线。这意味着，东方集团将面临重大违法及面值的双重退市危机，本身的资金债务危机，以及投资者的巨额索赔等风险。

退市倒计时

2025 年 3 月 14 日，东方集团股价封一字跌停板，报收 0.92 元/股，时隔近九个月再次回落至 1 元红线之下。根据上市规则，若东方集团连续 20 个交易日的每日股票收盘价均低于 1 元，公司股票可能被上交所终止上市交易。

2024 年 6 月 20 日，证监会决定对东方集团立案调查，一时间引发轩然大波。在历时近半年时间的调查后，东方集团财务造假问题逐渐浮出水面。2025 年 2 月 28 日，证监会通报了东方集团财务造假案阶段性调查进展：已初步查明，东方集团披露的 2020 年至 2023 年财务信息严重不实，涉嫌重大财务造假，可能触及重大违法强制退市情形。

资金危机早已出现

2024 年 6 月 18 日，东方集团发公告称，由于关联方财务公司流动性紧张，公司 16.4 亿元存款遭冻结。上交所紧急下发监管函，直指相关资金是否被控股股东挪用。尽管张宏伟打算采取包括但不限于资产处置等方式支持东方财务公司解决流动性资金不足问题，但这并未打消监管部门疑虑。

仅仅 4 天后，证监会便以"涉嫌信披违法违规"对东方集团展开立案调查。公司时任总裁孙明涛、董秘康文杰等，还因未按规定履行关联交易审议程序及信息披露义务被出具警示函。2024 年 6 月 25 日，因为 75 万元工程款还不上，总资产超 362 亿元的东方集团被债权人申请重整。

值得一提的是，东方集团账面货币资金长期维持在 30 亿元以上，其中 2022 年末为 48.02 亿元。东方集团表面看似资金充裕，却在 2024 年爆出 16.4 亿元存款被冻结，陷入了"有钱却动不了"的资金链危机。

据统计，截至 2024 年上半年，包括货币资金在内，东方集团受限资产总计达 280.99 亿元，占总资产的 78.53%，而这些资产主要用于质押借款。雪上加霜的是，截至 2024 年三季度末，东方集团短期借款 50.60 亿元，一年内到期的非流动负债 36.94 亿元，也就是说，公司一年之内需偿还 87.54 亿元的债务，而彼时公司账上的货币资金只有 13.66 亿元。

资金链吃紧的背后，是东方集团 2021 年至 2023 年连续三年业绩巨亏，营业收入也呈腰斩下滑态势。面对业绩巨亏和资金链的重压，东方集团选择了造假。证监会调查发现，2020 年至 2023 年的 4 年间，东方集团财务数据存在严重不实，涉嫌重大财务造假。

资料来源：界面新闻

思考：企业货币资金包括哪些内容？企业如何对货币资金进行有效、合法的管理和运营？

第一节　货币资金概述

一、货币资金的内容

任何企业要进行生产经营活动都必须拥有货币资金。货币资金,是指企业生产经营过程中处于货币形态的资产。根据货币资金的存放地点及其用途的不同,货币资金分为库存现金、银行存款及其他货币资金。

(一)库存现金

现金的概念有广义和狭义之分。广义的现金,是指库存现金、银行存款及其他符合现金特征的票证;狭义的现金,仅指企业的库存现金。库存现金是指存放在企业财会部门,由出纳保管,作为日常零星开支所需的那部分货币资金。库存现金包括人民币现金和外币现金。

(二)银行存款

银行存款是指企业存放在银行或其他金融机构,并可以随时支取的货币资金。银行存款包括人民币存款和各种外币存款。

(三)其他货币资金

其他货币资金是指企业除库存现金、银行存款以外的其他各种货币资金,包括银行汇票存款、银行本票存款、信用卡存款、信用证保证金存款、外埠存款及存出投资款等。

二、货币资金的内部控制

货币资金是流动性最强的资产,是流动资产的重要组成部分。因此加强货币资金内部控制,可以减少和降低货币资金管理上舞弊的可能性,保障企业资产安全完整,提高货币资金周转速度和使用效益。

(一)严格落实岗位责任制

企业应当建立货币资金业务的岗位责任制,明确相关部门和岗位的职责、权限,确保办理货币资金业务的不相容岗位相互分离、制约和监督,使货币资金收支业务的全过程分工完成。

出纳不得兼任稽核、会计档案保管和收入、支出、费用、债权债务账目的登记工作。企业不得由一人办理货币资金业务的全过程。

(二)实行定期岗位轮换制度

企业办理货币资金业务,应当配备合格的人员,并对涉及货币资金管理和控制的业务人员实行定期岗位轮换制度。

(三)执行授权批准制度

企业应当建立严格的货币资金授权批准制度。审批人员应当根据货币资金授权批准制度的规定,在授权范围内进行审批,不得超越审批权限;经办人员应当在职责范围内,按照审批人员的批准意见办理货币资金业务。

(四)加强票据和印章管理

企业应当加强与货币资金相关的票据管理,明确各种票据的购买、保管、信用、背书转让、注销等环节的职责权限和处理程序,并专设登记簿进行记录,防止空白票据的遗失和被盗用。

财务专用章应由专人保管,个人名章必须由本人或其授权人员保管,严禁一人保管支付款项所需的全部印章。

(五)实施内部稽核

企业应当建立内部稽核制度,设置内部稽核单位和人员,对货币资金实施定期和不定期检查,以及时发现货币资金管理中存在的问题,及时改进对货币资金的管理控制。

第二节　库存现金

一、现金管理制度

库存现金是企业流动性最强的资产,企业应当严格遵守国家和企业有关现金管理制度,正确进行现金收支的核算,监督现金使用的合法性与合理性。根据国务院发布的《现金管理暂行条例》的规定,企业现金管理制度主要包括以下内容。

(一)现金的使用范围

企业可用现金支付的款项有:

(1)职工工资、津贴;

(2)个人劳务报酬;

(3)根据国家规定颁发给个人的科学技术、文化艺术、体育等各种奖金;

(4)各种劳保、福利费用以及国家规定的对个人的其他支出;

(5)向个人收购农副产品和其他物资的价款;

(6)出差人员必须随身携带的差旅费;

(7)结算起点(1 000元)以下的零星支出;

(8)中国人民银行确定需要支付现金的其他支出。

特别提示:除企业可用现金支付的款项中的第(5)项和第(6)项外,开户单位支付给个人的款项,超过使用现金限额的部分,应当以支票或者银行本票等方式支付;确需全额支付现金的,经开户银行审核后,予以支付现金。

(二)现金的限额

现金的限额是指为了保证企业日常零星开支的需要,允许企业留存现金的最高数额。为了加强企业现金的日常收支管理,企业应严格控制库存现金的限额,一般按照企业3~5天日常零星开支所需确定。边远地区和交通不便地区的企业的库存现金限额，可按多于5天，但不得超过15天的日常零星开支的需要确定。经核定的库存现金限额，企业必须严格遵守，超过部分应于当日终了前存入银行。需要增加或者减少库存现金限额的，应当向开户银行提出申请，由开户银行核定。

（三）现金收支的规定

企业现金收支应当依照下列规定办理：

（1）企业现金收入应当于当日送存开户银行，当日送存确有困难的，由开户银行确定送存时间。

（2）企业支付现金，可以从本企业库存现金限额中支付或从开户银行提取，不得从本企业的现金收入中直接支付（即坐支）。因特殊情况需要坐支现金的，应当事先报经开户银行审查批准，由开户银行核定坐支范围和限额。坐支企业应当定期向开户银行报送坐支金额和使用情况。

（3）企业从开户银行提取现金时，应当写明用途，由本企业财会部门负责人签字盖章，经开户银行审核后，予以支付。

（4）因采购地点不确定、交通不便、生产或市场急需、抢险救灾以及其他特殊情况必须使用现金的，企业应向开户银行提出申请，由本单位财会部门负责人签字盖章，经开户银行审核后，予以支付。

二、库存现金的核算

为了反映和监督企业库存现金的收入、支出和结存情况，企业应当设置"库存现金"科目，借方登记企业库存现金的增加，贷方登记企业库存现金的减少，期末借方余额反映期末企业实际持有的库存现金的金额。

企业内部各部门周转使用的备用金，可以单独设置"备用金"科目进行核算。为了全面、连续地反映和监督库存现金的收支和结存情况，企业应当设置库存现金总账和库存现金日记账，分别进行库存现金的总分类核算和明细分类核算。

库存现金日记账由出纳人员根据收付款凭证，按照业务发生顺序逐日逐笔登记。每日终了，应当在库存现金日记账上计算出当日的现金收入合计额、现金支出合计额和余额，并将库存现金日记账的余额与实际库存现金金额相核对，保证账款相符。

企业收入现金时，借记"库存现金"科目，贷记有关科目；企业支出现金时，借记有关科目，贷记"库存现金"科目。月度终了，库存现金日记账的余额应当与库存现金总账的余额核对，做到账账相符。

三、库存现金的清查

为了保证现金的安全完整，企业应当按规定对库存现金进行定期和不定期的清查，一般采用实地盘点法，对于清查的结果，应当编制现金盘点报告单。如果有挪用现金、白条顶库的情况，应及时予以纠正；对于超限额留存的现金，应及时送存银行。

如果账款不符，发现有待查明原因的现金短缺或溢余，应先通过"待处理财产损溢"

科目核算,按管理权限经批准后,分两种情况处理:

(1)如为现金短缺:属于应由责任方赔偿的部分,计入其他应收款;属于无法查明原因的,计入管理费用。

(2)如为现金溢余:属于应支付给有关人员或单位的,计入其他应付款;属于无法查明原因的,计入营业外收入。

特别提示:白条,是指不符合财务制度和会计凭证手续的字条或单据,因一般系报销者在白纸上填制,无红、蓝色印章,故称之为白条。

【例2-1】 甲企业在对现金进行清查时,发生溢余500元,原因待查。其账务处理如下:

借:库存现金 500
　贷:待处理财产损溢——待处理流动资产损溢 500

【例2-2】 沿用【例2-1】的资料,甲企业现金溢余原因不明,经批准计入营业外收入。其账务处理如下:

借:待处理财产损溢——待处理流动资产损溢 500
　贷:营业外收入——盘盈利得 500

【例2-3】 乙企业对现金进行清查时,发现短缺600元,原因待查。其账务处理如下:

借:待处理财产损溢——待处理流动资产损溢 600
　贷:库存现金 600

【例2-4】 沿用【例2-3】的资料,仔细调查后,经企业总经理办公室研究决定,出纳负有管理上的责任,因此,应由出纳赔偿现金200元,其余400元由公司承担。当天出纳上交赔偿款200元。其账务处理如下:

借:库存现金 200
　管理费用 400
　贷:待处理财产损溢——待处理流动资产损溢 600

知识总结:

表2-1　库存现金清查的账务处理

情形	报经批准前 (先调账,确保账实相符)	报经批准后 (根据真实情况处理)
现金短缺	借:待处理财产损溢 　贷:库存现金	借:其他应收款【应由责任方赔偿的部分】 　管理费用【无法查明原因的部分】 　贷:待处理财产损溢
现金溢余	借:库存现金 　贷:待处理财产损溢	借:待处理财产损溢 　贷:其他应付款【应支付给有关人员或单位的部分】 　营业外收入【无法查明原因的部分】

第三节　银行存款

一、银行存款的管理

银行存款是指企业存放在银行或其他金融机构,并可以随时支取的货币资金。

银行存款是企业除现金之外流动性最强的资产,企业应当根据日常经营业务和管理活动的需要合理确定银行存款规模。加强银行存款管理,有利于加速企业资金周转,提高企业资金效益。

企业应当严格遵守国家金融监管机构的支付结算法律法规和企业有关银行存款的管理制度,正确进行银行存款收支的核算,监督银行存款使用的合法性与合理性。企业应当根据业务需要,按照规定在其所在地银行开设账户,运用所开设的账户,进行存款、取款以及各种收支转账业务的结算。银行存款的收付应严格执行银行结算制度的规定。

特别提示:《支付结算办法》规定了结算原则和结算纪律,保证结算活动的正常运行。结算原则为:恪守信用,履约付款;谁的钱进谁的账,由谁支配;银行不垫款。结算纪律有:单位和个人办理支付结算,不准签发没有资金保证的票据或远期支票,套取银行信用;不准签发、取得和转让没有真实交易和债权债务的票据,套取银行和他人资金;不准无理拒绝付款,任意占用他人资金;不准违反规定开立和使用账户。

二、银行存款的核算

为了反映和监督企业银行存款的收入、支出和结存情况,企业应当设置"银行存款"科目,借方登记企业银行存款的增加,贷方登记企业银行存款的减少,期末借方余额反映期末企业实际持有的银行存款的金额。

企业应当设置银行存款总账和银行存款日记账,分别进行银行存款的总分类核算和序时、明细分类核算。企业可按开户银行和其他金融机构、存款种类等设置银行存款日记账,根据收付款凭证,按照业务的发生顺序逐笔登记。每日终了,应结出余额。

企业将款项存入银行或其他金融机构时,借记"银行存款"科目,贷记"库存现金"等科目;企业提取或支付已存入银行或其他金融机构的存款时,借记"库存现金"等科目,贷记"银行存款"科目。

三、银行存款的核对

银行存款的核对,其主要目的是保证银行存款的安全与完整。银行存款的核对主要包括3个方面:一是银行存款日记账与银行存款收付款凭证及现金收付款凭证要相互核对,保证账证相符;二是银行存款日记账与银行存款总账要定期核对,保证账账相符;三是银行存款日记账与银行转来的对账单要定期核对,保证账实相符。本章仅介绍最后一方面的内容。

（一）未达账项

银行存款日记账应定期与银行对账单核对，至少每月核对一次。但两者往往不一致，造成这种不一致的原因主要有两个方面：

一是企业或银行的记账错误，这种错误应由双方及时查明原因，予以更正。

二是未达账项。未达账项是指企业与银行之间对于同一项业务，取得凭证的时间不同，导致记账时间不一致，发生的一方已取得结算凭证登记入账，而另一方尚未取得结算凭证而未入账的款项。

未达账项主要分为4种情况：

（1）企业已收，而银行未收的款项；

（2）企业已付，而银行未付的款项；

（3）银行已收，而企业未收的款项；

（4）银行已付，而企业未付的款项。

特别提示：以上（1）和（4）两种情况的未达账项，会使企业银行存款日记账大于银行对账单存款余额；（2）和（3）两种情况的未达账项，会使企业银行存款日记账小于银行对账单存款余额。

（二）银行存款余额调节表

企业应采用余额调节法编制"银行存款余额调节表"，对未达账项进行调节，如没有记账错误，调节后的银行存款日记账和银行对账单的余额应相等。

余额调节法，是指编制调节表时，在开户行和企业现有银行存款余额基础上，各自补记对方已入账而自己未入账的款项，然后检查经过调节后的账面余额是否相等。其计算公式如下：

企业银行存款日记账余额+银行已收企业未收款−银行已付企业未付款＝银行对账单余额+企业已收银行未收款−企业已付银行未付款

【例2-5】 甲企业出纳到其开户银行领取上月银行对账单，银行存款日记账余额为416 000元，银行对账单余额为412 000元，经逐笔核对，发现存在下列未达账项。

（1）企业于月末存入银行的转账支票30 000元，银行尚未入账。

（2）委托银行代收，销货款24 000元，银行已经入账，但企业尚未收到银行收款通知。

（3）银行代付本月税费20 000元，企业尚未收到银行付款通知。

（4）企业于月末开出转账支票22 000元，持票人尚未到银行办理转账手续。

根据所给资料采用余额调节法编制银行存款余额调节表，其格式如表2-2所示。

表2-2　银行存款余额调节表　　　　　　　　　　　　　　　　　单位：元

项目	金额	项目	金额
银行存款日记账余额	416 000	银行对账单余额	412 000
加：银行已收、企业未收	24 000	加：企业已收、银行未收	30 000
减：银行已付、企业未付	20 000	减：企业已付、银行未付	22 000
调节后的余额	420 000	调节后的余额	420 000

注意:银行存款余额调节表只是一种对账工具,并不能作为调整企业银行存款账面记录的记账依据。待以后有关结算凭证到达企业,未达账项变成已达账项,才能进行相应的账务处理。调节后的余额如果相等,通常说明企业和银行的账面记录一般没有错误,该余额通常为企业可以动用的银行存款实有数额。

第四节　其他货币资金

一、其他货币资金的概述

其他货币资金是指企业除库存现金、银行存款以外的其他各种货币资金,包括银行汇票存款、银行本票存款、信用卡存款、信用证保证金存款、外埠存款及存出投资款等。

其他货币资金的存放地点分散、用途多样,存放、使用的手续制度要求各有不同,受经营业务活动性质影响,其安全管理难度大,要求企业会计部门和经营业务经办部门相互配合,明确经办责任,严格履行申请、审批、经办等手续制度,对于业务收支经办结束的项目应及时办理清理手续和相应的会计处理,会计部门应当加强相应的明细核算和监督管理,避免不合理延期,防止因债权债务纠纷发生而给企业造成损失等不利影响。

为了反映和监督其他货币资金的收支与结存情况,企业应当设置“其他货币资金”科目,借方登记其他货币资金的增加,贷方登记其他货币资金的减少,期末余额在借方,反映企业实际持有的其他货币资金的金额。“其他货币资金”科目应当按照其他货币资金的种类设置明细科目进行核算。

二、其他货币资金的核算

(一)银行汇票存款

银行汇票存款是指企业为取得银行汇票按照规定存入银行的款项。

银行汇票是指由出票银行签发的,由其在见票时按照实际结算金额无条件支付给收款人或者持票人的票据。单位和个人各种款项的结算,均可使用银行汇票。银行汇票可以用于转账,填明“现金”字样的银行汇票也可以用于支取现金。

(1)企业填写“银行汇票申请书”、将款项交存银行时:

借:其他货币资金——银行汇票
　　贷:银行存款

(2)企业持银行汇票购货、收到有关发票账单时:

借:材料采购/原材料/库存商品等
　　应交税费——应交增值税(进项税额)
　　贷:其他货币资金——银行汇票

(3)采购完毕并收回剩余款项时:

借:银行存款

贷:其他货币资金——银行汇票

【例2-6】 甲企业为增值税一般纳税人,向银行申请办理银行汇票用以购买原材料,将款项 300 000 元交存银行转作银行汇票存款。甲企业根据银行盖章退回的申请书存根联记账。其账务处理如下:

借:其他货币资金——银行汇票   300 000

 贷:银行存款   300 000

【例2-7】 沿用【例2-6】的资料,甲企业购入原材料一批,已验收入库,取得的增值税专用发票上注明的价款为 250 000 元,增值税税额为 32 500 元,已用银行汇票办理结算,多余款项 17 500 元退回开户银行,公司已收到开户银行转来的银行汇票第四联(多余款收账通知)。其账务处理如下:

用银行汇票结算材料价款和增值税税款时:

借:原材料   250 000

 应交税费——应交增值税(进项税额)   32 500

 贷:其他货币资金——银行汇票   282 500

收到退回的银行汇票多余款项时:

借:银行存款   17 500

 贷:其他货币资金——银行汇票   17 500

(二)银行本票存款

银行本票存款是指企业为了取得银行本票按规定存入银行的款项。

银行本票是指银行签发的,承诺自己在见票时无条件支付确定的金额给收款人或持票人的票据。单位和个人在同一票据交换区域需要支付的各种款项,均可使用银行本票。银行本票可以用于转账,注明"现金"字样的银行本票可以用于支取现金。

银行本票分为定额本票和不定额本票两种。定额本票面额为 1 000 元、5 000 元、10 000 元和 50 000 元。银行本票的提示付款期限自出票日起最长不得超过两个月。在有效付款期内,银行见票付款。持票人超过提示付款期限付款的,银行不予受理。

(1)企业填写"银行本票申请书"、将款项交存银行时:

借:其他货币资金——银行本票

 贷:银行存款

(2)企业持银行本票购货、收到有关发票账单时:

借:材料采购/原材料/库存商品等

 应交税费——应交增值税(进项税额)

 贷:其他货币资金——银行本票

【例2-8】 甲企业为增值税一般纳税人,为取得银行本票,向银行提交"银行本票申请书",并将 22 600 元银行存款转作银行本票存款。公司取得银行本票后,应根据银行盖章退回的银行本票申请书存根联填制银行付款凭证。其账务处理如下:

借:其他货币资金——银行本票   22 600

 贷:银行存款   22 600

【例2-9】　沿用【例2-8】的资料,甲企业用银行本票购买办公用品20 000元,增值税专用发票上注明的增值税税额为2 600元。其账务处理如下:

借:管理费用　　　　　　　　　　　　　　　　　　　　　　　　　　　　20 000

　　应交税费——应交增值税(进项税额)　　　　　　　　　　　　　　　　2 600

　　　贷:其他货币资金——银行本票　　　　　　　　　　　　　　　　　　22 600

(三)信用卡存款

信用卡存款是指企业为取得信用卡而存入银行信用卡专户的款项。

(1)企业申领信用卡应填制"信用卡申请表",连同支票和有关资料一并送发卡银行,根据银行盖章退回的进账单第一联:

借:其他货币资金——信用卡

　　贷:银行存款

(2)企业用信用卡购物或支付有关费用,收到开户银行转来的信用卡存款的付款凭证及所附发票账单时:

借:管理费用等

　　贷:其他货币资金——信用卡

(3)企业信用卡在使用过程中需要向其账户续存资金时:

借:其他货币资金——信用卡

　　贷:银行存款

(4)企业的持卡人不需要继续使用信用卡时,应持信用卡主动到发卡银行办理销户,销卡时,信用卡余额转入企业基本存款账户,不得提取现金:

借:银行存款

　　贷:其他货币资金——信用卡

【例2-10】　甲企业向银行申领信用卡,向银行交存80 000元。其账务处理如下:

借:其他货币资金——信用卡　　　　　　　　　　　　　　　　　　　　80 000

　　贷:银行存款　　　　　　　　　　　　　　　　　　　　　　　　　　80 000

【例2-11】　沿用【例2-10】的资料,甲企业用信用卡购买办公用品,支付70 000元。其账务处理如下:

借:管理费用　　　　　　　　　　　　　　　　　　　　　　　　　　　　70 000

　　贷:其他货币资金——信用卡　　　　　　　　　　　　　　　　　　　　70 000

(四)信用证保证金存款

信用证有国际信用证、国内信用证之分,以下内容专指国内信用证(以下简称"信用证")。

信用证是指银行(包括政策性银行、商业银行、农村合作银行、村镇银行和农村信用社)依照申请人的申请开立的、对相符交单予以付款的承诺。它是以人民币计价、不可撤销的跟单信用证。信用证的开立和转让,应当具有真实的贸易背景,适用于银行为国内企事业单位之间货物和服务贸易提供的信用证服务。信用证只限于转账结算,不得支取现金。

信用证保证金存款是指采用信用证结算方式的企业为开具信用证而存入银行信用证保证金专户的款项。企业向银行申请开立信用证,应按规定向银行提交开证申请书、信用证申请人承诺书和购销合同。

(1)企业填写"信用证申请书"、将信用证保证金交存银行时,应根据银行盖章退回的"信用证申请书"回单:

借:其他货币资金——信用证保证金

　　贷:银行存款

(2)企业接到开证行通知,根据供货单位信用证结算凭证及所附发票账单:

借:材料采购/原材料/库存商品等

　　应交税费——应交增值税(进项税额)

　　贷:其他货币资金——信用证保证金

(3)将未用完的信用证保证金存款余额转回开户银行时:

借:银行存款

　　贷:其他货币资金——信用证保证金

【例2-12】　甲企业向银行申请开证,向银行缴纳信用证保证金678 000元。其账务处理如下:

借:其他货币资金——信用证保证金　　　　　　　　　　　　678 000

　　贷:银行存款　　　　　　　　　　　　　　　　　　　　　678 000

【例2-13】　沿用【例2-12】的资料,甲企业收到银行转来的信用证通知及有关购货凭证,款项总计678 000元,其中材料价款600 000元,增值税税额78 000元,材料已验收入库。其账务处理如下:

借:原材料　　　　　　　　　　　　　　　　　　　　　　　　600 000

　　应交税费——应交增值税(进项税额)　　　　　　　　　　78 000

　　贷:其他货币资金——信用证保证金　　　　　　　　　　　678 000

(五)外埠存款

外埠存款是指企业为了到外地进行临时或零星采购,而汇往采购地银行开立采购专户的款项。

企业将款项汇往外地时,应填写汇款委托书,委托开户银行办理汇款。汇入地银行以汇款单位名义开立临时采购账户,该账户的存款不计利息,只付不收,付完清户,除了采购人员可从中提取少量现金外,一律采用转账结算。

(1)企业将款项汇往外地开立采购专用账户,根据汇出款项凭证编制付款凭证时:

借:其他货币资金——外埠存款

　　贷:银行存款

(2)收到采购人员转来供应单位发票、账单等报销凭证时:

借:材料采购/原材料/库存商品等

　　应交税费——应交增值税(进项税额)

贷:其他货币资金——外埠存款

（3）采购完毕收回剩余款项时,根据银行的收账通知:

借:银行存款

  贷:其他货币资金——外埠存款

【例2-14】 甲企业因零星采购需要,将款项500 000元汇往外地并开立采购专户,企业根据汇出款项凭证编制付款凭证。其账务处理如下:

借:其他货币资金——外埠存款   500 000

  贷:银行存款   500 000

【例2-15】 沿用【例2-14】的资料,甲企业的会计部门收到采购员寄来的采购材料的发票等凭证,货款474 600元,其中应交增值税54 600元。其账务处理如下:

借:原材料   420 000

  应交税费——应交增值税(进项税额)   54 600

    贷:其他货币资金——外埠存款   474 600

【例2-16】 沿用【例2-15】的资料,甲企业采购结束,采购员将剩余采购资金25 400元转回。会计部门根据银行转来的收款通知填制记账凭证。其账务处理如下:

借:银行存款   25 400

  贷:其他货币资金——外埠存款   25 400

(六)存出投资款

存出投资款是指企业为购买股票、债券、基金等根据有关规定存入在证券公司指定银行开立的投资款专户的款项。

（1）企业向证券公司划出资金时,应按实际划出的金额:

借:其他货币资金——存出投资款

  贷:银行存款

（2）购买股票、债券、基金等时:

借:交易性金融资产等

  贷:其他货币资金——存出投资款

【例2-17】 甲企业拟利用闲置资金进行股票投资,并将银行存款300 000元划入某证券公司申请资金账号。其账务处理如下:

借:其他货币资金——存出投资款   300 000

  贷:银行存款   300 000

【例2-18】 沿用【例2-17】的资料,甲企业用存入证券公司的款项购入某股票作为以公允价值计量且其变动计入当期损益的金融资产,确认初始投资成本280 000元,发生交易费用10 000元。其账务处理如下:

借:交易性金融资产——成本   280 000

  投资收益   10 000

    贷:其他货币资金——存出投资款   290 000

【课程思政】

财务数据安全与区块链:会计师行业的新变革

近年来,随着数字化技术的不断发展和应用,财务数据安全问题日益引起人们的关注。会计师作为企业财务数据的管理者和报告者,肩负着保障财务数据安全的重要责任。在这个背景下,区块链技术的出现为会计师行业带来了一场新的变革。

区块链技术是一种分布式账本技术,以其去中心化、不可篡改、智能化的特点,被广泛认可为保障信息安全的有效手段。在传统的财务数据管理中,会计师需要面对许多安全风险,比如数据泄露、篡改以及内部欺诈等。通过采用区块链技术,财务数据可以被分布式存储和管理,并且每一笔交易都可以被追溯到其源头,确保数据的真实性和完整性。

首先,区块链技术可以实现财务数据的安全存储。在传统的数据存储方式中,财务数据常存储在集中式数据库中,容易成为黑客攻击的目标。而区块链技术将财务数据分布式存储在网络中的各个节点上,任何一方要篡改数据都需要同网络中的其他节点达成一致。这一特性使得财务数据的存储更为安全,有效地降低了数据被攻击和篡改的风险。

其次,区块链技术可以增强财务数据的透明度和可验证性。传统的财务数据报告需要经过会计师的审核和认可,然而会计师只能依赖企业提供的数据进行审核,难以验证数据的真实性。而在采用区块链技术时,每一笔交易都会被记录在区块链网络中,并通过算法和密码学方法进行验证和确认。这意味着财务数据的每一项变动都可以被追溯到其源头,任何人都可以通过区块链分布式账本进行验证,确保数据的真实性。

除了在财务数据安全方面的应用,区块链技术还为会计师行业带来了更多的机遇和挑战。首先,会计师需要与专业技术人员合作,建立和维护区块链系统,确保系统的安全和稳定运行。其次,会计师需要不断学习和了解区块链技术的发展动态,在日后的工作中更好地运用这一技术。此外,会计师还需要在使用区块链技术的同时,遵守相关的法律法规和道德准则,确保数据的合法流转和使用。

然而,区块链技术的推广和应用还面临一些挑战。首先,技术的安全性和可靠性是区块链技术面临的一个重要问题。尽管区块链技术自身具有一定的安全特性,但仍然存在潜在的攻击和漏洞。因此,在应用区块链技术时,会计师需要与专家合作,确保系统的安全和稳定运行。其次,区块链技术的推广和应用需要政府、企业和监管机构的共同努力,建立相关的法律法规和标准,确保技术的合规和运作。

可见,区块链技术为会计师行业带来了财务数据安全的新变革。通过采用区块链技术,财务数据可以实现安全存储、透明可验证,并有效地降低数据被攻击和篡改的风险。同时,会计师也面临着应用区块链技术的机遇和挑战,需要与专业技术人员合作,不断学习和了解技术的发展动态,并且遵守相关的法律法规和道德准则。只有在技术的安全和合规基础上,区块链技术才能为会计师行业带来更大的价值,并推动会计工作的不断创新。

资料来源:经学智享

【关键术语】

货币资金　库存现金　银行存款　其他货币资金

【学习评价】

专业能力测评表

（在○中打√,A 掌握,B 基本掌握,C 未掌握）

业务能力	评价指标	自测结果			备注
货币资金概述	1.货币资金的内容	○A	○B	○C	
	2.货币资金的内部控制	○A	○B	○C	
库存现金	1.现金管理制度	○A	○B	○C	
	2.库存现金的核算	○A	○B	○C	
	3.库存现金的清查	○A	○B	○C	
银行存款	1.银行存款的管理	○A	○B	○C	
	2.银行存款的核算	○A	○B	○C	
	3.银行存款的核对	○A	○B	○C	
其他货币资金	1.其他货币资金的概述	○A	○B	○C	
	2.其他货币资金的核算	○A	○B	○C	
教师评语：					
成绩		教师签字			

练习题　　　　　答案

第三章 应收款项

【学习目标】

知识目标

1. 掌握应收票据取得、到期、贴现和转让的核算方法；

2. 掌握应收账款的账务处理；

3. 了解预付账款和其他应收款核算的内容；

4. 掌握应收款项减值的账务处理。

能力目标

1. 能按照规范流程和方法进行应收款项业务的账务处理；

2. 能总结出应收票据、应收账款、预付账款以及其他应收款在账务处理上的异同。

思政目标

1. 引导学生关注社会问题，树立宏观意识；

2. 培养学生的创新意识、科学思维和团队精神；

3. 培养学生的责任担当意识，并以此进行个人职业规划。

【思维导图】

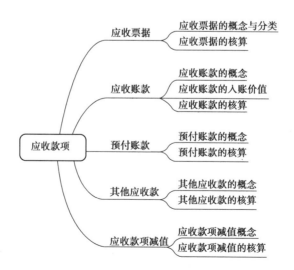

【案例导入】

宏创控股应收账款/营业收入比值持续增长

2025年3月13日,宏创控股发布了2024年年度报告。从业绩整体层面看,近三期年报,净利润分别为0.2284亿元、-1.45亿元、-0.6898亿元,同比变动分别为129.47%、-735.75%、52.5%,净利润较为波动,连续两年亏损,面临退市风险。

项目	20221231	20231231	20241231
净利润（元）	2284.27万	-1.45亿	-6898.18万
净利润增速	129.47%	-735.75%	52.5%

结合经营性资产质量看,报告期内,应收票据较期初增长74.63%,营业收入同比增长29.73%,应收票据增速高于营业收入增速。

项目	20221231	20231231	20241231
营业收入增速	10.62%	-23.86%	29.73%
应收票据较期初增速	-68.18%	31.4%	74.63%

近三期年报显示,应收账款/营业收入比值分别为2.78%、3.62%、4.58%,持续增长。

项目	20221231	20231231	20241231
应收账款（元）	9796.28万	9732.08万	1.6亿
营业收入（元）	35.29亿	26.87亿	34.86亿
应收账款/营业收入	2.78%	3.62%	4.58%

从资金管控角度看,报告期内,预付账款较期初增长135.23%,营业成本同比增长28.75%,预付账款变动较大,增速高于营业成本增速。

项目	20221231	20231231	20241231
预付账款较期初增速	-30.02%	-23.37%	135.23%
营业成本增速	7.06%	-19.99%	28.75%

资料来源:新浪财经

思考:企业为什么会产生应收款项? 企业如何管理应收款项? 对于存在收不回来的应收款项,该怎么处理?

第一节　应收票据

一、应收票据的概念与分类

（一）应收票据的概念

应收票据是指企业因销售商品、提供服务等而收到的商业汇票。商业汇票是一种由出票人签发的，委托付款人在指定日期无条件支付确定金额给收款人或者持票人的票据。

商业汇票使商业信用票据化，具有稳定、可靠、兑现性强的特点，承兑人即付款人负有到期无条件支付票款的责任。商业汇票的承兑期限由交易双方商定，但最长不得超过6个月。商业汇票的提示付款期限，自汇票到期日起10日。符合条件的商业汇票的持票人，可以持未到期的商业汇票连同贴现凭证向银行申请贴现。

（二）商业汇票的分类

根据承兑人不同，商业汇票分为商业承兑汇票和银行承兑汇票。商业承兑汇票是指由付款人签发并承兑，或由收款人签发交由付款人承兑的汇票。银行承兑汇票是指由在承兑银行开立存款账户的存款人（即出票人）签发，由承兑银行承兑的票据。企业申请使用银行承兑汇票时，应向其承兑银行交纳手续费。银行承兑汇票的出票人于汇票到期前未能足额交存票款时，承兑银行除凭票向持票人无条件付款外，对出票人尚未支付的汇票金额按每天万分之五计收利息。

根据票据是否带息，商业汇票分为带息票据和不带息票据。带息票据，是指商业汇票到期时，承兑人除向收款人或被背书人支付票面金额外，还应按票面金额和票据规定的利息率支付自票据生效日起至票据到期日止利息的商业汇票。不带息票据，是指商业汇票到期时，承兑人只按票面金额向收款人或被背书人支付款项的票据。

二、应收票据的核算

为了反映和监督应收票据取得、票款收回等情况，企业应当设置"应收票据"科目。该科目借方登记取得的应收票据的面值，贷方登记到期收回票款或到期前向银行贴现的应收票据的票面金额，期末余额在借方，反映企业持有的商业汇票的票面金额。

为了便于管理和分析各种票据的具体情况，企业应当设置"应收票据备查簿"，逐笔登记商业汇票的种类、号数和出票日、票面金额、交易合同号和付款人、承兑人、背书人的姓名或单位名称、到期日、背书转让日、贴现日、贴现率和贴现净额以及收款日和收回金额、退票情况等资料。商业汇票到期结清票款或退票后，在备查簿中应予注销。

（一）应收票据的取得

应收票据取得的原因不同，其账务处理也有所区别。因债务人抵偿前欠货款而取得的应收票据,借记"应收票据"科目,贷记"应收账款"科目;因企业销售商品、提供劳务等而收到开出、承兑的商业汇票,借记"应收票据"科目,贷记"主营业务收入""应交税费——应交增值税(销项税额)"等科目。

【例3-1】　甲企业为增值税一般纳税人,9月1日向乙企业销售一批产品,价款为500 000元,适用的增值税税率为13%。双方商定以商业汇票结算。甲企业收到乙企业交来的不带息商业承兑汇票,面值为565 000元。甲企业账务处理如下:

借:应收票据——乙企业　　　　　　　　　　　　　　565 000
　贷:主营业务收入　　　　　　　　　　　　　　　　　500 000
　　　应交税费——应交增值税(销项税额)　　　　　　 65 000

【例3-2】　9月15日,乙企业收到丙企业为抵付前欠购货款226 000元寄来的一张期限为3个月的银行承兑汇票。乙企业账务处理如下:

借:应收票据——丙企业　　　　　　　　　　　　　　226 000
　贷:应收账款——丙企业　　　　　　　　　　　　　　226 000

(二)应收票据到期

企业应收票据到期,应分情况处理:一是收回应收票据时,应按实际收到的金额,借记"银行存款"科目,贷记"应收票据"科目;二是票据到期时付款人无力支付票款,收到银行退回的商业承兑汇票、委托收款凭证、未付票款通知书或拒绝付款等证明时,应借记"应收账款"科目,贷记"应收票据"科目。

【例3-3】　沿用【例3-1】的资料,甲企业到期收回票面金额565 000元,存入银行。甲企业账务处理如下:

借:银行存款　　　　　　　　　　　　　　　　　　　565 000
　贷:应收票据——乙企业　　　　　　　　　　　　　　565 000

(三)应收票据的转让

通常情况下,企业将持有的商业汇票背书转让以取得所需物资时,按应计入取得物资成本的金额,借记"在途物资""材料采购""原材料""库存商品"等科目,按照增值税专用发票上注明的可抵扣的增值税税额,借记"应交税费——应交增值税(进项税额)"科目,按商业汇票的票面金额,贷记"应收票据"科目,如有差额,借记或贷记"银行存款"等科目。

特别提示:背书是指在票据背面或者粘单上记载有关事项并签章的票据行为。背书转让的,背书人应当承担票据责任。

(四)应收票据的贴现

企业收到商业汇票,如在未到期前急需资金,可持未到期的商业汇票经过背书后向其开户银行申请贴现。

特别提示:贴现,是指企业将未到期的票据转让给银行,由银行按票据的票面金额扣除贴现日至票据到期日的利息后,将余额付给企业的融资行为,是企业与贴现银行之间就票据权利所作的一种转让。

有关应收票据的票据到期值、贴现利息及贴现净额的计算,所用公式如下:

票据到期值=面值×(1+票面利率×票据期限)

贴现利息=票据到期值×贴现率×贴现期

贴现净额=票据到期值-贴现利息

票据持票期、贴现期与票据期限之间的关系如图3-1所示:

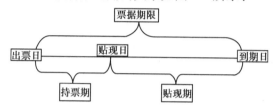

图3-1 票据持票期、贴现期与票据期限之间的关系图

1. 银行拥有追索权

如果银行对应收票据拥有追索权,是指贴现后的票据,在到期时如果票据承兑人无力向贴现银行支付票款,则银行将向申请贴现企业提示票据,申请贴现企业应负偿还票据金额的连带责任。企业将未到期的商业汇票向银行贴现,应按实际收到的金额(即减去贴现利息后的净额),借记"银行存款"等科目,按贴现利息部分,借记"财务费用"等科目,按商业汇票的票面金额,贷记"短期借款"科目。

【例3-4】 沿用【例3-1】的资料,假设当年11月1日,如果甲企业因急需流动资金,经与A银行协商,将此票据贴现给银行,贴现利息为15 000元,银行扣除利息后,将贴现净额支付给甲企业,同时甲企业对此票据的如期偿付承担连带责任。

甲企业的账务处理如下:

借:银行存款　　　　　　　　　　　　　　　　　　　　　　　　550 000

　　财务费用　　　　　　　　　　　　　　　　　　　　　　　　 15 000

　　　贷:短期借款　　　　　　　　　　　　　　　　　　　　　　　　 565 000

如果乙企业到期如约兑付了票款,则甲企业的账务处理如下:

借:短期借款　　　　　　　　　　　　　　　　　　　　　　　　565 000

　　　贷:应收票据——乙企业　　　　　　　　　　　　　　　　　　　 565 000

如果乙企业到期无法兑付票款而由甲企业代为偿付,则甲企业的账务处理如下:

借:短期借款　　　　　　　　　　　　　　　　　　　　　　　　565 000

　　　贷:银行存款　　　　　　　　　　　　　　　　　　　　　　　　 565 000

同时,将应收票据转为应收账款:

借:应收账款——乙企业　　　　　　　　　　　　　　　　　　　565 000

　　　贷:应收票据——乙企业　　　　　　　　　　　　　　　　　　　 565 000

2. 银行不拥有追索权

银行对应收票据不拥有追索权,则应收票据贴现如同应收账款的直接出售,所有的兑现风险和利益在出售时全部转移给银行。企业持未到期的商业汇票向银行贴现,应按实际收到的金额(即减去贴现利息后的净额),借记"银行存款"等科目,按贴现利息部分,借记"财务费用"等科目,按商业汇票的票面金额,贷记"应收票据"科目。

【例3-5】　沿用【例3-1】的资料,假设甲企业在商业汇票到期前因急需资金,将所持汇票贴现给银行,且银行不拥有追索权,银行贴现利息为25 000元。

甲企业账务处理如下:

借:银行存款　　　　　　　　　　　　　　　　　　　　　　　540 000
　　财务费用　　　　　　　　　　　　　　　　　　　　　　　 25 000
　　贷:应收票据——乙企业　　　　　　　　　　　　　　　　　 565 000

知识总结:

表3-1　应收票据的账务处理

时间节点	账务处理(以不带息应收票据为例)		
应收票据取得时	借:应收票据 　贷:主营业务收入等 　　　应交税费——应交增值税(销项税额)		
应收票据到期时	到期收到票款时: 借:银行存款 　贷:应收票据 到期未收到票款时: 借:应收账款 　贷:应收票据		
应收票据转让时	借:在途物资/材料采购/原材料/库存商品等 　　　应交税费——应交增值税(进项税额) 　贷:应收票据 　　　银行存款【差额,或在借方】		
应收票据贴现时	银行不拥有追索权	借:银行存款 　　财务费用【贴现息】 　贷:应收票据	
	银行拥有追索权	贴现	借:银行存款 　　财务费用【贴现息】 　贷:短期借款
		承兑人按期支付	借:短期借款 　贷:应收票据
		承兑人无力支付	借:短期借款 　贷:银行存款 借:应收账款 　贷:应收票据

第二节 应收账款

一、应收账款的概念

应收账款是指企业因销售商品、提供劳务等经营活动,应向购货单位或接受劳务单位收取的款项,主要包括企业销售商品、材料或提供劳务等应向有关债务人收取的价款、增值税及代购货方垫付的包装费、运杂费等。

二、应收账款的入账价值

应收账款是因企业销售商品或提供劳务等产生的债权,应当按照实际发生额记账。其入账价值包括:销售货物或提供劳务的价款、增值税,以及代购货方垫付的包装费、运杂费等。应收账款应于收入实现时确认。

在确认应收账款的入账价值时,应当考虑有关的折扣因素。

1. 商业折扣

商业折扣是指企业为促进销售而在商品标价上给予的扣除。商业折扣的目的是鼓励购货方多购商品,通常根据购货方不同的购货数量而给予不同的扣除比率。例如,企业为鼓励购买方购买更多的商品而规定购买 10 件以上者给 10% 的折扣,或购买方每买 10 件送 1 件;再如,企业为尽快出售一些残次、陈旧、冷背的商品而进行降价销售等。

商业折扣一般在交易发生时即已确定,它仅仅是确定实际销售价格的一种手段,不需在买卖双方任何一方的账上反映,因此,在存在商业折扣的情况下,企业应收账款入账金额应按扣除商业折扣以后的实际售价确定。

2. 现金折扣

现金折扣是指债权人为鼓励债务人在规定的期限内尽早付款,而向债务人提供的债务扣除,通常发生在以赊销方式销售商品及提供劳务的交易中。

企业为了鼓励客户提前偿付货款,通常与债务人达成协议,债务人在不同期限内付款可享受不同比率的折扣。现金折扣一般用符号"折扣率/付款期限"表示。例如"2/10,1/20,N/30"表示:销售方允许客户最长的付款期限为 30 天,如果客户在 10 天内付款,销售方可按商品售价给予客户 2% 的折扣;如果客户在 20 天内付款,销售方可按商品售价给予客户 1% 的折扣;如果客户在 21 天至 30 天内付款,将不能享受现金折扣。

在销售附有现金折扣条件的情况下,应收账款的未来收现金额是不确定的,可能是全部的发票金额,也可能是发票金额扣除现金折扣后的净额,要视客户能否在折扣期限内付款而定。企业应当根据合同条款,并结合其以往的习惯做法确定交易价格。因此,对于附有现金折扣条件的销售,交易价格实际上属于可变对价,企业的会计处理将面临两种选择:

(1)将未减去现金折扣前的发票金额作为应收账款和销售收入的入账价值,这种会计处理方法称为总价法。在总价法下,如果客户能够在折扣期限内付款,企业应按客户取得的现金折扣金额调减收入。

(2)将发票金额扣减最大现金折扣后的金额作为应收账款和销售收入的入账价值,这种会计处理方法称为净价法。在净价法下,如果客户未能在折扣期限内付款,企业应按客户丧失的现金折扣金额调增收入。

企业选择总价法还是净价法进行会计处理,应当取决于对可变对价最佳估计数的判断:

(1)如果企业判断客户在折扣期限内不是极可能取得现金折扣,即在相关不确定性消除时最终确定的交易价格极可能为发票价格,应当采用总价法。

(2)如果企业判断客户在折扣期限内极可能取得现金折扣,即在相关不确定性消除时最终确定的交易价格极可能为发票价格扣除现金折扣后的净额,应当采用净价法。

三、应收账款的核算

为了反映和监督应收账款的增减变动及其结存情况,企业应设置"应收账款"科目,不单独设置"预收账款"科目的企业,预收的账款也在"应收账款"科目核算。"应收账款"科目的借方登记应收账款的增加,贷方登记应收账款的收回及确认的坏账损失。如果期末余额一般在借方,反映企业尚未收回的应收账款;如果期末余额在贷方,一般为企业预收的账款。

1. 有商业折扣

在没有商业折扣的情况下,应收账款和销售收入按发票全额入账。

在有商业折扣的情况下,应收账款和销售收入按扣除商业折扣后的金额入账。

【例3-6】 甲公司赊销给乙公司商品一批,按价目表的价格计算,货款金额总计10 000元,给购货方的商业折扣为10%,适用的增值税税率为13%。代垫运杂费500元(假设不作为计税基数)。甲公司的账务处理如下:

```
借:应收账款——乙公司                              10 670
  贷:主营业务收入                      【10 000×(1-10%)】9 000
    应交税费——应交增值税(销项税额)                1 170
    银行存款                                      500
收到货款时:
借:银行存款                                    10 670
  贷:应收账款——乙公司                           10 670
```

2. 有现金折扣

【例3-7】 甲公司7月1日向乙公司销售一批商品,开出的增值税专用发票上注明的销售价款为20 000元,增值税额为2 600元。为及早收回货款,甲公司和乙公司约定的现金折扣条件为"2/10,1/20,N/30"。假定计算现金折扣时不考虑增值税额。

甲公司的账务处理如下:

（1）假定甲公司采用总价法进行会计处理：

①7月1日，销售实现时，按销售总价确认收入：

借：应收账款——乙公司   22 600
  贷：主营业务收入   20 000
    应交税费——应交增值税（销项税额） 2 600

②如果乙公司在7月9日付清货款：

借：银行存款   22 200
  主营业务收入   【现金折扣20 000×2%】400
  贷：应收账款——乙公司   22 600

③如果乙公司在7月18日付清货款：

借：银行存款   22 400
  主营业务收入   【现金折扣20 000×1%】200
  贷：应收账款——乙公司   22 600

④如果乙公司在7月底才付清货款，则按全额付款：

借：银行存款   22 600
  贷：应收账款——乙公司   22 600

（2）假定甲公司采用净价法进行会计处理：

①7月1日，销售实现时，按销售净价确认收入：

现金折扣＝20 000×2%＝400（元）

销售净价＝20 000－400＝19 600（元）

应收账款＝22 600－400＝22 200（元）

借：应收账款——乙公司   22 200
  贷：主营业务收入   19 600
    应交税费——应交增值税（销项税额） 2 600

②如果乙公司在7月9日付清货款：

借：银行存款   22 200
  贷：应收账款——乙公司   22 200

③如果乙公司在7月18日付清货款：

借：银行存款   22 400
  贷：应收账款——乙公司   22 200
    主营业务收入 【乙公司丧失的现金折扣20 000×（2%－1%）】200

④如果乙公司在7月底才付清货款，则按全额付款：

借：银行存款   22 600
  贷：应收账款——乙公司   22 200
    主营业务收入   【乙公司丧失的现金折扣20 000×2%】400

【例3-8】 甲公司为增值税一般纳税人，9月1日，销售A商品5 000件并开具增值税专用发票，每件商品的标价为200元（不含增值税），A商品适用的增值税税率为13%；每件商品的实际成本为120元；由于是成批销售，甲公司给予客户10%的商业折扣，并在销售合同中规定现金折扣条件为"2/20,N/30",且计算现金折扣时不考虑增值税;当日 A 商品发出,客户收到商品并验收入库。甲公司基于对客户的了解,预计客户 20 天内付款的概率为 90%,20 天后付款的概率为 10%。9 月 18 日,收到客户支付的货款。

本例中,该项销售业务属于在某一时点履行的履约义务。对于商业折扣,甲公司从应确认的销售商品收入中予以扣除;对于现金折扣,甲公司认为按照最可能发生金额能够更好地预测其有权获取的对价金额。因此,甲公司应确认:

销售商品收入的金额=200×5 000×(1-10%)×(1-2%)=882 000(元)

增值税销项税额=200×5 000×(1-10%)×13%=117 000(元)

应收账款入账金额=882 000+117 000=999 000(元)

甲公司应编制如下会计分录:

(1)9 月 1 日,确认收入、结转成本:

借:应收账款　　　　　　　　　　　　　　　　　　　　　999 000

　　贷:主营业务收入　　　　　　　　　　　　　　　　　　882 000

　　　　应交税费——应交增值税(销项税额)　　　　　　　117 000

借:主营业务成本　　　　　　　　　　　　　　　　　　　600 000

　　贷:库存商品　　　　　　　　　　　【5 000 件×120 元/件】600 000

(2)9 月 18 日,收到货款:

借:银行存款　　　　　　　　　　　　　　　　　　　　　999 000

　　贷:应收账款　　　　　　　　　　　　　　　　　　　　999 000

特别提示:如果企业应收账款改用商业汇票结算,在收到承兑的商业汇票时,按账面价值,借记"应收票据"科目,贷记"应收账款"科目。

知识总结:

表 3-2　应收账款的账务处理

时间节点	账务处理
因销售商品、提供劳务等而确认应收账款时	借:应收账款【扣除商业折扣后的价值】 　　贷:主营业务收入等 　　　　应交税费——应交增值税(销项税额)
收回应收账款时	总价法下发生现金折扣: 借:银行存款 　　主营业务收入【给予购买方的现金折扣】 　　贷:应收账款 净价法下没有发生或少给予现金折扣: 借:银行存款 　　贷:应收账款 　　　　主营业务收入【购买方丧失的现金折扣】
改用应收票据结算时	借:应收票据 　　贷:应收账款

第三节　预付账款

一、预付账款的概念

预付账款是指企业按照合同规定预付的款项,如预付的材料、商品采购款、在建工程价款等。

注意:预付账款和应付账款一样,都是企业的短期债权,但是两者又有区别。应收账款是企业因销售商品或提供劳务而产生的债权;而预付账款是企业因购货或接受劳务而产生的债权,是预先付给供货方或劳务提供方的款项。

二、预付账款的核算

为了反映和监督预付账款的增减变动及其结存情况,企业应当设置"预付账款"科目。"预付账款"科目的借方登记预付的款项及补付的款项,贷方登记收到所购物资时根据有关发票账单计入"原材料"等科目的金额及收回多付款项的金额。如果期末余额在借方,反映企业实际预付的款项;如果期末余额在贷方,则反映企业应付或应补付的款项。

预付款项情况不多的企业,可以不设置"预付账款"科目,而将预付的款项通过"应付账款"科目核算。

企业根据购货合同的规定向供应单位预付款项时,借记"预付账款"科目,贷记"银行存款"科目;企业收到所购物资,按应计入购入物资成本的金额,借记"材料采购""原材料""库存商品"等科目,按可抵扣的增值税进项税额,借记"应交税费——应交增值税(进项税额)"等科目,贷记"预付账款"科目;当预付价款小于采购货物所需支付的款项时,应将不足部分补付,借记"预付账款"科目,贷记"银行存款"等科目;当预付价款大于采购货物所需支付的款项时,对收回的多余款项,应借记"银行存款"等科目,贷记"预付账款"科目。

【例3-9】　甲企业为增值税一般纳税人,向乙企业采购材料6 000千克,每千克单价10元,所需支付的价款总计60 000元。按照合同规定向乙企业预付价款的50%,验收货物后补付其余款项。甲企业的账务处理如下:

(1)预付50%的价款时:

借:预付账款——乙企业 30 000

　　贷:银行存款 30 000

(2)收到乙企业发来的6 000千克材料,验收无误,增值税专用发票上注明的价款为60 000元,增值税税额为7 800元,以银行存款结清余款37 800元。甲企业的账务处理如下:

借:原材料 60 000

　　应交税费——应交增值税(进项税额)　　　　　　　　　　　　　7 800
　　　　贷:预付账款——乙企业　　　　　　　　　　　　　　　　　　　678 000
　　借:预付账款——乙企业　　　　　　　　　　　　　　　　　37 800
　　　　贷:银行存款　　　　　　　　　　　　　　　　　　　　　　　　 37 800

知识总结:

表 3-3　预付账款的账务处理

节点	账务处理	
向供应单位预付款项时	借:预付账款 　　贷:银行存款	
收到所购物资时	借:材料采购、原材料、库存商品等 　　应交税费——应交增值税(进项税额) 　　贷:预付账款	
预付款与所需支付款有差额时	补付不足部分款项时: 借:预付账款 　　贷:银行存款等	收回多余款项时: 借:银行存款等 　　贷:预付账款

第四节　其他应收款

一、其他应收款的概念

　　其他应收款是指企业除应收票据、应收账款、预付账款等以外的其他各种应收及暂付款项。其主要内容包括:应收的各种赔款、罚款,如因企业财产等遭受意外损失而应向有关保险公司收取的赔款等;应收的出租包装物租金;应向职工收取的各种垫付款项,如为职工垫付的水电费、应由职工负担的医药费、房租费等;存出保证金,如租入包装物支付的押金;其他各种应收、暂付款项。

二、其他应收款的核算

　　为了反映和监督其他应收账款的增减变动及其结存情况,企业应当设置"其他应收款"科目进行核算。"其他应收款"科目的借方登记其他应收款的增加,贷方登记其他应收款的收回,期末余额一般在借方,反映企业尚未收回的其他应收款项。"其他应收款"科目应当按照对方单位(或个人)设置明细科目进行核算。

　　企业发生各种其他应收款项时,应借记"其他应收款"科目,贷记"库存现金""银行存款"等科目。收回其他各种应收款项时,借记"库存现金""银行存款"等科目,贷记"其他应收款"科目。

【例 3-10】 甲企业向丁企业租入包装物一批,以银行存款向丁企业支付押金 50 000 元。甲企业的账务处理如下:

借:其他应收款——丁企业　　　　　　　　　　　　　　　　　　　50 000

　贷:银行存款　　　　　　　　　　　　　　　　　　　　　　　　　　50 000

【例 3-11】 沿用【例 3-10】的资料,甲企业按期如数向丁企业退回所租包装物,并收到丁企业退还的押金 50 000 元,已存入银行。甲企业的账务处理如下:

借:银行存款　　　　　　　　　　　　　　　　　　　　　　　　　　50 000

　贷:其他应收款——丁企业　　　　　　　　　　　　　　　　　　　50 000

知识总结:

表 3-4　其他应收款的账务处理

时间节点	账务处理
应收各种赔款、罚款时	借:其他应收款 　贷:营业外收入/待处理财产损溢等
应收出租包装物租金时	借:其他应收款 　贷:其他业务收入等
应向职工收取各种垫付款项时	企业为职工垫付款项时: 借:其他应收款 　贷:库存现金、银行存款等 从工资中扣减时: 借:应付职工薪酬 　贷:其他应收款
存出保证金时	借:其他应收款 　贷:银行存款等
其他各种应收、暂付款项时	借:其他应收款 　贷:库存现金等

第五节　应收款项减值

一、应收款项减值概念

企业应当在资产负债表日对应收款项的账面价值进行检查,有客观证据表明该应收款项发生减值的,应当将该应收款项的账面价值减记至预计未来现金流量现值,减记的金额确认为减值损失,计提坏账准备。

应收款项发生减值的客观证据主要包括:①债务人发生严重财务困难;②债务人违

反了合同条款,如发生违约或逾期等;③债权人出于经济或法律等方面因素的考虑,对发生财务困难的债务人作出让步;④债务人很可能倒闭或进行其他财务重组。

注意:对已确认为坏账的应收账款,并不意味着企业放弃其追索权,一旦重新收回,应及时入账。

二、应收款项减值的核算

应收款项减值有两种核算方法,即直接转销法和备抵法,我国企业会计准则规定,应收款项减值的核算应采用备抵法,小企业会计准则规定,应收款项减值采用直接转销法。

(一)直接转销法

采用直接转销法时,日常核算中应收款项可能发生的坏账损失不进行会计处理,只有在实际发生坏账时,才作为坏账损失计入当期损益。

1. 坏账损失的确认

小企业应收及预付款项符合下列条件之一的,减除可收回的金额后确认的无法收回的应收及预付款项,作为坏账损失:

(1)债务人依法宣告破产、关闭、解散、被撤销,或者被依法注销、吊销营业执照,其清算财产不足清偿的。

(2)债务人死亡,或者依法被宣告失踪、死亡,其财产或者遗产不足清偿的。

(3)债务人逾期3年未清偿,且有确凿证据证明已无力清偿债务的。

(4)与债务人达成债务重组协议或法院批准破产重整计划后,无法追偿的。

(5)因自然灾害、战争等不可抗力导致无法收回的。

2. 坏账损失的账务处理

按照小企业会计准则规定确认应收账款实际发生的坏账损失,应当按照可收回的金额,借记"银行存款"等科目,按照其账面余额,贷记"应收账款"等科目,按照其差额,借记"营业外支出——坏账损失"科目。

【例3-12】　某企业的一笔50 000元应收账款,因债务人财务状况原因长期未能收回,年末经催收收回5 000元,其余款项确实无法收回,确认为坏账。该企业在年末的账务处理如下:

借:银行存款　　　　　　　　　　　　　　　　　　　　　5 000

　营业外支出——坏账损失　　　　　　　　　　　　　　45 000

　　贷:应收账款　　　　　　　　　　　　　　　　　　　　50 000

直接转销法的优点是账务处理简单,将坏账损失在实际发生时确认为损失,符合其偶发性特征和小企业经营管理的特点。其缺点是不符合权责发生制会计基础,也与资产定义存在一定的冲突。在这种方法下,只有坏账实际发生时,才将其确认为当期损益,导致资产和各期损益不实;另外,在资产负债表上,应收账款是按账面余额而不是按账面价值反映的,这在一定程度上高估了期末应收款项。

(二)备抵法

备抵法是采用一定的方法按期确定预期信用损失计入当期损益,作为坏账准备,待坏账损失实际发生时,冲销已计提的坏账准备和相应的应收款项。

采用备抵法核算信用减值损失的优点主要有:符合权责发生制和会计谨慎性要求,在资产负债表中列示应收款项的净额,使财务报表使用者能了解企业应收款项预期可收回的金额和谨慎的财务状况;在利润表中作为营业利润项目列示,有利于落实企业管理者的经管责任,有利于企业外部利益相关者如实评价企业的经营业绩,作出谨慎的决策。

采用备抵法核算信用减值损失的缺点是:预期信用损失的估计需要考虑的因素众多,且有部分估计因素带有一定的主观性,对会计职业判断的要求较高,可能导致预期信用损失的确定不够准确、客观。此外,预期信用减值损失影响各期营业利润金额的计算与确定,客观存在企业管理者平滑利润进行盈余管理甚至利润操纵与舞弊的可能性,增加会计职业风险,增加注册会计师审计难度和审计风险,同时,也增加政府和行业的会计监管难度和风险,这对会计制度的制定者、执行者和监管者等提出更高的要求。

企业应当设置“坏账准备”科目,核算应收款项的坏账准备计提、转销等事项。“坏账准备”科目的贷方登记当期计提的坏账准备、收回已转销的应收账款而恢复的坏账准备,借方登记实际发生的坏账损失金额和冲减的坏账准备金额,期末贷方余额,反映企业已计提但尚未转销的坏账准备。

1.计提坏账准备

企业计提坏账准备时,按照应收款项应减记的金额,借记“信用减值损失”科目,贷记“坏账准备”科目。冲减多计提的坏账准备时,借记“坏账准备”科目,贷记“信用减值损失”科目。

【例3-13】 12月31日,甲企业应收丙企业的账款余额为2 000 000元,甲企业根据企业会计准则确定应计提坏账准备的金额为200 000元。甲企业的账务处理如下:

借:信用减值损失   200 000

    贷:坏账准备   200 000

2.发生坏账损失

企业确实无法收回的应收款项按管理权限报经批准后作为坏账转销时,应当冲减已计提的坏账准备。企业实际发生坏账损失时,借记“坏账准备”科目,贷记“应收账款”“其他应收款”等科目。

【例3-14】 5月31日,甲企业应收丙企业的货款实际发生坏账损失30 000元。甲企业的账务处理如下:

借:坏账准备   30 000

    贷:应收账款——丙企业   30 000

3.已确认并转销坏账的应收款项又收回

已确认并转销坏账的应收款项以后又收回的,应当按照实际收到的金额增加坏账准备的账面余额。已确认并转销坏账的应收款项以后又收回的,应先恢复客户声誉,借记“应收账款”“其他应收款”等科目,贷记“坏账准备”科目;同时,借记“银行存款”科目,贷记“应收账款”“其他应收款”等科目。

【例3-15】 6月25日,甲企业收回已作坏账转销的应收账款30 000元,存入银行。

甲企业的账务处理如下：

借:应收账款	30 000	
贷:坏账准备		30 000
借:银行存款	30 000	
贷:应收账款		30 000

4.确定应收款项预期信用损失的方法

在会计实务中,经常使用的确定应收款项预期信用损失的具体方法有应收款项余额百分比法和账龄分析法。

(1)应收款项余额百分比法。应收款项余额百分比法是指按照期末应收款项的期末余额和预期信用损失率,计算确定应收款项预期信用损失,据以计提坏账准备的一种方法。

采用应收款项余额百分比法计提坏账准备可按以下公式计算：

本期应提坏账准备=应收款项年末余额×预期信用损失率

本期实提坏账准备=本期应提坏账准备-"坏账准备"科目本期计提前的贷方余额

(或+"坏账准备"科目本期计提前的借方余额)

【例3-16】 甲企业对应收账款按照应收账款余额百分比法计提坏账准备。

20×4年年末,应收账款的余额为5 000万元。

20×5年,应收账款中所包含的A客户所欠的40万元货款无法收回,确认为坏账,年末应收账款的余额为6 000万元。

20×6年,上年已冲销的A客户应收账款因客户经济情况好转又收回20万元,已存入银行,年末应收账款余额为9 000万元。

假设甲企业的预期信用损失率均为1%,则甲企业的账务处理如下：

①20×4年年末应提坏账准备=5 000×1%=50(万元):

| 借:信用减值损失 | 500 000 | |
| 贷:坏账准备 | | 500 000 |

②20×5年冲销坏账：

| 借:坏账准备 | 400 000 | |
| 贷:应收账款——A客户 | | 400 000 |

20×5年年末坏账准备余额=6 000×1%=60(万元),但由于20×5年年末在计提坏账准备之前,"坏账准备"科目为贷方余额10(50-40)万元,因此20×5年年末实际提取坏账准备=60-10=50(万元)。

| 借:信用减值损失 | 500 000 | |
| 贷:坏账准备 | | 500 000 |

③20×6年收回上年已冲销的坏账20万元：

| 借:应收账款——A客户 | 200 000 | |
| 贷:坏账准备 | | 200 000 |

借:银行存款 200 000

　　贷:应收账款——A客户 200 000

20×6年年末坏账准备余额＝9 000×1%＝90(万元),但由于20×6年年末在计提坏账准备之前,"坏账准备"科目为贷方余额80(60+20)万元,因此20×6年年末实际提取坏账准备＝90-80＝10(万元)。

借:信用减值损失 100 000

　　贷:坏账准备 100 000

(2)账龄分析法。账龄分析法是指对应收款项按账龄的长短进行分组并分别确定预期信用损失率,据此计算确定预期信用损失金额、计提坏账准备的一种方法。账龄是指客户所欠账款时间的长短。企业为了加强应收款项的管理,在期末一般都要编制应收款项账龄分析表,将账龄分析表中各账龄段应收款项的余额乘以相应的预期信用损失率,就可计算出期末应计提的坏账准备。

【例3-17】 甲企业通过分析12月31日各客户的应收账款明细账,编制应收账款账龄分析表,同时根据历史资料和有关变化条件,为不同账龄的应收账款分别估计预期信用损失率,并编制应收账款账龄分析及估计预期信用损失表。应收账款账龄分析及估计预期信用损失表如表3-5所示。

表3-5　应收账款账龄分析及估计预期信用损失表　　　　单位:元

客户名称	账龄	12 月 31 日		
		应收账款余额(元)	估计预期信用损失率(%)	估计预期信用损失金额(元)
A 企业	未到期	80 000	1	800
B 企业	逾期1个月	30 000	3	900
C 企业	逾期3个月	10 000	6	600
D 企业	逾期6个月	8 000	25	2 000
E 企业	逾期1年	5 000	50	2 500
F 企业	已宣告破产	1 000	80	800
合计		134 000	—	7 600

假设甲企业计提本年坏账准备前,12月31日"坏账准备"科目已有贷方余额5 000元,则应计入当期信用减值损失的金额为2 600元(7 600-5 000)。其账务处理如下:

借:信用减值损失 2 600

　　贷:坏账准备 2 600

知识总结：

表3-6 应收款项减值的账务处理

时间节点	账务处理（以备抵法为例）
计提坏账准备时	借：信用减值损失 　贷：坏账准备
冲减多计提的坏账准备时	借：坏账准备 　贷：信用减值损失
实际发生坏账损失时	借：坏账准备 　贷：应收账款等
已确认并转销坏账的应收款项又收回时	借：应收账款等 　贷：坏账准备 借：银行存款 　贷：应收账款等

【课程思政】

企业碳资产面临的挑战及应对措施

企业碳资产是指在强制或自愿碳排放权交易机制下，企业通过减排活动获得的配额排放权、减排信用额及相关活动所产生的资产。碳资产可以通过节能技改活动、投资开发的零排放项目或减排项目等方式获得，并在碳交易市场上进行交易或转让。

政策风险

碳资产交易在我国属于探索性改革。政策调整可能比较频繁，力度比较大，将直接影响市场交易价格、成交量等因素，直接影响市场的供需关系和市场预期，进而影响公司的业务模式和盈利能力。

应对措施：严格遵守相关法律法规及各类监管政策，密切关注政策变动，强化预测和预判能力，及时根据政策变化调整经营策略，争取政策红利，减少政策变动带来的损失。

合规成本增加

碳市场的合规成本是企业在碳市场中面临的另一大挑战。合规成本是指企业为满足碳市场的政策法规要求，进行碳排放监测、碳排放报告、碳排放审核等活动所产生的成本。随着碳市场的不断发展，合规成本可能会不断增加，给企业的财务管理带来压力。

应对措施：一是通过碳盘查摸清家底。盘查的数据是后续常规监测、核算和报告的基础，对历史年份的碳排放展开全面排查，收集厂区及设备的排放历史数据，能够了解自身数据基础，完善数据体系，防止不必要的数据缺失。二是企业在全面盘查碳排放总量之后，应当建立相应的低碳发展管理制度体系，支持碳管理工作，如构建碳资产管理台账等。一套统一的管理层面的制度和战略能有效减少各部门之间的协调和内部资源调配带来的时间成本和经济成本，不仅能提升碳管理水平，更能提升企业的精细化管理水平。

市场风险

碳市场的价格受到供需关系、政策调整、投资者情绪以及国际碳市场价格等多种因素的影响。这些因素的变化都可能导致碳价格的波动，进而影响碳资产管理公司的收益。如果对碳资产的价格走势没有很好把握，在履约期临近时可能会以较高的价格回购碳资产，造成"低卖高买"，引起亏损。同时，碳资产上市交易后，行情波动较大，如没有专业的内部操作团队或外聘法律团队，可能引发风险事件。

应对措施：不断提高自身核心竞争力，深入了解碳市场，制定合理的碳资产管理策略，构建多元化碳资产组合，灵活调整交易策略，并通过期权、期货等金融工具手段对冲碳市场价格波动风险。同时，提高员工素质，建立专业化的人才队伍，建立系统有效的规章制度，高标准、严要求指导交易决策。

收益不及预期的风险

企业财务部门应当对碳资产的运营管理所产生的经济效益进行提前测算，形成预算及风险防控措施清单。碳资产行业复杂性及不确定性较高，政策变化快，市场竞争激烈，且受公司资源、业务方向、运营水平等方面的影响，可能存在收益不及预期的风险。尤其是公司起步时期，业务规模有限，可能存在亏损的风险。

应对措施：企业开展碳资产业务应保持市场敏感性，灵活应对市场变化，积极开拓市场，加强内外部协同，提供有竞争力的服务方案、优质的客户服务。同时，建立健全内部控制制度，不断提高运营管理水平，以实现收益预期。

合规操作风险

如组建碳资产公司开展碳市场业务，公司在组建及运营的过程中，可能因违反法律法规或监管要求而面临合规风险。组建公司涉及内外部审批流程、协议签署、工商登记等环节较多，存在一定的合规操作风险。

应对措施：应严格遵守各项法律法规及企业有关规定，关注操作细节，切实防范操作风险。在组建和运营碳资产公司过程中，需要遵守国家关于碳资产交易市场的准入规定、具备相应的资质，按照法律法规及监管政策等要求进行运营；碳资产公司成立后，应根据法律法规、监管政策、公司经营需要等及时形成公司制度，规范经营行为；公司在经营活动中应进行法律合规审查，确保符合法律法规及监管要求。如有必要，应聘请专业的法律顾问或律师团队提供法律合规支持和咨询。

资料来源：中国会计报

【关键术语】

应收票据　应收账款　预付账款　其他应收款　应收款项减值　备抵法

【学习评价】

专业能力测评表

（在○中打√,A 掌握,B 基本掌握,C 未掌握）

业务能力	评价指标	自测结果	备注
应收票据	1.应收票据的概念与分类	○A　○B　○C	
	2.应收票据的核算	○A　○B　○C	
应收账款	1.应收账款的概念	○A　○B　○C	
	2.应收账款的入账价值	○A　○B　○C	
	3.应收账款的核算	○A　○B　○C	
预付账款	1.预付账款的概念	○A　○B　○C	
	2.预付账款的核算	○A　○B　○C	
其他应收款	1.其他应收款的概念	○A　○B　○C	
	2.其他应收款的核算	○A　○B　○C	
应收款项减值	1.应收款项减值的概念	○A　○B　○C	
	2.应收款项减值的核算	○A　○B　○C	
教师评语：			
成绩		教师签字	

练习题　　　　答案

第四章　存　货

【学习目标】

知识目标

1. 了解存货的概念与特征;

2. 掌握存货取得与发出的计价方法及会计处理方法;

3. 掌握和熟练运用存货按实际成本核算的方法和按计划成本核算的方法;

4. 熟悉存货可变现净值的确定方法;

5. 掌握存货清查的会计处理方法和存货跌价准备的核算方法。

能力目标

1. 能按照规范流程和方法进行存货业务的账务处理;

2. 能总结出存货按实际成本法核算和按计划成本法核算的异同。

思政目标

1. 引导学生自觉践行社会主义核心价值观,增强学生的社会责任感;

2. 培养学生的创新意识和科学思维,提升学生对创新发展、追求卓越的价值认同;

3. 引导学生不忘初心,以高度的责任心和担当精神反哺社会或家庭。

【思维导图】

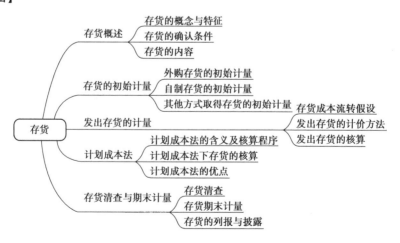

【案例导入】

华发股份 2024 年净利"腰斩",房地产开发项目存货跌价准备新增计提 15.54 亿元

2025 年 3 月 14 日,华发股份(600325.SH)发布 2024 年度报告,公司 2024 年实现营业收入 599.92 亿元,同比下降 16.84%;归母净利润 9.51 亿元,同比下降 48.24%,几近"腰斩"。

公告显示,华发股份 2024 年度新增计提的相关资产和信用减值准备合计为 19.67 亿元,将导致公司本期合并财务报表利润总额减少 19.67 亿元,净利润减少 16.25 亿元,归属于母公司股东的净利润减少 12.44 亿元。

具体来看,房地产开发项目存货跌价准备新增计提金额 15.54 亿元。其中,开发成本计提跌价准备 1.71 亿元,开发产品计提跌价准备 13.82 亿元。

华发股份解释称,综合考虑房地产项目所在地的市场状况、项目自身的定位、开发及销售计划等因素,公司对开发成本、开发产品的可变现净值进行了减值测试。

资料来源:读创财经

思考:企业的存货包括哪些内容? 应如何分类? 存货为什么会发生减值?

第一节　存货概述

一、存货的概念与特征

存货是指企业在日常活动中持有以备出售的产成品或商品、处在生产过程中的在产品、在生产过程或提供劳务过程中储备的材料或物料等。

存货具有以下主要特征:

(1)存货是一种具有物质实体的有形资产。存货包括原材料、在产品、产成品及商品、周转材料等各类具有物质实体的材料物资,因而有别于金融资产、无形资产等没有实物形态的资产。

(2)存货属于流动资产,具有较大的流动性。存货通常都将在一年或超过一年的一个营业周期内被销售或耗用,并不断地被重置,因而属于一项流动资产,具有较强的变现能力和较大的流动性,明显不同于固定资产、在建工程等具有物质实体的非流动资产。

(3)存货以在正常生产经营过程中被销售或耗用为目的而取得。企业持有存货的目的在于准备在正常经营过程中予以出售,如商品、产成品以及准备直接出售的半成品等;或者仍处在生产过程中,待制成产成品后再予以出售,如在产品、半成品等;或者将在生产过程或提供劳务过程中被耗用,如材料和物料、周转材料等。

企业在判断一个资产项目是否属于存货时,必须考虑持有该资产的目的,即在生产经营过程中的用途或所起的作用。例如,企业为生产产品或提供劳务而购入的材料,属于存货,但为建造固定资产而购入的材料,就不属于存货。再如,对于生产和销售机器设备的企业来说,机器设备属于存货;而对于使用机器设备进行产品生产的企业来说,机器设备则属于固定资产。此外,企业为国家储备的特种物资、专项物资等,并不参加企业的经营周转,也不属于存货。

(4)存货属于非货币性资产,存在价值减损的可能性。存货通常能够在正常生产经营过程中被销售或耗用,并最终转换为货币资金。但由于存货的价值易受市场价格以及其他因素变动的影响,其能够转换的货币资金数额不是固定的,具有较大的不确定性。存货长期不能销售或耗用时,就有可能变为积压物资或者需要降价销售,从而给企业带来损失。

二、存货的确认条件

企业在确认某项资产是否作为存货时,先要视其是否符合存货的概念,在此前提下,只有同时满足存货确认的两个条件,才能加以确认。

(一)与该存货有关的经济利益很可能流入企业

在通常情况下,随着存货实物的交付和所有权的转移,存货的控制权也一并转移。就销货方而言,转出存货的所有权一般可以表明丧失了对存货的控制权,即该存货所包含的经济利益已经流出企业;就购货方而言,转入存货的所有权则一般可以表明取得了对存货的控制权,即能够主导该商品的使用并从中获得几乎全部的经济利益。因此,存货确认的一个重要标志,就是企业是否拥有某项存货的所有权。一般来说,凡企业拥有所有权的货物,无论存放何处,都应包括在本企业的存货之中;而尚未取得所有权或者已将所有权转移给其他企业的货物,即使存放在本企业,也不应包括在本企业的存货之中。

(二)存货的成本能够可靠地计量

存货作为资产的重要组成部分,在确认时必须符合资产确认的基本条件,即成本能够可靠地计量。成本能够可靠地计量,是指成本的计量必须以取得的确凿、可靠的证据为依据,并且具有可验证性。如果存货成本不能可靠地计量,则存货不能予以确认。例如,企业承诺购买的货物,由于目前尚未发生实际的购买行为,无法取得证实其成本的确凿、可靠的证据,因此不能确认为购买企业的存货。

三、存货的内容

企业的存货通常包括各类原材料、在产品、半成品、产成品、商品以及周转材料、委托代销商品等。

1. 原材料

原材料是指企业在生产过程中经过加工改变其形态或性质并构成产品主要实体的各种原料及主要材料、辅助材料、外购半成品、修理用备件、包装材料等。

2. 在产品

在产品是指企业正在制造尚未完工的产品,包括正在各个生产工序加工的产品和已加工完毕但尚未检验或已检验但尚未办理入库手续的产品。

3. 半成品

半成品是指经过一定生产过程并已检验合格交付半成品仓库保管,但尚未制造完工,仍需进一步加工的中间产品。

4. 产成品

产成品是指企业已经完成全部生产过程并已验收入库,可以按照合同规定的条件送交订货单位,或者可以作为商品对外销售的产品。企业接受来料加工制造的代制品和为外单位加工修理的代修品,制造和修理完成验收入库后,应视同企业的产成品。

5. 商品

商品是指商品流通企业外购或委托加工完成验收入库用于销售的各种商品。

6. 周转材料

周转材料包括包装物和低值易耗品。包装物是指为了包装本企业的商品而储备的各种包装容器,如桶、箱、瓶、坛、袋等。其主要作用是盛装、装潢产品或商品。低值易耗品是指不能作为固定资产核算的各种用具物品,如各种工具、管理用具、玻璃器皿、劳动保护用品以及在经营过程中周转使用的容器等。其特点是单位价值较低或使用期限相对于固定资产较短,在使用过程中保持其原有实物形态基本不变。

第二节　存货的初始计量

一、外购存货的初始计量

(一)外购存货的成本构成

外购存货的成本是指存货从采购到入库前所发生的全部支出,即采购成本,一般包括购买价款、相关税费、运输费、装卸费、保险费以及其他可归属于存货采购成本的费用。

1. 购买价款

存货的购买价款是指企业购入的材料或商品的发票账单上列明的价款,但不包括按照规定可以抵扣的增值税进项税额。

2. 相关税费

存货的相关税费是指企业购买存货发生的进口关税、消费税、资源税和不能抵扣的增值税进项税额以及相应的教育费附加等应计入存货采购成本的税费。

3. 其他费用

其他可归属于存货采购成本的费用是指采购成本中除上述各项以外的可归属于存货采购的费用,如在存货采购过程中发生的仓储费、包装费、运输途中的合理损耗、入库前的挑选整理费用等。运输途中的合理损耗,是指商品在运输过程中,因商品性质、自然条件及技术设备等因素,所发生的自然的或不可避免的损耗。例如,汽车在运输煤炭、化肥等过程中的自然散落以及易挥发产品在运输过程中的自然挥发等。

（二）外购存货的会计处理

企业外购的存货应根据具体情况,分别进行账务处理。

1. 存货已到,货款已付

当发票和结算凭证已经收到并已付款,存货已经验收入库时,应根据有关凭证进行记账。

【例4-1】 甲企业为增值税一般纳税人,9月12日,购买一批原材料,用银行存款支付45 200元,其中增值税专用发票上注明的材料货款为40 000元,增值税税额为5 200元。甲企业的账务处理如下:

借:原材料   40 000

  应交税费——应交增值税(进项税额)   5 200

   贷:银行存款   45 200

2. 存货已到,货款未付

A. 存货和结算凭证均已到达企业,但尚未支付货款

在采用赊购方式购入存货的情况下,企业应于存货验收入库后,按发票账单等结算凭证确定的存货成本。

【例4-2】 3月20日,甲公司从乙公司赊购一批原材料,增值税专用发票上注明的原材料价款为60 000元,增值税进项税额为7 800元。根据购货合同约定,甲公司应于4月30日之前支付货款。甲公司应进行如下账务处理:

(1)3月20日,赊购原材料

借:原材料   60 000

  应交税费——应交增值税(进项税额)   7 800

   贷:应付账款——乙公司   67 800

(2)4月30日,支付货款

借:应付账款——乙公司   67 800

   贷:银行存款   67 800

如果赊购附有现金折扣条件,则其会计处理有总价法和净价法两种方法。在总价法下,应付账款按实际交易金额入账,如果购货方在现金折扣期限内付款,则取得的现金折扣应当作为购货价格的扣减,调减购货成本;在净价法下,应付账款按实际交易金额扣除现金折扣后的净额入账,如果购货方超过现金折扣期限付款,则丧失的现金折扣视为购货价格的增加,调增购货成本。

【例4-3】 7月1日,甲公司从乙公司赊购一批原材料,增值税专用发票上注明的原材料价款为85 000元,增值税进项税额为11 050元。根据购货合同约定,甲公司应于7月31日之前支付货款,并附有现金折扣条件:如果甲公司能在10日内付款,可按原材料价款(不含增值税)的2%享受现金折扣;如果甲公司超过10日,但能在20日内付款,可按原材料价款(不含增值税)的1%享受现金折扣;如果超过20日付款,则须全额支付交易金额。

如果甲公司采用总价法,其会计处理如下:

(1)7月1日,赊购原材料:

借:原材料   85 000

  应交税费——应交增值税(进项税额)   11 050

   贷:应付账款——乙公司   96 050

(2)支付购货款:

①假定甲公司于7月10日支付货款:

现金折扣＝85 000×2%＝1 700(元)

实际付款金额＝96 050-1 700＝94 350(元)

借:应付账款——乙公司   96 050

  贷:银行存款   94 350

   原材料   1 700

②假定甲公司于7月20日支付货款:

现金折扣＝85 000×1%＝850(元)

实际付款金额＝96 050-850＝95 200(元)

借:应付账款——乙公司   96 050

  贷:银行存款   95 200

   原材料   850

③假定甲公司于7月31日支付货款:

借:应付账款——乙公司   96 050

  贷:银行存款   96 050

如果甲公司采用净价法,其会计处理如下:

(1)7月1日,赊购原材料:

现金折扣＝85 000×2%＝1 700(元)

购货净额＝85 000-1700＝83 300(元)

应付账款＝96 050-1700＝94 350(元)

借:原材料   83 300

  应交税费——应交增值税(进项税额)   11 050

   贷:应付账款——乙公司   94 350

(2)支付购货款:

①假定甲公司于7月10日支付货款:

借:应付账款——乙公司   94 350

  贷:银行存款   94 350

②假定甲公司于7月20日支付货款:

借:应付账款——乙公司   94 350

  原材料   850

   贷:银行存款   95 200

③假定甲公司于 7 月 31 日支付货款：

借：应付账款——乙公司   94 350

  原材料   1 700

  贷：银行存款   96 050

B. 存货先到企业，尚未收到结算凭证

存货先到企业，但由于尚未收到结算凭证，不知存货款项数额，无法付款。因此存货验收入库时可暂不编制会计分录，待收到结算凭证时再编制会计分录。

如果等到月末时结算凭证仍然未到，应按暂估价入账，借记"原材料"等科目，贷记"应付账款——暂估应付账款"科目，并于下月 1 日用红字冲回，以便结算凭证到达时作正常付款的账务处理。

【例 4-4】 甲企业为增值税一般纳税人，收到所购原材料一批，材料验收入库，但结算凭证尚未收到；月末，按照合同价 100 000 元暂估入账，下月初红字冲回。收到上述材料的发票账单等结算凭证，价款 95 000 元，增值税税额 12 350 元，甲企业开出期限为 3 个月的不带息商业承兑汇票一张。甲企业的账务处理如下：

月末，原材料暂估入账：

借：原材料   100 000

  贷：应付账款——暂估应付账款   100 000

下月初，用红字冲回：

借：原材料   −100 000

  贷：应付账款——暂估应付账款   −100 000

收到结算凭证，开出商业承兑汇票：

借：原材料   95 000

  应交税费——应交增值税(进项税额)   12 350

  贷：应付票据   107 350

3. 货款已付，存货未到

对已经付款但尚在运输途中的存货，通过"在途物资"科目核算，存货到达企业并验收入库时再转入"原材料"等科目。

【例 4-5】 甲企业为增值税一般纳税人，向乙企业购买材料一批，增值税专用发票上的总金额为 33 900 元，其中增值税税额为 3 900 元，款项已通过银行支付。材料尚未运达企业。甲企业的账务处理如下：

借：在途物资   30 000

  应交税费——应交增值税(进项税额)   3 900

  贷：银行存款   33 900

材料到达企业并验收入库时：

借：原材料   30 000

  贷：在途物资   30 000

4. 采用预付款方式购入存货

企业在采购存货时,可以根据有关规定先预付一部分存货货款,才能取得购入的存货。因此,预付的存货货款是企业的暂付款,企业的预付货款业务应通过"预付账款"科目核算。

【例 4-6】　甲企业为增值税一般纳税人,6 月 18 日,甲企业向乙企业预付货款 50 000元,采购一批原材料。乙企业于 7 月 3 日交付材料,并开具增值税专用发票,材料价款为45 000 元,增值税税额为 5 850 元。7 月 10 日,甲企业将应补付的货款 850 元通过银行转账支付。甲企业的账务处理如下:

(1)6 月 18 日,预付货款时:

借:预付账款——乙企业　　　　　　　　　　　　　　　　　　　　　50 000

　　贷:银行存款　　　　　　　　　　　　　　　　　　　　　　　　　　　50 000

(2)7 月 3 日,材料验收入库时:

借:原材料　　　　　　　　　　　　　　　　　　　　　　　　　　　45 000

　　应交税费——应交增值税(进项税额)　　　　　　　　　　　　　　5 850

　　贷:预付账款——乙企业　　　　　　　　　　　　　　　　　　　　　50 850

(3)7 月 10 日,补付货款时:

借:预付账款——乙企业　　　　　　　　　　　　　　　　　　　　　850

　　贷:银行存款　　　　　　　　　　　　　　　　　　　　　　　　　　　850

(三)外购存货发生短缺的会计处理

企业在存货采购过程中,如果发生了存货短缺、毁损等情况,应及时查明原因,区别情况进行会计处理:

(1)属于运输途中的合理损耗,应计入有关存货的采购成本。

(2)属于供货单位或运输单位的责任造成的存货短缺,应由责任人补足存货或赔偿货款,不计入存货的采购成本。

(3)属于自然灾害或意外事故等非常原因造成的存货毁损,报经批准处理后,将扣除保险公司和过失人赔款后的净损失,计入营业外支出。

尚待查明原因的短缺存货,先将其成本转入"待处理财产损溢"科目核算;待查明原因后,再按上述要求进行会计处理。上列短缺存货涉及增值税的,还应进行相应处理。

【例 4-7】　甲公司从乙公司购入 A 材料 2 000 件,单位价格 80 元,增值税专用发票上注明的增值税进项税额为 20 800 元,款项已通过银行转账支付,但材料尚在运输途中。待所购材料运达企业后,验收时发现短缺 50 件,原因待查。甲公司的账务处理如下:

(1)支付货款,材料尚在运输途中

借:在途物资　　　　　　　　　　　　　　　　　　　　　　　　　160 000

　　应交税费——应交增值税(进项税额)　　　　　　　　　　　　　20 800

　　贷:银行存款　　　　　　　　　　　　　　　　　　　　　　　　　180 800

(2)验收时发现短缺,原因待查,其余材料入库

借:原材料　　　　　　　　　　　　　　　　　　　　　　　　　　156 000

待处理财产损溢	4 000
贷:在途物资	160 000

(3)材料短缺的原因查明,进行相应的会计处理

①假定短缺的材料属于运输途中的合理损耗

借:原材料	4 000
贷:待处理财产损溢	4 000

②假定短缺的材料为乙公司发货时少发,经协商,由其补足材料

借:应付账款——甲公司	4 000
贷:待处理财产损溢	4 000

收到乙公司补发的材料时:

借:原材料	4 000
贷:应付账款——甲公司	4 000

③假定短缺的材料为运输单位责任造成,经协商,由其全额赔偿

借:其他应收款——运输单位	4 520
贷:待处理财产损溢	4 000
应交税费——应交增值税(进项税额转出)	520

收到运输单位的赔款时:

借:银行存款	4 520
贷:其他应收款——运输单位	4 520

知识总结:

表4-1　外购存货的账务处理

时间节点	账务处理
存货已到,货款已付时(单货同到)	借:原材料等 　　应交税费——应交增值税(进项税额) 　　贷:银行存款等
存货已到,货款未付时(货到单未到)	月末仍未收到发票账单时,存货按暂估价值入账: 借:原材料等 　　贷:应付账款——暂估应付账款 下月1日用红字冲销原暂估入账金额。待收到发票账单以后再按"单货同到"进行账务处理
货款已付,存货未到时(单到货未到)	单到时: 借:在途物资 　　应交税费——应交增值税(进项税额) 　　贷:银行存款等 材料验收入库时: 借:原材料 　　贷:在途物资账务处理

续表

时间节点	账务处理
采用预付款方式购入存货时	预付货款时： 借：预付账款 　　贷：银行存款 收到材料并验收入库时： 借：原材料等 　　应交税费——应交增值税（进项税额） 　　贷：预付账款 补付货款时： 借：预付账款 　　贷：银行存款 收到退回货款时： 借：银行存款 　　贷：预付账款

二、自制存货的初始计量

(一)自制存货的成本

企业自制存货的成本主要由采购成本和加工成本构成,某些存货还包括使存货达到目前场所和状态所发生的其他成本。其中,采购成本是由自制存货所使用或消耗的原材料采购成本转移而来的,因此,自制存货成本计量的重点是确定存货的加工成本。

加工成本是指存货制造过程中发生的直接人工和制造费用。直接人工是指企业在生产产品过程中,向直接从事产品生产的工人支付的职工薪酬;制造费用是指企业为生产产品而发生的各项间接费用,包括企业生产部门(如生产车间)管理人员的职工薪酬、折旧费、办公费、水电费、机物料消耗、劳动保护费、车间固定资产的修理费用、季节性和修理期间的停工损失等。

其他成本是指除采购成本、加工成本以外,使存货达到目前场所和状态所发生的其他支出。例如,为特定客户设计产品所发生的、可直接认定的设计费用。可直接归属于符合资本化条件的存货、应当予以资本化的借款费用等。其中,符合资本化条件的存货,是指需要经过相当长时间的生产活动才能达到预定可销售状态的存货。企业发生的一般产品设计费用以及不符合资本化条件的借款费用,应当计入当期损益。

企业在确定存货成本时必须注意,发生的下列支出应当于发生时直接计入当期损益,不应当计入存货成本：

(1)非正常消耗的直接材料、直接人工和制造费用。例如,企业超定额的废品损失以及因自然灾害而发生的直接材料、直接人工和制造费用损失。由于这些损失的发生无助于使该存货达到目前的场所和状态,因此,不能计入存货成本,而应将扣除残料和保险赔款后的净损失计入营业外支出。

（2）仓储费用。这里所说的仓储费用，是指存货在采购入库之后发生的仓储费用，包括存货在加工环节和销售环节发生的一般仓储费用。但是，在生产过程中为使存货达到下一个生产阶段所必需的仓储费用，应当计入存货成本。例如，酿造企业为使产品达到规定的质量标准，通常需要经过必要的储存过程，其实质是产品生产过程的继续，是使产品达到规定的质量标准所必不可少的一个生产环节，相关仓储费用属于生产费用，应当计入存货成本，而不应计入当期损益。存货在采购过程中发生的仓储费用，也应当计入存货成本。

（3）不能归属于使存货达到目前场所和状态的其他支出。

（4）企业采购用于广告营销活动的特定商品，向客户预付货款未取得商品时，应作为预付账款进行会计处理，待取得相关商品时计入当期损益（销售费用）。

（二）自制存货的会计处理

企业自制并已验收入库的存货，按计算确定的实际成本，借记"周转材料""库存商品"等存货科目，贷记"生产成本"科目。

【例4-8】　甲公司的基本生产车间制造完成一批产成品，已验收入库。经计算，该批产成品的实际成本为60 000元。

借：库存商品　　　　　　　　　　　　　　　　　　　60 000
　　贷：生产成本——基本生产成本　　　　　　　　　　　　60 000

该部分内容在"成本会计"课程进行详细介绍。

三、其他方式取得存货的初始计量

（一）委托加工的存货

企业委托外单位加工完成的存货，包括加工后的原材料、包装物、低值易耗品、半成品、产成品等，其成本包括实际耗用的原材料或者半成品、加工费、装卸费、保险费、委托加工的往返运输费等费用以及按规定应计入存货成本的税费。委托加工存货的成本通过"委托加工物资"科目核算。

（1）企业发出用于加工的原材料等物资时：

借：委托加工物资
　　贷：原材料【实际成本】

（2）结算加工费时：

借：委托加工物资【支付的加工费】
　　应交税费——应交增值税（进项税额）【增值税专用发票上注明的税额】
　　贷：银行存款/应付账款等

（3）需要缴纳消费税的委托加工物资，由受托方代收代缴的消费税，应当区别下列两种情况进行处理：

①委托加工存货收回后直接用于销售时，由受托方代收代缴的消费税应当计入委托

加工存货的成本,待销售该批存货时,不需要再计算和缴纳消费税。

　　借:委托加工物资【受托方代收代缴的消费税】

　　　　贷:银行存款/应付账款等

　　②委托加工存货收回后用于连续生产应税消费品时,由受托方代收代缴的消费税按规定准予扣除的,不计入委托加工存货的成本,而应当冲减当期应交消费税。

　　借:应交税费——应交消费税【受托方代收代缴的消费税】

　　　　贷:银行存款/应付账款等

　　(4)委托加工的存货加工完毕、验收入库并收回剩余物资时:

　　借:原材料/库存商品等

　　　　贷:委托加工物资【委托加工存货的实际成本】

　　【例4-9】 甲企业为增值税一般纳税人,8月20日,甲企业发出一批原材料,委托乙企业加工成A商品(非应税消费品)。发出原材料的实际成本为500 000元。9月15日加工完毕,支付加工费和增值税共计113 000元,其中增值税为13 000元。当日收到A商品并验收入库。另外,甲企业为委托加工物资支付运杂费20 000元(假定运杂费不考虑增值税的计算)。上述款项均用银行存款支付。

　　甲企业的账务处理如下:

　　(1)发出原材料时:

　　借:委托加工物资 　　　　　　　　　　　　　　　　　　　　500 000

　　　　贷:原材料 　　　　　　　　　　　　　　　　　　　　　　　500 000

　　(2)支付加工费时:

　　借:委托加工物资 　　　　　　　　　　　　　　　　　　　　100 000

　　　　应交税费——应交增值税(进项税额) 　　　　　　　　13 000

　　　　贷:银行存款 　　　　　　　　　　　　　　　　　　　　　113 000

　　(3)支付运杂费时:

　　借:委托加工物资 　　　　　　　　　　　　　　　　　　　　20 000

　　　　贷:银行存款 　　　　　　　　　　　　　　　　　　　　　20 000

　　(4)收回A商品并验收入库时:

　　借:库存商品——A商品 　　　　　　　　　　　　　　　　　620 000

　　　　贷:委托加工物资 　　　　　　　　　【500 000+100 000+20 000】620 000

　　【例4-10】 沿用【例4-9】的资料,假设加工的A商品为应税消费品。加工完毕,甲企业支付给乙企业的消费税为11 600元。收回的A商品直接用于销售。其他条件不变,甲企业的账务处理如下:

　　(1)发出原材料时:

　　借:委托加工物资 　　　　　　　　　　　　　　　　　　　　500 000

　　　　贷:原材料 　　　　　　　　　　　　　　　　　　　　　　　500 000

　　(2)支付加工费时:

　　借:委托加工物资 　　　　　　　　　　　　　　【100 000+11 600】111 600

| | 应交税费——应交增值税(进项税额) | 13 000 |
| | 贷:银行存款 | 124 600 |

（3）支付运杂费时：

借:委托加工物资　　　　　　　　　　　　　　　　　　20 000

　　贷:银行存款　　　　　　　　　　　　　　　　　　　　20 000

（4）收回 A 商品并验收入库时：

借:库存商品——A 商品　　　　　　　　　　　　　　　631 600

　　贷:委托加工物资　　　　【500 000+111 600+20 000】631 600

(二)投资者投入的存货

投资者投入存货的成本,应当按照投资合同或协议约定的价值确定,但合同或协议约定价值不公允的除外。企业收到投资者投入的存货,按照投资合同或协议约定的存货价值,借记"原材料""库存商品"等科目,按照增值税专用发票上注明的增值税进项税额,借记"应交税费——应交增值税(进项税额)"科目,按投资者在注册资本中所占的份额,贷记"实收资本"等科目,按其差额,贷记"资本公积"科目。

(三)接受捐赠的存货

企业接受捐赠的存货,应分情况确定存货的实际成本。如果捐赠方提供了有关凭证,按凭证上标明的金额加上应支付的有关税费确定;如果捐赠方未提供有关凭证,应当参照同类或类似存货的市场价格估计的金额加上应支付的相关税费确定;不满足上述条件的,应采用估值技术确定。

第三节　发出存货的计量

一、存货成本流转假设

企业取得存货的目的,是满足生产和销售的需要。随着存货的取得,存货源源不断地流入企业,而随着存货的销售或耗用,存货则从一个生产经营环节流向另一个生产经营环节,并最终流出企业。存货的这种不断流动,就形成了生产经营过程中的存货流转。

存货流转包括实物流转和成本流转两个方面。从理论上说,存货的成本流转应当与实物流转相一致,即取得存货时确定的各项存货入账成本应当随着该存货的销售或耗用而同步结转。但在会计实务中,由于存货品种繁多,流进流出数量很大,而且同一存货因不同时间、不同地点、不同方式取得而单位成本各异,很难保证存货的成本流转与实物流转完全一致。因此,会计上可行的处理方法是,按照一个假定的成本流转方式来确定发出存货的成本,而不强求存货的成本流转与实物流转相一致,这就是存货成本流转假设。

采用不同的存货成本流转假设在期末结存存货与本期发出存货之间分配存货成本,就产生了不同的存货计价方法,如个别计价法、先进先出法、月末一次加权平均法、移动加权平均法等。由于不同的存货计价方法得出的计价结果各不相同,因此,存货计价方法的选择,将对企业的财务状况和经营成果产生一定的影响,主要体现在以下3个方面:

(1)存货计价方法对损益计算有直接影响。如果期末存货计价过低,就会低估当期收益,反之,则会高估当期收益;而如果期初存货计价过低,就会高估当期收益,反之,则会低估当期收益。

(2)存货计价方法对资产负债表有关项目数额的计算有直接影响,包括流动资产总额、所有者权益等项目。

(3)存货计价方法对应交所得税数额的计算有一定的影响。

二、发出存货的计价方法

企业发出存货的计价方法直接影响发出存货成本、结存存货成本和经营成果的计算结果,选择并采用合理科学的计价方法是合理准确计算成本和经营成果的基础。企业应当根据各类存货的实物流转方式、存货的性质、企业管理的要求等实际情况,合理地选择发出存货的计价方法,以合理确定当期发出存货的成本。对于性质和用途相同的存货,应当采用相同的成本计价方法确定发出存货的成本。

实务中,企业发出的存货既可以按实际成本核算,也可以按计划成本核算。如采用计划成本核算,会计期末应调整为实际成本。在实际成本核算方式下,企业应当采用的发出存货成本的计价方法有个别计价法、先进先出法、月末一次加权平均法和移动加权平均法。

注意:发出存货的计价方法一经选用,不得随意变更。

(一)个别计价法

个别计价法是假设存货具体项目的实物流转与成本流转相一致,按照各种存货逐一辨认各批发出存货和期末存货所属的购进批别或生产批别,分别按其购入或生产时所确定的单位成本计算各批发出存货和期末存货成本的方法。在这种方法下,把每一种存货的实际成本作为计算发出存货成本和期末存货成本的基础。

个别计价法的成本计算准确,符合实际情况,但在存货收发频繁的情况下,其发出成本分辨的工作量较大。因此,这种方法通常适用于一般不能替代使用的存货、为特定项目专门购入或制造的存货,如珠宝、名画等贵重物品。

【例4-11】 7月,甲企业A商品的收入、发出及购进单位成本如表4-2所示。

表4-2 A商品购销明细账

日期		摘要	收入			发出			结存		
月	日		数量(件)	单价(元)	金额(元)	数量(件)	单价(元)	金额(元)	数量(件)	单价(元)	金额(元)
7	1	期初余额							150	10	1 500
7	6	购入	100	12	1 200				250		

续表

日期		摘要	收入			发出			结存		
月	日		数量（件）	单价（元）	金额（元）	数量（件）	单价（元）	金额（元）	数量（件）	单价（元）	金额（元）
7	15	销售				200			50		
7	19	购入	200	14	2 800				250		
7	22	销售				100			150		
7	26	购入	100	15	1 500				250		
7	29	销售				100			150		
7	31	本期合计	400		5 500	400			150		

假设经过具体辨认，本期发出存货的单位成本如下：

7月15日发出的200件存货中，100件系期初结存存货，单位成本为10元，另外100件为7月6日购入存货，单位成本为12元；

7月22日发出的100件存货系7月19日购入，单位成本为14元；

7月29日发出的100件存货中，50件为期初结存存货，单位成本为10元，50件为7月26日购入存货，单位成本为15元。

按照个别计价法，甲企业7月A商品收入、发出与结存情况如表4-3所示。

表4-3 A商品购销明细账（个别计价法）

日期		摘要	收入			发出			结存		
月	日		数量（件）	单价（元）	金额（元）	数量（件）	单价（元）	金额（元）	数量（件）	单价（元）	金额（元）
7	1	期初余额							150	10	1 500
7	6	购入	100	12	1 200				150 100	10 12	1 500 1 200
7	15	销售				100 100	10 12	1 000 1 200	50	10	500
7	19	购入	200	14	2 800				50 200	10 14	500 2 800
7	22	销售				100	14	1 400	50 100	10 14	500 1 400
7	26	购入	100	15	1 500				50 100 100	10 14 15	500 1 400 1 500

日期		摘要	收入			发出			结存		
月	日		数量（件）	单价（元）	金额（元）	数量（件）	单价（元）	金额（元）	数量（件）	单价（元）	金额（元）
7	29	销售				50 50	10 15	500 750	100 50	14 15	1 400 750
7	31	本期合计	400		5 500	400		4 850	100 50	14 15	1 400 750

从表4-3中可知,甲企业本期发出存货成本及期末结存存货成本如下:

本期发出存货成本=（100×10+100×12）+（100×14）+（50×10+50×15）=4 850（元）

期末结存存货成本=100×14+50×15=2 150（元）

或者:

期末结存存货成本=期初结存存货成本+本期收入存货成本−本期发出存货成本

=150×10+（100×12+200×14+100×15）−4 850

=1 500+5 500−4 850

=2 150（元）

（二）先进先出法

先进先出法是指以先购入的存货应先发出（销售或耗用）这样一种存货实物流动假设为前提,对发出存货进行计价的一种方法。采用这种方法,先购入的存货成本在后购入存货成本之前转出,据此确定发出存货和期末存货的成本。

具体方法:收入存货时,逐笔登记收入存货的数量、单价和金额;发出存货时,按照先进先出的原则逐笔登记存货的发出成本和结存金额。

【例4-12】 沿用【例4-11】的资料,假设甲企业A商品本期收入、发出和结存情况如表4-4所示。从该表可以看出存货成本的计价顺序,如7月15日发出的200件存货,按先进先出法的流转顺序,应先发出期初库存存货1 500元（150×10）,然后再发出7月6日购入的50件,即600元（50×12）。其他依次类推。从表4-4中可看出,使用先进先出法得出的发出存货成本和期末存货成本分别为4 800元和2 200元。

表4-4 A商品购销明细账（先进先出法）

日期		摘要	收入			发出			结存		
月	日		数量（件）	单价（元）	金额（元）	数量（件）	单价（元）	金额（元）	数量（件）	单价（元）	金额（元）
7	1	期初余额							150	10	1 500
7	6	购入	100	12	1 200				150 100	10 12	1 500 1 200

续表

日期		摘要	收入			发出			结存		
月	日		数量（件）	单价（元）	金额（元）	数量（件）	单价（元）	金额（元）	数量（件）	单价（元）	金额（元）
7	15	销售				150 50	10 12	1 500 600	50	12	600
7	19	购入	200	14	2 800				50 200	12 14	600 2 800
7	22	销售				50 50	12 14	600 700	150	14	2 100
7	26	购入	100	15	1 500				150 100	14 15	2 100 1 500
7	29	销售				100	14	1 400	50 100	14 15	700 1 500
7	31	本期合计	400		5 500	400		4 800	50 100	14 15	700 1 500

甲企业日常账面记录显示,A商品期初结存存货为1 500元(150×10),本期购入存货三批,按先后顺序分别为:1 200元(100×12)、2 800元(200×14)、1 500元(100×15)。假设经过盘点,发现期末库存150件,则本期发出存货为400件。

本期发出存货成本和期末结存存货成本分别为:

本期发出存货成本=(150×10+50×12)+(50×12+50×14)+(100×14)=4 800(元)

期末结存存货成本=50×14+100×15=2 200(元)

或者:

期末结存存货成本=期初结存存货成本+本期收入存货成本-本期发出存货成本

=150×10+(100×12+200×14+100×15)-4 800

=1 500+5 500-4 800

=2 200(元)

先进先出法可以随时结转存货发出成本,但较烦琐。当存货收发业务较多,且存货单价不稳定时,其工作量较大。在物价持续上升时,期末存货成本接近于市价,而发出成本偏低,会高估企业当期利润和库存存货价值;反之,会低估企业存货价值和当期利润。

（三）月末一次加权平均法

月末一次加权平均法是指以本月全部进货数量加上月初存货数量为权数,去除本月全部进货成本加上月初存货成本,计算出存货的加权平均单位成本,以此为基础计算本月发出存货的成本和期末结存存货的成本的一种方法。计算公式如下:

加权平均单位成本=

$$\frac{月初结存存货成本+(本月各批进货的实际单位成本×本月各批进货的数量)}{月初结存存货数量+本月各批进货数量之和}$$

本月发出存货的成本=加权平均单位成本×本月发出存货的数量

本月月末结存存货成本=加权平均单位成本×月末结存存货的数量

或:

本月月末结存存货成本=月初结存存货成本+本月收入存货成本-本月发出存货成本

特别提示:计算加权平均单位成本时可能除不尽,在会计实务中,应当先按加权平均单位成本计算月末结存存货成本,然后倒挤出本月发出存货成本。

【例4-13】 沿用【例4-11】的资料,假设甲企业采用月末一次加权平均法核算存货,根据表4-2,7月A商品的加权平均单位成本计算如下:

7月A商品的加权平均单位成本

=(150×10+100×12+200×14+100×15)÷(150+100+200+100)

≈12.727(元)

7月A商品的期末结存存货成本=150×12.727=1 909.05(元)

7月A商品发出存货成本=月初结存成本+本月收入存货成本-本月期末结存存货成本

=[150×10+(100×12+200×14+100×15)]-1 909.05

=7 000-1 909.05

=5 090.95(元)

7月A商品本期收入、发出和结存情况如表4-5所示。

表4-5 A商品购销明细账(月末一次加权平均法)

日期		摘要	收入			发出			结存		
月	日		数量(件)	单价(元)	金额(元)	数量(件)	单价(元)	金额(元)	数量(件)	单价(元)	金额(元)
7	1	期初余额							150	10	1 500
7	6	购入	100	12	1 200				250		
7	15	销售				200			50		
7	19	购入	200	14	2 800				250		
7	22	销售				100			150		
7	26	购入	100	15	1 500				250		
7	29	销售				100			150		
7	31	本期合计	400		5 500	400	12.727	5 090.95	150	12.727	1 909.05

采用月末一次加权平均法只在月末一次计算加权平均单位成本,可以简化成本计算

工作。但由于月末一次计算加权平均单位成本和发出存货成本,不便于存货成本的日常管理与控制。

(四)移动加权平均法

移动加权平均法是指以每次进货的成本加上原有结存存货的成本的合计额,除以每次进货数量加上原有结存存货的数量的合计数,据以计算加权平均单位成本,作为在下次进货前计算各次发出存货成本依据的一种方法。计算公式如下:

$$存货单位成本=\frac{原有结存存货成本+本次进货的成本}{原有结存存货数量+本次进货数量}$$

本次发出存货成本=本次发出存货数量×本次发货前存货的单位成本

本月月末结存存货成本=月末结存存货的数量×本月月末存货单位成本

或:

本月月末结存存货成本=月初结存存货成本+本月收入存货成本-本月发出存货成本

【例4-14】 沿用【例4-11】的资料,假设甲企业采用移动加权平均法核算存货,根据表4-2,7月A商品各平均单位成本计算如下:

7月6日购入存货后存货单位成本=(150×10+100×12)÷(150+100)=10.80(元)

7月19日购入存货后存货单位成本=(50×10.80+200×14)÷(50+200)=13.36(元)

7月26日购入存货后存货单位成本=(150×13.36+100×15)÷(150+100)=14.016(元)

本次发出存货成本=本次发出存货数量×本次发货前存货的单位成本

7月15日销售存货的成本=200×10.80=2 160(元)

7月22日销售存货的成本=100×13.36=1 336(元)

7月29日销售存货的成本=100×14.016=1 401.60(元)

本月月末库存存货成本=月末库存存货的数量×本月月末存货单位成本

=150×14.016

=2 102.40(元)

或:

本月月末结存存货成本=月初结存存货成本+本月收入存货成本-本月发出存货成本

=150×10+[(100×12)+(200×14)+(100×15)]-[(200×10.80)+(100×13.36)+(100×14.016)]

=1 500+(1 200+2 800+1 500)-(2 160+1 336+1 401.6)

=1 500+5 500-4 897.60

=2 102.40(元)

7月A商品本期收入、发出和结存情况如表4-6所示。

表4-6 A商品购销明细账(移动加权平均法)

日期		摘要	收入			发出			结存		
月	日		数量(件)	单价(元)	金额(元)	数量(件)	单价(元)	金额(元)	数量(件)	单价(元)	金额(元)
7	1	期初余额							150	10	1 500
7	6	购入	100	12	1 200				250	10.80	2 700
7	15	销售				200	10.80	2 160	50	10.80	540
7	19	购入	200	14	2 800				250	13.36	3 340
7	22	销售				100	13.36	1 336	150	13.36	2 004
7	26	购入	100	15	1 500				250	14.016	3 504
7	29	销售				100	14.016	1 401.60	150	14.016	2 102.40
7	31	本期合计	400		5 500	400		4 897.60	150	14.016	2 102.40

采用移动加权平均法能够使企业管理层及时了解存货的结存情况,计算的平均单位成本以及发出和结存的存货成本比较客观。但由于每次收货都要计算一次平均单位成本,计算工作量较大,对收发货较频繁的企业不太适用。

知识总结:

表4-7 发出存货计价方法的对比

项目	适用情形
个别计价法	适用于单项金额重大/贵重存货
先进先出法	适用于保质期较短的货物
月末一次加权平均法	适用于货物数量繁多,品种类似
移动加权平均法	不适用于发货频繁的企业

三、发出存货的核算

存货是为了满足企业生产经营的各种需要而储备的,其经济用途各异,消耗方式也各不相同。因此,企业应当根据各类存货的特点及用途,对发出存货进行相应的账务处理。下面仅以生产经营领用的材料为例加以说明。

企业应在月末时,根据月份内签收的各种发料凭证按照发出材料的用途进行分类汇总,编制发出材料汇总表,作为账务处理的依据;按发出材料的用途,将其成本直接计入产品成本或当期费用。

领用材料时:

借:生产成本

　　制造费用

销售费用

管理费用等

　　贷:原材料【计算确定的实际成本】

【例4-15】 5月,甲企业按照领用部门和用途归类汇总编制发出材料汇总表,具体信息如表4-8所示。

表4-8　发出材料汇总表

5月31日　　　　　　　　　　　　　　　　　　　　　　　　　　　　　　　　　单位:元

领用部门	用途	材料类别			合计
		原料及主要材料	辅助材料	燃料	
生产车间	产品生产	80 000	5 000	3 000	88 000
	一般消耗		3 000	2 500	5 500
行政管理部门	一般消耗			1 500	1 500
销售部门	销售	60 000	4 000		64 000
合计		140 000	12 000	7 000	159 000

甲企业的账务处理如下:

借:生产成本　　　　　　　　　　　　　　　　　　　　　　　　88 000

　　制造费用　　　　　　　　　　　　　　　　　　　　　　　　5 500

　　管理费用　　　　　　　　　　　　　　　　　　　　　　　　1 500

　　其他业务成本　　　　　　　　　　　　　　　　　　　　　　64 000

　　贷:原材料——原材料及主要材料　　　　　　　　　　　　140 000

　　　　　　——辅助材料　　　　　　　　　　　　　　　　　12 000

　　　　　　——燃料　　　　　　　　　　　　　　　　　　　7 000

第四节　计划成本法

由于存货种类较多,计划成本法下存货的账务处理以材料存货为例加以说明。

一、计划成本法的含义及核算程序

计划成本法是指存货的日常收入、发出和结存均按预先制定的计划成本计价,并设置"材料成本差异"科目登记实际成本与计划成本之间的差异,月末再通过对存货成本差异的分摊,将发出存货的计划成本和结存存货的计划成本调整为实际成本进行反映的一种核算方法。

采用计划成本法进行存货日常核算的基本程序如下:

(1)采用计划成本法核算时,需要对每一品种、规格的存货制定计划成本。计划成本是指在正常的市场条件下,企业取得存货应当支付的合理成本。计划成本一般由会计部门与采购部门共同制定,制定的计划成本应尽可能接近实际成本,以利于发挥计划成本的考核和控制功能。除特殊情况外,计划成本在年度内一般不作调整。

(2)设置"材料成本差异"科目,借方登记超支差异及发出存货应负担的节约差异,贷方登记节约差异及发出存货应负担的超支差异。期末如为借方余额,反映企业库存存货的实际成本大于计划成本的差异(即超支差异);如为贷方余额,反映企业库存存货实际成本小于计划成本的差异(即节约差异)。

(3)设置"材料采购"科目,借方登记采购存货的实际成本,贷方登记入库存货的计划成本。借方金额大于贷方金额表示超支,从"材料采购"科目贷方转入"材料成本差异"科目的借方;贷方金额大于借方金额表示节约,从"材料采购"科目借方转入"材料成本差异"科目的贷方。

(4)存货的日常收入与发出均按计划成本计价,月末,通过存货成本差异的分摊,将本月发出存货的计划成本和月末结存存货的计划成本调整为实际成本进行反映。

二、计划成本法下存货的核算

按计划成本进行材料总分类核算时,也要设置"原材料"等存货类科目和"应付账款"科目。材料类科目的借方、贷方及余额均反映材料的计划成本。此外,为确定材料的采购成本,还要设置"材料采购"和"材料成本差异"科目,不再另设"在途物资"科目,并将在途物资业务并入"材料采购"科目核算。

(一)取得存货的账务处理

1.外购存货的账务处理

(1)确认存货的实际成本。

对于已经付款的材料采购业务,不管材料是否验收入库,都应根据发票、运单等凭证计入"材料采购"科目的借方和"银行存款"科目的贷方。

借:材料采购【增值税专用发票上的价款】

　　应交税费——应交增值税(进项税额)【增值税专用发票上的税额】

　　　贷:银行存款

(2)确认存货的计划成本。

月份终了,根据仓库转来的收料单和付款凭证等结算凭证,按材料实际成本和计划成本分别汇总,再将计划成本计入"原材料"等科目的借方和"材料采购"科目的贷方。

借:原材料【计划成本】

　　　贷:材料采购【计划成本】

(3)结转存货实际成本与计划成本之间的差异。

如果是实际成本大于计划成本的超支差异:

借:材料成本差异【超支差=实际成本-计划成本】

　　　贷:材料采购

如果是实际成本小于计划成本的节约差异:

借:材料采购

贷:材料成本差异【节约差＝计划成本-实际成本】

【例4-16】 甲企业为增值税一般纳税人,存货采用计划成本核算。8—9月发生下列材料采购业务:

①8月8日,购入一批原材料,增值税专用发票上注明的价款为90 000元,增值税进项税额为11 700元。货款已通过银行转账支付,材料也已验收入库。该批原材料的计划成本为92 000元。甲企业的账务处理如下:

借:材料采购	90 000
应交税费——应交增值税(进项税额)	11 700
贷:银行存款	101 700
借:原材料	92 000
贷:材料采购	92 000
借:材料采购	2 000
贷:材料成本差异	2 000

②8月15日,购入一批原材料,增值税专用发票上注明的价款为150 000元,增值税进项税额为19 500元。货款已通过银行转账支付,材料尚在运输途中。甲企业的账务处理如下:

借:材料采购	150 000
应交税费——应交增值税(进项税额)	19 500
贷:银行存款	169 500

③8月25日,收到8月15日购进的原材料并验收入库。该批原材料的计划成本为140 000元。甲企业的账务处理如下:

借:原材料	140 000
贷:材料采购	140 000
借:材料成本差异	10 000
贷:材料采购	10 000

④8月29日,购入一批原材料,材料已经运达企业并验收入库,但发票等结算凭证尚未收到,货款尚未支付。月末该批材料的结算凭证仍未到达,企业按该批材料的计划成本78 000元估价入账。甲企业的账务处理如下:

借:原材料	78 000
贷:应付账款——暂估应付账款	78 000

⑤9月1日,用红字冲回上月暂估入账分录。甲企业的账务处理如下:

借:原材料	-78 000
贷:应付账款——暂估应付账款	-78 000

2.其他来源取得存货的账务处理

企业利用除外购以外的方式取得的存货,无须通过“材料采购”科目确定存货成本差异,而应直接按取得存货的计划成本,借记“原材料”等存货科目,按确定的实际成本,贷记"生产成本"等相关科目,按实际成本与计划成本之间的差额,借记或贷记"材料成本差异"科目。

(二)发出存货的账务处理

1.结转发出存货的计划成本

在企业采用计划成本对材料进行日常核算的情况下,企业发出材料主要有以下3种情形:

(1)生产、经营管理领用材料,企业按照领用材料的用途计划成本:

借:生产成本
　　制造费用
　　销售费用
　　管理费用等
　　贷:原材料【计划成本】

(2)出售材料结转成本,按出售材料计划成本:

借:其他业务成本
　　贷:原材料【计划成本】

(3)发出委托外单位加工的材料,按发出委托加工材料计划成本:

借:委托加工物资
　　贷:原材料【计划成本】

【例4-17】 甲企业为增值税一般纳税人,根据"发料凭证汇总表"的记录,5月份A材料的消耗(计划成本)为:基本生产车间领用500 000元,辅助生产车间领用200 000元,车间管理部门领用150 000元,企业行政管理部门领用50 000元。甲企业采用计划成本进行材料日常核算。甲企业的账务处理如下:

```
借:生产成本——基本生产成本              500 000
        ——辅助生产成本              200 000
   制造费用                          150 000
   管理费用                           50 000
   贷:原材料——A 材料                        900 000
```

2.结转发出存货应负担的材料成本差异

根据《企业会计准则第1号——存货》的规定,企业日常采用计划成本核算的,发出的材料成本应由计划成本调整为实际成本,通过"材料成本差异"科目进行结转,按照所发出材料的用途:

借:生产成本
　　制造费用
　　销售费用
　　管理费用
　　其他业务成本
　　委托加工物资等

贷:材料成本差异【超支差为正,节约差为负】

发出材料应负担的成本差异应当按期(月)分摊,不得在季末或年末一次计算。年度终了,企业应对材料成本差异率进行核实调整。

材料成本差异率的计算公式如下:

本月材料成本差异率=(月初结存材料的成本差异+本月验收入库材料的成本差异)÷(月初结存材料的计划成本+本月验收入库材料的计划成本)×100%

本月发出材料应负担的成本差异=本月发出材料的计划成本×本月材料成本差异率

如果企业的材料成本差异率在各期之间是比较均衡的,也可以采用期初材料成本差异率分摊本期的材料成本差异。

期初材料成本差异率=期初结存材料的成本差异÷期初结存材料的计划成本×100%

发出材料应负担的成本差异=发出材料的计划成本×期初材料成本差异率

【例4-18】 7月,甲企业按照领用部门和用途归类汇总编制发出材料汇总表,具体信息如表4-9所示。

表4-9 发出材料汇总表

7月31日 单位:元

领用部门	用途	材料类别						合计	
		原料及主要材料		辅助材料		燃料			
		计划成本	成本差异	计划成本	成本差异	计划成本	成本差异	计划成本	成本差异
生产车间	产品生产	80 000	-2 000	6 000	100	4 000	150	90 000	-1 750
	一般消耗			3 000	200	2 500	50	5 500	250
行政管理部门	一般消耗					1 500	300	1 500	300
销售部门	销售	70 000	-600	4 000	120			74 000	-480
合计		150 000	-2 600	13 000	420	8 000	500	171 000	-1 680

甲企业的账务处理如下:

(1)根据发出材料汇总表,登记本月发出各类材料的计划成本:

借:生产成本 80 000
　　其他业务成本 70 000
　　　贷:原材料——原料及主要材料 150 000
借:生产成本 6 000
　　制造费用 3 000
　　其他业务成本 4 000

贷:原材料——辅助材料	13 000
借:生产成本	4 000
制造费用	2 500
管理费用	1 500
贷:原材料——燃料	8 000

(2)根据发出材料汇总表,登记本月发出各类材料应分摊的材料成本差异:

借:生产成本	-2 000
其他业务成本	-600
贷:材料成本差异	-2 600
借:生产成本	100
制造费用	200
其他业务成本	120
贷:材料成本差异	420
借:生产成本	150
制造费用	50
管理费用	300
贷:材料成本差异	500

三、计划成本法的优点

存货的计划成本法具有如下优点:

1.可以简化存货的日常核算手续

在计划成本法下,同一种存货只有一个单位计划成本,所以,存货明细账平时可以只登记收、发、存数量,而不必登记收、发、存金额。需要了解某项存货的收、发、存金额时,以该项存货的单位计划成本乘以相应的数量即可求得,这样既避免了烦琐地发出存货计价,又简化了存货的日常核算手续。

2.有利于考核采购部门的工作业绩

因为通过实际成本与计划成本的比较,可以得出实际成本偏离计划成本的差异,通过对差异的分析,寻求实际成本偏离计划成本的原因,据以考核采购部门的工作业绩,促使采购部门不断降低采购成本。因此,计划成本法在我国大中型工业企业中应用比较广泛。

第五节 存货清查与期末计量

一、存货清查

存货清查是通过对存货的实物盘点,确定存货的实存数量并与账面记录核对,以保证账实相符,其对于真实反映存货的实际情况、保证存货的安全、加速存货周转等具有重要意义。由于存货种类繁多、收发频繁,在日常收发过程中可能发生计量错误、计算错误、自然损耗,还可能发生损坏变质等情况,造成账实不符,形成存货的盘盈、盘亏。对于存货的盘盈、盘亏,应填写存货盘点报告,及时查明原因,按照规定程序报批处理。

为了反映和监督企业在财产清查中查明的各种存货的盘盈、盘亏和毁损情况,企业应当设置"待处理财产损溢"科目,借方登记存货的盘亏、毁损金额及盘盈的转销金额,贷方登记存货的盘盈金额及盘亏的转销金额。企业清查的各种存货损溢,应在期末结账前处理完毕,期末处理后,"待处理财产损溢"科目应无余额。

(一)存货盘盈的核算

企业发生存货盘盈时,借记"原材料""库存商品"等科目,贷记"待处理财产损溢"科目;按管理权限报经批准后,借记"待处理财产损溢"科目,贷记"管理费用"科目。

注意:存货盘盈一般是由于收发时记录错误所致的,这属于管理方面的问题,所以存货盘盈批准后冲减管理费用。

【例4-19】 甲企业在财产清查中盘盈A材料5 000千克,实际单位成本100元,经查属于材料收发计量方面的错误。甲企业的账务处理如下:

1.批准处理前

借:原材料——A材料   500 000
    贷:待处理财产损溢   500 000

2.批准处理后

借:待处理财产损溢   500 000
    贷:管理费用   500 000

(二)存货盘亏及毁损的核算

企业发生存货盘亏及毁损时,借记"待处理财产损溢"科目,贷记"原材料""库存商品"等科目。在按管理权限报经批准后应作如下账务处理:对于入库的残料价值,计入"原材料"等科目;对于应由保险公司和过失人承担的赔款,计入"其他应收款"科目;扣除残料价值和应由保险公司、过失人赔款后的净损失,属于一般经营损失的部分,计入"管理费用"科目,属于非常损失的部分,计入"营业外支出"等科目。

注意:管理不善等原因造成的一般经营损失,需要转出进项税额;自然灾害等非常损失(不可抗力因素导致,如地震、洪涝等)不需要转出进项税额。

【例4-20】 甲企业在财产清查中发现毁损A材料200千克,实际成本为20 000元,相关增值税专用发票上注明的增值税税额为2 600元。经查属于材料保管员的过失造成的,按规定由其个人赔偿15 000元。甲企业的账务处理如下:

1.批准处理前

借:待处理财产损溢   22 600
    贷:原材料   20 000
        应交税费——应交增值税(进项税额转出)   2 600

2. 批准处理后

①由过失人赔款部分：

借：其他应收款   15 000

  贷：待处理财产损溢   15 000

②材料毁损净损失：

借：管理费用   7 600

  贷：待处理财产损溢   7 600

【例4-21】 甲企业为增值税一般纳税人，因台风造成一批库存材料毁损，实际成本为 90 000 元，相关增值税专用发票上注明的增值税税额为 11 700 元。根据保险合同约定，应由保险公司赔偿 80 000 元。甲企业的账务处理如下：

1. 批准处理前

借：待处理财产损溢   90 000

  贷：原材料   90 000

2. 批准处理后

借：其他应收款   80 000

  营业外支出——非常损失   10 000

  贷：待处理财产损溢   90 000

二、存货期末计量

（一）存货期末计量原则

在会计期末，存货应当按照成本与可变现净值孰低进行计量。

成本是指存货的实际成本，如果企业在存货日常核算中采用计划成本计价，则应调整为实际成本。可变现净值是指在日常活动中，存货的估计售价减去完工时估计将要发生的成本、估计的销售费用以及相关税费后的金额。

存货存在下列情况之一的，通常表明存货的可变现净值低于成本：

（1）该存货的市场价格持续下跌，并且在可预见的未来无回升的希望。

（2）企业使用该项原材料生产的产品的成本大于产品的销售价格。

（3）企业因产品更新换代，原有库存原材料已不适应新产品的需要，而该原材料的市场价格又低于其账面成本。

（4）因企业所提供的商品或劳务过时或消费者偏好改变而使市场的需求发生变化，导致市场价格逐渐下跌。

（5）其他足以证明该存货实质上已经发生减值的情形。

特别提示：当成本低于可变现净值时，存货按成本计价；当可变现净值低于成本时，存货按可变现净值计价。

（二）不同情况下存货可变现净值的确定

企业在确定存货的可变现净值时，应当以确定的确凿证据为基础，并且考虑持有存货的目的、资产负债表日后事项的影响等因素。下面分别介绍不同情况下存货可变现净值的确定方法。

1. 直接用于出售的存货可变现净值的确定

商品等直接用于出售的存货,没有销售合同约定的,其可变现净值为在正常生产经营过程中,商品一般销售价格(即市场销售价格)减去估计的销售费用和相关税费后的金额。

【例4-22】 12月31日,甲企业A产品的账面成本为2 000 000元。据市场调查,A产品市场销售价格为1 800 000元,估计的销售费用及相关税金为50 000元。企业没有签订有关A产品的销售合同,甲企业采用成本与可变现净值孰低法进行期末计价核算。甲企业A产品的可变现净值计算如下:

A产品的可变现净值=估计售价-估计的销售费用及税金

=1 800 000-50 000

=1 750 000(元)

2. 需要经过加工的存货可变现净值的确定

确定需要经过加工的存货可变现净值时,要以其生产的产成品的可变现净值与该产品的成本进行比较。

(1)如果用其生产的产成品的可变现净值预计高于成本,则该存货应按照成本计量。

【例4-23】 12月31日,甲企业B材料的账面成本为900 000元,B材料的估计售价为800 000元;B材料用于生产M产品,假设用B材料900 000元生产M产品的成本为1 200 000元,M产品的估计售价为1 500 000元,估计的销售费用及税金为50 000元。甲企业采用成本与可变现净值孰低法进行期末计价。

根据上述资料,可按照以下步骤进行确定:

第一步,计算用B材料所生产的产成品的可变现净值。

M产品可变现净值=估计售价-估计的销售费用及税金

=1 500 000-50 000

=1 450 000(元)

第二步,将用B材料所生产的产成品的可变现净值与其成本进行比较。

因M产品的可变现净值1 450 000元高于M产品的成本1 200 000元,因此B材料按其自身的成本计量,即B材料应按900 000元列示在12月31日的资产负债表的存货项目之中。

(2)如果用其生产的产成品的可变现净值预计低于成本,则该存货应按照可变现净值计量。其可变现净值为在正常生产经营过程中,以该材料所生产的产成品的估计售价减去至完工时估计将要发生的成本、估计的销售费用以及相关税费后的金额确定。

【例4-24】 12月31日,甲企业C材料的成本为1 200 000元,市场购买价格总额为1 100 000元,假设不发生其他购买费用。由于C材料市场销售价格下降,市场上用C材料生产N产品的市场销售价格也发生了相应下降,由此造成该企业N产品的市场销售价格总额由2 400 000元降为2 100 000元,但生产成本仍为2 200 000元,将C材料加工成

N 产品尚需投入 900 000 元,估计销售费用及税金 90 000 元。

根据上述资料,可按照以下步骤进行确定:

第一步,计算用 C 材料所生产的产成品的可变现净值。

N 产品可变现净值=估计售价−估计的销售费用及税金

=2 100 000−90 000

=2 010 000(元)

第二步,将用 C 材料所生产的产成品的可变现净值与其成本进行比较。

因 N 产品的可变现净值 2 010 000 元低于 N 产品的成本 2 200 000 元,因此 C 材料应按可变现净值计量。

第三步,计算 C 材料的可变现净值,并确定其期末价值。

C 材料的可变现净值=N 产品的售价总额−将 C 材料加工成 N 产品尚需投入的成本−估计销售费用及税金

C 材料的可变现净值=2 100 000−900 000−90 000=1 110 000(元)

C 材料的可变现净值 1 110 000 元小于其成本 1 200 000 元,因此 C 材料的期末价值应为其可变现净值 1 110 000 元,即 C 材料应按 1 110 000 元列示在 12 月 31 日的资产负债表的存货项目之中。

特别提示:商品等是为执行销售合同而持有的存货,其可变现净值应当以合同价格作为可变现净值的计量基础。企业与购买方签订了销售合同,如果销售合同订购的数量小于或等于企业持有的存货数量,那么,与该项销售合同直接相关的存货,应以销售合同所规定的价格作为可变现净值的计量基础,超出部分存货的可变现净值应以一般销售价格(即市场销售价格)作为计量基础。

【例 4-25】 20×3 年 9 月 15 日,甲公司与乙公司签订了一份不可撤销的销售合同,双方约定,20×4 年 1 月 31 日,甲公司按每台 125 万元的价格(不包括增值税)向乙公司提供 A 型设备 30 台。

20×3 年 12 月 31 日,甲公司库存 A 型设备 40 台,每台单位成本 98 万元,总成本为 3 920 万元;库存用于生产 A 型设备的 B 材料 2 000 千克,每千克成本 0.25 万元,总成本为 500 万元,可以生产 10 台 A 型设备。

甲公司将 B 材料生产成 A 型设备,每台估计尚需投入人工及制造费用 48 万元;销售 A 型设备,估计每台会产生销售费用以及相关税费 5 万元。

20×3 年 12 月 31 日,A 型设备的市场销售价格为每台 120 万元。

分析:在本例中,甲公司库存的 A 型设备中,有 30 台已由合同约定了销售价格,其余 10 台并没有合同约定;同时,库存的用于生产 A 型设备的 B 材料均没有合同约定。因此,对于有销售合同约定的 30 台 A 型设备,其可变现净值应以销售合同约定的价格作为计算基础;而对于无销售合同约定的 10 台 A 型设备以及用于生产 A 型设备的 B 材料,其可变现净值均应以市场销售价格作为计算基础。

A 型设备与 B 材料的可变现净值计算如下:

A 型设备可变现净值=(125×30−5×30)+(120×10−5×10)=4 750(万元)

B 材料可变现净值=120×10−48×10−5×10=670(万元)

（三）存货跌价准备的核算

为了反映和监督存货跌价准备的计提、转回和转销情况,企业应当设置"存货跌价准备"科目,贷方登记计提的存货跌价准备金额,借方登记实际发生的存货跌价损失金额和转回的存货跌价准备金额,期末余额一般在贷方,反映企业已计提但尚未转销的存货跌价准备。

当存货成本高于其可变现净值时,企业应当按照存货可变现净值低于账面价值的差额,借记"资产减值损失"科目,贷记"存货跌价准备"科目。转回已计提的存货跌价准备金额时,按企业会计准则允许恢复增加的金额,借记"存货跌价准备"科目,贷记"资产减值损失"科目。

企业结转存货销售成本时,对于已计提存货跌价准备的,应当一并结转,同时调整销售成本,借记"存货跌价准备"科目,贷记"主营业务成本""其他业务成本"等科目。

【例4-26】 12月31日,甲企业A商品的账面成本为120 000元。由于市场价格下跌,预计可变现净值为100 000元,因此应计提的存货跌价准备为20 000元(120 000-100 000)。假定A商品以前未计提存货跌价准备。甲企业的账务处理如下:

借:资产减值损失 20 000

贷:存货跌价准备 20 000

【例4-27】 6月30日,A商品的账面成本为120 000元,已计提存货跌价准备金额为20 000元。由于市场价格有所上升,使得A商品的预计可变现净值为110 000元,因此应转回的存货跌价准备为10 000元[(120 000-110 000)-20 000]。甲企业的账务处理如下:

借:存货跌价准备 10 000

贷:资产减值损失 10 000

在本例中,6月30日,A商品的账面成本为120 000元,A商品的预计可变现净值为110 000元,则计提存货跌价准备金额为10 000元(120 000-110 000),即"存货跌价准备"科目的贷方余额应为10 000元,而此时A商品之前已计提存货跌价准备金额为20 000元,因此应转回10 000元(10 000-20 000),从而使"存货跌价准备"科目的贷记余额保持为10 000元。

三、存货的列报与披露

在资产负债表中,存货应当作为一个单独的报表项目,按照会计核算所确定的账面价值列示其金额,该金额应当反映成本与可变现净值孰低的计量要求。具体地说,企业应当按照有关存货科目(如"原材料""周转材料""库存商品""委托加工物资""生产成本"等科目)期末余额合计,减去"存货跌价准备"科目期末余额后的账面价值列示存货金额。

企业应当在附注中披露与存货有关的下列信息:

①各类存货的期初和期末账面价值;

②确定发出存货成本所采用的方法;

③存货可变现净值的确定依据,存货跌价准备的计提方法,当期计提的存货跌价准备的金额,当期转回的存货跌价准备的金额,以及计提和转回的有关情况;

④用于担保的存货账面价值。

【课程思政】

高质量会计数据赋能新质生产力发展

高质量的会计数据是新质生产力发展的计量器、导航仪,又是"晴雨表"。会计数据能够准确计量和评价研发费用、新技术的贡献率,有助于企业合理安排研发资金,保障创新活动的持续开展。

高质量会计数据为新质生产力资源配置提供了精准的导航。通过会计数据的深入分析,企业能够清晰地了解各项资源的投入产出效率,从而将有限的资源、人力和技术投向新质生产力领域中最具潜力和价值的项目。

高质量会计数据是监测新质生产力发展中风险的"晴雨表"。所谓发展形成未来产业、前沿产业,具有高度的高风险性和不确定性,而会计数据通过现金流、负债率等指标监测,发现隐藏的风险,提前制定应对策略,提前规避风险。

新质生产力特点在于"新",关键在于"质",落脚在"生产力"。"新"是新技术、新模式、新产业、新领域、新动能;"质"是物质、质量、本质、品质。会计工作要贯彻落实党和国家路线方针政策决策部署,为新质生产力的发展提供支持,服务于新质生产力发展。

一是加强党对会计数据治理的领导。只有在党的领导下,会计数据才能真正完成,才不会出现假数据的情况,才能够对会计数据进行有效的治理,能够提供高质量的会计数据。二是强化会计数据的开发和应用流通。三是推进会计数据与业务数据融合。四是加强会计数据智能化体系的建设。五是建构以会计数据为驱动的决策系统。六是培育高素质的数字化会计人才。

资料来源:中国会计报

【关键术语】

存货 原材料 实际成本 个别计价法 先进先出法 月末一次加权平均法 移动加权平均法 计划成本 材料成本差异 可变现净值 存货跌价准备

【学习评价】

专业能力测评表

(在○中打√,A 掌握,B 基本掌握,C 未掌握)

业务能力	评价指标	自测结果	备注
存货概述	1.存货的概念与特征	○A ○B ○C	
	2.存货的确认条件	○A ○B ○C	
	3.存货的内容	○A ○B ○C	

续表

业务能力	评价指标	自测结果			备注
存货的初始计量	1. 外购存货的初始计量	○A	○B	○C	
	2. 自制存货的初始计量	○A	○B	○C	
	3. 其他方式取得存货的初始计量	○A	○B	○C	
发出存货的计量	1. 存货成本流转假设	○A	○B	○C	
	2. 发出存货的计价方法	○A	○B	○C	
	3. 发出存货的核算	○A	○B	○C	
计划成本法	1. 计划成本法的含义及核算程序	○A	○B	○C	
	2. 计划成本法下存货的核算	○A	○B	○C	
	3. 计划成本法的优点	○A	○B	○C	
存货清查与期末计量	1. 存货清查	○A	○B	○C	
	2. 存货期末计量	○A	○B	○C	
	3. 存货的列报与披露	○A	○B	○C	

教师评语：

成绩		教师签字	

　　练习题　　　　　　答案

第五章　金融资产

【学习目标】

知识目标

1. 掌握金融资产的含义及分类;

2. 掌握金融资产的确认、初始计量和后续计量及其会计处理。

能力目标

1. 能按照规范流程和方法进行金融资产业务的账务处理;

2. 能总结出不同类别金融资产在账务处理上的异同。

思政目标

1. 引导学生学习励志典范,树立人生追求,贡献社会价值;

2. 引导学生树立脚踏实地、勤于创业、善于创造的实践理念;

3. 培养学生理性消费观念,增强信用意识和财务素养。

【思维导图】

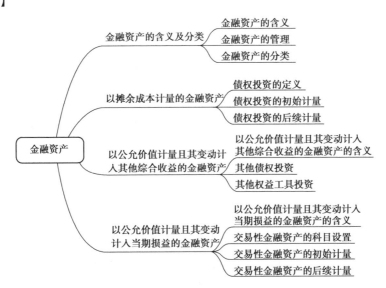

【案例导入】

南华期货

在南华期货股份有限公司向不特定对象发行可转换公司债券募集说明书(申报稿)(2024年年报财务数据更新版)中的"六、财务状况分析……(一)资产构成情况分析……8.交易性金融资产"中提到:

公司交易性金融资产由债务工具投资、权益工具投资、衍生金融资产及银行理财产品构成。其中,债务工具投资主要包含二级市场债券,权益工具投资包含资管计划、股票、理财产品和基金,衍生金融资产包含场外衍生品投资和期货合约。截至报告期各期末,2022—2024年公司交易性金融资产账面价值分别为306 364.09万元、382 422.67万元和237 846.87万元。

资料来源:巨潮资讯

思考:什么是金融资产?该种类型资产与其他资产有什么区别?

第一节　金融资产的含义及分类

一、金融资产的含义

金融资产是指企业持有的现金、其他方的权益工具以及符合下列条件之一的资产:

(1)从其他方收取现金或其他金融资产的合同权利。例如,企业的银行存款、应收账款、应收票据和贷款等均属于金融资产。再如,预付账款不是金融资产,因为其产生的未来经济利益是商品或服务,不是收取现金或其他金融资产的权利。

(2)在潜在有利条件下,与其他方交换金融资产或金融负债的合同权利。例如,企业持有的看涨期权或看跌期权等。

(3)将来须用或可用企业自身权益工具进行结算的非衍生工具合同,且企业根据该合同将收到可变数量的自身权益工具。

(4)将来须用或可用企业自身权益工具进行结算的衍生工具合同,但以固定数量的自身权益工具交换固定金额的现金或其他金融资产的衍生工具合同除外。

二、金融资产的管理

现代金融市场的健康、可持续发展离不开金融工具的广泛运用和不断创新。企业管理金融资产的业务模式是通过金融市场交易可以产生现金流量,其主要目的多为解决暂时闲置资金并增加企业投资收益。金融市场不同于商品市场,金融市场使资金的所有权和使用权相分离,其具有不确定性、普遍性、扩散性和突发性等特征,存在不可分散的系统风险。因此,对于金融资产的会计核算和会计监督的难度大、要求高,企业会计应准确计量、如实谨慎反映金融资产上的风险,关注金融资产公允价值的顺周期性特点和可能的不良经济后果,加强金融资产监督管理,防止金融资产过度投资导致的高度经济虚拟化,影响企业主业核心竞争力和长期稳定健康发展。

(一)企业管理金融资产的业务模式

企业管理金融资产的业务模式是指企业以产生现金流量的方式管理金融资产。企业管理金融资产的业务模式主要包括3种。

1. 以收取合同现金流量为目标的业务模式

企业管理金融资产旨在通过在金融资产存续期内收取合同付款来实现现金流量,而不是通过持有并出售金融资产产生整体回报。

2. 以收取合同现金流量和出售金融资产为目标的业务模式

企业关键管理人员认为收取合同现金流量和出售金融资产对于实现其管理目标而言都是不可或缺的。与以收取合同现金流量为目标的业务模式相比,此业务模式涉及的出售通常频率更高,价值更大。

3. 其他业务模式

即除上述两种模式以外的其他情况。如企业持有金融资产的目的是交易性的,即企业管理金融资产的目标是通过出售金融资产以实现现金流量,即使在持有过程中会收取合同现金流量,对于实现该业务模式目标来说也只是附带性质的活动。

(二)金融资产的合同现金流量特征

金融资产的合同现金流量特征,是指金融工具合同约定的、反映相关金融资产经济特征的现金流量属性。

三、金融资产的分类

企业应当根据其管理金融资产的业务模式和金融资产的合同现金流量特征,将金融资产划分为以下3类。

(一)以摊余成本计量的金融资产

金融资产同时符合下列条件的,应当分类为以摊余成本计量的金融资产:

(1)企业管理该金融资产的业务模式是以收取合同现金流量为目标。

(2)该金融资产的合同条款规定,在特定日期产生的现金流量,仅为支付的本金和以未偿付本金金额为基础的利息。

(二)以公允价值计量且其变动计入其他综合收益的金融资产

金融资产同时符合下列条件的,应当分类为以公允价值计量且其变动计入其他综合收益的金融资产:

(1)企业管理该金融资产的业务模式,既以收取合同现金流量为目标,又以出售该金融资产为目标。

(2)该金融资产的合同条款规定,在特定日期产生的现金流量,仅为支付的本金和以未偿付本金金额为基础的利息。

（三）以公允价值计量且其变动计入当期损益的金融资产

企业分类为以摊余成本计量的金融资产和以公允价值计量且其变动计入其他综合收益的金融资产之外的金融资产，应当分类为以公允价值计量且其变动计入当期损益的金融资产。

特别提示：上述分类一经确定，不得随意变更。此外，在初始确认时，如果能够消除或显著减少会计错配，企业可以将金融资产指定为以公允价值计量且其变动计入当期损益的金融资产。该指定一经作出，不得撤销。

第二节　以摊余成本计量的金融资产

在会计处理上，以摊余成本计量的金融资产具体可以划分为债权投资和应收款项两部分。其中，债权投资应当通过"债权投资"科目进行核算，应收款项应当分别通过"应收账款""应收票据""其他应收款"等科目进行核算。本节主要以债权投资为例介绍以摊余成本计量的金融资产的核算。

一、债权投资的定义

债权投资是指企业业务管理模式为以特定日期收取合同现金流量为目的的金融资产，具体指企业购入的到期日固定、回收金额固定或可确定，且有明确意图和能力持有至到期的各种债券投资。

特别提示：从企业管理金融资产的业务模式看，由于管理者的意图是持有至到期，不准备随时出售，其特征是收取合同现金流量，即在到期日收取的合同现金流量仅为本金和以未偿付本金金额为基础的利息。

二、债权投资的初始计量

债权投资的成本应当按取得时的公允价值计量，相关交易费用应当计入初始确认金额。交易费用是指可直接归属于购买、发行或处置债权投资新增的外部费用。

注意：新增的外部费用，是指企业不购买、发行或处置债权投资就不会发生的费用，包括支付给代理机构、咨询公司、券商、证券交易所、政府有关部门等的手续费、佣金、相关税费以及其他必要支出。

如果实际支付的价款中包含已到付息期但尚未领取的债券利息，应单独确认为应收利息，不构成债权投资的初始入账金额。

企业应当设置"债权投资"科目，并根据债权投资的类别和品种，分别按照"成本""利息调整""应计利息"等进行明细核算。其中，"成本"明细科目反映债权投资的面值；"利息调整"明细科目反映债权投资的初始入账金额与面值的差额，以及按照实际利率法分期摊销后该差额的摊余金额；"应计利息"明细科目反映企业计提的到期一次还本付息债权投资应计未付的利息。

当企业初始取得债权投资时：

借：债权投资——成本【债券的面值】

　　应收利息【实际支付的价款中包含的已到付息期但尚未领取的利息】

　　贷：银行存款【实际支付的金额】

　　　　债权投资——利息调整【倒挤的差额，借、贷方都有可能】

【例5-1】　1月1日，甲企业购入乙企业发行的面值520 000元、期限3年、票面利率5%、每年12月31日付息、到期还本的债券，确认为债权投资，实际支付的购买价款（包括交易费用）为532 000元，该价款中包含已到付息期但尚未支付的利息20 000元。

甲企业的账务处理如下：

初始入账金额＝532 000－20 000＝512 000（元）

利息调整＝520 000－512 000＝8 000（元）

借：债权投资——成本　　　　　　　　　　　　　　　520 000

　　应收利息　　　　　　　　　　　　　　　　　　　20 000

　　贷：银行存款　　　　　　　　　　　　　　　　　532 000

　　　　债权投资——利息调整　　　　　　　　　　　　8 000

当甲企业收到上述利息20 000元时：

借：银行存款　　　　　　　　　　　　　　　　　　　20 000

　　贷：应收利息　　　　　　　　　　　　　　　　　20 000

三、债权投资的后续计量

（一）摊余成本与实际利率法

债权投资的后续计量应当采用实际利率法，按摊余成本计量。

债权投资的摊余成本，是指持有债权投资的初始确认金额经过下列调整后的结果确定：

（1）扣除已偿还的本金。

（2）加上或减去采用实际利率法将该初始确认金额与到期日金额之间的差额进行摊销形成的累计摊销额。

（3）扣除计提的累计信用减值准备（仅适用于金融资产）。

实际利率法是指按照债权投资的实际利率计算其摊余成本及各期利息收入的方法。

特别提示：实际利率法是以债权投资的期初摊余成本乘以实际利率作为当期利息收入，以当期利息收入与按面值和票面利率计算确定的当期应收利息的差额作为当期利息调整摊销额，以期初摊余成本加上或减去当期利息调整摊销额作为期末摊余成本的一种方法。

应收利息、实际利息收入、利息调整摊销额之间的关系可用公式表示如下：

应收利息＝面值×票面利率

实际利息收入＝债权投资摊余成本×实际利率

利息调整摊销额＝利息收入－应收利息

在债权投资既不存在已偿还的本金也未发生减值损失的情况下,其摊余成本可用公式表示如下:

摊余成本=初始入账金额±利息调整累计摊销额

或=面值±利息调整摊余金额

(二)债券利息收入的确认

1.分期付息、一次还本债券投资

债权投资为分期付息的债券,企业应当于付息日或资产负债表日计提债券利息,计提的利息通过"应收利息"科目核算,同时确认利息收入。

资产负债表日,确认利息收入时:

借:应收利息【债权投资面值×票面利率】

　　贷:投资收益【债权投资摊余成本×实际利率】

　　　　债权投资——利息调整【倒挤的差额,借、贷方都有可能】

付息日,收取利息时:

借:银行存款

　　贷:应收利息

【例5-2】 20×4年1月1日,甲企业购入乙企业面值650 000元、期限3年、票面利率10%、每年12月31日付息、初始确认金额为680 000元的乙企业债券,确认为债权投资。在持有期间采用实际利率法确认利息收入并确定摊余成本。经估算该债券的实际利率为8%。

甲企业采用实际利率法计算利息收入与摊余成本,具体计算如表5-1所示。

表5-1　利息收入与摊余成本计算表　　　　　　　　单位:元

付息日	应收利息	利息收入	利息调整 (溢价摊销)	债券摊余成本
	①=面值× 票面利率10%	②=期初摊余成本×实际利率8%	③=①-②	④=上行④-③
20×4年1月1日				680 000
20×4年12月31日	65 000	54 400	10 600	669 400
20×5年12月31日	65 000	53 552	11 448	657 952
20×6年12月31日	65 000	57 048*	7 952*	650 000
合计	195 000	165 000	30 000	—

注:*尾数调整。即

　　30 000=680 000-650 000

　　7 952=30 000-10 600-11 448

　　57 048=65 000-7 952

甲企业的账务处理如下：

(1)20×4年1月1日，购入债券：

借：债权投资——成本	650 000
——利息调整	30 000
贷：银行存款	680 000

(2)20×4年12月31日，确认实际利息收入、收到利息：

借：应收利息	65 000
贷：投资收益	54 400
债权投资——利息调整	10 600
借：银行存款	65 000
贷：应收利息	65 000

(3)20×5年12月31日，确认实际利息收入、收到利息：

借：应收利息	65 000
贷：投资收益	53 552
债权投资——利息调整	11 448
借：银行存款	65 000
贷：应收利息	65 000

(4)20×6年12月31日，确认实际利息收入、收到利息和本金：

借：应收利息	65 000
贷：投资收益	57 048
债权投资——利息调整	7 952
借：银行存款	65 000
贷：应收利息	65 000
借：银行存款	650 000
贷：债权投资——成本	650 000

2. 一次还本付息债券投资

债权投资若为到期一次还本付息的债券，企业应当于资产负债表日计提债券利息，计提的利息通过"债权投资——应计利息"科目核算，同时确认利息收入。

资产负债表日，确认利息收入时：

借：债权投资——应计利息【债权投资面值×票面利率】

　贷：投资收益【债权投资摊余成本×实际利率】

债权投资——利息调整【倒挤的差额，借、贷方都有可能】

(三)债权投资的期末计量

债权投资的期末价值应当采用摊余成本计量，不考虑市场价格变动的影响。企业应当在资产负债表日，对债权投资的账面价值进行检查，如有客观证据表明债权投资发生减值，应当计提减值准备。

在会计期末，如果债权投资发生减值，应当按其账面价值减记至预计未来现金流量现值,将减记的金额确认为减值损失,计入当期损益。债权投资计提减值准备后,如有确凿证据表明其价值又得以恢复,且客观上与确认该损失时发生的事项有关,已计提的减值准备应当予以转回,计入当期损益。但是,转回减值准备后的账面价值不应当超过假定不计提减值准备情况下,该债权投资在转回日的摊余成本。

(1)资产负债表日债权投资发生减值的,应按预期信用损失金额:

借:信用减值损失

贷:债权投资减值准备

(2)已计提减值准备的债权投资,若其价值以后又得以恢复,应在原已计提的减值准备金额内,按应恢复的账面价值:

借:债权投资减值准备

贷:信用减值损失

(四)债权投资的提前出售与到期兑现

1. 提前出售

若有证据表明企业持有意图或能力发生改变,使某项投资不再适合作债权投资,企业可能会将该项投资提前出售。企业提前出售债权投资时,应将所取得的价款与该投资账面价值之间的差额计入投资收益。

出售以摊余成本计量的债权投资时:

借:银行存款【实际收到的金额】

债权投资减值准备【已计提的信用减值损失】

贷:债权投资——成本【债券面值】

——应计利息【一次还本付息方式下计提的利息】

——利息调整【利息调整摊销的余额,借、贷方都有可能】

投资收益【倒挤的差额,借、贷方都有可能】

【例5-3】 11月1日,甲企业将购入的面值150 000元、期限5年、票面利率5%、每年12月31日付息的乙企业债券全部出售,实际收到出售价款155 000元。该债券购入时确认的初始确认金额为150 000元。甲企业的账务处理如下:

借:银行存款　　　　　　　　　　　　　　　　155 000

贷:债权投资——成本　　　　　　　　　　　150 000

投资收益　　　　　　　　　　　　　　5 000

2. 到期兑现

债权投资的到期兑现,是指债权投资的期限已满时按面值收回投资本金和应收未收的利息。

如果该债券是分期付息的债券,到期时企业可以收回债券面值:

借:银行存款【实际收到的金额】

贷:债权投资——成本【债券面值】

如果该债券是一次付息的债券,到期时企业可以收回债券面值和利息:

借:银行存款【实际收到的金额】

贷:债权投资——成本【债券面值】

      ——应计利息【一次还本付息方式下计提的利息】

【例5-4】 20×4年1月1日,甲公司支付价款1 000万元(含交易费用)从上海证券交易所购入乙公司同日发行的5年期公司债券12 500份,债券面值总额为1 250万元,票面年利率为4.72%,到期一次还本付息,且利息不以复利计算。经估算该债券的实际利率为9.05%。

甲公司根据其管理该债券的业务模式和该债券的合同现金流量特征,将该债券分类为债权投资。

表5-2 利息收入与摊余成本计算表   单位:元

付息日	应计利息 ①＝面值× 票面利率4.72%	利息收入 ②＝期初摊余成本× 实际利率9.05%	利息调整 (折价摊销) ③＝②-①	摊余成本 ④＝上行④+ ①+③
20×4年1月1日				10 000 000
20×4年12月31日	590 000	905 000	315 000	10 905 000
20×5年12月31日	590 000	986 900	396 900	11 891 900
20×6年12月31日	590 000	1 076 200	486 200	12 968 100
20×7年12月31日	590 000	1 173 600	583 600	14 141 700
20×8年12月31日	590 000	1 308 300*	718 300*	15 450 000
合计	2 950 000	5 450 000	2 500 000	—

注:*尾数调整。

甲公司的有关账务处理如下:

(1)20×4年1月1日,购入债券:

借:债权投资——成本   12 500 000

  贷:银行存款   10 000 000

    债权投资——利息调整   2 500 000

(2)20×4年12月31日,确认债券实际利息收入:

借:债权投资——应计利息   590 000

      ——利息调整   315 000

  贷:投资收益   905 000

(3)20×5年12月31日,确认债券实际利息收入:

借:债权投资——应计利息   590 000

      ——利息调整   396 900

  贷:投资收益   986 900

(4)20×6年12月31日,确认债券实际利息收入:

借:债权投资——应计利息   590 000

    ——利息调整   486 200

  贷:投资收益   1 076 200

(5)20×7年12月31日,确认债券实际利息收入:

借:债权投资——应计利息   590 000

    ——利息调整   583 600

  贷:投资收益   1 173 600

(6)20×8年12月31日,确认债券实际利息收入、收回债券本金和票面利息:

借:债权投资——应计利息   590 000

    ——利息调整   718 300

  贷:投资收益   1 308 300

借:银行存款   15 450 000

  贷:债权投资——成本   12 500 000

    ——应计利息   2 950 000

第三节 以公允价值计量且其变动计入其他综合收益的金融资产

一、以公允价值计量且其变动计入其他综合收益的金融资产的含义

同时符合以下两个条件的资产即以公允价值计量且其变动计入其他综合收益的金融资产:

(1)企业管理金融资产的业务模式既以收取合同现金流量为目标,又以出售该金融资产为目标。

(2)该金融资产的合同条款规定,在特定日期产生的合同现金流量仅为本金和以未偿付本金金额为基础的利息支付。

特别提示:企业在初始确认时,除符合上述条件的金融资产外,还可以将非交易性权益工具投资指定为以公允价值计量且其变动计入其他综合收益的金融资产,并确认股票股利。该指定一经决定不得撤销。

以公允价值计量且其变动计入其他综合收益的金融资产主要包括其他债权投资和其他权益工具投资。

二、其他债权投资

(一)其他债权投资的含义

其他债权投资是指既可能持有至到期收取现金流量,也可能在到期之前全部出售的债券投资。企业取得的其他债权投资应划分为以公允价值计量且其变动计入其他综合

收益的金融资产。该项金融资产采用实际利率法计算利息收入,计入当期损益;该金融资产由于公允价值变动产生的利得或损失,计入其他综合收益;该金融资产终止确认时,之前计入其他综合收益的累计利得或损失应当从其他综合收益中转出,计入当期损益。

(二)其他债权投资的初始计量

企业应当设置"其他债权投资"科目,核算持有的以公允价值计量且其变动计入其他综合收益的其他债权投资,并根据其他债权投资的类别和品种,分别按照"成本""利息调整""应计利息""公允价值变动"等进行明细核算。其中:"成本"明细科目反映其他债权投资的面值;"利息调整"明细科目反映其他债权投资的初始入账金额与其面值的差额,以及按照实际利率法分期摊销后该差额的摊余金额;"应计利息"明细科目反映企业计提的到期一次还本付息的其他债权投资应计未付的利息;"公允价值变动"明细科目反映其他债权投资的公允价值变动金额。

其他债权投资应当按取得该金融资产的公允价值和相关交易费用之和作为初始入账金额。如果支付的价款中包含已到付息期但尚未领取的利息,应单独确认为应收利息,不构成其他债权投资的初始入账金额。

企业取得其他债权投资时:

借:其他债权投资——成本【债券的面值】

　　应收利息【支付的价款中包含的已到付息期但尚未领取的利息】

　　贷:银行存款【实际支付的金额】

　　　　其他债权投资——利息调整【倒挤的差额,借、贷方都有可能】

收到支付的价款中包含的已到付息期但尚未领取的利息时:

借:银行存款

　　贷:应收利息

【例5-5】 1月1日,甲企业购入乙企业当日发行的面值500 000元,期限3年、票面利率10%、每年12月31日付息、到期还本的债券,实际支付的购买价款(包括交易费用)为520 000元。甲企业既可能持有至到期,也可能提前出售,将其确认为其他债权投资。

甲企业的账务处理如下:

借:其他债权投资——成本　　　　　　　　　　　　　　　　　500 000

　　　　　　　　——利息调整　　　　　　　　　　　　　　　20 000

　　贷:银行存款　　　　　　　　　　　　　　　　　　　　　520 000

(三)其他债权投资的后续计量

其他债权投资的后续计量包括持有期间投资收益、期末计量、提前出售及减值等。

1.其他债权投资收益的确认

(1)分期付息、一次还本债券投资:

资产负债表日:

借:应收利息【债券的面值×票面利率】

　　贷:投资收益【债券的摊余成本×实际利率】

其他债权投资——利息调整【倒挤的差额,借、贷方都有可能】

（2）一次还本付息债券投资:

资产负债表日:

借:其他债权投资——应计利息【债券的面值×票面利率】

    贷:投资收益【债券的摊余成本×实际利率】

       其他债权投资——利息调整【倒挤的差额,借、贷方都有可能】

【例5-6】 20×4年1月1日,甲公司购入乙公司面值480 000元、期限3年、票面利率10%、每年12月31日付息,到期还本的债券,初始确认金额为500 000元,经估算该债券的实际利率为8%。甲公司既可能持有至到期,也可能提前出售,将其确认为其他债权投资。甲公司在持有期间确认利息收入的计算过程及账务处理如下:

采用实际利率法计算利息收入与摊余成本,具体计算如表5-3所示。

表5-3 利息收入与摊余成本计算表 单位:元

付息日	应收利息	利息收入	利息调整 （溢价摊销）	摊余成本
	①=面值× 票面利率10%	②=期初摊余成 本×实际利率8%	③=①-②	④=上行④-③
20×4年1月1日				500 000
20×4年12月31日	48 000	40 000	8 000	492 000
20×5年12月31日	48 000	39 360	8 640	483 360
20×6年12月31日	48 000	44 640*	3 360*	480 000
合计	144 000	124 000	20 000	——

注:*含小数点尾差。

甲公司账务处理如下:

（1）20×4年1月1日,购入债券:

借:其他债权投资——成本   480 000

          ——利息调整   20 000

    贷:银行存款   500 000

（2）20×4年12月31日,确认实际利息收入、收到利息:

借:应收利息   48 000

    贷:投资收益   40 000

       其他债权投资——利息调整   8 000

借:银行存款   48 000

    贷:应收利息   48 000

（3）20×5年12月31日,确认实际利息收入、收到利息:

借:应收利息   48 000

　　贷:投资收益　　　　　　　　　　　　　　　　　　　　　　　　　39 360

　　　　其他债权投资——利息调整　　　　　　　　　　　　　　　　　8 640

借:银行存款　　　　　　　　　　　　　　　　　　　　　　　　　　48 000

　　贷:应收利息　　　　　　　　　　　　　　　　　　　　　　　　48 000

　　(4)20×6 年 12 月 31 日,确认实际利息收入、收到利息:

借:应收利息　　　　　　　　　　　　　　　　　　　　　　　　　　48 000

　　贷:投资收益　　　　　　　　　　　　　　　　　　　　　　　　44 640

　　　　其他债权投资——利息调整　　　　　　　　　　　　　　　　　3 360

借:银行存款　　　　　　　　　　　　　　　　　　　　　　　　　　48 000

　　贷:应收利息　　　　　　　　　　　　　　　　　　　　　　　　48 000

　　2.其他债权投资的期末计量

　　其他债权投资的期末计量应以公允价值为基础,因公允价值变动形成的未实现利得和损失,作为所有者权益变动,计入其他综合收益。

　　(1)资产负债表日,其他债权投资的公允价值高于账面余额的差额:

借:其他债权投资——公允价值变动

　　贷:其他综合收益——其他债权投资公允价值变动

　　(2)资产负债表日,其他债权投资的公允价值低于账面余额的差额:

借:其他综合收益——其他债权投资公允价值变动

　　贷:其他债权投资——公允价值变动

　　(3)资产负债表日,其他债权投资发生减值:

借:信用减值损失

　　贷:其他综合收益——信用减值准备【减记的金额】

　　【例5-7】　接【例5-6】资料,甲公司持有的面值 480 000 元、期限 3 年、票面利率 10%、每年 12 月 31 日付息、到期还本的债券,20×4 年 12 月 31 日的市价(不包括应计利息)为 515 000 元,20×5 年 12 月 31 日的市价(不包括应计利息)为 408 000 元。

　　(1)20×4 年 12 月 31 日,确认公允价值变动:

公允价值变动=515 000-492 000=23 000(元)

借:其他债权投资——公允价值变动　　　　　　　　　　　　　　　　23 000

　　贷:其他综合收益——其他债权投资公允价值变动　　　　　　　　　23 000

调整后乙公司债券账面价值=492 000+23 000=515 000(元)

　　(2)20×5 年 12 月 31 日,确认公允价值变动:

调整前乙公司债券账面价值=515 000-8 640(溢价摊销)=506 360(元)

公允价值变动=408 000-506 360=-98 360(元)

借:其他综合收益——其他债权投资公允价值变动　　　　　　　　　　98 360

　　贷:其他债权投资——公允价值变动　　　　　　　　　　　　　　　98 360

调整后乙公司债券账面价值=506 360-98 360=408 000(元)

3. 其他债权投资的处置

企业处置其他债权投资时,应终止确认该金融资产,将取得的处置价款与该金融资产账面余额之间的差额计入投资收益,同时,将原直接计入所有者权益的累计公允价值变动对应处置部分的金额转出,计入投资收益。

处置其他债权投资时:

借:银行存款【实际收到的处置价款】

　　其他综合收益——信用减值准备【已计提的信用减值损失】

　　贷:其他债权投资——成本【其他债权投资面值】

　　　　　　　　——应计利息【一次还本付息方式下计提的利息】

　　　　　　　　——利息调整【利息调整摊余金额,借、贷方都有可能】

　　　　　　　　——公允价值变动【累计公允价值变动金额,借、贷方都有可能】

　　　　投资收益【倒挤的差额,借、贷方都有可能】

同时,将原计入其他综合收益的累计利得或损失对应处置部分的金额转出:

借:其他综合收益——其他债权投资公允价值变动

　　贷:投资收益

或做相反处理。

【例5-8】　2月2日,甲企业将持有的面值500 000元、期限3年、票面利率10%、每年12月31日付息、到期还本的乙企业债券出售,实际收到出售价款520 000元。出售日,乙企业债券账面余额为515 000元,其中,成本500 000元,利息调整(借方)8 000元,公允价值变动(借方)7 000元。

甲企业的账务处理如下:

借:银行存款　　　　　　　　　　　　　　　　　　　　　　　520 000

　　贷:其他债权投资——成本　　　　　　　　　　　　　　　　500 000

　　　　　　　　　　——利息调整　　　　　　　　　　　　　　　8 000

　　　　　　　　　　——公允价值变动　　　　　　　　　　　　　7 000

　　　　投资收益　　　　　　　　　　　　　　　　　　　　　　　5 000

借:其他综合收益——其他债权投资公允价值变动　　　　　　　　7 000

　　贷:投资收益　　　　　　　　　　　　　　　　　　　　　　　7 000

【例5-9】　甲公司于20×3年12月15日购入一项公允价值为10 000 000元的债务工具,分类为其他债权投资。该工具合同期限为10年,年利率为5%,实际利率也为5%。

20×3年12月31日,由于市场利率变动,该债务工具的公允价值跌至9 500 000元,甲公司计提信用减值损失300 000元。为简化起见,本例不考虑利息。

20×4年1月1日,甲公司决定以当日的公允价值9 500 000元出售该债务工具。假定不考虑其他因素。

甲公司的相关账务处理如下:

(1)20×3年12月15日,购入该工具:

借:其他债权投资——成本　　　　　　　　　　　　　　　　　　　10 000 000

　　贷:银行存款　　　　　　　　　　　　　　　　　　　　　　　　　　10 000 000

(2)20×3 年 12 月 31 日,计提信用减值损失、确认公允价值变动:

借:信用减值损失　　　　　　　　　　　　　　　　　　　　　　　300 000

　　贷:其他综合收益——信用减值准备　　　　　　　　　　　　　　　　300 000

借:其他综合收益——其他债权投资公允价值变动　　　　　　　　　500 000

　　贷:其他债权投资——公允价值变动　　　　　　　　　　　　　　　　500 000

(3)20×4 年 1 月 1 日,出售该债务工具:

借:银行存款　　　　　　　　　　　　　　　　　　　　　　　　9 500 000

　投资收益　　　　　　　　　　　　　　　　　　　　　　　　　　200 000

　其他综合收益——信用减值准备　　　　　　　　　　　　　　　　300 000

　其他债权投资——公允价值变动　　　　　　　　　　　　　　　　500 000

　　贷:其他债权投资——成本　　　　　　　　　　　　　　　　　　10 000 000

　　　其他综合收益——其他债权投资公允价值变动　　　　　　　　　　500 000

三、其他权益工具投资

(一)其他权益工具投资的含义

其他权益工具投资是指不具有控制、共同控制和重大影响的股权及非交易性股票等。

例如,企业持有的上市公司限售股尽管在活跃市场中有报价,但由于出售受到限制,不能随时出售,可指定为以公允价值计量且其变动计入其他综合收益的金融资产。

企业取得的其他权益工具投资按公允价值计量,其公允价值变动计入其他综合收益。该金融资产终止确认时,之前计入其他综合收益的累计利得或损失应当从其他综合收益中转出,计入留存收益。其他权益工具投资不需要计提减值准备。

(二)其他权益工具投资的初始计量

企业取得的股权投资若确认为其他权益工具投资,初始成本包括该股票交易日的公允价值和相关交易费用之和。如果支付的价款中包含已宣告但尚未发放的现金股利,则应单独确认为应收股利,而不构成其他权益工具投资的初始入账金额。收到支付的价款中包含的已宣告但尚未发放的现金股利,借记"银行存款"科目,贷记"应收股利"科目。

企业应设置"其他权益工具投资"科目,并设置"成本""公允价值变动"明细科目核算其他权益工具投资的取得及变动业务。

企业取得其他权益工具投资时:

借:其他权益工具投资——成本【该投资的公允价值与交易费用之和】

　应收股利【支付的价款中包含的已宣告但尚未发放的现金股利】

　　贷:银行存款【实际支付的金额】

【例 5-10】　4 月 5 日,甲企业按每股 8 元的价格购入乙企业每股面值 1 元的股票

70 000 股,并支付交易费用 1 500 元,该股票一年内不得出售,确认为其他权益工具投资。股票购买价格中包含每股 0.1 元已宣告但尚未领取的现金股利,该现金股利于当年 4 月 20 日发放。甲企业的账务处理如下:

(1)4 月 5 日,购入乙企业股票时:

初始确认金额 = (8-0.1)×70 000+1 500 = 554 500(元)

应收现金股利 = 0.1×70 000 = 7 000(元)

借:其他权益工具投资——成本 554 500

  应收股利 7 000

  贷:银行存款 561 500

(2)4 月 20 日,收到乙企业发放的现金股利时:

借:银行存款 7 000

  贷:应收股利 7 000

(三)其他权益工具投资的后续计量

1.其他权益工具投资收益的确认

其他权益工具投资在持有期间取得的现金股利(不包括取得该金融资产时已宣告但尚未发放的现金股利),应当计入投资收益。

其他权益工具投资持有期间,被投资单位宣告发放现金股利时,按应享有的份额:

借:应收股利

  贷:投资收益

收到发放的现金股利时:

借:银行存款

  贷:应收股利

【例 5-11】 甲企业持有乙企业股票 60 000 股。5 月 15 日,乙企业宣告每股分派现金股利 0.2 元,该现金股利于当年 6 月 20 日发放。

甲企业的账务处理如下:

(1)5 月 15 日,乙企业宣告分派现金股利时:

应收现金股利 = 60 000×0.2 = 12 000(元)

借:应收股利 12 000

  贷:投资收益 12 000

(2)6 月 20 日,收到乙企业发放的现金股利时:

借:银行存款 12 000

  贷:应收股利 12 000

2.其他权益工具投资的期末计量

其他权益工具投资在期末应以公允价值计量。

(1)资产负债表日,公允价值高于账面余额的差额:

借:其他权益工具投资——公允价值变动

  贷:其他综合收益——其他权益工具投资公允价值变动

（2）资产负债表日,公允价值低于账面余额的差额:

借:其他综合收益——其他权益工具投资公允价值变动

　　贷:其他权益工具投资——公允价值变动

【例5-12】　甲企业持有乙企业股票40 000股,该股票在20×3年12月31日的市场价格为15元;在20×4年12月31日的市场价格为14元;20×3年12月31日,乙企业股票按公允价值调整前的账面余额(即初始确认金额)为580 000元。

甲企业的账务处理如下:

（1）20×3年12月31日,调整其他权益工具投资账面余额:

公允价值变动=40 000×15-580 000=20 000（元）

借:其他权益工具投资——公允价值变动　　　　　　　　　　　　20 000

　　贷:其他综合收益——其他权益工具投资公允价值变动　　　　　　20 000

调整后甲企业持有的该股票账面余额=40 000×15=600 000（元）

（2）20×4年12月31日,调整其他权益工具投资账面余额:

公允价值变动=40 000×14-600 000=-40 000（元）

借:其他综合收益——其他权益工具投资公允价值变动　　　　　　40 000

　　贷:其他权益工具投资——公允价值变动　　　　　　　　　　　　40 000

调整后甲企业持有的该股票账面余额=40 000×14=560 000（元）

3.其他权益工具投资的处置

企业处置其他权益工具投资时:

借:银行存款【实际收到的金额】

　　贷:其他权益工具投资——成本【初始入账成本】

　　　　　　　　　　　　——公允价值变动【公允价值累计变动金额,借、贷方均有可能】

　　盈余公积【倒挤差额的10%,借、贷方均有可能】

　　利润分配——未分配利润【倒挤差额的90%,借、贷方均有可能】

同时,将其他综合收益转出:

借:其他综合收益——其他权益工具投资公允价值变动【应从其他综合收益中转出的公允价值累计变动额,借、贷方均有可能】

　　贷:盈余公积【其他综合收益的10%,借、贷方均有可能】

　　　　利润分配——未分配利润【其他综合收益的90%,借、贷方均有可能】

【例5-13】　2月20日,甲公司将持有的80 000股A公司股票售出,实际收到价款650 000元。出售日,A公司股票账面余额为600 000元(593 800+62 200-56 000),所属明细科目中:成本借方593 800元,公允价值变动借方6 200元(62 200-56 000)。甲公司按10%提取法定盈余公积。

借:银行存款　　　　　　　　　　　　　　　　　　　　　　　650 000

　　贷:其他权益工具投资——成本　　　　　　　　　　　　　　593 800

　　　　　　　　　　　　——公允价值变动　　　　　　　　　　6 200

盈余公积	5 000
利润分配——未分配利润	45 000

借:其他综合收益——其他权益工具投资公允价值变动　　　　　6 200

　　贷:盈余公积　　　　　　　　　　　　　　　　　　　　　　620

　　　　利润分配——未分配利润　　　　　　　　　　　　　　5 580

第四节　以公允价值计量且其变动计入
当期损益的金融资产

一、以公允价值计量且其变动计入当期损益的金融资产的含义

以公允价值计量且其变动计入当期损益的金融资产,是指以摊余成本计量的金融资产和以公允价值计量且其变动计入其他综合收益的金融资产以外的金融资产,如企业以赚取差价为目的从二级市场购入的股票、债券、基金等。企业取得该金融资产主要是为了在近期内出售,其特征是企业能够随时变现以获得证券交易差价。

以公允价值计量且其变动计入当期损益的金融资产主要包括交易性金融资产和指定为以公允价值计量且其变动计入当期损益的金融资产,本节主要以交易性金融资产为例介绍以公允价值计量且其变动计入当期损益的金融资产的核算。

二、交易性金融资产的科目设置

为了反映和监督交易性金融资产的取得、收取现金股利或利息、出售等情况,企业应当设置"交易性金融资产""公允价值变动损益""投资收益"等科目进行核算。

1."交易性金融资产"科目

"交易性金融资产"科目核算以公允价值计量且其变动计入当期损益的金融资产的账面价值。

"交易性金融资产"科目的借方登记交易性金融资产的取得成本、资产负债表日其公允价值高于账面余额的差额,以及出售交易性金融资产时结转公允价值低于账面余额的变动金额;贷方登记资产负债表日其公允价值低于账面余额的差额,以及企业出售交易性金融资产时结转的成本和公允价值高于账面余额的变动金额。

企业应当按照交易性金融资产的类别和品种,分别设置"交易性金融资产——成本""交易性金融资产——公允价值变动"等明细科目进行核算。

2."公允价值变动损益"科目

"公允价值变动损益"科目核算企业交易性金融资产等的公允价值变动而形成的应计入当期损益的利得或损失。

"公允价值变动损益"科目的借方登记资产负债表日企业持有的交易性金融资产等的公允价值低于账面余额的差额;贷方登记资产负债表日企业持有的交易性金融资产等

的公允价值高于账面余额的差额。

3.“投资收益”科目

“投资收益”科目核算企业持有交易性金融资产等的期间内取得的投资收益以及出售交易性金融资产等实现的投资收益或投资损失。

“投资收益”科目的借方登记企业取得交易性金融资产时支付的交易费用、出售交易性金融资产等发生的投资损失；贷方登记企业持有交易性金融资产等的期间内取得的投资收益，以及出售交易性金融资产等实现的投资收益。

“投资收益”科目应当按照投资项目设置明细科目进行核算。

三、交易性金融资产的初始计量

企业取得交易性金融资产时，应当按照取得时的公允价值作为其初始入账金额。金融资产的公允价值，应当以市场交易价格为基础确定。

企业取得交易性金融资产所支付价款中，包含的已宣告但尚未发放的现金股利或已到付息期但尚未领取的债券利息，应当单独确认为应收项目（应收股利或应收利息），不计入交易性金融资产的入账金额。

企业取得交易性金融资产所发生的相关交易费用，应当在发生时计入当期损益，冲减投资收益，发生交易费用取得增值税专用发票的，进项税额经认证后可从当月销项税额中扣除。

交易费用是指可直接归属于购买、发行或处置金融工具的增量费用。增量费用是指企业没有发生购买、发行或处置相关金融工具的情形就不会发生的费用，包括支付给代理机构、咨询公司、券商、证券交易所、政府有关部门等的手续费、佣金、相关税费以及其他必要支出，不包括债券溢价、折价、融资费用、内部管理成本和持有成本等与交易不直接相关的费用。

初始取得交易性金融资产的账务处理：

借：交易性金融资产——成本【取得时的公允价值】

　　投资收益【发生的交易费用】

　　应交税费——应交增值税（进项税额）【增值税专用发票上的增值税进项税额】

　　　贷：银行存款等【实际支付的金额】

【例5-14】　2月8日，甲企业购入乙企业每股面值1元的普通股股票20 000股，每股价格为10元，确认为以公允价值计量且其变动计入当期损益的金融资产，另支付交易费用2 500元，取得的增值税专用发票上注明的增值税税额为150元。

甲企业取得交易性金融资产的账务处理如下：

借：交易性金融资产——成本　　　　　　　　　　　　　　　　　　200 000

　　投资收益　　　　　　　　　　　　　　　　　　　　　　　　　　2 500

　　应交税费——应交增值税（进项税额）　　　　　　　　　　　　　　150

　　　贷：银行存款　　　　　　　　　　　　　　　　　　　　　　　202 650

【例5-15】　3月17日，甲企业按每股10.5元的价格购入丙企业每股面值1元的股票 50 000 股,确认为以公允价值计量且其变动计入当期损益的金融资产,另支付交易费用 3 500 元,取得的增值税专用发票上注明的增值税税额为 210 元。股票购买价格中包含已宣告但尚未领取的现金股利(每股 0.5 元)。

甲企业取得交易性金融资产的账务处理如下:

借:交易性金融资产——成本　　　　　【50 000 股×(10.5-0.5)】500 000
　　应收股利　　　　　　　　　　　　　【50 000 股×0.5 元】25 000
　　投资收益　　　　　　　　　　　　　　　　　　　　　　3 500
　　应交税费——应交增值税(进项税额)　　　　　　　　　　210
　　贷:银行存款　　　　　　　　　　　　　　　　　　　528 710

甲企业在收到上述股利时:

借:银行存款　　　　　　　　　　　　　　　　　　　　　25 000
　　贷:应收股利　　　　　　　　　　　　　　　　　　　　25 000

【例5-16】　8 月 1 日,甲企业支付 45 540 元购入丁企业发行的面值 42 000 元、期限 5 年、票面利率 5%、每年 6 月 30 日付息、到期还本的债券,确认为以公允价值计量且其变动计入当期损益的金融资产。债券购买价格中包含支付交易费用 140 元和已到付息期但尚未支付的利息 2 100 元。(不考虑相关税费)

甲企业取得交易性金融资产的账务处理如下:

借:交易性金融资产——成本　　　　　【45 540-2 100-140】43 300
　　应收利息　　　　　　　　　　　　　　　　　　　　　2 100
　　投资收益　　　　　　　　　　　　　　　　　　　　　　140
　　贷:银行存款　　　　　　　　　　　　　　　　　　　45 540

甲企业收到上述利息时:

借:银行存款　　　　　　　　　　　　　　　　　　　　　2 100
　　贷:应收利息　　　　　　　　　　　　　　　　　　　　2 100

四、交易性金融资产的后续计量

1. 被投资单位宣告发放现金股利或已到付息期但尚未领取的债券利息

企业持有交易性金融资产期间,对于被投资单位宣告发放的现金股利或已到付息期但尚未领取的债券利息,应当确认为应收项目,并计入投资收益:

借:应收股利
　　应收利息
　　贷:投资收益

实际收到款项时作为冲减应收项目处理:

借:银行存款
　　贷:应收股利
　　　　应收利息

需要强调的是,企业只有在同时满足三个条件时,才能确认交易性金融资产所取得的股利或利息收入并计入当期损益：一是企业收取股利或利息的权利已经确立（例如被投资单位已宣告发放）；二是与股利或利息相关的经济利益很可能流入企业；三是股利或利息的金额能够可靠计量。

【例5-17】　2月20日，A上市公司宣告发放现金股利，甲公司按其持有该上市公司股份计算确定的应分得的现金股利为600 000元。假定不考虑相关税费。甲公司的账务处理如下：

借：应收股利　　　　　　　　　　　　　　　　　　　　　　　　600 000
　　贷：投资收益　　　　　　　　　　　　　　　　　　　　　　　　600 000

2. 期末公允价值变动，确认公允价值变动损益

资产负债表日，交易性金融资产应当按照公允价值计量，公允价值与账面余额之间的差额计入当期损益。

公允价值>账面余额的差额：

借：交易性金融资产——公允价值变动
　　贷：公允价值变动损益

公允价值<账面余额的差额：

借：公允价值变动损益
　　贷：交易性金融资产——公允价值变动

【例5-18】　甲企业于每年年末对持有的以公允价值计量且其变动计入当期损益的金融资产按公允价值进行后续计量，确认公允价值变动损益。12月31日，甲企业持有的以公允价值计量且其变动计入当期损益的金融资产明细资料如表5-4所示。

表5-4　甲企业交易性金融资产投资明细资料　　　　　　　　　　单位：元

项目	调整前账面余额	期末公允价值	公允价值变动损益	调整后账面余额
A企业股票	300 000	250 000	-50 000	250 000
B企业债券	80 000	82 000	2 000	82 000

根据表5-4的资料，甲企业于12月31日确认公允价值变动损益的账务处理如下：

借：公允价值变动损益　　　　　　　　　　　　　　　　　　　　50 000
　　贷：交易性金融资产——公允价值变动　　　　　　　　　　　　　50 000
借：交易性金融资产——公允价值变动　　　　　　　　　　　　　　2 000
　　贷：公允价值变动损益　　　　　　　　　　　　　　　　　　　　2 000

3. 处置交易性金融资产

企业处置交易性金融资产时，应当将处置时交易性金融资产的公允价值与其账面余额之间的差额作为投资损益进行会计处理。

借：银行存款【实际收到的金额】
　　贷：交易性金融资产——成本【账面余额的成本部分】
　　　　　　　　　　　　——公允价值变动【账面余额的公允价值变动部分，借、贷双方都有可能】

投资收益【倒挤的差额,借、贷双方都有可能】

【例5-19】 5月29日,甲企业将持有的乙企业股票出售,实际收到出售价款212 600元。股票出售日,该股票账面价值205 000元,其中,成本230 000元,已确认公允价值变动损失25 000元。股票处置损益的计算及甲企业的账务处理如下:

处置损益 = 212 600 - 205 000 = 7 600(元)

借:银行存款		212 600
交易性金融资产——公允价值变动		25 000
贷:交易性金融资产——成本		230 000
投资收益		7 600

知识总结:

表5-5 交易性金融资产相关业务对损益类科目的影响

业务事项	归属科目
取得时支付的交易费用	计入"投资收益"科目借方
持有期间被投资单位宣告分派现金股利或按期计提的利息	计入"投资收益"科目贷方
持有期间的公允价值变动	计入"公允价值变动损益"科目贷方或借方
处置时的处置损益	计入"投资收益"科目贷方或借方

【课程思政】

从中国造字艺术中探会计之魂

中国会计起源于官厅,是考核和评价官员业绩的重要手段。"会计"一词历经新石器时期的结绳记事、夏王朝时期的会稽山大会、商王朝时期创造代表收入和支出的记账符号后,由西周王朝所创造并沿用至今,为世界所认可和使用。

"零星算之为计,总和算之为会"是西周人对"会计"的精辟阐释,涵盖了现代会计中的会计主体、会计分期、会计职能、会计对象和会计目标等内容,是西周人对世界会计发展史和现代会计基本理论的巨大贡献。

当我们为祖先的睿智发出无限感叹和自豪的同时,不禁思考:西周人为什么对进行记账、算账、报账工作的会计,强调"算"而不是"记",为什么要选用"会"和"计"二字而不是"汇"和"记"二字来命名呢? 其中又蕴含着怎样的深层含义呢?

从中国的造字方法看,"计"为会意字。根据《说文解字》,"计,会也,算也,从言从十。直言曰言、十乃数之俱也"。由此可以推断,西周人选用"计"而非"记"字,意在强调"会计是用所记录和计算的数字来说话的人",既然是用数字说话,数字必须真实、正确、客观、可靠,这就要求行为人必须诚实、正直,讲真话,不允许拐弯抹角、添油加醋,更不允许无中生有说假话、巧言令色说套话。希望或要求会计人是诚实、正直、廉洁、守则、实事求是、不阿谀奉承、不趋炎附势,有责任担当和家国情怀之人,正是西周人选择"计"字的初衷。

"会"是象形文字,最早见于甲骨文,是"脍"的本字。字的上部是盒盖,下部是食器,中间装的就是"脍",即煮熟的鱼或肉,意指煮熟的鱼或肉只有下面有可以加热的托盘,上面有盖子,并严丝合缝,才能保持食物的温度,成为美味佳肴,正如《说文解字》所云:会,合也。《周礼·天官·职币》中记载:"岁终,则会其出入而纳其余。"

西周人将年终的汇总计算选用"会"字来表达,其本义是在"计"的基础上,进一步强调年终汇总结果数据间的内在逻辑关系,是对从事记录、计算之人诚实、正直、廉洁、守则等高尚道德品德要求的进一步加持。《秦律》中所讲的"计算勿相缪",现代会计理论所强调的"账证相符、账账相符、账表相符、账实相符"都是"会"字所蕴含的会计人职业道德品质之传承。

可见,西周人所创新的"会计"一词,既是对会计做什么、何时做、怎样做的最好诠释,也是中国先人对会计人应具有的职业道德品质、社会责任和家国情怀的希望和要求,彰显着中国先人在国家治理中对会计的重视,以及对社会安定和美好生活的向往。"会""计"二字的选择和连用彰显了中国先人的睿智、向善、追求美好的优良品质,是中华五千年文明在会计文明中的具体体现,"诚实正直/诚信"是会计职业道德之首,更是会计之魂。春秋时期孔子的"会计当而已矣"观,我国现代会计之父潘序伦先生的"会计立信观"、会计大师杨时展先生的"天下未乱计先乱,天下欲治计乃治"的"会计社会责任观"以及如今提出的"三坚三守"职业道德观都是西周会计诚信思想的延续。

资料来源:中国会计报

【关键术语】

金融资产　债权投资　其他债权投资　其他权益工具投资　交易性金融资产

【学习评价】

专业能力测评表

(在○中打√,A 掌握,B 基本掌握,C 未掌握)

业务能力	评价指标	自测结果	备注
金融资产的含义及分类	1. 金融资产的定义	○A　○B　○C	
	2. 金融资产的管理	○A　○B　○C	
	3. 金融资产的分类	○A　○B　○C	
以摊余成本计量的金融资产	1. 债权投资的定义	○A　○B　○C	
	2. 债权投资的初始计量	○A　○B　○C	
	3. 债权投资的后续计量	○A　○B　○C	

续表

业务能力	评价指标	自测结果	备注
以公允价值计量且其变动计入其他综合收益的金融资产	1.以公允价值计量且其变动计入其他综合收益的金融资产的含义 2.其他债权投资 3.其他权益工具投资	○A ○B ○C ○A ○B ○C ○A ○B ○C	
以公允价值计量且其变动计入当期损益的金融资产	1.以公允价值计量且其变动计入当期损益的金融资产的含义 2.交易性金融资产的科目设置 3.交易性金融资产的初始计量 4.交易性金融资产的后续计量	○A ○B ○C ○A ○B ○C ○A ○B ○C ○A ○B ○C	
教师评语：			
成绩		教师签字	

练习题 答案

第六章　固定资产

【学习目标】

知识目标

1.了解固定资产的定义、确认条件、分类和管理要求；

2.理解固定资产折旧方法及折旧的范围；

3.掌握固定资产增加的核算方法；

4.掌握固定资产折旧的核算方法；

5.掌握固定资产更新改造及处置的核算方法。

能力目标

1.能胜任固定资产会计核算岗位的各项工作；

2.能按照规范流程和方法进行固定资产相关业务的账务处理。

思政目标

1.开阔学生视野，提升学生的思维能力；

2.培养学生家国情怀，引导学生担当起民族复兴的大任；

3.树立学生的文化自信，将中华优秀传统文化与专业相结合。

【思维导图】

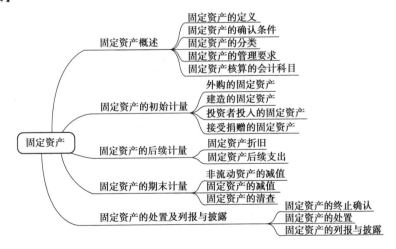

【案例导入】

中国联通(香港):预计2025年固定资产投资550亿元左右,其中算力投资同比增长28%

中国联通(香港)在财报中表示,2025年,公司营收、利润及净资产收益率将实现有力增长。预计固定资产投资在人民币550亿元左右,其中,算力投资同比增长28%;此外,中国联通(香港)为人工智能重点基础设施和重大工程专项作了特别预算安排。

资料来源:金融界AI电报

思考:固定资产对企业发展有什么促进作用? 如何对固定资产进行核算?

第一节 固定资产概述

一、固定资产的定义

固定资产,是指企业为生产商品、提供劳务或经营管理而持有的,且使用寿命超过一个会计年度的有形资产,必须同时具备以下两个特征:

(1)企业持有固定资产的目的,是用于生产商品、提供劳务、出租或经营管理的,而不是直接用于出售。其中,出租是指以经营租赁方式出租的机器设备等。

(2)企业使用固定资产的期限超过一个会计年度。这一特征表明企业固定资产属于非流动资产,其给企业带来的收益期超过一年,能在一年以上的时间里为企业创造经济利益。

二、固定资产的确认条件

一般来讲,固定资产在符合定义的前提下,应当同时满足以下两个条件,才能加以确认。

(一)与该固定资产有关的经济利益很可能流入企业

资产最重要的特征是预期会给企业带来经济利益。企业在确认固定资产时,需要判断与该项固定资产有关的经济利益是否很可能流入企业。如果与该项固定资产有关的经济利益很可能流入企业,并同时满足固定资产确认的其他条件,那么企业应将其确认为固定资产;否则不应确认为固定资产。

(二)该固定资产的成本能够可靠计量

成本能够可靠计量是资产确认的一个基本条件,也就是确定资产价值量问题。企业在确定固定资产成本时必须取得确凿的证据,但是,有时需要根据所获得的最新资料,对固定资产的成本进行合理的估计。如企业对于已达到预定可使用状态但尚未办理竣工决算的固定资产,需要根据工程预算、工程造价或者工程实际发生的成本等资料,按估计价值确认其成本,办理竣工决算后,再按实际成本调整原来的暂估价值。

三、固定资产的分类

根据不同的管理需要和核算要求以及不同的分类标准,可以对固定资产进行不同的分类,主要有以下两种分类方法。

(一)按经济用途分类

按固定资产的经济用途分类,可分为生产经营用固定资产和非生产经营用固定资产。

生产经营用固定资产,是指直接服务于企业生产、经营过程的各种固定资产,如生产经营用的房屋、建筑物、机器、设备、器具、工具等。

非生产经营用固定资产,是指不直接服务于生产、经营过程的各种固定资产,如职工宿舍等使用的房屋、设备和其他固定资产等。

特别提示:按照固定资产的经济用途分类,可以归类反映和监督企业生产经营用固定资产和非生产经营用固定资产之间,以及生产经营用各类固定资产之间的组成和变化情况,借以考核和分析企业固定资产的利用情况,促使企业合理地配置固定资产,充分发挥其效用。

(二)综合分类

按固定资产的经济用途和使用情况等综合分类,可把企业的固定资产划分为 7 大类:

(1)生产经营用固定资产。

(2)非生产经营用固定资产。

(3)租出固定资产(指企业在经营租赁方式下出租给外单位使用的固定资产)。

(4)不需用固定资产。

(5)未使用固定资产。

(6)土地(指过去已经估价并单独入账的土地。因征地而支付的补偿费,应计入与土地有关的房屋、建筑物的价值内,不单独作为土地价值入账。企业取得的土地使用权,应作为无形资产管理和核算,不作为固定资产管理和核算)。

(7)租入固定资产(指企业除短期租赁和低价值资产租赁外租入的固定资产,该资产在租赁期内,应作为使用权资产进行核算与管理)。

特别提示:由于企业的经营性质不同,经营规模各异,对固定资产的分类不可能完全一致。但实际工作中,企业大多采用综合分类的方法作为编制固定资产目录、进行固定资产核算的依据。

四、固定资产的管理要求

固定资产是企业生产经营管理过程中重要的劳动资料和物质基础,是固定资本的实物形态。企业应结合实际情况加强固定资产的监督管理,规范固定资产管理流程,明确固定资产的申请采购、验收、交付使用、处置报废等各环节的权、责、利,强化各有关部门及员工的职责、落实经管责任,保证固定资产会计核算资料的真实、准确、完整。防范固定资产更新改造不够、使用效能低下、维护不当、产能过剩,可能导致企业缺乏竞争力、资产价值贬损、安全事故频发或资源浪费等风险。具体要求主要有:

(1)正确预测并确定固定资产的需要量和规模。

(2)严格划分资本性支出和收益性支出的界限。合理确认并准确计量固定资产的价值;坚持实质重于形式的原则,正确区分固定资产和在建工程。

(3)加强固定资产的日常管理。在日常管理中,企业应建立和健全固定资产的管理责任制度,严格固定资产的采购、验收、交付使用、出售和报废清理及定期清查盘点等手续制度,确保各项经办业务的各项原始凭证真实、准确、完整,提高固定资产的使用效率和效果。

(4)正确核算固定资产折旧和减值,及时准确计提固定资产折旧,需要计提固定资产减值的应准确合理识别固定资产减值迹象并按规定计提减值,确保固定资产的及时更新改造。

五、固定资产核算的会计科目

为了反映和监督固定资产的取得、计提折旧和处置等情况,企业一般需要设置"固定资产""累计折旧""在建工程""工程物资""固定资产清理"等科目。

"固定资产"科目核算企业固定资产的原价,借方登记企业增加的固定资产原价,贷方登记企业减少的固定资产原价,期末借方余额,反映企业期末固定资产的账面原价。企业应当设置"固定资产登记簿"和"固定资产卡片",按固定资产类别、使用部门和每项固定资产进行明细核算。

"累计折旧"科目属于"固定资产"的调整科目,核算企业固定资产的累计折旧,贷方登记企业计提的固定资产折旧,借方登记处置固定资产转出的累计折旧,期末贷方余额,反映企业固定资产的累计折旧额。

"在建工程"科目核算企业基建、更新改造等在建工程发生的支出,借方登记企业各项在建工程的实际支出,贷方登记完工工程转出的成本,期末借方余额,反映企业尚未达到预定可使用状态的在建工程的成本。

"工程物资"科目核算企业为在建工程而准备的各种物资的实际成本,借方登记企业购入工程物资的成本,贷方登记领用工程物资的成本,期末借方余额,反映企业为在建工程准备的各种物资的成本。

"固定资产清理"科目核算企业因出售、报废、毁损、对外投资、非货币性资产交换、债务重组等原因转入清理的固定资产价值以及在清理过程中发生的清理费用和清理收益。该科目包括借方登记转出的固定资产账面价值、清理过程中应支付的相关税费及其他费用,以及贷方登记出售固定资产取得的价款、残料价值和变价收入。期末如为借方余额,反映企业尚未清理完毕的固定资产清理净损失,期末如为贷方余额,则反映企业尚未清理完毕的固定资产清理净收益。固定资产清理完成,其借方登记转出的清理净收益,贷方登记转出的清理净损失,清理净损益结转后,"固定资产清理"科目无余额。企业应当按照被清理的固定资产项目设置明细账,进行明细核算。

此外,企业固定资产、在建工程、工程物资发生减值的,还应当设置"固定资产减值准备""在建工程减值准备""工程物资减值准备"等科目进行核算。

第二节 固定资产的初始计量

固定资产应当按照成本进行初始计量。固定资产的成本是指企业购建某项固定资产达到预定可使用状态前所发生的一切合理、必要的支出。由于固定资产的来源渠道不同,其成本构成的具体内容及会计处理也有所差异。

一、外购的固定资产

企业外购的固定资产,应按实际支付的购买价款、相关税费、使固定资产达到预定可使用状态前所发生的可归属于该项资产的运输费、装卸费、安装费和专业人员服务费等,作为固定资产的取得成本。其中,相关税费不包括按照现行增值税制度规定,可以从销项税额中抵扣的增值税进项税额。

注意:专业人员服务费,构成固定资产入账成本;员工培训费,不构成固定资产入账成本,在发生时计入当期损益。

(一)一般纳税人购入不需要安装的固定资产

企业作为增值税一般纳税人,购入不需要安装的固定资产时,应按支付的购买价款、使固定资产达到预定可使用状态前所发生的可归属于该项资产的运输费、装卸费和专业人员服务费等,作为固定资产成本,借记"固定资产"科目,取得增值税专用发票、海关完税证明或公路发票等增值税扣税凭证,并经税务机关认证可以抵扣的,应按增值税专用发票上注明的增值税进项税额,借记"应交税费——应交增值税(进项税额)"科目,贷记"银行存款""应付账款"等科目。

【例6-1】 甲企业为增值税一般纳税人,6月3日,甲企业购入一台不需要安装的设备,发票上注明设备价款为250 000元,增值税税额为32 500元,支付的运输费、装卸费等合计2 000元。上述款项甲企业已用银行存款支付。甲企业的账务处理如下:

固定资产成本＝250 000+2 000＝252 000(元)

借:固定资产 252 000
　　应交税费——应交增值税(进项税额) 32 500
　　贷:银行存款 284 500

(二)一般纳税人购入需要安装的固定资产

企业作为增值税一般纳税人,购入需要安装的固定资产时,应在购入的固定资产取得成本的基础上加上安装调试成本作为入账成本。

1. 取得成本的处理

借:在建工程【购入需安装的固定资产的取得成本】

　　应交税费——应交增值税(进项税额)【可抵扣的增值税进项税额】

　　贷:银行存款

　　　　应付账款等

2. 安装调试成本的处理

借:在建工程【发生的安装调试成本】

　　应交税费——应交增值税(进项税额)【可抵扣的增值税进项税额】

　　贷:银行存款等

3. 耗用材料或人工费用的处理

借:在建工程【应承担的材料或人工费用】

　　贷:原材料

　　　　应付职工薪酬等

4. 安装完成达到预定可使用状态的处理

购入需要安装的固定资产安装完成达到预定可使用状态时,由"在建工程"科目转入"固定资产"科目:

借:固定资产

　　贷:在建工程

【例6-2】　甲企业为增值税一般纳税人,6月12日,甲企业购入一台需要安装的设备,发票上注明设备价款为300 000元,增值税税额为39 000元,支付的运输费、装卸费等合计3 000元,支付安装费用1 000元,增值税税额为90元,上述款项甲企业已用银行存款支付。甲企业的账务处理如下:

购入进行安装时:

借:在建工程　　　　　　　　　　　　　　　　　【300 000+3 000】303 000

　　应交税费——应交增值税(进项税额)　　　　　　　　　　39 000

　　贷:银行存款　　　　　　　　　　　　　　　　　　　　　342 000

支付安装费用时:

借:在建工程　　　　　　　　　　　　　　　　　　　　　　　1 000

　　应交税费——应交增值税(进项税额)　　　　　　　　　　　　90

　　贷:银行存款　　　　　　　　　　　　　　　　　　　　　　1 090

设备安装完毕达到预定可使用状态并交付使用时:

该设备的成本=303 000+1 000=304 000(元)

借:固定资产　　　　　　　　　　　　　　　　　　　　　　304 000

　　贷:在建工程　　　　　　　　　　　　　　　　　　　　　304 000

(三)小规模纳税人购入固定资产

企业作为小规模纳税人,购入固定资产发生的增值税进项税额应计入固定资产成本,借记"固定资产"或"在建工程"科目,不通过"应交税费——应交增值税"科目核算。

【例6-3】 6月20日,甲企业用银行存款购入一台不需要安装的设备,取得的增值税专用发票上注明的价款为100 000元,增值税税额为13 000元。假设甲企业为小规模纳税人,进项税额不得从销项税额中抵扣,应计入固定资产成本核算。则甲企业的账务处理如下:

借:固定资产   113 000

  贷:银行存款   113 000

特别提示:企业以一笔款项购入多项没有单独标价的固定资产,应将各项资产单独确认为固定资产,并按各项固定资产公允价值的比例对总成本进行分配,分别确定各项固定资产的成本。

【例6-4】 甲企业为增值税一般纳税人,8月1日,甲企业向乙企业一次性购进了三台不同型号且具有不同生产能力的设备A、B、C,取得的增值税专用发票上注明的价款为8 500 000元,增值税税额为1 105 000元,另支付包装费500 000元,增值税税额为30 000元,全部款项以银行存款转账支付。假设设备A、B、C的公允价值分别为4 000 000元、3 500 000元和2 500 000元。

甲企业的账务处理如下:

(1)确定应计入固定资产成本的金额,包括购买价款、包装费:

应计入固定资产的成本=8 500 000+500 000=9 000 000(元)

(2)确定设备A、B、C的价值分配比例:

设备A应分配的固定资产价值比例=4 000 000÷(4 000 000+3 500 000+2 500 000)×100%=40%

设备B应分配的固定资产价值比例=3 500 000÷(4 000 000+3 500 000+2 500 000)×100%=35%

设备C应分配的固定资产价值比例=2 500 000÷(4 000 000+3 500 000+2 500 000)×100%=25%

(3)确定设备A、B、C各自的成本:

设备A的成本=9 000 000×40%=3 600 000(元)

设备B的成本=9 000 000×35%=3 150 000(元)

设备C的成本=9 000 000×25%=2 250 000(元)

(4)甲企业应编制如下会计分录:

借:固定资产——设备A   3 600 000

    ——设备B   3 150 000

    ——设备C   2 250 000

  应交税费——应交增值税(进项税额)   1 135 000

  贷:银行存款   10 135 000

二、建造的固定资产

企业自行建造固定资产,应当按照建造该项资产达到预定可使用状态前所发生的必要支出,作为固定资产的成本。

企业自行建造固定资产,应先通过"在建工程"科目核算,工程达到预定可使用状态时,再从"在建工程"科目转入"固定资产"科目。企业自行建造固定资产,主要有自营和出包两种方式,由于采用的建设方式不同,其会计处理也不同。

（一）自营工程

自营工程是指企业自行组织工程物资采购,自行组织施工人员施工的建筑工程和安装工程。

1. 购入工程物资

借:工程物资【已认证的增值税专用发票上注明的价款】

　　应交税费——应交增值税（进项税额）【增值税进项税额】

　　贷:银行存款

　　　　应付账款等

2. 在建工程领用工程物资

借:在建工程

　　贷:工程物资

3. 在建工程领用原材料

借:在建工程

　　贷:原材料

4. 在建工程领用商品

借:在建工程

　　贷:库存商品

5. 自营工程发生的其他费用（如分配工程人员薪酬等）

借:在建工程

　　贷:银行存款

　　　　应付职工薪酬等

6. 自营工程达到预定可使用状态

借:固定资产

　　贷:在建工程【自营工程的总成本】

【例6-5】 甲企业为增值税一般纳税人,8月15日,自行建造厂房一幢,购入建造工程用的各种物资600 000元,增值税专用发票上注明的增值税税额为78 000元,全部用于工程建设。领用本企业生产的钢筋一批,实际成本为500 000元,应计工程人员薪酬为150 000元。支付的安装费取得增值税专用发票上注明的安装费80 000元,增值税税额7 200元。工程完工并达到预定可使用状态。甲企业的账务处理如下:

（1）购入工程物资时:

借:工程物资　　　　　　　　　　　　　　　　　　　　　　　　　600 000

　　应交税费——应交增值税（进项税额）　　　　　　　　　　　　　78 000

　　贷:银行存款　　　　　　　　　　　　　　　　　　　　　　　　　678 000

（2）领用全部工程物资时：

借：在建工程　　　　　　　　　　　　　　　　　　　600 000

　　贷：工程物资　　　　　　　　　　　　　　　　　　　600 000

（3）领用本企业生产的钢筋时：

借：在建工程　　　　　　　　　　　　　　　　　　　500 000

　　贷：库存商品　　　　　　　　　　　　　　　　　　　500 000

（4）分配工程人员薪酬时：

借：在建工程　　　　　　　　　　　　　　　　　　　150 000

　　贷：应付职工薪酬　　　　　　　　　　　　　　　　　150 000

（5）支付工程发生的其他费用时：

借：在建工程　　　　　　　　　　　　　　　　　　　80 000

　　应交税费——应交增值税（进项税额）　　　　　　　7 200

　　贷：银行存款　　　　　　　　　　　　　　　　　　　87 200

（6）工程完工结转时：

转入固定资产的成本＝600 000＋500 000＋150 000＋80 000＝1 330 000（元）

借：固定资产　　　　　　　　　　　　　　　　　　　1 330 000

　　贷：在建工程　　　　　　　　　　　　　　　　　　　1 330 000

（二）出包工程

出包工程是指企业通过招标方式将工程项目发包给建造承包商，由建造承包商组织施工的建筑工程和安装工程。企业采用出包方式进行的固定资产工程，其工程的具体支出主要由建造承包商核算，在这种方式下，"在建工程"科目主要是反映企业与建造承包商办理工程价款结算的情况，企业支付给建造承包商的工程价款作为工程成本，通过"在建工程"科目核算。

1. 企业按合理估计的发包工程进度和合同规定向建造承包商结算进度款

借：在建工程【增值税专用发票上注明的价款】

　　应交税费——应交增值税（进项税额）【增值税进项税额】

　　贷：银行存款【实际支付的金额】

2. 工程完成时按合同规定补付的工程款

借：在建工程

　　应交税费——应交增值税（进项税额）

　　贷：银行存款

3. 工程达到预定可使用状态

借：固定资产

　　贷：在建工程【出包工程的总成本】

【例6-6】　甲企业为增值税一般纳税人，20×3年9月10日，将一幢厂房的建造工程出包给乙企业承建，按合理估计的发包工程进度和合同规定向乙企业结算进度款并取得乙企业开具的增值税专用发票，注明工程款700 000元，增值税税额63 000元。20×4年

3月1日,工程完工后,收到乙企业有关工程结算单据和增值税专用发票,补付工程款并取得乙企业开具的增值税专用发票,注明工程款300 000元,增值税税额27 000元。工程完工并达到预定可使用状态。甲企业的账务处理如下:

(1)按合理估计的发包工程进度和合同规定向乙企业结算进度款时:

借:在建工程 700 000

　　应交税费——应交增值税(进项税额) 63 000

　　贷:银行存款 763 000

(2)补付工程款时:

借:在建工程 300 000

　　应交税费——应交增值税(进项税额) 27 000

　　贷:银行存款 327 000

(3)工程完工并达到预定可使用状态时:

借:固定资产 1 000 000

　　贷:在建工程 【700 000+300 000】1 000 000

三、投资者投入的固定资产

企业因接受投资者以固定资产形式对企业进行投资而增加的固定资产为投资转入的固定资产。对于投资者投入的固定资产,应按投资各方签订的合同或协议约定的价值和相关的税费,作为固定资产的入账价值计价入账,合同或协议约定的价值不公允的除外。转入固定资产时,借记"固定资产"科目,贷记"实收资本"(或"股本")等科目。

四、接受捐赠的固定资产

接受捐赠的固定资产应根据具体情况合理确定其入账价值。一般分为两种情况:

(1)捐赠方已提供有关凭据的,按凭据上标明的金额加上应支付的相关税费,作为入账价值。

(2)捐赠方未提供有关凭据的,按如下顺序确定其入账价值:

①同类或类似固定资产存在活跃市场的,按同类或类似固定资产的市场价格估计的金额,加上应支付的相关税费,作为入账价值。

②同类或类似固定资产不存在活跃市场的,按该接受捐赠固定资产预计未来现金流量的现值,加上应支付的相关税费,作为入账价值。

企业接受捐赠的固定资产在按照上述会计规定确定入账价值以后,按接受捐赠的金额,计入营业外收入。

【例6-7】　甲企业接受捐赠一台新设备,捐赠者提供的有关凭证上标明,价款150 000元,增值税税额19 500元,甲企业由于接受捐赠,另通过银行存款支付直接相关税费2 000元。甲企业的账务处理如下:

借:固定资产 152 000

　　应交税费——应交增值税(进项税额) 19 500

贷:营业外收入——捐赠利得   169 500

　　银行存款   2 000

第三节　固定资产的后续计量

一、固定资产折旧

(一)固定资产折旧的相关概念

企业应当在固定资产的使用寿命内,按照确定的方法对应计折旧额进行系统分摊。

所谓应计折旧额,是指应当计提折旧的固定资产原价扣除其预计净残值后的金额,已计提减值准备的固定资产,还应当扣除已计提的固定资产减值准备累计金额。

企业应当根据固定资产的性质和使用情况,合理确定固定资产的使用寿命和预计净残值。固定资产的使用寿命、预计净残值一经确定,不得随意变更。

(二)影响固定资产折旧的因素

(1)固定资产原价,是指固定资产的成本。

(2)预计净残值,是指假定固定资产预计使用寿命已满并处于使用寿命终了时的预期状态,企业目前从该项资产处置中获得的扣除预计处置费用后的金额。

(3)固定资产减值准备,是指固定资产已计提的固定资产减值准备累计金额。

(4)固定资产的使用寿命,是指企业使用固定资产的预计期间,或者该固定资产所能生产产品或提供劳务的数量。

特别提示:企业确定固定资产使用寿命时,应当考虑下列因素。该项资产预计生产能力或实物产量;该项资产预计有形损耗,如设备使用中发生磨损、房屋建筑物受到自然侵蚀等;该项资产预计无形损耗,如因新技术的出现而使现有的资产技术水平相对陈旧、市场需求变化使产品过时等;法律或者类似规定对该项资产使用的限制。

(三)计提固定资产折旧的范围

除以下情况外,企业应当对所有固定资产计提折旧:

(1)已提足折旧但仍继续使用的固定资产。

(2)单独计价入账的土地。

在确定计提折旧的范围时,还应注意以下几点:

(1)固定资产应当按月计提折旧,当月增加的固定资产,当月不计提折旧,从下月起计提折旧;当月减少的固定资产,当月仍计提折旧,从下月起不计提折旧。

(2)固定资产提足折旧后,不论能否继续使用,均不再计提折旧;提前报废的固定资产,也不再补提折旧。所谓提足折旧,是指已经提足该项固定资产的应计折旧额。

(3)已达到预定可使用状态但尚未办理竣工决算的固定资产,应当按照估计价值确定其成本,并计提折旧;待办理竣工决算后,再按实际成本调整原来的暂估价值,但不需要调整原已计提的折旧额。

注意:企业至少应当于每年年度终了,对固定资产的使用寿命、预计净残值和折旧方法进行复核。使用寿命预计数与原先估计数有差异的,应当调整固定资产使用寿命。预计净残值预计数与原先估计数有差异的,应当调整预计净残值。与固定资产有关的经济利益预期实现方式有重大改变的,应当改变固定资产折旧方法。上述事项在报经股东大会或董事会、经理(厂长)会议或类似机构批准后,作为计提折旧的依据,并按照法律、行政法规等的规定报送有关各方备案。固定资产使用寿命、预计净残值和折旧方法的改变应当作为会计估计变更进行会计处理。

(四)固定资产折旧的方法

企业应当根据与固定资产有关的经济利益的预期实现方式,合理选择固定资产折旧方法。可选用的折旧方法包括年限平均法(又称直线法)、工作量法、双倍余额递减法和年数总和法等。

1. 年限平均法

采用年限平均法计提固定资产折旧,其特点是将固定资产的应计折旧额均衡地分摊到固定资产预计使用寿命内,采用这种方法计算的每期折旧额是相等的。

年限平均法的计算公式如下:

年折旧额=(固定资产原价-预计净残值)÷预计使用寿命(年)

月折旧额=年折旧额÷12

在实务中,固定资产折旧额一般应根据固定资产原价乘以折旧率计算。计算公式如下:

年折旧率=(1-预计净残值率)÷预计使用寿命(年)×100%

月折旧率=年折旧率÷12

月折旧额=固定资产原价×月折旧率

【例6-8】 甲企业有一幢厂房,原价为4 000 000元,预计可使用10年,预计报废时的净残值率为5%。该厂房的月折旧率和月折旧额的计算如下:

年折旧率=(1-5%)÷10×100%=9.5%

月折旧率=9.5%÷12≈0.79%

月折旧额=4 000 000×0.79%=31 600(元)

2. 工作量法

工作量法是指根据实际工作量计算固定资产每期应计提折旧额的一种方法。工作量法的基本计算公式如下:

单位工作量折旧额=固定资产原价×(1-预计净残值率)÷预计总工作量

某项固定资产月折旧额=该项固定资产当月工作量×单位工作量折旧额

【例6-9】 甲企业的一辆运货卡车的原价为900 000元,预计总行驶里程为500 000千米,预计报废时的净残值率为5%,本月行驶6 000千米。该辆汽车的月折旧额计算如下:

单位里程折旧额=900 000×(1-5%)÷500 000=1.71(元/千米)

本月折旧额=6 000×1.71=10 260(元)

3. 双倍余额递减法

双倍余额递减法是指在不考虑固定资产预计净残值的情况下,根据每期期初固定资产原价减去累计折旧后的余额和双倍的直线法折旧率计算固定资产折旧的一种方法。采用双倍余额递减法计提固定资产折旧,一般应在固定资产使用寿命到期前两年内,将固定资产账面净值扣除预计净残值后的余额平均摊销。

双倍余额递减法的计算公式如下:

年折旧率=2÷预计使用寿命(年)×100%

年折旧额=每个折旧年度年初固定资产账面净值×年折旧率

月折旧额=年折旧额÷12

需要注意的是,这里的折旧年度是指"以固定资产开始计提折旧的月份为始计算的1个年度期间",如甲企业某年3月取得某项固定资产,其折旧年度为"从当年4月至第二年3月的期间"。

【例6-10】　甲企业一项固定资产的原价为5 000 000元,预计使用年限为5年,预计净残值为10 000元。按双倍余额递减法计提折旧,每年的折旧额计算如下:

年折旧率=2÷5×100%=40%

第1年应计提的折旧额=5 000 000×40%=2 000 000(元)

第2年应计提的折旧额=(5 000 000-2 000 000)×40%=1 200 000(元)

第3年应计提的折旧额=(5 000 000-2 000 000-1 200 000)×40%=720 000(元)

从第4年起改用年限平均法(直线法)计提折旧:

第4年、第5年的年折旧额=[(5 000 000-2 000 000-1 200 000-720 000)-10 000]÷2=535 000(元)

4. 年数总和法

年数总和法是指将固定资产的原价减去预计净残值后的余额,乘以一个逐年递减的分数计算每年的折旧额,这个分数的分子为固定资产尚可使用寿命,分母为固定资产预计使用寿命逐年数字总和。

年数总和法的计算公式如下:

年折旧率=(预计使用寿命-已使用年限)÷[预计使用寿命×(预计使用寿命+1)÷2]×100%

或者:

年折旧率=尚可使用年限÷预计使用寿命的年数总和×100%

年折旧额=(固定资产原价-预计净残值)×年折旧率

月折旧额=年折旧额÷12

【例6-11】　甲企业外购设备的买价为1 000万元,预计使用年限为5年,预计净残值为4万元,甲企业采用年数总和法计算折旧。每年的折旧额计算如下:

第1年:(1 000-4)×(5/15)=332(万元)

第2年:(1 000-4)×(4/15)=265.6(万元)

第 3 年:(1 000-4)×(3/15)= 199.2(万元)

第 4 年:(1 000-4)×(2/15)= 132.8(万元)

第 5 年:(1 000-4)×(1/15)= 66.4(万元)

（五）固定资产折旧的账务处理

固定资产应当按月计提折旧,计提的折旧应当计入"累计折旧"科目,根据固定资产的用途和受益对象性质计入相关资产的成本或者当期损益。

企业计提固定资产折旧时:

借:在建工程【自行建造固定资产过程中使用的固定资产计提的折旧】

制造费用【基本生产车间所使用的固定资产计提的折旧】

管理费用【管理部门所使用的固定资产计提的折旧】

销售费用【销售部门所使用的固定资产计提的折旧】

其他业务成本【经营租出的固定资产计提的折旧】

贷:累计折旧

【例6-12】 5 月,甲企业应计提的固定资产折旧额为 70 万元,其中管理部门计提折旧 30 万元,销售部门计提折旧 20 万元,生产车间计提折旧 15 万元,出租设备计提折旧 5 万元。甲企业的账务处理如下:

借:管理费用   300 000

销售费用   200 000

制造费用   150 000

其他业务成本   50 000

贷:累计折旧   700 000

二、固定资产后续支出

固定资产后续支出,是指固定资产在使用过程中发生的更新改造支出、修理费用等。

固定资产的更新改造、修理等后续支出,满足固定资产确认条件的,应当计入固定资产成本,如有被替换的部分,应同时将被替换部分的账面价值从该固定资产原账面价值中扣除;不满足固定资产确认条件的后续支出,应当在发生时计入当期损益。

（一）资本化后续支出的核算

固定资产发生属于资本化后续支出时,应当通过"在建工程"科目核算。固定资产发生属于资本化的后续支出时,企业应将该固定资产的原价、已计提的累计折旧和减值准备转销,将固定资产的账面价值转入在建工程,借记"在建工程""累计折旧""固定资产减值准备"等科目,贷记"固定资产"科目。发生属于资本化后续支出时,借记"在建工程"科目,发生后续支出取得增值税专用发票的,按增值税专用发票上注明的增值税进项税额,借记"应交税费——应交增值税（进项税额）"科目,按实际支付的金额,贷记"银行存款"等科目。发生后续支出的固定资产达到预定可使用状态时,借记"固定资产"科目,贷记"在建工程"科目。

【例6-13】 甲企业将一厂房用于扩建,该厂房的原价为 2 000 000 元,累计折旧 500 000 元,在扩建过程中,用银行存款支付扩建支出 250 000 元。甲企业的账务处理如下:

(1)将厂房交付扩建时:

借:在建工程　　　　　　　　　　　　　　　　　　　　　　　　　1 500 000

　　累计折旧　　　　　　　　　　　　　　　　　　　　　　　　　　500 000

　　贷:固定资产　　　　　　　　　　　　　　　　　　　　　　　2 000 000

(2)支付扩建支出时:

借:在建工程　　　　　　　　　　　　　　　　　　　　　　　　　　250 000

　　贷:银行存款　　　　　　　　　　　　　　　　　　　　　　　　250 000

(3)扩建工程完工,转入固定资产时:

借:固定资产　　　　　　　　　　　　　　　　　　　　　　　　　1 750 000

　　贷:在建工程　　　　　　　　　　　　　　　　　　　　　　　1 750 000

知识总结:

表6-1　资本化后续支出的账务处理

情形	账务处理
固定资产转入改扩建工程时	借:在建工程 　　累计折旧 　　固定资产减值准备 　　贷:固定资产
发生改扩建工程支出时	借:在建工程 　　应交税费——应交增值税(进项税额) 　　贷:银行存款等
终止确认被替换部件时	借:营业外支出 　　贷:在建工程【被替换部分的账面价值】 企业在处置被替换部分过程中,可能会获得变价收入和残料价值等,将其冲减营业外支出,不影响固定资产入账价值。 借:银行存款【变价收入】 　　原材料【残料价值】 　　贷:营业外支出
改扩建工程达到预定可使用状态时	借:固定资产 　　贷:在建工程
转为固定资产后	按重新确定的使用寿命、预计净残值和折旧方法计提折旧,更新改造后固定资产的入账成本＝(改造前固定资产原值-累计折旧-固定资产减值准备)+资本化的更新改造支出-被替换部分的账面价值

（二）费用化后续支出的核算

企业行政管理部门的固定资产发生不属于资本化后续支出，例如，固定资产日常修理费用及其可抵扣的增值税进项税额，应借记"管理费用""应交税费——应交增值税（进项税额）"科目，贷记"银行存款"等科目；企业专设销售机构的固定资产发生不属于资本化的后续支出，例如，固定资产日常修理费用及其可抵扣的增值税进项税额，应借记"销售费用""应交税费——应交增值税（进项税额）"科目，贷记"银行存款"等科目。

【例6-14】 甲企业为增值税一般纳税人，9月1日，对管理部门使用的设备进行日常修理，发生修理费并取得增值税专用发票，注明修理费8 000元，增值税税额1 040元，已用银行存款支付。甲企业账务处理如下：

借：管理费用   8 000

　　应交税费——应交增值税（进项税额）   1 040

　　贷：银行存款   9 040

在本例中，甲企业对管理部门使用的设备进行日常修理发生的修理费不符合固定资产后续资本化的条件，应将其在发生时计入当期损益，计入"管理费用"科目。

第四节　固定资产的期末计量

一、非流动资产的减值

资产是企业过去的交易或事项形成的、由企业拥有或者控制的、预期会给企业带来经济利益的资源。资产的主要特征之一是必须能够为企业带来经济利益的流入，如果资产不能够为企业带来经济利益或者带来的经济利益低于其账面价值，那么，该资产就不能再予以确认，或者不能再以原账面价值予以确认，否则不符合资产的定义，也无法反映资产的实际价值，其结果会导致企业资产虚增和利润虚增。因此，当企业资产的可收回金额低于其账面价值时，即表明资产发生了减值，企业应当确认资产减值损失，并把资产的账面价值减记至可收回金额。

（一）资产减值的定义

资产减值，是指资产的可收回金额低于其账面价值。资产减值是对资产计价的一种调整。企业所有的资产在发生减值时，原则上都应当及时加以确认和计量。但是由于有关资产特性不同，其减值的会计处理也有所差别，因而所使用的具体准则也不尽相同。依据《企业会计准则第8号——资产减值》，该准则中对应的资产主要包括下列非流动资产：①对子公司、联营企业和合营企业的长期股权投资；②采用成本模式进行后续计量的投资性房地产；③固定资产；④无形资产；⑤商誉；等等。

（二）资产减值的认定

企业应当在资产负债表日判断资产是否存在发生减值的迹象。存在下列迹象的，表明资产可能发生了减值：

(1)资产的市价当期大幅度下跌,其跌幅明显高于因时间的推移或者正常使用而预计的下跌。

(2)企业经营所处的经济、技术或者法律等环境以及资产所处的市场在当期或者将在近期发生重大变化,从而对企业产生不利影响。

(3)市场利率或者其他市场投资报酬率在当期已经提高,从而影响企业计算资产预计未来现金流量现值的折现率,导致资产可收回金额大幅度降低。

(4)有证据表明资产已经陈旧过时或者其实体已经损坏。

(5)资产已经或者将被闲置、终止使用或者计划提前处置。

(6)企业内部报告的证据表明资产的经济绩效已经低于或者将低于预期,如资产所创造的净现金流量或者实现的营业利润远远低于预计金额等。

(7)其他表明资产可能已经发生减值的迹象。

在实际工作中,出现上述迹象并不必然表明该资产发生减值,企业应在综合考虑各方面因素的基础上作出职业判断。

因企业合并所形成的商誉和使用寿命不确定的无形资产,无论是否存在减值迹象,每年都应当进行减值测试。其原因是,因企业合并所形成的商誉和使用寿命不确定的无形资产在后续计量中不再进行摊销,但是考虑到这些资产的价值和产生的未来经济利益有较大的不确定性,为了避免资产价值高估,应及时确认商誉和使用寿命不确定的无形资产的减值损失,如实反映企业财务状况和经营成果。

(三)资产可收回金额的估计

根据《企业会计准则第8号——资产减值》,资产存在减值迹象的,应当估计其可收回金额,然后将所估计的资产可收回金额与其账面价值比较,以确定资产是否发生了减值,以及是否需要计提资产减值准备并确认相应的减值损失。资产可收回金额的估计,应当根据其公允价值减去处置费用后的净额与资产预计未来现金流量的现值两者之间较高者确定。

资产的公允价值减去处置费用后的净额,通常反映的是资产如果被出售或者处置时可以收回的净现金收入。其中,资产的公允价值是指市场参与者在计量日发生的有序交易中,出售一项资产所能收到的价格。处置费用是指可以直接归属于资产处置的增量成本,包括与资产处置有关的法律费用、相关税费、搬运费以及为使资产达到可销售状态所发生的直接费用等。

资产未来现金流量的现值,应当按照资产在持续使用过程中和最终处置时所产生的预计未来现金流量,选择恰当的折现率对其进行折现后的金额加以确定。

因此,要估计资产的可收回金额,通常需要同时估计该资产的公允价值减去处置费用后的净额和资产预计未来现金流量的现值,但是在下列情况下,可以有例外或者做特殊考虑：

(1)资产的公允价值减去处置费用后的净额与资产预计未来现金流量的现值相比,只要有一项超过了资产的账面价值,就表明资产没有发生减值,不需再估计另一项金额。

（2）没有确凿证据或者理由表明，资产预计未来现金流量现值显著高于其公允价值减去处置费用后的净额的，可以将资产的公允价值减去处置费用后的净额视为资产的可收回金额。企业持有待售的资产往往属于这种情况，即该资产在持有期间（处置之前）所产生的现金流量可能很少，其最终取得的未来现金流量往往就是资产的处置净收入，在这种情况下，以资产公允价值减去处置费用后的净额作为其可收回金额是适宜的，因为资产的未来现金流量现值不大可能显著高于其公允价值减去处置费用后的净额。

（3）资产的公允价值减去处置费用后的净额如果无法可靠估计的，应当以该资产预计未来现金流量的现值作为其可收回金额。

（四）资产减值确认与计量的一般原则

企业在对资产进行减值测试并计算了资产可收回金额后，如果资产的可收回金额低于其账面价值，就应当将资产的账面价值减记至可收回金额，减记的金额确认为资产减值损失，计入当期损益，同时计提相应的资产减值准备。企业当期确认的减值损失应当反映在其利润表中，而计提的资产减值准备应当作为相关资产的备抵项目，反映于资产负债表中，从而夯实企业资产价值，避免利润虚增，如实反映企业的财务状况和经营成果。

资产减值损失确认后，减值资产的折旧或者摊销费用应当在未来期间作相应调整，以使该资产在剩余使用寿命内，系统地分摊调整后的资产账面价值（扣除预计净残值）。例如，固定资产计提了减值准备后，固定资产账面价值将根据计提的减值准备相应抵减，在未来计提折旧时，应当以新的固定资产账面价值为基础进行。

考虑到固定资产、无形资产、商誉等资产发生减值后，一方面，价值回升的可能性比较小，通常属于永久性减值；另一方面，从会计信息谨慎性要求出发，为了避免通过确认资产重估增值来操纵利润，我国会计准则规定，资产减值损失一经确认，在以后的会计期间不得转回。以前期间计提的资产减值准备，在资产处置、对外投资、以非货币性资产交换方式换出、在债务重组中抵偿债务等时，方可予以转出。

（五）资产减值的账务处理

为了正确核算企业确认的资产减值损失和计提的资产减值准备，企业应当设置"资产减值损失"科目，按照资产类别进行明细核算，反映各类资产在当期确认的资产减值损失金额；同时，应当根据不同的资产类别，分别设置"固定资产减值准备""在建工程减值准备""投资性房地产减值准备""无形资产减值准备""商誉减值准备""长期股权投资减值准备"等科目。

当企业确定资产发生了减值时，应当根据所确认的资产减值金额：

借：资产减值损失

    贷：固定资产减值准备

        在建工程减值准备

        投资性房地产减值准备

        无形资产减值准备

　　长期股权投资减值准备

　　商誉减值准备等

　　在期末,企业应当将"资产减值损失"科目余额转入"本年利润"科目,结转后该科目应当没有余额。各资产减值准备科目累积每期计提的资产减值准备,直至相关资产被处置时才予以转出。在估计资产可收回金额时,原则上应当以单项资产为基础,如果企业难以对单项资产的可收回金额进行估计,应当以该资产所属的资产组为基础确定资产组的可收回金额。

二、固定资产的减值

　　固定资产的初始入账价值采用历史成本计量。固定资产使用年限较长,市场环境变化、科技进步或经营管理不善等因素,均可能导致其未来创造经济利益的能力下降。因此,固定资产的真实价值有可能低于账面价值,在期末必须对固定资产减值损失进行确认。

　　固定资产在资产负债表日存在可能发生减值的迹象时,其可收回金额低于账面价值的,企业应当将该固定资产的账面价值减记至可收回金额,减记的金额确认为减值损失,计入当期损益:

　　借:资产减值损失——固定资产减值损失

　　　贷:固定资产减值准备

　　注意:企业固定资产减值损失一经确认,在以后会计期间不得转回。

　　【例6-15】　甲企业的一台机器存在可能发生减值的迹象,经计算,该机器的可收回金额合计为1 500 000元,账面价值为1 650 000元,以前甲企业未对该机器计提过减值准备。甲企业的账务处理如下:

　　借:资产减值损失　　　　　　　　　　　　　　　　　　　150 000

　　　贷:固定资产减值准备　　　　　　　　　　　　　　　　　　150 000

　　由于该机器的可收回金额为1 500 000元,账面价值为1 650 000元,可收回金额低于账面价值,因此企业应按两者之间的差额150 000(1 650 000-1 500 000)计提固定资产减值准备。

三、固定资产的清查

　　为保证固定资产核算的真实性,充分挖掘企业现有固定资产的潜力,企业应当定期或者至少于每年年末对固定资产进行清查盘点。在固定资产清查过程中,如果发现盘盈、盘亏的固定资产,应当填制固定资产盘盈盘亏报告表。清查固定资产的损溢,应当及时查明原因,并按照规定程序报批处理。

　　(一)固定资产盘盈的核算

　　企业在财产清查中盘盈的固定资产,应当作为重要的前期差错进行会计处理。企业在财产清查中盘盈的固定资产,在按管理权限报经批准处理前,应先通过"以前年度损益调整"科目核算。

固定资产盘盈时:

1. 按重置成本确定入账价值

借:固定资产【重置成本】

　　贷:以前年度损益调整

2. 由于以前年度损益调整而增加的所得税费用

借:以前年度损益调整

　　贷:应交税费——应交所得税

3. 将以前年度损益调整科目余额转入留存收益

借:以前年度损益调整

　　贷:盈余公积

　　　　利润分配——未分配利润

【例6-16】　甲企业为增值税一般纳税人,在财产清查过程中发现,原购入的一台设备尚未入账,重置成本为40 000元。假定甲企业按净利润的10%提取法定盈余公积,不考虑相关税费及其他因素的影响。甲企业的账务处理如下:

(1)盘盈固定资产时:

借:固定资产　　　　　　　　　　　　　　　　　　　　　　　40 000

　　贷:以前年度损益调整　　　　　　　　　　　　　　　　　　40 000

(2)结转为留存收益时:

借:以前年度损益调整　　　　　　　　　　　　　　　　　　　40 000

　　贷:盈余公积——法定盈余公积　　　　　　　　　　　　　　4 000

　　　　利润分配——未分配利润　　　　　　　　　　　　　　36 000

本例中,盘盈固定资产应作为重要的前期差错进行会计处理,应通过"以前年度损益调整"科目进行核算。

(二)固定资产盘亏的核算

企业在财产清查中盘亏的固定资产:

1. 结转盘亏固定资产的账面价值

借:待处理财产损溢【盘亏固定资产的账面价值】

　　累计折旧【已计提的累计折旧】

　　固定资产减值准备【已计提的减值准备】

　　贷:固定资产【固定资产的原价】

2. 转出不可抵扣的进项税额

借:待处理财产损溢

　　贷:应交税费——应交增值税(进项税额转出)

3. 按照管理权限报经批准后处理

借:其他应收款【可收回的保险赔偿或过失人赔偿】

　　营业外支出——盘亏损失【应计入营业外支出的金额】

　　贷:待处理财产损溢

【例6-17】　甲企业为增值税一般纳税人,12月31日进行财产清查时,发现短缺一台笔记本电脑,原价为8 000元,已计提折旧6 000元,购入时增值税税额为1 040元。甲企业的账务处理如下:

(1)盘亏固定资产时:

借:待处理财产损溢　　　　　　　　　　　　　　　　　　　　　　　2 000

　　累计折旧　　　　　　　　　　　　　　　　　　　　　　　　　　6 000

　　　贷:固定资产　　　　　　　　　　　　　　　　　　　　　　　　　8 000

(2)转出不可抵扣的进项税额时:

借:待处理财产损溢　　　　　　　　　　　　　　　　　　　　　　　　260

　　　贷:应交税费——应交增值税(进项税额转出)　　　　　　　　　　260

(3)报经批准转销时:

借:营业外支出——盘亏损失　　　　　　　　　　　　　　　　　　　2 260

　　　贷:待处理财产损溢　　　　　　　　　　　　　　　　　　　　　2 260

特别提示:根据现行增值税制度的规定,购进货物及不动产发生非正常损失,其负担的进项税额不得抵扣,其中购进货物包括被确认为固定资产的货物。但是,如果盘亏的是固定资产,应按其账面净值(即固定资产原价-已计提折旧)乘以适用税率计算不可以抵扣的进项税额。据此,在本例中,该笔记本电脑因盘亏,其购入时的增值税进项税额中不可从销项税额中抵扣的金额为260元[(8 000-6 000)×13%],应借记"待处理财产损溢"科目,贷记"应交税费——应交增值税(进项税额转出)"科目。

第五节　固定资产的处置及列报与披露

固定资产处置,即固定资产的终止确认,包括固定资产的出售、报废、毁损、对外投资、非货币性资产交换、债务重组等。

一、固定资产的终止确认

固定资产的处置导致固定资产减少,会涉及固定资产终止确认问题。按照现行企业会计准则的规定,满足下列条件之一的,固定资产应当予以终止确认:

(1)该固定资产处于处置状态。

(2)该固定资产预期通过使用或处置不能产生经济利益。

二、固定资产的处置

企业在生产经营过程中,可能将不适用或不需用的固定资产对外出售、转让,或因磨损、技术进步等原因对固定资产进行报废,或因遭受自然灾害而对毁损的固定资产进行处理。上述交易或事项在进行会计处理时,应当按照规定程序办理有关手续,结转固定资产的账面价值,计算有关的清理收入、清理费用及残料价值等,清理完毕,结转固定资产清理损益。

企业处置固定资产应通过"固定资产清理"科目核算,通常包括以下环节:

1. 固定资产转入清理

企业因出售、报废、毁损、对外投资、非货币性资产交换、债务重组等转出固定资产时:

借:固定资产清理【固定资产的账面价值】

　累计折旧【已计提的累计折旧】

　固定资产减值准备【已计提的减值准备】

　　贷:固定资产【原值】

2. 结算清理费用等

借:固定资产清理【支付的清理费用】

　应交税费——应交增值税(进项税额)【可抵扣的增值税进项税额】

　　贷:银行存款等

3. 收回出售固定资产的价款、残料价值和变价收入等

借:银行存款【出售固定资产的价款和税款】

　　贷:固定资产清理【增值税专用发票上注明的价款】

　　应交税费——应交增值税(销项税额)【增值税销项税额】

残料入库时:

借:原材料【残料价值】

　　贷:固定资产清理

4. 确认应收责任单位(或个人)赔偿损失

借:其他应收款【由保险公司或过失人赔偿的损失】

　　贷:固定资产清理

5. 结转清理净损益

固定资产清理完成后,对清理净损益,应区分不同情况进行账务处理:

(1)因固定资产已丧失使用功能或因自然灾害发生毁损等原因而报废清理产生的利得或损失应计入营业外收、支。

确认固定资产清理的净损失:

借:营业外支出——非流动资产处置损失【正常报废清理产生的处理净损失】

　　　　　　　——非常损失【自然灾害等非正常原因造成的净损失】

　　贷:固定资产清理

确认固定资产清理的净收益:

借:固定资产清理

　　贷:营业外收入——非流动资产处置利得

(2)因出售、转让等原因产生的固定资产处置利得或损失应计入资产处置收益。

确认固定资产处置的净损失:

借:资产处置损益

　贷:固定资产清理

确认固定资产处置的净收益:

借:固定资产清理

　　贷:资产处置损益

【例6-18】　甲企业为增值税一般纳税人,12月31日出售一栋厂房,原价为1 000 000元,已计提折旧800 000元,未计提减值准备。收到出售价款272 500元,其中包含的增值税税额为22 500元,款项已存入银行。不考虑其他相关因素。甲企业的账务处理如下:

(1)将出售固定资产转入清理时:

借:固定资产清理	200 000
累计折旧	800 000
贷:固定资产	1 000 000

(2)收到出售固定资产的价款和税款时:

借:银行存款	272 500
贷:固定资产清理	250 000
应交税费——应交增值税(销项税额)	22 500

(3)结转出售固定资产实现的利得时:

借:固定资产清理	50 000
贷:资产处置损益	50 000

在本例中,固定资产清理完毕时,"固定资产清理"科目为贷方余额50 000(250 000-200 000),属于处置净收益,应结转至"资产处置损益"科目的贷方,结转后"固定资产清理"科目无余额。

【例6-19】　甲企业为增值税一般纳税人,现有一台设备由于性能等原因决定提前报废,原价为800 000元,已计提折旧650 000元,未计提减值准备。取得报废残值变价收入28 250元,其中包含的增值税税额为3 250元。报废清理过程中发生清理费用2 800元。有关收入、支出均通过银行办理结算。不考虑其他相关因素。甲企业的账务处理如下:

(1)将报废固定资产转入清理时:

借:固定资产清理	150 000
累计折旧	650 000
贷:固定资产	800 000

(2)收回残料变价收入时:

借:银行存款	28 250
贷:固定资产清理	25 000
应交税费——应交增值税(销项税额)	3 250

(3)支付清理费用时:

借:固定资产清理	2 800
贷:银行存款	2 800

(4)结转报废固定资产发生的净损失时:

借：营业外支出——非流动资产处置损失   127 800

  贷：固定资产清理   127 800

在本例中，固定资产清理结束时，"固定资产清理"科目为借方余额 127 800 元（150 000-25 000+2 800），由于属于生产经营期间正常的处置净损失，应结转至"营业外支出——非流动资产处置损失"科目的借方，结转后"固定资产清理"科目无余额。

【例 6-20】 甲企业为增值税一般纳税人，因遭受台风袭击毁损一座仓库，该仓库原价 2 000 000 元，已计提折旧 1 000 000 元，未计提减值准备。其残料估计价值 70 000 元，残料已办理入库。发生清理费用并取得增值税专用发票，注明的装卸费为 50 000 元，增值税税额为 3 000 元，全部款项以银行存款支付。收到保险公司理赔款 500 000 元，存入银行。假定不考虑其他相关税费。甲企业账务处理如下：

（1）将毁损的仓库转入清理时：

借：固定资产清理   1 000 000

  累计折旧   1 000 000

    贷：固定资产   2 000 000

（2）残料入库时：

借：原材料   70 000

    贷：固定资产清理   70 000

（3）支付清理费用时：

借：固定资产清理   50 000

  应交税费——应交增值税（进项税额）   3 000

    贷：银行存款   53 000

（4）确认并收到保险公司理赔款项时：

借：其他应收款   500 000

    贷：固定资产清理   500 000

借：银行存款   500 000

    贷：其他应收款   500 000

（5）结转毁损固定资产损失时：

借：营业外支出——非常损失   480 000

    贷：固定资产清理   480 000

在本例中，固定资产清理结束时，"固定资产清理"科目为借方余额 480 000 元（1 000 000-70 000+50 000-500 000），属于自然灾害等非正常原因造成的清理净损失，应结转至"营业外支出——非常损失"科目的借方，结转后"固定资产清理"科目无余额。

三、固定资产的列报与披露

在资产负债表中，"固定资产"项目反映资产负债表日企业固定资产的期末账面价值和企业尚未清理完毕的固定资产清理净损益。"在建工程"项目反映资产负债表日企业尚未达到预定可使用状态的在建工程的期末账面价值和企业为在建工程准备的各种物资的期末账面价值。

会计报表附注中披露的信息有助于提高财务报表的可理解性,帮助报表使用者对固定资产信息质量进行判断。根据《企业会计准则第 4 号——固定资产》第二十五条规定,企业应当在附注中披露与固定资产有关的下列信息:

(1)固定资产的确认条件、分类、计量基础和折旧方法。

(2)各类固定资产的使用寿命、预计净残值和折旧率。

(3)各类固定资产的期初和期末原价、累计折旧额及固定资产减值准备累计金额。

(4)当期确认的折旧费用。

(5)对固定资产所有权的限制及其金额和用于担保的固定资产账面价值。

(6)准备处置的固定资产名称、账面价值、公允价值、预计处置费用和预计处置时间等。

此外,固定资产可回收金额的计算需根据公允价值减去处置费用后的净额与预计未来现金流量的现值两者之间的较高者确定。在计算资产未来现金流量的现值时需要对未来现金流量进行预测,并选择适当的折现率,应当在附注中披露未来现金流量预测所采用的假设及其依据,所选择的折现率为什么是合理的等。

【课程思政】

标准为基 数据为本—— 会计信息化改革助力北京普惠融资再创新

北京市财政局为充分发挥企业会计数据价值,缓解小微企业"融资难、融资慢、融资贵"等问题,以电子凭证会计数据标准试点为基础,按照"试点化先行、规模化跟进、平台化普及"的推进思路,落实小微企业增信会计数据标准试点工作,上线"会易贷",将数据流转化为现金流,会计信息化为小微企业注入金融"活水"。

统筹谋划,加快推进数据增信

北京市财政局通过"建机制、定方案、用标准、通路径"的工作方式,落地首批会计增信"会易贷",用标准促管理,用技术提效率,用数据增信用,实现"不花钱办贷款",推动银行机构做好普惠金融"大文章"。

一是建机制。与中国人民银行北京分行、试点金融机构、试点代理记账平台、服务保障机构组织多次会议,共同进行多种融资方案可行性研讨,形成指导有力、分工清晰、沟通顺畅、通力合作的工作机制。

二是定方案。按照"试点化先行、规模化跟进、平台化普及"的推进思路,选取工商银行与试点代理记账平台以"点对点"的方式优先开展。基于银行数据安全性要求和开发要求,制定试点业务及批量业务同步推进的实施方案。

三是用标准。指导试点代理记账平台实现全口径电子原始凭证的接收、解析、报销、入账、归档等全流程处理,进行会计数据的标准化 XML 格式的存储和解析等试点标准改造,形成以会计数据支持小微企业"数据增信"的结构化电子文件。

四是通路径。授权工商银行进入中小微企业融资增信服务平台,展示企业基本数据,实现财务报表数据传输与接收。

协同推进,构筑增信"四梁八柱"

以电子凭证会计数据标准为基础、以小微企业融资需求为场景、以标准财务报告传输为路径、以会计数据增信为应用,构筑起北京试点"会易贷"的四梁八柱。

一是数据标准全过程应用。试点代理记账机构实现了全口径电子原始凭证的接收、解析、报销、入账、归档等全流程处理,并与银行、中国航信、电子税务局等官方信息数据校核,确保核算真实、准确和完整,是建立增信的前提与保障。系统能够按照统一标准生成 XML 格式的基础数据文件和场景应用文件,生成以电子票据为依托、可追溯可验证的标准化财务报告实例文档并提供给银行。

二是企业状况全方位画像。试点代理记账机构通过数电票实现无纸化办公,企业以代理记账服务为基础,通过其标准化、结构化的系统功能,呈现出动态、标准、可靠且详尽的会计数据,将业务数据、开票数据、纳税数据和工商年检数据等全面列示,给出中小微企业精准画像,构建起中小微企业"信用"的基础,并根据企业基本财务信息形成资金流水分析报告、健康检查报告、会计数据增信评价报告,协助银行更精准地筛选出具备贷款能力的企业,为信贷增信担保提供坚实的数据支撑。

三是风险管理全流程服务。试点贷前列示财务报表、开票纳税、人员社保、出行消耗等关键信息,全面反映企业经营状况与偿债能力;贷中实现银行与代理记账机构的数据回流,共享信贷审批进度与情况;贷后通过供应商与账户变化情况,银行可实时监控企业经营状况与资金流水,动态调整授信额度。实现贷款周期全流程管理,有效降低金融风险。

以点带面,扩大试点应用范围

首批试点推荐企业 15 户,授权 11 户,通过模型测算 5 户,业务落地 3 笔,向资产总额仅 2 000 万元、资产负债率近 90%、原本不符合融资条件的小微企业授信金额合计 670 万元,累计投放金额 370 万元,为两家财务状况良好的企业意向合计增信 2 000 万元。

下一步,北京市财政局将按照财政部会计司要求,以"试点化先行、规模化跟进、平台化普及"的思路,逐步将会计信息化改革普及铺开。

一是"从无到有",优化"点对点"模式,在当前成功案例的基础上,继续支持全市具备电子票据全流程处理的代理记账机构应用增信标准,与金融机构对接,丰富融资案例,拓展场景应用。

二是"从有到精",探索"单对多"模式。与市级普惠金融平台协商合作,研究融入会计数据标准,促进银行竞争性地推出各类贷款产品,围绕小微企业提供全方位的信贷服务,打造"会易贷"品牌,形成规模效应。

三是"由精到广",谋划"多对多"模式。北京电子会计凭证综合服务平台信息化项目上线后,聚合全市包括电子凭证在内的财税数据和相关业务数据,择机实现财政对代理记账会计服务的非现场监管,根据标准应用情况实现分级分类,推动电子会计凭证普及化,全面提升小微企业的会计核算水平。

资料来源:中国会计报

【关键术语】

固定资产 在建工程 工程物资 折旧 年限平均法 工作量法 双倍余额递减法
年数总和法

【学习评价】

专业能力测评表

（在○中打√,A 掌握,B 基本掌握,C 未掌握）

业务能力	评价指标	自测结果			备注
固定资产概述	1.固定资产的定义	○A	○B	○C	
	2.固定资产的确认条件	○A	○B	○C	
	3.固定资产的分类	○A	○B	○C	
	4.固定资产的管理要求	○A	○B	○C	
	5.固定资产核算的会计科目	○A	○B	○C	
固定资产的初始计量	1.外购的固定资产	○A	○B	○C	
	2.建造的固定资产	○A	○B	○C	
	3.投资者投入的固定资产	○A	○B	○C	
	4.接受捐赠的固定资产	○A	○B	○C	
固定资产的后续计量	1.固定资产折旧	○A	○B	○C	
	2.固定资产后续支出	○A	○B	○C	
固定资产的期末计量	1.非流动资产的减值	○A	○B	○C	
	2.固定资产的减值	○A	○B	○C	
	3.固定资产的清查	○A	○B	○C	
固定资产的处置	1.固定资产的终止确认	○A	○B	○C	
	2.固定资产的处置	○A	○B	○C	
	3.固定资产的列报与披露	○A	○B	○C	
教师评语：					
成绩		教师签字			

练习题　　　　答案

第七章　无形资产

【学习目标】

知识目标

1.理解无形资产的定义与特征，了解无形资产的内容及确认条件；

2.掌握无形资产的初始计量、后续计量及处置的基本理论和方法；

3.掌握内部研究开发支出的会计处理和无形资产其他各项业务的账务处理方法。

能力目标

1.能按照规范流程和方法进行无形资产相关业务的账务处理；

2.能总结出无形资产在初始计量、后续计量、内部研究开发支出及处置上账务处理的异同。

思政目标

1.引导学生深入了解中华优秀传统文化的本质内容与内生魅力，树立学生的民族认同感与国家复兴信念；

2.引导学生更加认同社会主义制度的巨大优越性；

3.共筑学生的强国梦，追求精益求精的"工匠精神"。

【思维导图】

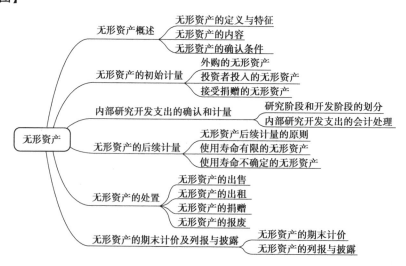

2024年我国研发经费投入超3.6万亿元

大连理工大学团队于2025年3月公布的《中国研发经费报告2024》(下称"报告")显示,2022年我国全社会研发经费投入总量达到约3.08万亿元,首次突破3万亿元大关,比2021年增长10.11%,自"十三五"时期以来已连续7年保持两位数增长。2023年研发经费增长至约3.34万亿元,比2022年增长8.36%;2024年超3.6万亿元,比2023年增长8.3%,实现"十四五"规划全社会研发经费投入年均增长7%以上的目标。

在全球经济形势下,我国的研发经费的规模和强度都稳定且增长非常不容易,这体现了国家科技创新决心。而从区域投入来看,中部地区的崛起比较显著。

资料来源:中国日报网

思考:我国为什么要大力支持研发经费的投入?为什么要长期保持高速增长?研发费用的持续加大投入对企业创新发展、国家经济建设有什么促进作用?

第一节　无形资产概述

一、无形资产的定义与特征

无形资产,是指企业拥有或者控制的没有实物形态的可辨认非货币性资产。无形资产具有以下特征。

(一)由企业拥有或者控制并能为其带来未来经济利益的资源

预计能为企业带来未来经济利益是作为一项资产的本质特征,无形资产也不例外。通常情况下,企业拥有或者控制的无形资产,是指企业拥有该项无形资产的所有权,且该项无形资产能够为企业带来未来经济利益。但在某些情况下并不需要企业拥有其所有权,如果企业有权获得某项无形资产产生的经济利益,同时又能约束其他人获得这些经济利益,则说明企业控制了该无形资产,或者说控制了该无形资产产生的经济利益,并受法律的保护。比如,企业自行研制的技术通过申请依法取得专利权后,在一定期限内拥有了该专利技术的法定所有权;又比如,企业与其他企业签订合约转让商标权,由于合约的签订,使商标使用权转让方的相关权利受到法律的保护。

(二)无形资产不具有实物形态

无形资产通常表现为某种权利、某项技术或是某种获取超额利润的综合能力。它们不具有实物形态,看不见,摸不着,比如,土地使用权、非专利技术等。无形资产为企业带来经济利益的方式与固定资产不同,固定资产是通过实物价值的磨损和转移来为企业带来未来经济利益,而无形资产很大程度上是通过自身所具有的技术等优势为企业带来未来经济利益,不具有实物形态是无形资产区别于其他资产的特征之一。

需要指出的是,某些无形资产的存在有赖于实物载体。比如,计算机软件需要存储在介质中,但这并不改变无形资产本身不具有实物形态的特性。在确定一项包含无形和有形要素的资产是属于固定资产,还是属于无形资产时,需要通过判断来加以确定,通常以哪个要素更重要作为判断的依据。例如,计算机控制的机械工具没有特定计算机软件就不能运行时,则说明该软件是构成相关硬件不可缺少的组成部分,该软件应作为固定资产处理;如果计算机软件不是相关硬件不可缺少的组成部分,则该软件应作为无形资产核算。

(三)无形资产具有可辨认性

要作为无形资产进行核算,该资产必须是能够区别于其他资产可单独辨认的,如企业持有的专利权、非专利技术、商标权、土地使用权、特许权等。符合以下条件之一的,则认为其具有可辨认性:

(1)能够从企业中分离或者划分出来,并能单独用于出售或转让等,而不需要同时处置在同一获利活动中的其他资产,则说明无形资产可以辨认。某些情况下无形资产可能需要与有关的合同一起用于出售、转让等,这种情况下也视为可辨认无形资产。

(2)产生于合同性权利或其他法定权利,无论这些权利是否可以从企业或其他权利和义务中转移或者分离。如一方通过与另一方签订特许权合同而获得的特许使用权,通过法律程序申请获得的商标权、专利权等。

如果企业有权获得一项无形资产产生的未来经济利益,并能约束其他方获取这些利益,则表明企业控制了该项无形资产。例如,对于会产生经济利益的技术知识,若其受到版权、贸易协议约束(如果允许)等法定权利或雇员保密法定职责的保护,那么说明该企业控制了相关利益。客户关系、人力资源等,由于企业无法控制其带来的未来经济利益,不符合无形资产的定义,不应将其确认为无形资产。内部产生的品牌、报刊名、刊头、客户名单和实质上类似项目的支出不能与整个业务开发成本区分开来,因此,这类项目也不应确认为无形资产。

(四)无形资产属于非货币性资产

非货币性资产,是指企业持有的货币资金和将以固定或可确定的金额收取的资产以外的其他资产。无形资产由于没有发达的交易市场,一般不容易转化成现金,在持有过程中为企业带来未来经济利益的情况不确定,不属于以固定或可确定的金额收取的资产,属于非货币性资产。

二、无形资产的内容

无形资产通常包括专利权、非专利技术、商标权、著作权、特许权、土地使用权等。

(一)专利权

专利权是指国家专利主管机关依法授予发明创造专利申请人,对其发明创造在法定期限内所享有的专有权利,包括发明专利权、实用新型专利权和外观设计专利权。

（二）非专利技术

非专利技术也称专有技术，它是指不为外界所知、在生产经营活动中已采用了的、不享有法律保护的、可以带来经济效益的各种技术和诀窍。非专利技术一般包括工业专有技术、商业贸易专有技术、管理专有技术等。非专利技术并不是专利法的保护对象，非专利技术用自我保密的方式来维持其独占性，具有经济性、机密性和动态性等特点。

（三）商标权

商标权是指专门在某类指定的商品或产品上使用特定的名称或图案的权利。经商标局核准注册的商标为注册商标，包括商品商标、服务商标、集体商标和证明商标。

（四）著作权

著作权又称版权，指作者对其创作的文学、科学和艺术作品依法享有的某些特殊权利。著作权包括作品署名权、发表权、修改权和保护作品完整权，还包括复制权、发行权、出租权、展览权、表演权、放映权、广播权、信息网络传播权、摄制权、改编权、翻译权、汇编权以及应当由著作权人享有的其他权利。

（五）特许权

特许权又称经营特许权、专营权，指企业在某一地区经营或销售某种特定商品的权利或是一家企业接受另一家企业使用其商标、商号、技术秘密等的权利。通常有两种形式：一种是由政府机构授权，准许企业使用或在一定地区享有经营某种业务的特权，如水、电、邮电、通信等专营权、烟草专卖权等；另一种是指企业间依照签订的合同，有限期或无限期使用另一家企业的某些权利，如连锁店、分店使用总店的名称等。

（六）土地使用权

土地使用权是指国家准许某企业在一定期间内对国有土地享有开发、利用、经营的权利。根据我国土地管理法的规定，我国土地实行公有制，任何单位和个人不得侵占、买卖或者以其他形式非法转让。企业取得土地使用权的方式大致有行政划拨取得、外购取得（如以缴纳土地出让金方式取得）及投资者投资取得3种。

通常情况下，作为投资性房地产或者作为固定资产核算的土地，按照投资性房地产或者固定资产核算；以缴纳土地出让金等方式外购的土地使用权、投资者投入等方式取得的土地使用权，作为无形资产核算。

三、无形资产的确认条件

无形资产只有在符合定义的前提下，同时满足以下两个确认条件时，才能予以确认。

（一）与该资产有关的经济利益很可能流入企业

作为无形资产确认的项目，必须满足其产生的经济利益很可能流入企业这一条件。通常情况下，无形资产产生的未来经济利益可能包括在销售商品、提供劳务的收入中，或者企业使用该项无形资产而减少或节约的成本中，或体现在获得的其他利益中。例如，生产加工企业在生产工序中使用了某种知识产权，使其降低了未来生产成本，而不是增加未来收入。

实务中,要确定无形资产创造的经济利益是否很可能流入企业,需要职业判断。在实施这种判断时,需要对无形资产在预计使用寿命内可能存在的各种经济因素作出合理估计,并且应当有明确的证据支持。比如,企业是否有足够的人力资源、高素质的管理队伍、相关的硬件设备、相关的原材料等来配合无形资产为企业创造经济利益。同时,更为重要的是关注一些外界因素的影响,比如是否存在与该无形资产相关的新技术、新产品冲击,或者其生产的产品是否存在市场等。在实施判断时,企业的管理当局应对无形资产的预计使用寿命内存在的各种因素作出最稳健的估计。

（二）该无形资产的成本能够可靠地计量

成本能够可靠地计量是资产确认的一项基本条件。比如,企业内部产生的品牌、报刊名等,因其成本无法可靠计量,不作为无形资产确认。又比如,一些高新科技企业的科技人才,假定其与企业签订了服务合同,且合同规定其在一定期限内不能为其他企业提供服务,在这种情况下,虽然这些科技人才的知识在规定的期限内预期能够为企业创造经济利益,但由于这些技术人才的知识难以辨认,且形成这些知识所发生的支出难以计量,因而不能作为企业的无形资产加以确认。

第二节　无形资产的初始计量

无形资产通常是按实际成本计量,即以取得无形资产并使之达到预定用途而发生的全部支出,作为无形资产的成本。对于不同来源取得的无形资产,其初始成本构成也不尽相同。

一、外购的无形资产

外购的无形资产,其成本包括购买价款、相关税费以及直接归属于使该项资产达到预定用途所发生的其他支出。其中,直接归属于使该项资产达到预定用途所发生的其他支出包括使无形资产达到预定用途所发生的专业服务费用、测试无形资产是否能够正常发挥作用的费用等。

下列各项不包括在无形资产的初始成本中:

（1）为引入新产品进行宣传发生的广告费、管理费用及其他间接费用。

（2）无形资产已经达到预定用途以后发生的费用。

例如,在形成预定经济规模之前发生的初始运作损失,以及在无形资产达到预定用途之前发生的其他经营活动的支出,如果该经营活动并非无形资产达到预定用途必不可少的,则有关经营活动的损益应于发生时计入当期损益,而不构成无形资产的成本。

【例7-1】　甲公司某项生产活动需要使用乙公司已获得的专利技术,如果使用了该项专利技术,甲公司预计其生产能力比原先提高20%,销售利润率增长15%。为此,甲公司从乙公司购入一项专利权,按照协议约定以现金支付,实际支付的价款为300万元,并支付相关税费 1 万元和有关专业服务费用 5 万元,款项已通过银行转账支付。

分析:

(1)甲公司购入的专利权符合无形资产的定义,即甲公司能够拥有或者控制该项专利技术,符合可辨认的条件,同时是不具有实物形态的非货币性资产。

(2)甲公司购入的专利权符合无形资产的确认条件。首先,甲公司的某项生产活动需要乙公司已获得的专利技术,甲公司使用了该项专利技术,预计甲公司的生产能力比原先提高 20% ,销售利润率增长 15% ,即经济利益很可能流入;其次,甲公司购买该项专利权的成本为 300 万元,另外支付相关税费和有关专业服务费用 6 万元,即成本能够可靠计量。由此,符合无形资产的确认条件。

无形资产初始计量的成本 =300+1+5=306(万元)

甲公司的账务处理如下:

借:无形资产——专利权   3 060 000

 贷:银行存款   3 060 000

二、投资者投入的无形资产

投资者投入的无形资产的成本,应当按照投资合同或协议约定的价值确定无形资产的取得成本。如果投资合同或协议约定的价值不公允,应按照无形资产的公允价值作为无形资产初始成本入账。

【例 7-2】 甲公司于 9 月 1 日接受投资者专利权投资。根据双方合同,该专利权价值为 150 000 元(等于市场上的公允价值)。该专利权可折合公司股票 10 000 股,每股面值 1 元。

要求:不考虑相关税费因素,对甲公司接受投资者投入的无形资产编制相关会计分录。

甲公司应编制如下会计分录:

借:无形资产——专利权   150 000

 贷:股本   10 000

  资本公积——股本溢价   140 000

三、接受捐赠的无形资产

企业接受捐赠的无形资产,应分别按以下情况确定无形资产的入账价值:

(1)捐赠方提供了有关凭据的,按凭据上标明的金额加上应支付的相关税费确定。

(2)捐赠方没有提供有关凭据的,按如下顺序确定:

①同类或类似无形资产存在活跃市场的,应参照同类或类似无形资产的市场价格估计的金额,加上应支付的相关税费确定。

②同类或类似无形资产不存在活跃市场的,按该接受捐赠的无形资产的预计未来现金流量现值确定。

企业接受捐赠的无形资产,按确定的金额计入营业外收入中。

第三节 内部研究开发支出的确认和计量

通常情况下,企业自创商誉以及企业内部产生的无形资产不确认为无形资产,如企业内部产生的品牌、报刊名等。但是,由于确定研究与开发费用是否符合无形资产的定义和相关特征(例如,可辨认性)、能否或者何时能够为企业产生预期未来经济利益,以及成本能否可靠地计量,尚存在不确定因素。因此,研究与开发活动发生的费用,除了要遵循无形资产确认和初始计量的一般要求,还需要满足其他特定的条件,才能够确定为一项无形资产。首先,为评价内部产生的无形资产是否满足确认标准,企业应当将无形资产的形成过程分为研究阶段与开发阶段两部分;其次,对于开发过程中发生的费用,在符合一定条件的情况下,才可确认为一项无形资产。在实务工作中,具体划分为研究阶段与开发阶段,以及是否符合资本化的条件,应当根据企业的实际情况以及相关信息予以判断。

一、研究阶段和开发阶段的划分

对于企业自行进行的研究开发项目,应当区分研究阶段与开发阶段两个部分分别进行核算。

(一)研究阶段

研究阶段是指为获取新的技术和知识等进行的有计划的调研,如:为获取知识而进行的活动;研究成果或其他知识的应用研究、评价和最终选择;材料、设备、产品、工序、系统或服务替代品的研究;新的或经改进的材料、设备、产品、工序、系统或服务的可能替代品的配制、设计、评价和最终选择等。

从研究活动的特点看,其研究是否能在未来形成成果,即通过开发后是否会形成无形资产均具有很大的不确定性,企业也无法证明其能够带来未来经济利益的无形资产的存在。因此,研究阶段的有关支出在发生时,应当予以费用化计入当期损益。

(二)开发阶段

开发阶段是指在进行商业性生产或使用前,将研究成果或其他知识应用于某项计划或设计,以生产出新的或具有实质性改进的材料、装置、产品等。如生产前或使用前的原型和模型的设计、建造和测试;含新技术的工具、夹具、模具和冲模的设计;新的或经改造的材料、设备、产品、工序、系统或服务所选定的替代品的设计、建造和测试等。

由于开发阶段相对于研究阶段更进一步,进入开发阶段,则很大程度上意味着形成一项新产品或新技术的基本条件已经具备,此时如果企业能够证明满足无形资产的定义及相关确认条件,所发生的开发支出可资本化,确认为无形资产的成本。

(三)研究阶段与开发阶段的不同点

(1)目标不同。研究阶段一般目标不具体,不具有针对性;而开发阶段多是针对具体目标、产品、工艺等。

（2）对象不同。研究阶段一般很难具体化到特定项目上；而开发阶段往往形成对象化的成果。

（3）风险不同。研究阶段的成功概率很难判断，一般成功率很低，风险比较大；而开发阶段的成功率较高，风险相对较小。

（4）结果不同。研究阶段的结果多是研究报告等基础性成果；而开发阶段的结果则多是具体的新技术、新产品等。

二、内部研究开发支出的会计处理

（一）基本原则

企业内部研究和开发无形资产，其在研究阶段的支出全部费用化，计入当期损益（管理费用）；开发阶段的支出符合资本化条件的计入无形资产成本，不符合资本化条件的计入当期损益（管理费用）。企业如果确实无法可靠区分研究阶段的支出和开发阶段的支出，应将发生的研发支出全部费用化，计入当期损益，计入"管理费用"科目的借方。

在开发阶段，判断可以将有关支出资本化并计入无形资产成本的条件包括：

（1）完成该无形资产以使其能够使用或出售在技术上具有可行性。

（2）具有完成该无形资产并使用或出售的意图。

（3）无形资产产生经济利益的方式，包括能够证明运用该无形资产生产的产品存在市场或无形资产自身存在市场，无形资产将在内部使用的，应当证明其有用性。

（4）有足够的技术、财务资源和其他资源支持，以完成该无形资产的开发，并有能力使用或出售该无形资产。

（5）归属于该无形资产开发阶段的支出能够可靠地计量。

（二）具体账务处理方法

企业自行开发无形资产发生的研发支出，不满足资本化条件的，借记"研发支出——费用化支出"科目，满足资本化条件的，借记"研发支出——资本化支出"科目，贷记"原材料""银行存款""应付职工薪酬"等科目。

企业以其他方式取得的正在进行中的研究开发项目，应按确定的金额，借记"研发支出——资本化支出"科目，贷记"银行存款"等科目。以后发生的研发支出，应当比照上述第一条原则进行处理。

研究开发项目达到预定用途形成无形资产的，应按"研发支出——资本化支出"科目的余额，借记"无形资产"科目，贷记"研发支出——资本化支出"科目。

【例7-3】 1月1日，甲公司经董事会批准研发某项新产品专利技术，该公司董事会认为，研发该项目具有可靠的技术和财务等资源的支持，并且一旦研发成功将降低该公司生产产品的生产成本。该公司在研究开发过程中发生材料费5 000万元、人工工资1 000万元，以及其他费用4 000万元，总计10 000万元，其中，符合资本化条件的支出为6 000万元。当年12月31日，该专利技术已经达到预定用途。

分析：首先，甲公司经董事会批准研发某项新产品专利技术，并认为完成该项新型技术无论从技术上还是财务等方面,都能够得到可靠的资源支持,并且一旦研发成功将降低公司的生产成本,因此,符合条件的开发费用可以资本化。其次,甲公司在开发该项新型技术时,累计发生10 000万元的研究与开发支出,其中符合资本化条件的开发支出为6 000万元,其符合"归属于该无形资产开发阶段的支出能够可靠地计量"的条件。

甲公司的账务处理如下:

(1)发生研发支出:

借:研发支出——费用化支出   40 000 000

     ——资本化支出   60 000 000

 贷:原材料   50 000 000

  应付职工薪酬   10 000 000

  银行存款   40 000 000

(2)12月31日,该专利技术已经达到预定用途:

借:管理费用   40 000 000

 无形资产   60 000 000

 贷:研发支出——费用化支出   40 000 000

      ——资本化支出   60 000 000

第四节　无形资产的后续计量

一、无形资产后续计量的原则

无形资产初始确认和计量后,在其后使用该项无形资产期间内应以成本减去累计摊销额和累计减值损失后的余额计量。要确定无形资产在使用过程中的累计摊销额,首先是估计其使用寿命,而使用寿命有限的无形资产才需要在估计使用寿命内采用系统合理的方法进行摊销,对于使用寿命不确定的无形资产则不需要摊销。

（一）估计无形资产的使用寿命

企业应当在取得无形资产时分析判断其使用寿命。无形资产的使用寿命如为有限的,应当估计该使用寿命的年限或者构成使用寿命的产量等类似计量单位数量;无法预见无形资产为企业带来未来经济利益期限的,应当视为使用寿命不确定的无形资产。

估计无形资产使用寿命应考虑的主要因素包括:

(1)该资产所产生的通常的产品寿命周期,以及可获得的类似资产使用寿命的信息。

(2)技术、工艺等方面的现实情况及对未来发展的估计。

(3)以该资产在该行业运用的稳定性和生产的产品或服务的市场需求情况为基础。

(4)现在或潜在的竞争者预期采取的行动。

(5)为维持该资产产生未来经济利益的能力所需要的维护支出,以及企业预计支付有关支出的能力。

（6）对该资产的控制期限，以及对该资产使用的法律或类似限制，如特许使用期间、租赁期间等。

（7）与企业持有的其他资产使用寿命的关联性等。

例如，企业以支付土地出让金方式取得一块土地50年的使用权，如果企业准备持续持有，在50年期间内没有计划出售，则该项土地使用权预期为企业带来未来经济利益的期间为50年。

（二）无形资产使用寿命的确定

（1）源自合同性权利或其他法定权利的无形资产，其使用寿命不应超过合同性权利或其他法定权利的期限。

（2）如果企业使用资产的预期期限短于合同性权利或其他法定权利规定的期限的，则应当按照企业预期使用的期限确定其使用寿命。

例如，企业取得一项专利技术，法律保护期间为20年，企业预计运用该专利生产的产品在未来15年内会为企业带来经济利益。就该项专利技术，第三方向企业承诺在5年内以其取得之日公允价值的60%购买该专利权，从企业管理层目前的持有计划来看，准备在5年内将其出售给第三方。为此，该项专利权的实际使用寿命为5年。

（3）没有明确的合同或法律规定无形资产的使用寿命的，企业应当综合各方面情况，例如企业经过努力，聘请相关专家进行论证、与同行业的情况进行比较以及参考企业的历史经验等，来确定无形资产为企业带来未来经济利益的期限。

（4）如果经过上述努力，仍无法合理确定无形资产为企业带来经济利益的期限的，才能将该无形资产作为使用寿命不确定的无形资产。

例如，企业取得了一项在过去几年市场份额领先的畅销产品的商标。该商标按照法律规定还有5年的使用寿命，但是在保护期届满时，企业可每10年即以较低的手续费申请延期，同时有证据表明企业有能力申请延期。此外，有关的调查表明，根据产品生命周期、市场竞争等方面情况综合判断，该品牌将在不确定的期间内为企业带来现金流量。综合各方面情况，该商标可视为使用寿命不确定的无形资产。

又如，企业通过公开拍卖取得一项出租车运营许可。按照所在地规定，以现有出租运营许可为限，不再授予新的运营许可，而且在旧的出租车报废以后，有关的运营许可可用于新的出租车。企业估计在有限的未来，其将持续经营出租车行业。对于该运营许可，其为企业带来未来经济利益的期限从目前情况看，无法可靠估计。因此，应视其为使用寿命不确定的无形资产。

（三）无形资产使用寿命的复核

企业至少应当于每年年度终了，对无形资产的使用寿命及摊销方法进行复核，如果有证据表明无形资产的使用寿命及摊销方法不同于以前的估计，如由于合同的续约或无形资产应用条件的改善，延长了无形资产的使用寿命，则对于使用寿命有限的无形资产应改变其摊销年限及摊销方法，并按照会计估计变更进行处理。

例如，企业使用的某项非专利技术，原预计使用寿命为5年，使用至第2年年末，该企业计划再使用 2 年即不再使用。为此,企业应当在第 2 年年末变更该项无形资产的使用寿命,并作为会计估计变更进行处理。又如,某项无形资产计提了减值准备,这可能表明企业原估计的摊销期限需要作出变更。

对于使用寿命不确定的无形资产,如果有证据表明其使用寿命是有限的,则应视为会计估计变更,应当估计其使用寿命并按照使用寿命有限的无形资产的处理原则进行处理。

二、使用寿命有限的无形资产

使用寿命有限的无形资产,应在其预计的使用寿命内采用系统合理的方法对应摊销金额进行摊销。应摊销金额,是指无形资产的成本扣除残值后的金额。已计提减值准备的无形资产,还应扣除已计提的无形资产减值准备累计金额。使用寿命有限的无形资产,其残值一般应当视为零。

(一)摊销期和摊销方法

无形资产的摊销期自其可供使用(即其达到预定用途)时起至终止确认时止,即无形资产摊销的起始和停止日期为:当月增加的无形资产,当月开始摊销;当月减少的无形资产,当月不再摊销。

无形资产摊销有多种方法,包括直线法、产量法等。企业选择的无形资产摊销方法,应当能够反映与该项无形资产有关的经济利益的预期消耗方式,并一致地运用于不同会计期间。例如,受技术陈旧因素影响较大的专利权和专有技术等无形资产,可采用类似固定资产加速折旧的方法进行摊销;有特定产量限制的特许经营权或专利权,应采用产量法进行摊销;无法可靠确定其预期消耗方式的,应当采用直线法进行摊销。

无形资产的摊销一般应计入当期损益,但如果某项无形资产是专门用于生产某种产品或者其他资产,其所包含的经济利益是通过转入所生产的产品或其他资产中实现的,则无形资产的摊销费用应当计入相关资产的成本。例如,某项专门用于生产过程中的专利技术,其摊销费用应构成所生产产品成本的一部分,计入该产品的制造费用。

持有待售的无形资产不进行摊销,按照账面价值与公允价值减去处置费用后的净额孰低进行计量。

(二)残值的确定

一般情况下,无形资产的残值为零。但下述两种情况除外:

(1)有第三方承诺在无形资产使用寿命结束时购买该项无形资产。

(2)可以根据活跃市场得到无形资产预计残值信息,并且该市场在该项无形资产使用寿命结束时可能存在。

无形资产的残值,意味着其经济寿命结束之前企业预计将会处置该无形资产,并且从该处置中取得利益。估计无形资产的残值应以资产处置时的可收回金额为基础,此时的可收回金额是指在预计出售日,出售一项使用寿命已满且处于类似使用状况下,同类无形资产预计的处置价格(扣除相关税费)。残值确定以后,在持有无形资产期间,至少应于每年年末进行复核,预计其残值与原估计金额不同的,应按照会计估计变更进行处理。如果无形资产的残值重新估计以后高于其账面价值的,则无形资产不再摊销,直至残值降至低于账面价值时再恢复摊销。

例如,企业从外单位购入一项实用专利技术的成本为 100 万元,根据目前企业管理层的持有计划,预计 5 年后转让给第三方。根据目前活跃市场上得到的信息,该实用专利技术预计残值为 10 万元,企业采取生产总量法对该项无形资产进行摊销。到第 3 年期末,市场发生变化,经复核重新估计,该项实用专利技术预计残值为 30 万元,如果此时企业已摊销 72 万元,该项实用专利技术账面价值为 28 万元,低于重新估计的该项实用专利技术的残值,则不再对该项实用专利技术进行摊销,直至残值降至低于其账面价值时再恢复摊销。

(三)使用寿命有限的无形资产摊销的账务处理

使用寿命有限的无形资产应当在其使用寿命内,采用合理的摊销方法进行摊销。摊销时,应当考虑该项无形资产所服务的对象,并以此为基础将其摊销价值计入相关资产的成本或者当期损益。

【例7-4】　A 公司从外单位购得一项非专利技术,支付价款 5 000 万元,款项已支付,估计该项非专利技术的使用寿命为 10 年,该项非专利技术用于产品生产;同时,购入一项商标权,支付价款 3 000 万元,款项已支付,估计该商标权的使用寿命为 15 年。假定这两项无形资产的净残值均为零,并按直线法摊销。

本例中,A 公司外购的非专利技术的估计使用寿命为 10 年,表明该项无形资产是使用寿命有限的无形资产,且该项无形资产用于产品生产,因此,应当将其摊销金额计入相关产品的制造成本。A 公司外购的商标权的估计使用寿命为 15 年,表明该项无形资产同样也是使用寿命有限的无形资产,而商标权的摊销金额通常直接计入当期管理费用。

A 公司的账务处理如下:

(1)取得无形资产时:

借:无形资产——非专利技术	50 000 000
——商标权	30 000 000
贷:银行存款	80 000 000

(2)按年摊销时:

借:制造费用——非专利技术	5 000 000
管理费用——商标权	2 000 000
贷:累计摊销	7 000 000

三、使用寿命不确定的无形资产

根据可获得的相关信息判断,如果无法合理估计某项无形资产的使用寿命的,应作为使用寿命不确定的无形资产进行核算。对于使用寿命不确定的无形资产,在持有期间内不需要摊销,但应当在每个会计期间进行减值测试。其减值测试的方法按照资产减值的原则进行处理,如经减值测试表明已发生减值,则需要计提相应的减值准备,其相关的账务处理为：

借：资产减值损失

　　贷：无形资产减值准备

【例7-5】 1月1日，A公司购入一项市场领先的畅销产品的商标的成本为6 000万元，该商标按照法律规定还有5年的使用寿命，但是在保护期届满时，A公司可每10年以较低的手续费申请延期，同时，A公司有充分的证据表明其有能力申请延期。此外，有关的调查表明，根据产品生命周期、市场竞争等方面情况综合判断，该商标将在不确定的期间内为企业带来现金流量。

根据上述情况，该商标可视为使用寿命不确定的无形资产，在持有期间内不需要进行摊销。

当年末，A公司对该商标按照资产减值的原则进行减值测试，经测试表明该商标已发生减值。当年末，该商标的可收回金额为4 000万元。

A公司的账务处理如下：

（1）购入商标时：

借：无形资产——商标权　　　　　　　　　　　　　　　60 000 000

　　贷：银行存款　　　　　　　　　　　　　　　　　　　　60 000 000

（2）发生减值时：

借：资产减值损失　【账面价值60 000 000－可收回金额40 000 000】20 000 000

　　贷：无形资产减值准备——商标权　　　　　　　　　　　　20 000 000

第五节　无形资产的处置

无形资产的处置，主要是指无形资产出售、对外出租、对外捐赠，或者是无法为企业带来未来经济利益时，应予终止确认并转销。

一、无形资产的出售

企业出售某项无形资产，表明企业放弃对该无形资产的所有权，应按照持有待售非流动资产的相关规定进行会计处理。

出售无形资产时：

借：银行存款【实际收到的金额】

　　累计摊销【已计提的累计摊销】

　　无形资产减值准备【已计提的减值准备】

　　贷：无形资产【账面余额】

　　　　应交税费【应支付的相关税费】

　　　　资产处置损益【倒挤的差额，借、贷双方都有可能】

【例7-6】 甲公司出售持有的一项专利权的所有权，双方协商价格（不含税）为

150 000 元,增值税税额为 9 000 元,款项已收存银行。该专利权的原账面金额为 160 000 元,已计提摊销 40 000 元,该项无形资产已计提减值准备 2 000 元。

甲公司的账务处理如下:

借:银行存款	159 000	
无形资产减值准备	2 000	
累计摊销	40 000	
贷:无形资产		160 000
应交税费——应交增值税(销项税额)		9 000
资产处置损益		32 000

如果其他条件不变,双方协商的价格(不含税)为 110 000 元,应交增值税税额为 6 600 元,则账务处理如下:

借:银行存款	116 600	
无形资产减值准备	2 000	
累计摊销	40 000	
资产处置损益	8 000	
贷:无形资产		160 000
应交税费——应交增值税(销项税额)		6 600

二、无形资产的出租

企业将所拥有的无形资产的使用权让渡给他人,并收取租金,属于与企业日常活动相关的其他经营活动取得的收入,在满足收入确认条件的情况下,应确认相关的收入及成本,并通过其他业务收入、其他业务支出科目进行核算。

让渡无形资产使用权时:

(1)取得的租金收入:

借:银行存款等

　　贷:其他业务收入等

(2)摊销出租无形资产的成本并发生与出租有关的各种费用支出:

借:其他业务成本

　　贷:累计摊销

【例7-7】 9月1日,A 企业将一项专利技术出租给 B 企业使用,该专利技术账面余额为 500 万元,摊销期限为 10 年。出租合同规定,承租方每销售一件用该专利生产的产品,必须付给出租方 10 万元专利技术使用费。假定承租方当年销售该产品 10 件(不考虑相关税费)。

A 企业的账务处理如下:

(1)取得该项专利技术使用费时:

借:银行存款	【10 万元×10 件】1 000 000	
贷:其他业务收入		1 000 000

（2）按年对该项专利技术进行摊销：

借：其他业务成本　　　　　　　　　　　　【500万元÷10年】500 000

　　贷：累计摊销　　　　　　　　　　　　　　　　　　　　500 000

三、无形资产的捐赠

企业将无形资产用于对外捐赠时：

借：营业外支出【捐出资产的账面价值及涉及的相关税费】

　　累计摊销【已计提的累计摊销金额】

　　无形资产减值准备【已计提的减值准备】

　　贷：无形资产【账面余额】

　　　　应交税费【涉及的相关税费】

【例7-8】　甲公司向乙公司捐赠了一项自用专利权。该专利权的账面原值为200 000元，累计摊销50 000元，已计提减值准备30 000元。

要求：编制甲公司对外捐赠专利权的会计分录，假定不考虑相关税费。

甲公司应编制会计分录如下：

借：累计摊销　　　　　　　　　　　　　　　　　　　　　50 000

　　无形资产减值准备　　　　　　　　　　　　　　　　　　30 000

　　营业外支出　　　　　　　　　　　　　　　　　　　　120 000

　　贷：无形资产——专利权　　　　　　　　　　　　　　200 000

四、无形资产的报废

如果无形资产预期不能为企业带来未来经济利益，例如，该无形资产已被其他新技术所替代或超过法律保护期，不能再为企业带来经济利益的，则不再符合无形资产的定义，应将其报废并予以转销，其账面价值转作当期损益。

无形资产报废转销时：

借：累计摊销【已计提的累计摊销】

　　无形资产减值准备【已计提的减值准备】

　　营业外支出【倒挤的差额】

　　贷：无形资产【账面余额】

【例7-9】　甲公司拥有的某项专利技术已被其他更先进的技术所取代，不能再为企业带来经济利益，决定转销该无形资产。转销时，该项专利技术的账面余额为400万元，摊销期限为10年，采用直线法进行摊销，已摊销了8年，累计摊销金额为320万元，假定该项专利权的残值为零，已累计计提的减值准备为50万元，假定不考虑其他相关因素。

有关账务处理如下：

借：累计摊销　　　　　　　　　　　　　　　　　　　　3 200 000

　　无形资产减值准备　　　　　　　　　　　　　　　　　500 000

　　营业外支出——处置非流动资产损失　　　　　　　　　300 000

　　贷：无形资产——专利技术　　　　　　　　　　　　4 000 000

第六节　无形资产的期末计价及列报与披露

一、无形资产的期末计价

企业应定期对无形资产的账面价值进行检查,至少于每年年末检查一次。如果无形资产为企业创造的经济利益还不足以弥补无形资产的成本(摊余成本),则说明无形资产发生了减值,具体表现为无形资产的账面价值超过了其可收回金额,则将该无形资产账面价值超过可收回金额的部分确认为减值准备。企业应根据《企业会计准则第8号——资产减值》的规定进行核算。

（一）无形资产发生减值的判断

(1)该无形资产已被其他新技术等所替代,使其为企业创造经济利益的能力受到重大不利影响。

(2)该无形资产的市价在当期大幅下跌,在剩余摊销年限内预期不会恢复。

(3)某项无形资产已超过法律保护期限,但仍然具有部分使用价值。

(4)其他足以表明该无形资产实质上已经发生了减值的情形。

（二）确定无形资产可收回金额

无形资产可收回金额的估计,应当根据其公允价值减去处置费用后的净额与该资产预计未来现金流量的现值两者之间较高者加以确定。

（三）计提无形资产减值准备

企业计提的无形资产减值准备应当计入当期的"资产减值损失"科目,借记"资产减值损失——计提的无形资产减值准备"科目,贷记"无形资产减值准备"科目。无形资产的价值往往受许多因素的影响,虽然以前期间导致无形资产发生减值的迹象可能已经全部消失或部分消失,但是根据我国《企业会计准则第8号——资产减值》规定,企业不能将以前年度已确认的减值损失予以转回。

【例7-10】　甲公司拥有的商标权具有减值迹象。该商标权的账面价值为300 000元,经计算可收回金额为270 000元,确认减值损失为30 000元。

借:资产减值损失　　　　　　　　　　　　　　　　　　　　　30 000

　　贷:无形资产减值准备　　　　　　　　　　　　　　　　　　30 000

二、无形资产的列报与披露

每期期末,企业应当在资产负债表中单独列示"无形资产"项目,反映企业期末无形资产的账面价值。

对于使用寿命确定的无形资产,企业应当根据无形资产科目总额余额,扣减无形资产"累计摊销"科目,如果该无形资产发生减值,还应当扣减计提的无形资产减值准备进行列报。

对于使用寿命不确定的无形资产,如果有计提减值准备,则企业应当根据无形资产科目总额余额,扣减计提的减值准备进行列报。

根据《企业会计准则第6号——无形资产》第二十四条规定,企业应当按照无形资产的类别在附注中披露与无形资产有关的下列信息:

(1)无形资产的期初和期末账面余额、累计摊销额及减值准备累计金额。

(2)使用寿命有限的无形资产,其使用寿命的估计情况;使用寿命不确定的无形资产,其使用寿命不确定的判断依据。

(3)无形资产的摊销方法。

(4)用于担保的无形资产账面价值、当期摊销额等情况。

(5)计入当期损益和确认为无形资产的研究开发支出金额。

除此之外,对于无形资产的摊销方法、摊销年限等发生变化,企业应当将其作为会计估计变更,在附注中依照《企业会计准则28号——会计政策、会计估计变更和差错更正》(2006)的披露要求处理。

【课程思政】

国家统计局:我国全球创新指数2024年排名升到第11位

2024年,我国新质生产力稳步发展,为高质量发展注入了源源不断的新动能。

创新能力进一步提升。支持全面创新的基础制度和体系在加快健全,重大的科技基础设施体系建设也在不断地推进。集成电路、人工智能、量子通信、航天航空等领域也取得了新的进展,"嫦娥六号"首次月背采样,"梦想号"探秘大洋,不断刷新中国科技的新高度。中国全球创新指数2024年排名升到第11位,是十年来创新力提升最快的经济体之一。研发投入也在持续加大,2024年RD经费投入强度达到2.68%,比上年提高0.1个百分点;基础研究经费增长10.5%,占RD经费比重为6.91%。

新兴产业在进一步壮大。以高端装备、人工智能等为代表的新兴产业发展态势向好,产业体系的新支柱正在逐步形成。2024年,规模以上高技术制造业增加值比上年增长8.9%,其中航空航天器及设备制造业、电子及通信设备制造业增加值都实现了两位数增长。新的市场需求也不断地催生更多高品质的产品供给,在规模以上高技术制造业中,2024年智能消费设备制造行业增加值比上年增长10.9%,其中智能车载设备制造、智能无人飞行器制造等行业增加值分别增长25.1%、53.5%。

传统产业进一步升级。中国在加快推进工业领域的技术改造、设备更新,不断地促进传统产业焕发新机。2024年制造业技改投资比上年增长8%,明显快于全部投资的增速。作为传统产业优化升级的重点领域,原材料工业、工艺技术装备水平在稳步提升,绿色数字转型在加快。2024年化工、建材、钢铁、有色等规模以上工业的主要耗能行业,单位增加值能耗都比上年下降。

数字经济进一步成长。数字技术、数字基础设施、数据资源的持续发展,数字经济也在赋能千行百业,已经成为发展新质生产力的重要支撑和关键引擎。2024年,规模以上数字产品制造业增加值增速明显快于规模以上工业,信息传输、软件和信息技术服务业增加值比上年增长10.9%,数字消费新模式新场景在不断地拓展,带动实物商品网上零售额增长 6.5%。5G、千兆光网等网络基础设施建设在稳步推进。到 2024 年 11 月末,我国的 5G 基站数达到 419 万个;"东数西算"的首条 400G 全光省际骨干网正式投入商用,搭起了高速算力通道。

绿色发展进一步显效。中国绿色低碳转型持续深入,新能源产业发展成效突出,中国已建成具备国际竞争优势的新能源全产业链体系。能源行业的绿色化在加快推进,清洁能源发电占比不断提高,2024 年中国规模以上工业水电、核电、风电和太阳能发电占比提高到 32.6%,接近三分之一。

资料来源:光明网

【关键术语】

无形资产　初始计量　研究阶段　开发阶段　研发支出　使用寿命　累计摊销　无形资产的处置　无形资产减值准备

【学习评价】

专业能力测评表

(在○中打√,A 掌握,B 基本掌握,C 未掌握)

业务能力	评价指标	自测结果			备注
无形资产概述	1. 无形资产的定义与特征	○A	○B	○C	
	2. 无形资产的内容	○A	○B	○C	
	3. 无形资产的确认条件	○A	○B	○C	
无形资产的初始计量	1. 外购的无形资产	○A	○B	○C	
	2. 投资者投入的无形资产	○A	○B	○C	
	3. 接受捐赠的无形资产	○A	○B	○C	
内部研究开发支出的确认和计量	1. 研究阶段和开发阶段的划分	○A	○B	○C	
	2. 内部研究开发支出的会计处理	○A	○B	○C	
无形资产的后续计量	1. 无形资产后续计量的原则	○A	○B	○C	
	2. 使用寿命有限的无形资产	○A	○B	○C	
	3. 使用寿命不确定的无形资产	○A	○B	○C	
无形资产的处置	1. 无形资产的出售	○A	○B	○C	
	2. 无形资产的出租	○A	○B	○C	
	3. 无形资产的捐赠	○A	○B	○C	
	4. 无形资产的报废	○A	○B	○C	
无形资产的期末计价及列报与披露	1. 无形资产的期末计价	○A	○B	○C	
	2. 无形资产的列报与披露	○A	○B	○C	
教师评语:					
成绩		教师签字			

练习题　　　　答案

第八章　长期股权投资

【学习目标】

知识目标

1. 掌握长期股权投资的概念和范围；

2. 掌握长期股权投资的初始计量方法；

3. 掌握长期股权投资成本法和权益法的会计处理；

4. 熟悉长期股权投资减值的会计处理。

能力目标

1. 能按照规范流程和方法进行长期股权投资业务的账务处理；

2. 能总结出长期股权投资在成本法和权益法上账务处理的异同。

思政目标

1. 树立学生的宪法意识和法治观念；

2. 促进学生素质全面提高，实现人的全面发展；

3. 培养学生诚信服务、经世济民、德法兼修的职业素养。

【思维导图】

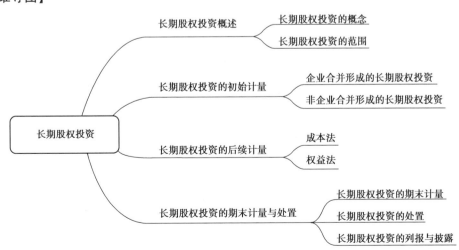

【案例导入】

一年综合投资收益超2 600亿元！中国平安靠投资"赚翻"

2024年，中国平安实现归属于母公司股东的营运利润1 218.62亿元，同比增长9.1%；归属于母公司股东的净利润1 266.07亿元，同比大增47.8%；营业收入10 289.25亿元，同比增长12.6%。

在寿险、产险、银行、资管等多项业务各有精进与压力的当下，投资收益成为利润大变的内里乾坤。

一年综合投资收益2 665.70亿元。

受2024年国家一系列重大政策利好等因素影响，资本市场回暖上涨，多家险企投资收益同比大幅增长，叠加保险业务结构优化和规模增长，助推净利润同比大增。

截至2024年末，中国平安保险资金投资组合规模已经达到5.73万亿元，较上一年度增长幅度高达21.4%。

上述5.73万亿元保险资金投资组合由寿险及健康险业务、财产保险业务的可投资资金共同构成。

2024年，中国平安保险资金投资组合综合投资收益率为5.8%，同比上升2.2个百分点。

依靠投资，手握5.73万亿元资金的中国平安在2024年实现了2 064.25亿元的总投资收益，较2023年大增66.6%；实现了2 665.70亿元的综合投资收益，较2023年大增80.2%。

不过，2024年中国平安的投资资产减值损失也远高于2023年。数据显示，2024年投资资产减值损失为101.45亿元，较上一年度增长688.9%。

2024年报显示，与2023年相比，中国平安的债券投资与股票投资占比均略有增长，长期股权投资和投资性物业则略有下滑。

截至2024年末，中国平安债券投资占比为61.7%，2023年末期占比为58.1%；中国平安股票投资占比为7.6%，2023年末期占比为6.2%。与此同时，债券型基金占比为1.8%，2023年末期占比为2.3%；权益型基金占比为2.3%，2023年末期占比为3.1%。

同样截至2024年末，中国平安长期股权投资占比降至3.5%，2023年该比例为4.3%；投资性物业占比降至2.3%，2023年该比例为2.7%。

资料来源：证券时报

思考：企业的长期股权投资与其他类型资产的区别是什么？企业拥有的长期股权投资如何进行核算？

第一节 长期股权投资概述

一、长期股权投资的概念

长期股权投资是指投资方对被投资单位实施控制、重大影响的权益性投资,以及对其合营企业的权益性投资。

长期股权投资具有以下主要特点:一是持有时间较长,通常在一年以上;二是投资金额一般较大;三是投资方与被投资方形成所有权关系,这是股权投资与债券投资的最大区别;四是按持股比例获取经济利益和承担经济责任。

二、长期股权投资的范围

界定长期股权投资的范围是对长期股权投资进行确认、计量和报告的前提。根据长期股权投资准则规定,企业持有的下列权益性投资,在初始确认时应当划分为长期股权投资。

(一)实施控制的权益性投资

投资企业能够对被投资单位实施控制的权益性投资,即对子公司的投资。该种投资方式下,投资企业为母公司,被投资单位为其子公司,投资企业应将子公司纳入合并财务报表的范围。控制是指有权决定一个企业的财务和经营政策,并能据以从该企业的经营活动中获取利益。一般来说,当投资企业直接或通过其子公司间接地持有被投资单位50%以上有表决权资本时,即视为对被投资单位有控制权。

如果投资企业虽然未持有被投资单位50%以上表决权资本,但具备下列情形之一的,也视为对其具有实质控制权:

(1)根据章程或协议,投资企业有权控制被投资单位的财务和经营政策。

(2)有权任免被投资单位董事会等类似权力机构的多数成员。

(3)在董事会或类似权力机构会议上有半数以上投票权。

(二)实施共同控制的权益性投资

投资企业与其他合资方一同对被投资单位实施共同控制的权益性投资,即对合营企业投资。该种投资方式下,被投资单位为投资方的合营企业。

共同控制是指按照合同约定对某项经济活动所共有的控制。实务中,在确定是否构成共同控制时,一般可以考虑以下情况:

(1)任何一个合营方均不能单独控制合营企业的生产经营活动。

(2)涉及合营企业基本经营活动的决策需要各合营方一致同意。

(3)各合营方可能通过合同或协议的形式任命其中的一个合营方对合营企业的日常活动进行管理,但其必须在各合营方已经一致同意的财务和经营政策范围内行使管理权。

（三）具有重大影响的权益性投资

投资企业对被投资单位具有重大影响的权益性投资,即对联营企业投资。该种投资方式下,被投资单位为投资方的联营企业。

重大影响是指投资方对一个企业的财务和经营政策有参与决策的权力,但并不能够控制或者与其他方一起共同控制这些政策的制定。投资企业能够对被投资单位施加重大影响的,被投资单位为其联营企业。

投资企业直接或通过子公司间接拥有被投资单位20%以上但低于50%的表决权资本时,一般认为对被投资单位具有重大影响。

投资企业拥有被投资单位20%以下的表决权资本,但具备下列情形之一的,投资企业往往也能够对被投资单位施加重大影响：

（1）在被投资单位的董事会或类似权力机构中派有代表。

（2）参与被投资单位经营政策的制定过程。

（3）与被投资单位发生重要交易。

（4）向被投资单位派出管理人员。

（5）向被投资单位提供关键技术资料等。

第二节　长期股权投资的初始计量

企业在取得长期股权投资时,应按初始投资成本入账。长期股权投资可以通过企业合并取得,也可以通过企业合并以外的其他方式取得。在不同的取得方式下,初始投资成本的确定方法有所不同。企业应当区分企业合并和非企业合并两种情况确定长期股权投资的初始投资成本。

一、企业合并形成的长期股权投资

企业合并,是指将两个或者两个以上单独的企业合并形成一个报告主体的交易或事项。企业合并通常包括吸收合并、新设合并和控股合并三种形式。其中,吸收合并和新设合并均不形成投资关系,只有控股合并形成投资关系。因此,企业合并形成的长期股权投资,是指控股合并所形成的投资方（即合并后的母公司）对被投资方（即合并后的子公司）的股权投资。

企业合并形成的长期股权投资,应当区分同一控制下的企业合并和非同一控制下的企业合并分别确定初始投资成本。

（一）同一控制下企业合并形成的长期股权投资

参与合并的企业在合并前后均受同一方或相同的多方最终控制且该控制并非暂时性的,为同一控制下的企业合并。其中,在合并日取得对其他参与合并企业控制权的一方为合并方,参与合并的其他企业为被合并方。

对于同一控制下的企业合并,从能够对参与合并各方在合并前及合并后均实施最终控制的一方来看,其能够控制的资产在合并前及合并后并没有发生变化。因此,合并方通过企业合并形成的对被合并方的长期股权投资,其成本代表的是按持股比例享有的被合并方所有者权益在最终控制方合并财务报表中的账面价值份额。

同一控制下企业合并实质是集团内部资产的重新配置与账面调拨,仅涉及集团内部不同企业间资产和所有者权益的变动,不具有商业实质,不应产生经营性损益和非经营性损益。

1. 合并方以支付现金等方式作为合并对价

合并方以支付现金、转让非现金资产或承担债务方式作为合并对价的,应在合并日,按照取得被合并方所有者权益在最终控制方合并财务报表中的账面价值的份额作为长期股权投资的初始投资成本。

(1)初始投资成本大于支付的合并对价账面价值的贷方差额,应计入资本公积(资本溢价或股本溢价)。

借:长期股权投资【初始投资成本】

　　应收股利【享有被合并方已宣告但尚未发放的现金股利或利润】

　　贷:银行存款/固定资产/无形资产等【支付的合并对价的账面价值】

　　　　资本公积——资本溢价或股本溢价【贷方差额】

(2)初始投资成本小于支付的合并对价账面价值的借方差额,应冲减资本公积(仅限于资本溢价或股本溢价),资本公积的余额不足冲减的,应依次冲减盈余公积、未分配利润。

借:长期股权投资【初始投资成本】

　　应收股利【享有被合并方已宣告但尚未发放的现金股利或利润】

　　资本公积——资本溢价或股本溢价【借方差额】

　　盈余公积【资本公积的余额不足冲减的】

　　利润分配——未分配利润【资本公积和盈余公积的余额不足冲减的】

　　贷:银行存款/固定资产/无形资产等【支付的合并对价的账面价值】

(3)其他费用。合并方为进行企业合并而发行债券或承担其他债务支付的手续费、佣金等,应当计入所发行债券及其他债务的初始确认金额;为进行企业合并而发生的各项直接相关费用,如审计费用、评估费用、法律服务费用等,应当于发生时计入当期管理费用。

【例8-1】　甲公司和乙公司为同一母公司最终控制下的两家公司。6月30日,甲公司向其母公司支付款项50 000 000元,取得母公司拥有乙公司100%的股权,于当日起能够对乙公司实施控制。合并后乙公司仍维持其独立法人地位继续经营。6月30日母公司合并报表中乙公司的净资产账面价值为48 000 000元,甲公司"资本公积——股本溢价"科目余额为2 500 000元。在与乙公司的合并中,甲公司以银行存款支付审计费用、评估费用、法律服务费用等共计650 000元。甲、乙公司合并前采用的会计政策相同。假定不考虑相关税费等其他因素影响。

分析:本例中,甲公司和乙公司为同一母公司最终控制下的两家公司,甲公司取得长期股权投资应按应享有母公司合并财务报表中的乙公司账面价值的份额计算确定。

(1)取得长期股权投资:

借:长期股权投资 【48 000 000×100%】48 000 000

　　资本公积——股本溢价 【差额】2 000 000

　　贷:银行存款 【支付的款项】50 000 000

(2)支付直接相关费用:

借:管理费用 650 000

　　贷:银行存款 650 000

2.合并方以发行权益性证券作为合并对价

合并方以发行权益性证券作为合并对价的,应在合并日,按照被合并方所有者权益在最终控制方合并财务报表中的账面价值的份额作为长期股权投资的初始投资成本,按照发行的权益性证券面值总额作为股本。

(1)初始投资成本大于发行的权益性证券面值总额的贷方差额,应计入资本公积(股本溢价)。

借:长期股权投资【初始投资成本】

　　应收股利【享有被合并方已宣告但尚未发放的现金股利或利润】

　　贷:股本【发行股份的面值总额】

　　　　资本公积——股本溢价【贷方差额】

(2)初始投资成本小于发行的权益性证券面值总额的借方差额,应冲减资本公积(仅限于股本溢价),资本公积的余额不足冲减的,应依次冲减盈余公积、未分配利润。

借:长期股权投资【初始投资成本】

　　应收股利【享有被合并方已宣告但尚未发放的现金股利或利润】

　　资本公积——股本溢价【借方差额】

　　盈余公积【资本公积的余额不足冲减的】

　　利润分配——未分配利润【资本公积和盈余公积的余额不足冲减的】

　　贷:股本【发行股份的面值总额】

(3)其他费用。合并方为进行企业合并而发行权益性证券发生的手续费、佣金等费用,应当抵减权益性证券的溢价发行收入,溢价发行收入不足冲减的,冲减留存收益。

借:资本公积——股本溢价

　　盈余公积

　　利润分配——未分配利润

　　贷:银行存款等

【例8-2】 甲公司和乙公司为同一母公司最终控制下的两家公司。6 月 30 日,假定甲公司向其母公司发行 10 000 000 股普通股(每股面值为 1 元,每股公允价值为 5 元),取得母公司拥有乙公司 100% 的股权,于当日起能够对乙公司实施控制。合并后乙公司仍维持其独立法人地位继续经营。6月30日母公司合并报表中乙公司的净资产账面价值为48 000 000元。甲公司支付手续费、佣金等发行费用800 000元,以银行存款支付审计费用、评估费用、法律服务费用等共计670 000元。甲、乙公司合并前采用的会计政策相同。假定不考虑相关税费等其他因素影响。

分析:本例中,甲公司和乙公司为同一母公司最终控制下的两家公司,甲公司取得长期股权投资和发行股票的价值不应按照股票的市场公允价值每股5元计算确定,而应按照合并财务报表中的乙公司账面价值中应享有的份额计算确定。

(1)取得长期股权投资:

借:长期股权投资　　　　　　　　　　　　【48 000 000×100%】48 000 000

　　贷:股本　　　　　　　　　　　　　【10 000 000 股×1 元】10 000 000

　　　　资本公积——股本溢价　　　　　　　　　　【差额】38 000 000

(2)支付手续费、佣金等发行费用:

借:资本公积——股本溢价　　　　　　　　　　　　　　　800 000

　　贷:银行存款　　　　　　　　　　　　　　　　　　　800 000

(3)支付直接相关费用:

借:管理费用　　　　　　　　　　　　　　　　　　　　670 000

　　贷:银行存款　　　　　　　　　　　　　　　　　　　670 000

知识总结:

表8-1　同一控制下企业合并形成长期股权投资的账务处理

情形	账务处理
合并方以支付现金、转让非现金资产或承担债务方式作为合并对价	借:长期股权投资【合并日按取得被合并方所有者权益在最终控制方合并财务报表中的账面价值的份额】 资本公积——资本溢价或股本溢价【差额,可能在贷方】 盈余公积【资本公积的余额不足冲减的】 利润分配——未分配利润【资本公积的余额和盈余公积不足冲减的】 贷:银行存款等【支付的合并对价的账面价值】
合并方以发行权益性证券作为合并对价	借:长期股权投资【合并日按取得被合并方所有者权益在最终控制方合并财务报表中的账面价值的份额】 资本公积——资本溢价或股本溢价【差额,可能在贷方】 盈余公积【资本公积的余额不足冲减时】 利润分配——未分配利润【资本公积的余额和盈余公积不足冲减时】 贷:股本【发行股份的面值总额】

(二)非同一控制下企业合并形成的长期股权投资

参与合并的各方在合并前后不受同一方或相同的多方最终控制的,为非同一控制下的企业合并。其中,在购买日取得对其他参与合并企业控制权的一方为购买方,参与合并的其他企业为被购买方。对于非同一控制下的企业合并,购买方应将企业合并视为一项购买交易,合理确定合并成本,作为长期股权投资的初始投资成本。

非同一控制下的企业合并实质是不同市场主体间的产权交易,购买方如果以转让非现金资产方式作为对价的,实质是转让或处置了非现金资产,具有商业实质性质,产生经营性或非经营性损益。

1.购买方以支付现金等方式作为合并对价

购买方以支付现金、转让非现金资产或承担债务方式等作为合并对价的,应在购买日按照现金、非现金资产的公允价值作为初始投资成本计量确定合并成本。

购买方作为合并对价付出的资产,应当按照以公允价值处置该资产的方式进行会计处理。其中:

(1)付出资产为固定资产、无形资产的,付出资产的公允价值与其账面价值的差额,计入资产处置损益。

(2)付出资产为金融资产的,付出资产的公允价值与其账面价值的差额,计入投资收益(如果付出资产是指定为以公允价值计量且其变动计入其他综合收益的非交易性权益工具投资,则付出资产的公允价值与其账面价值的差额应当计入留存收益)。

(3)付出资产为存货的,按其公允价值确认收入,同时按其账面价值结转成本,涉及增值税的,还应进行相应的处理。

此外,作为合并对价付出的资产为以公允价值计量且其变动计入其他综合收益的金融资产的,该金融资产在持有期间因公允价值变动而形成的其他综合收益应同时转出,计入当期投资收益(或者留存收益)。

购买方为进行企业合并而发行债券或承担其他债务支付的手续费、佣金等费用,应当计入所发行债券及其他债务的初始确认金额,不构成初始投资成本;购买方为进行企业合并而发生的各项直接相关费用,如审计费用、评估费用、法律服务费用等,应当于发生时计入当期管理费用。

购买方应当在购买日,按照确定的企业合并成本(不含应自被购买方收取的现金股利或利润),借记"长期股权投资"科目,按应享有被购买方已宣告但尚未发放的现金股利或利润,借记"应收股利"科目,按支付合并对价的账面价值,贷记有关资产或负债科目,按其差额,贷记"资产处置损益""投资收益"等科目或借记"资产处置损益""投资收益"等科目;合并对价为以公允价值计量且其变动计入其他综合收益的金融资产的,还应按持有期间公允价值变动形成的其他综合收益,借记(或贷记)"其他综合收益"科目,贷记(或借记)"投资收益"科目(或者"盈余公积"和"利润分配——未分配利润"科目);同时,按企业合并发生的各项直接相关费用,借记"管理费用"科目,贷记"银行存款"等科目。

【例 8-3】 甲公司和乙公司为非同一控制下的两家独立公司。6 月 30 日,甲公司以其拥有的固定资产对乙公司投资,取得乙公司 60% 的股权。该固定资产原值 2 000 万元,已累计计提折旧 1 200 万元,已计提减值准备 100 万元,投资日该固定资产的公允价值为 800 万元。6 月 30 日乙公司的可辨认净资产公允价值为 1 200 万元。假定不考虑相关税费等其他因素影响。投资日,甲公司的账务处理如下:

借:固定资产清理 7 000 000

累计折旧 12 000 000

固定资产减值准备 1 000 000

贷:固定资产 20 000 000

借:长期股权投资 8 000 000

贷:固定资产清理 7 000 000

资产处置损益 1 000 000

本例中,长期股权投资成本应按非现金资产的公允价值作为初始投资成本计量。

2. 购买方以发行权益性证券作为合并对价

购买方以发行权益性证券作为合并对价的,合并成本为购买方在购买日为取得对被购买方的控制权而发行的权益性证券的公允价值。

购买方应在购买日按照发行的权益性证券的公允价值,借记"长期股权投资"科目,按照发行的权益性证券的面值总额,贷记"股本"科目,按其差额,贷记"资本公积——股本溢价"科目。

企业为企业合并发生的审计、法律服务、评估咨询等中介费用以及其他相关管理费用,应当于发生时计入当期损益。

企业为完成企业合并发行的权益性证券所发生的手续费、佣金等相关发行费用从溢价中扣除,冲减资本公积,资本公积不足冲减的,冲减留存收益。

【例8-4】　甲公司和乙公司为非同一控制下的两家独立公司。6月30日,甲公司以发行普通股5 000万股取得乙公司有表决权的股份70%。该股票面值为每股1元,市场发行价格为6元。假定不考虑其他因素影响。购买日,甲公司的账务处理如下:

借:长期股权投资 300 000 000

贷:股本 50 000 000

资本公积——股本溢价 250 000 000

本例中,长期股权投资成本应按发行普通股的市场公允价值作为初始投资成本计量。

知识总结:

表8-2　非同一控制下企业合并形成长期股权投资的账务处理

情形	账务处理
购买方以支付现金、转让非现金资产(以无形资产为例)或承担债务方式等作为合并对价	借:长期股权投资【购买日现金、非现金资产的公允价值】 累计摊销 无形资产减值准备 贷:银行存款/无形资产等 资产处置损益等【倒挤的差额】

续表

情形	账务处理
购买方以发行权益性证券作为合并对价	借:长期股权投资【购买日发行的权益性证券的公允价值】 　　贷:股本【发行的权益性证券的面值总额】 　　　　资本公积——股本溢价【倒挤的差额】 借:管理费用【合并发生的审计、法律服务、评估咨询等中介费用以及其他相关管理费用】 　　资本公积——股本溢价【发行的权益性证券所发生的手续费、佣金等相关发行费用】 　　贷:银行存款等

二、非企业合并形成的长期股权投资

除企业合并形成的对子公司的长期股权投资外,企业以支付现金、转让非现金资产、发行权益性证券等方式取得的对被投资方不具有控制的长期股权投资,非企业合并取得的长期股权投资,包括取得的对合营企业和联营企业的权益性投资。企业通过非企业合并方式取得的长期股权投资,应当根据不同的取得方式,按照实际支付的价款、转让非现金资产的公允价值、发行权益性证券的公允价值等分别确定其初始投资成本,作为入账的依据。

非企业合并形成的长期股权投资,其实质是进行权益投资性质的商业交易。

（一）以支付现金取得的长期股权投资

企业以支付现金取得的长期股权投资,应当按照实际支付的购买价款作为初始投资成本。购买价款包括买价和购买过程中支付的与取得长期股权投资直接相关的费用、税金及其他必要支出。

企业支付现金取得长期股权投资时:

借:长期股权投资【初始投资成本】

　　应收股利【享有被投资方已宣告但尚未发放的现金股利或利润】

　　贷:银行存款等【实际支付的买价及手续费、税金】

【例8-5】　甲公司以支付现金的方式取得乙公司25%的股份,实际支付的买价为3 200万元,在购买过程中另支付手续费等相关费用12万元。股份购买价款中包含乙公司已宣告但尚未发放的现金股利100万元。甲公司在取得乙公司股份后,派人员参与了乙公司的生产经营决策,能够对乙公司施加重大影响,甲公司将其划分为长期股权投资。

甲公司的账务处理如下:

(1)购入乙公司25%的股份:

初始投资成本=3 200+12-100=3 112(万元)

借:长期股权投资——投资成本　　　　　　　　　　　　　　　31 120 000

　　应收股利　　　　　　　　　　　　　　　　　　　　　　　　1 000 000

贷：银行存款 　　　　　　　　　　　　　　　　　　　　　　32 120 000

（2）收到乙公司派发的现金股利：

借：银行存款 　　　　　　　　　　　　　　　　　　　　　　 1 000 000

　　贷：应收股利 　　　　　　　　　　　　　　　　　　　　　 1 000 000

（二）以发行权益性证券取得的长期股权投资

企业以发行权益性证券方式取得的长期股权投资,应当按照所发行权益性证券的公允价值作为初始投资成本。

为发行权益性证券而支付给证券承销机构的手续费、佣金等相关税费及其他直接相关支出,不构成长期股权投资的初始成本,应自权益性证券的溢价发行收入中扣除;权益性证券的溢价发行收入不足冲减的,应依次冲减盈余公积和未分配利润。

企业发行权益性证券取得长期股权投资时：

借：长期股权投资【初始投资成本】

　　应收股利【享有被投资方已宣告但尚未发放的现金股利或利润】

　　贷：股本【权益性证券的面值】

　　　　资本公积——股本溢价【倒挤的差额】

发行权益性证券所支付的手续费、佣金等相关税费及其他直接相关支出：

借：资本公积——股本溢价

　　盈余公积

　　利润分配——未分配利润

　　贷：银行存款

【例8-6】　甲公司以增发的权益性证券作为对价,取得乙公司20%的股份。甲公司增发的权益性证券为每股面值1元的普通股股票,共增发1 500万股,每股公允价值3元,向证券承销机构支付发行手续费及佣金等直接相关费用120万元。甲公司取得该部分股份后,能够对乙公司的生产经营决策施加重大影响,甲公司将其划分为长期股权投资。

甲公司的账务处理如下：

初始投资成本＝3×1 500＝4 500（万元）

借：长期股权投资——投资成本 　　　　　　　　　　　　　　45 000 000

　　贷：股本 　　　　　　　　　　　　　　　　　　　　　　　15 000 000

　　　　资本公积——股本溢价 　　　　　　　　　　　　　　　30 000 000

借：资本公积——股本溢价 　　　　　　　　　　　　　　　　　 1 200 000

　　贷：银行存款 　　　　　　　　　　　　　　　　　　　　　 1 200 000

（三）以非现金资产等其他方式取得长期股权投资

借：长期股权投资【非现金资产的公允价值或按照非货币性资产交换或债务重组准则确定的初始投资成本】

　　贷：银行存款等

　　　　资产处置损益【处置非现金资产的损益,倒挤的差额】

第三节　长期股权投资的后续计量

长期股权投资在持有期间,根据投资企业对被投资单位的影响程度及是否存在活跃市场、公允价值能否可靠计量等因素进行划分,应当分别采用成本法和权益法进行核算。

一、成本法

成本法,是指长期股权投资的账面价值按初始投资成本计量,除追加或收回投资外,一般不对长期股权投资的账面价值进行调整的一种会计处理方法。投资方对被投资方能够实施控制的长期股权投资,即对子公司的长期股权投资,应当采用成本法核算。

成本法下,企业应设置"长期股权投资"科目,反映长期股权投资的初始投资成本。在收回投资前,无论被投资方经营情况如何,净资产是否增减,投资方一般不对股权投资的账面价值进行评估。如果发生追加投资或收回投资等情况,应按追加或收回投资的成本增加或减少长期股权投资的账面价值。

企业在持有长期股权投资期间,当被投资方宣告发放现金股利或利润时:

借:应收股利

　　贷:投资收益【投资方应享有的份额】

收到上述现金股利或利润时:

借:银行存款

　　贷:应收股利

【例8-7】　甲公司和乙公司为非同一控制下的两家独立股份有限公司。

20×3年6月30日,甲公司以支付款项400万元取得乙公司有表决权的股份80%。甲公司准备长期持有,采用成本法核算。

20×3年12月31日,乙公司利润表显示当年实现净利润200万元。

20×4年2月20日,乙公司发布经股东会批准的利润决算报告,决定分配现金股利100万元的利润分配方案。

20×4年3月20日,乙公司发放了全部股利。假定不考虑其他因素影响。

甲公司的账务处理如下:

(1)20×3年6月30日,取得长期股权投资:

借:长期股权投资　　　　　　　　　　　　　　　　　　　　　4 000 000

　　贷:银行存款　　　　　　　　　　　　　　　　　　　　　　4 000 000

(2)20×3年12月31日,乙公司当年实现净利润,甲公司不需要做会计处理。

(3)20×4年2月20日,乙公司发布利润分配公告:

借:应收股利　　　　　　　　　　　　　　　　　　　　　　　800 000

　　贷:投资收益　　　　　　　　　　　　　　　【1 000 000×80%】800 000

(4)20×4 年 3 月 20 日,收到乙公司发放的股利:

借:银行存款　　　　　　　　　　　　　　　　　　　　　　　800 000

　　贷:应收股利　　　　　　　　　　　　　　　　　　　　　　　800 000

二、权益法

权益法,是指在取得长期股权投资时以初始投资成本计量,在持有投资期间则要根据被投资方所有者权益变动中投资方应享有的份额,对长期股权投资的账面价值进行相应调整的一种会计处理方法。投资方对被投资方具有共同控制或重大影响的长期股权投资,即对合营企业或联营企业的长期股权投资,应当采用权益法核算。

(一)会计科目的设置

在权益法下,"长期股权投资"科目下应当设置"投资成本""损益调整""其他综合收益""其他权益变动"明细科目,分别反映长期股权投资的初始投资成本以及因被投资方所有者权益发生变动而对长期股权投资账面价值进行调整的金额。其中:

1."投资成本"

"投资成本"明细科目反映长期股权投资的初始投资成本,以及在长期股权投资的初始投资成本小于取得投资时应享有被投资方可辨认净资产公允价值份额的情况下,按其差额调整初始投资成本后形成的账面价值。

2."损益调整"

"损益调整"明细科目反映被投资方因发生净损益、分配利润引起的所有者权益变动中,投资方按持股比例计算的应享有或应分担的份额。

3."其他综合收益"

"其他综合收益"明细科目反映被投资方因确认其他综合收益引起的所有者权益变动中,投资方按持股比例计算的应享有或应分担的份额。

4."其他权益变动"

"其他权益变动"明细科目反映被投资方除发生净损益、分配利润以及确认其他综合收益以外所有者权益的其他变动中,投资方按持股比例计算的应享有或应分担的份额。

(二)初始投资成本的确认

在权益法下,企业在取得长期股权投资时,按照确定的初始投资成本入账。对于初始投资成本与应享有被投资方可辨认净资产公允价值份额之间的差额,应区别处理。

1.长期股权投资的初始投资成本大于取得投资时应享有被投资方可辨认净资产公允价值份额

长期股权投资的初始投资成本大于取得投资时应享有被投资方可辨认净资产公允价值份额的,二者之间的差额在本质上是通过投资作价体现的与所取得的股权份额相对应的商誉以及被投资方不符合确认条件的资产价值,不调整已确认的初始投资成本。

取得长期股权投资时:

借:长期股权投资——投资成本【初始投资成本】

贷:银行存款【初始投资成本】

2.长期股权投资的初始投资成本小于取得投资时应享有被投资方可辨认净资产公允价值份额

长期股权投资的初始投资成本小于取得投资时应享有被投资方可辨认净资产公允价值份额的,二者之间的差额体现的是投资作价过程中转让方的让步,该差额导致的经济利益流入应作为一项收益,计入取得投资当期的营业外收入,同时调整长期股权投资的账面价值。

取得长期股权投资时:

借:长期股权投资——投资成本【初始投资成本】

　　贷:银行存款【初始投资成本】

借:长期股权投资——投资成本【享有的净资产公允价值份额与初始投资成本的差额】

　　贷:营业外收入

【例8-8】　甲公司欲取得乙公司30%的股权,支付价款3 000万元。取得投资时被投资单位账面所有者权益总额为7 500万元(假定该时点被投资单位各项可辨认资产、负债的公允价值与其账面价值相同)。甲公司在取得对乙公司的股权后,派人参与了乙公司的财务和生产经营决策。因能够对乙公司的生产经营决策施加重大影响,甲公司对该项投资采用权益法核算。

本例中,长期股权投资的成本3 000万元>取得投资时应享有乙公司可辨认净资产公允价值的份额2 250万元(7 500万×30%),不对其初始投资成本进行调整。

取得投资时,甲公司应进行的账务处理:

借:长期股权投资——投资成本　　　　　　　　　　　　　　　30 000 000

　　贷:银行存款　　　　　　　　　　　　　　　　　　　　　30 000 000

【例8-9】　甲公司以银行存款3 950万元取得乙公司30%的股份,另以银行存款50万元支付了与该投资直接相关的手续费,相关手续于当日完成,能够对乙公司施加重大影响。当日,乙公司可辨认净资产的公允价值为14 000万元。各项可辨认资产、负债的公允价值均与其账面价值相同。

本例中,长期股权投资的成本4 000万元(3 950万+50万)<取得投资时应享有乙公司可辨认净资产公允价值的份额4 200万元(14 000万×30%),应对其初始投资成本进行调整。

甲公司取得长期股权投资时:

借:长期股权投资——投资成本　　　　　　　　　　　　　　　40 000 000

　　贷:银行存款　　　　　　　　　　　　　　　　　　　　　40 000 000

借:长期股权投资——投资成本　　　　　　　　　　　　　　　2 000 000

　　贷:营业外收入　　　　　　　　　　　　　　　　　【差额】2 000 000

或合并为如下分录:

借:长期股权投资——投资成本　　　　　　　　　　　　　　　42 000 000

　　　　贷:银行存款　　　　　　　　　　　　　　　　　　　　　　　40 000 000

　　　　　　营业外收入　　　　　　　　　　　　　　　　　【差额】2 000 000

　　(三)被投资单位实现盈利或发生亏损

　　1.资产负债表日,被投资方实现净利润

　　借:长期股权投资——损益调整【投资方应享有的份额】

　　　　贷:投资收益

　　2.资产负债表日,被投资方发生净亏损

　　借:投资收益

　　　　贷:长期股权投资——损益调整【投资方应享有的份额】

　　但应以"长期股权投资"科目的账面价值减记至零为限;还需承担的投资损失,应将其他实质上构成对被投资方净投资的"长期应收款"等的账面价值减记至零为限;除按照以上步骤已确认的损失外,按照投资合同或协议约定将承担的损失,确认为预计负债。除上述情况仍未确认的应分担被投资方的损失,应在账外备查登记。

　　发生亏损的被投资方以后实现净利润的,企业计算应享有的份额,如有未确认投资损失的,应先弥补未确认的投资损失,弥补损失后仍有余额的,依次借记"长期应收款"科目和"长期股权投资——损益调整"科目,贷记"投资收益"科目。

　　【例8-10】 20×3年12月31日,甲公司持有丙公司发行在外普通股为20 000万股,拥有丙公司30%的股份。经审计的年度利润表中当年实现净利润6 000万元。甲公司应确认投资收益1 800万元(6 000×30%)。甲公司的账务处理如下:

　　　　借:长期股权投资——损益调整　　　　　　　　　　　　　18 000 000

　　　　　　贷:投资收益　　　　　　　　　　　　　　　　　　　　18 000 000

　　(四)被投资方分配现金股利或利润

　　取得长期股权投资后,被投资方宣告发放现金股利或利润时:

　　借:应收股利

　　　　贷:长期股权投资——损益调整【投资方应享有的份额】

　　收到被投资方发放的股票股利,投资方不进行账务处理,但应在备查簿中登记。

　　【例8-11】 沿用【例8-10】的资料,20×4年3月20日,丙公司经股东大会批准,宣告现金股利分配方案为每10股2元分配20×3年度现金股利。甲公司于20×4年4月20日收到丙公司发放的现金股利,不考虑所得税等相关因素影响。

　　20×4年3月20日,甲公司确认应分配的现金股利为4 000万元(20 000×0.2),甲公司的账务处理如下:

　　　　借:应收股利　　　　　　　　　　　　　　　　　　　　　40 000 000

　　　　　　贷:长期股权投资——损益调整　　　　　　　　　　　　40 000 000

　　20×4年4月20日,甲公司收到现金股利,应编制如下会计分录:

　　　　借:银行存款　　　　　　　　　　　　　　　　　　　　　40 000 000

　　　　　　贷:应收股利　　　　　　　　　　　　　　　　　　　　40 000 000

（五）被投资方的其他综合收益变动或所有者权益的其他变动

1. 被投资方除净损益、利润分配以外的其他综合收益变动

被投资方确认其他综合收益及其变动，会导致其所有者权益总额发生变动，从而影响投资方在被投资方所有者权益中应享有的份额。因此，在权益法下，当被投资方确认其他综合收益及其变动时，投资方应按持股比例计算应享有或分担的份额，一方面调整长期股权投资的账面价值，同时计入其他综合收益。

借：长期股权投资——其他综合收益

　　贷：其他综合收益【投资方应享有的份额】

或做相反的处理。

2. 被投资方除净损益、利润分配以外的所有者权益的其他变动

其他权益变动是指被投资方除发生净损益、分配利润以及确认其他综合收益以外所有者权益的其他变动，主要包括被投资方接受其他股东的资本性投入、被投资方发行可分离交易的可转换公司债券中包含的权益成分、以权益结算的股份支付、其他股东对被投资方增资导致投资方持股比例变动等。投资方对于按照持股比例计算的应享有或应分担的被投资方其他权益变动份额，应调整长期股权投资的账面价值，同时计入资本公积（其他资本公积）。

借：长期股权投资——其他权益变动

　　贷：资本公积——其他资本公积【投资方应享有的份额】

或做相反的处理。

【例8-12】　甲公司持有乙公司30%股份，能够对乙公司施加重大影响。当期，乙公司因持有分类为以公允价值计量且其变动计入其他综合收益的金融资产（其他债权投资），公允价值的变动计入其他综合收益的金额为20 000 000元，除该事项外，乙公司当期实现的净利润为80 000 000元。假定甲公司与乙公司适用的会计政策、会计期间相同，两者在当期及以前期间未发生任何内部交易，投资时乙公司各项可辨认资产、负债的公允价值与其账面价值相同。不考虑相关税费等其他因素影响。

甲公司应进行以下账务处理：

借：长期股权投资——损益调整　　　　　　　　　　　　　24 000 000

　　贷：投资收益　　　　　　　　　　　　　　　　　　　　　24 000 000

借：长期股权投资——其他综合收益　　　　　　　　　　　6 000 000

　　贷：其他综合收益　　　　　　　　　　　　　　　　　　　6 000 000

【例8-13】　甲公司持有乙公司的30%股份，能够对乙公司施加重大影响。乙公司为上市公司，当期乙公司的母公司向乙公司捐赠1 000万元，该捐赠实质上属于资本性投入，乙公司将其计入资本公积（股本溢价）。不考虑其他因素，甲公司按权益法作如下会计处理：

甲公司在确认应享有被投资方所有者权益的其他变动＝1 000×30%＝300（万元）

借：长期股权投资——其他权益变动　　　　　　　　　　　3 000 000

　　贷：资本公积——其他资本公积　　　　　　　　　　　　　3 000 000

知识总结：

表 8-3 权益法下长期股权投资的账务处理

情形	账务处理
长期股权投资的初始投资成本>投资时应享有被投资方可辨认净资产公允价值份额	不调整已确认的初始投资成本
长期股权投资的初始投资成本<投资时应享有被投资方可辨认净资产公允价值份额	借:长期股权投资——投资成本【长期股权投资的初始投资成本与应享有被投资方可辨认净资产公允价值份额的差额】 贷:营业外收入
资产负债表日,被投资方实现净利润	借:长期股权投资——损益调整【投资方应享有的份额】 贷:投资收益
资产负债表日,被投资方发生净亏损	借:投资收益 贷:长期股权投资——损益调整【投资方应享有的份额】 长期应收款 预计负债
被投资方宣告发放现金股利或利润	借:应收股利 贷:长期股权投资——损益调整【投资方应享有的份额】
收到被投资方发放的股票股利	不进行账务处理,但应在备查簿中登记
被投资方其他综合收益发生变动	借:长期股权投资——其他综合收益 贷:其他综合收益【投资方应享有的份额】 或相反分录
被投资方所有者权益的其他变动	借:长期股权投资——其他权益变动 贷:资本公积——其他资本公积【投资方应享有的份额】 或相反分录

第四节 长期股权投资的期末计量与处置

一、长期股权投资的期末计量

资产负债表日,企业根据资产减值相关要求确定长期股权投资发生减值的,按应减记的金额:

借:资产减值损失

 贷:长期股权投资减值准备

处置长期股权投资时,应同时结转已计提的长期股权投资减值准备。

二、长期股权投资的处置

1. 长期股权投资处置损益的构成

长期股权投资的处置,主要指通过证券市场售出股权,也包括抵偿债务转出、非货币性资产交换转出以及因被投资方破产清算而被迫清算股权等情形。

长期股权投资的处置损益,是指取得的处置收入扣除长期股权投资的账面价值和已确认但尚未收到的现金股利之后的差额。其中:

(1)处置收入,是指企业处置长期股权投资实际收到的价款,该价款已经扣除了手续费、佣金等交易费用。

(2)长期股权投资的账面价值,是指长期股权投资的账面余额扣除相应的减值准备后的金额。

(3)已确认但尚未收到的现金股利,是指投资方已于被投资方宣告分派现金股利时按应享有的份额确认了应收债权,但至处置投资时被投资方尚未实际派发的现金股利。

2. 长期股权投资处置的会计处理

处置长期股权投资发生的损益应当在符合股权转让条件时予以确认,计入处置当期投资损益。已计提减值准备的长期股权投资,处置时应将与所处置的长期股权投资相对应的减值准备予以转出。

(1)长期股权投资账面价值的冲减,处置长期股权投资时:

借:银行存款【实际收到的金额】

　　长期股权投资减值准备【已计提的减值准备】

　　贷:长期股权投资——投资成本【初始投资成本】

　　　　　　　　　　——损益调整【借、贷方都有可能】

　　　　　　　　　　——其他综合收益【借、贷方都有可能】

　　　　　　　　　　——其他权益变动【借、贷方都有可能】

　　　　应收股利【尚未领取的现金股利或利润】

　　　　投资收益【倒挤的差额,借、贷方都有可能】

(2)长期股权投资相关的其他综合收益的转出,处置采用权益法核算的长期股权投资时,应当采用与被投资方直接处置相关资产或负债相同的基础,对相关的其他综合收益进行会计处理。

对于应转入当期损益的其他综合收益,应按结转的长期股权投资的投资成本比例结转原计入"其他综合收益"科目的金额:

借:其他综合收益

　　贷:投资收益

或做相反的处理。

(3)长期股权投资相关的资本公积的转出,处置采用权益法核算的长期股权投资时,还应按结转的长期股权投资的投资成本比例结转原计入"资本公积——其他资本公积"

科目的金额:

借:资本公积——其他资本公积

贷:投资收益

或做相反的处理。

【例8-14】　甲公司以7 850万元的价款取得乙公司普通股股票2 000万股,占乙公司普通股股份的60%,能对乙公司实施控制,甲公司将其划分为长期股权投资,并采用成本法核算。甲公司为该项长期股权投资已计提了减值准备1 950万元。现在甲公司将持有的乙公司股份全部转让,实际收到转让价款6 000万元。(单位:万元)

甲公司应进行以下账务处理:

转让损益=6 000-(7 850-1 950)=100(万元)

借:银行存款	6 000
长期股权投资减值准备	1 950
贷:长期股权投资——M公司	7 850
投资收益	100

【例8-15】　甲公司对持有的乙公司股份采用权益法核算。4月5日,甲公司将持有的乙公司股份全部转让,收到转让价款3 500万元。转让日,该项长期股权投资的账面余额为3 300万元,所属明细科目中:投资成本2 500万元,损益调整(借方)500万元,其他综合收益(借方)200万元(均为在乙公司持有的其他债权投资公允价值变动中应享有的份额),其他权益变动(借方)100万元。(单位:万元)

甲公司应进行以下账务处理:

转让损益=3 500-3 300=200(万元)

借:银行存款	3 500
贷:长期股权投资——投资成本	2 500
——损益调整	500
——其他综合收益	200
——其他权益变动	100
投资收益	200
借:其他综合收益	200
贷:投资收益	200
借:资本公积——其他资本公积	100
贷:投资收益	100

三、长期股权投资的列报与披露

在资产负债表中,长期股权投资应当作为一个单独的报表项目,按照成本法(对子公司的投资)或权益法(对联营企业和合营企业的投资)核算的账面价值列示其金额。其中,按照成本法核算的账面价值,是指长期股权投资的初始成本减去长期股权投资减值准备后的金额;按照权益法核算的账面价值,是指长期股权投资的初始成本(或经调整的初始成本）加上或者减去持有投资期间在被投资方所有者权益变动中占有份额后的金额。

企业应当根据《企业会计准则第 41 号——在其他主体中权益的披露》准则的要求，在附注中披露与长期股权投资有关的信息，主要包括重大判断和假设的披露、在子公司中权益的披露、在合营安排或联营企业中权益的披露、在未纳入合并财务报表范围的结构化主体中权益的披露等方面的信息。

【课程思政】

财会管理的"无为"秘籍

在中华文化的深厚土壤中，道家思想以其独特的哲学智慧，历经千年而不衰，对后世产生了深远影响。其核心思想"道法自然""无为而治"等，不仅是对人生哲理的深刻阐述，而且为现代社会的各个领域提供了宝贵的启示。在财会管理这一理性、严谨的领域中，道家思想同样展现出其独特的价值与光辉。

道法自然：追求财务和谐

"道法自然"是道家思想的核心，着重强调世间万物应当遵循自然的法则运行，不强求、不妄为。在财会管理中，这一理念可转化为追求财务活动的自然和谐，避免过度干预和人为扭曲。

具体而言，企业应构建一套与市场运作规律和企业自身实际情况紧密契合的财务管理体系，不应着眼于短期利润最大化或盲目地追求规模扩张，而应通过精准的市场分析、合理的成本控制和稳健的资金运作，实现企业可持续发展。财务管理应顺应经济环境和企业发展情况，灵活调整策略，达到"财务之道，自然而然"的境界。

无为而治：强化内部控制

"无为而治"并非真正的无所作为，而是强调在遵循规律的基础上，通过建立良好的机制和制度，使事物能够自我运行、自我调整。在财会领域，这可以体现为建立健全内部控制体系，确保财务信息的真实、完整和及时披露，预防舞弊和错误的发生。

通过明确的职责分工、严格的审批流程和有效的监督机制等措施，即使管理者"无为"，企业的财务活动也能在既定的轨道上稳健前行。这种"无为"实则是一种高超的管理智慧，体现了对"道"的深刻理解和运用。

阴阳平衡：优化资源配置

道家哲学中的阴阳理论，揭示了事物内部对立统一的规律。在财会管理中，阴阳平衡可以理解为资源的合理配置与利用。企业应根据自身发展阶段和市场环境，灵活调整资金、人力、物资等资源的分配，既要注重当前效益，也要兼顾长远发展。

例如，在投资决策时，既要考虑项目的即时回报，也要评估其对企业长期竞争力的影响，实现短期与长期、收益与风险的动态平衡，使企业在复杂多变的市场环境中保持稳健，实现可持续发展。

虚静以待：应对财务风险

道家倡导的"虚静"之道，意指维持内心的宁静与平和，以从容应对外界的各种变化。

在财会管理中,当企业面临市场波动、政策调整等不确定因素时,应秉持"虚静以待"的态度,不轻易被市场风向所牵引,而应采取深入细致的分析,制定周密的应对策略。"虚静以待"绝非消极地逃避现实,而是一种积极的准备姿态。企业通过建立风险预警机制、强化现金流管理、拓宽融资渠道等多种手段,不断提升自身抗风险能力,确保在风雨来临之时能够站稳脚跟,化危为机。

道家思想以其深邃的智慧,为财会管理提供了独特的视角和方法论。通过实践"道法自然""无为而治""阴阳平衡"和"虚静以待"等思想,企业不仅能够提升财务管理效率,还能在复杂多变的市场环境中保持灵活与稳健,实现可持续发展。因此,道家思想与现代财会管理的结合,不仅是对传统文化的传承与创新,更是对现代企业管理理念的丰富与深化。

资料来源:中国会计报

【关键术语】

长期股权投资　控制　共同控制　重大影响　成本法　权益法

【学习评价】

专业能力测评表

(在○中打√,A 掌握,B 基本掌握,C 未掌握)

业务能力	评价指标	自测结果	备注
长期股权投资概述	1.长期股权投资的概念	○A　○B　○C	
	2.长期股权投资的范围	○A　○B　○C	
长期股权投资的初始计量	1.企业合并形成的长期股权投资	○A　○B　○C	
	2.非企业合并形成的长期股权投资	○A　○B　○C	
长期股权投资的后续计量	1.成本法	○A　○B　○C	
	2.权益法	○A　○B　○C	
长期股权投资的期末计量与处置	1.长期股权投资的期末计量	○A　○B　○C	
	2.长期股权投资的处置	○A　○B　○C	
	3.长期股权投资的列报与披露	○A　○B　○C	
教师评语:			
成绩		教师签字	

练习题

答案

第九章　投资性房地产

【学习目标】

知识目标

1. 了解投资性房地产的定义与特征及范围；

2. 掌握外购投资性房地产、自行建造投资性房地产的账务处理；

3. 掌握投资性房地产后续支出和处置的账务处理。

能力目标

1. 能按照规范流程和方法进行投资性房地产相关业务的账务处理；

2. 能总结出投资性房地产在成本模式、公允价值模式下初始计量和后续计量及处置上账务处理的异同。

思政目标

1. 培养学生科技创新意识与创新能力，引导学生崇尚科学；

2. 加强学生人文精神的培养，充分保障人文精神在课程内容中的有效渗透；

3. 引导学生对会计职业存敬畏之心，遵守职业道德，遵守法律法规。

【思维导图】

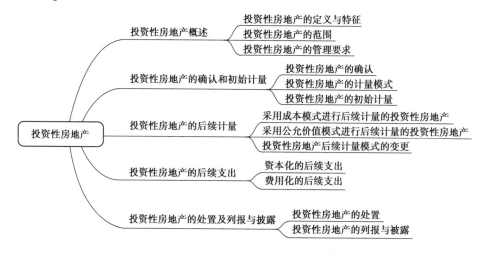

【案例导入】

天地源调整存货资源为投资性房地产

2025 年 2 月 27 日,天地源(600665)发布公告,宣布公司决定将部分存货资源转为投资性房地产。根据公告内容,公司的全资子公司重庆天投房地产开发有限公司将"天地源·水墨江山"项目 2 号楼的部分存货资源,由原开发销售模式调整为阶段性租赁运营模式。具体而言,涉及的存货资源为 2 号楼 2—12 层,220 间,建筑面积为 1.14 万平方米,现已竣工,账面价值为 8 585 万元。

此次转换是为了适应公司的经营发展需要,按照企业会计准则规定,将该部分资源由存货核算科目转为投资性房地产核算科目,仍采用成本模式进行后续计量。公告指出,此次转换对公司的财务报表项目进行调整,不涉及以往年度的追溯调整,且会计核算方法未发生变化。此举将有助于推动公司地产开发和资产运营的双轮驱动发展模式,提高资产使用效率,增加整体收益,对公司的持续经营不会产生重大影响。

资料来源:财中社

思考:投资性房地产的计量模式有哪些? 在公允价值计量模式下,投资性房地产公允价值变动如何影响企业的资产状况及经营业绩?

第一节 投资性房地产概述

一、投资性房地产的定义与特征

投资性房地产是指为赚取租金或资本增值,或者两者兼有而持有的房地产,包括已出租的土地使用权、持有并准备增值后转让的土地使用权、已出租的建筑物。

投资性房地产具有以下特征。

(一)投资性房地产是一种经营性活动

投资性房地产的主要形式是出租建筑物、出租土地使用权,这实质上属于一种让渡资产使用权行为。房地产租金就是让渡资产使用权取得的使用费收入,是企业为完成其目标所从事的经营性活动以及与之相关的其他活动形成的经济利益总流入。投资性房地产的另一种形式是持有并准备增值后转让的土地使用权,尽管其增值收益通常与市场供求、经济发展等因素相关,但目的是增值后转让以赚取增值收益,也是企业为完成其经营目标所从事的经营性活动以及与之相关的其他活动形成的经济利益总流入。

(二)投资性房地产在用途、状态、目的等方面区别于作为生产经营场所的房地产和用于销售的房地产

企业持有的房地产,除了用作自身管理、生产经营活动场所和对外销售之外,出现了将房地产用于赚取租金或增值收益的活动,甚至成为个别企业的主营业务。这就需要将投资性房地产单独作为一项资产核算和反映,与自用的厂房、办公楼等房地产和作为存

货(已建造完工商品房)的房地产加以区别,从而更加清晰地反映企业所持有房地产的构成情况和盈利能力。

二、投资性房地产的范围

(一)已出租的土地使用权

已出租的土地使用权,是指企业通过出让或转让方式取得并以经营租赁方式出租的土地使用权。对以经营租赁方式租入土地使用权再转租给其他单位的,不能确认为投资性房地产。

【例9-1】 5月10日,甲公司与乙公司签订了一项租赁合同,约定自6月1日起,甲公司以年租金800万元租赁使用乙公司拥有的一块40万平方米的场地,租赁期为8年。当年7月1日,甲公司又将这块场地转租给丙公司,以赚取租金差价,租赁期为5年。以上交易假设不违反国家有关规定。

本例中,对于甲公司而言,这项土地使用权既不能予以确认,也不属于其投资性房地产。对于乙公司而言,自租赁期开始日(6月1日)起,这项土地使用权属于投资性房地产。

(二)持有并准备增值后转让的土地使用权

持有并准备增值后转让的土地使用权,是指企业通过出让或转让方式取得的并准备增值后转让的土地使用权。按照国家有关规定认定的闲置土地,不属于持有并准备增值后转让的土地使用权。

(三)已出租的建筑物

已出租的建筑物,是指企业拥有产权并以经营租赁方式出租的房屋等建筑物,包括自行建造或开发活动完成后用于出租的建筑物。企业以经营租赁方式租入建筑物再转租的建筑物不属于投资性房地产。

【例9-2】 8月10日,甲公司与乙公司签订了一项租赁合同,乙公司将其拥有产权的两间房屋出租给甲公司,租赁期为6年。甲公司一开始将这两间房屋用于自行经营餐馆。3年后,由于连续亏损,甲公司把餐馆转租给丙公司,以赚取租金差价。

本例中,对于甲公司而言,这两间房屋属于租入后又转租的建筑物,甲公司并不拥有其产权,因此不能将其确认为投资性房地产。乙公司拥有这两间房屋的产权并以经营租赁方式对外出租,可以将其确认为投资性房地产。

特别提示1:如果某项房地产部分用于赚取租金或资本增值,部分用于生产商品、提供劳务或经营管理,能够单独计量和出售的,用于赚取租金或资本增值的部分,应当确认为投资性房地产;不能够单独计量和出售的,用于赚取租金或资本增值的部分,不确认为投资性房地产。

特别提示2:企业将建筑物出租,按租赁协议向承租人提供的相关辅助服务在整个协议中不重大的,应当将该建筑物确认为投资性房地产。例如,企业将其办公楼出租,同时向承租人提供维护、保安等日常辅助服务,企业应当将其确认为投资性房地产。

特别提示3：企业自用房地产和作为存货的房地产不属于投资性房地产。如企业拥有并自行经营的旅馆饭店，其经营目的主要是通过提供客房服务赚取服务收入，该旅馆饭店不确认为投资性房地产。

三、投资性房地产的管理要求

投资性房地产是企业的一种经营性活动，经营方式主要是出租赚取租金和持有并准备增值后转让获取资本增值。出租包括出租建筑物和土地使用权，其实质是在一定时期内让渡资产使用权的商业行为。投资性房地产的租金和资本增值高低，与国内外市场供求、经济发展、房地产市场波动、国家对房地产市场的管控及其政策变化等众多经济、政治、法律等因素影响紧密相关；加之，投资性房地产投资金额巨大、周期长，在持有期间管理难度大，客观存在较大风险：

一是投资决策失误，引发盲目投资或丧失其他更有利的投资机会，可能导致资金链断裂或投资效益低下。

二是资金占用过量、资金调度困难、营运不畅，可能导致企业陷入财务困境。

三是出租经营活动管控不严，可能导致出租资产损坏或租金收取困难，甚至遭受欺诈欺骗等。

四是当投资决策失当、管控不严等会引发资金周转困难，又常常会引发盲目筹资和资本结构不合理或筹资困难，导致企业筹资成本过高或债务危机等。

加强投资性房地产的会计核算与监督管理，提供真实、完整、准确、及时、详尽的会计资料，对于落实投资性房地产经管责任、提高管理效率和投资效益、防范投资风险等具有十分重要的作用和意义。

第二节　投资性房地产的确认和初始计量

一、投资性房地产的确认

（一）投资性房地产的确认条件

投资性房地产在符合其定义的前提下，同时满足下列条件的，才能予以确认：

（1）与该投资性房地产有关的经济利益很可能流入企业，即有证据表明企业能够获取租金或资本增值，或两者兼而有之。

（2）该投资性房地产的成本能够可靠地计量。

（二）投资性房地产的确认时点

1.已出租的土地使用权、已出租的建筑物

对已出租的土地使用权、已出租的建筑物，其作为投资性房地产的确认时点一般为租赁期开始日，即土地使用权、建筑物进入出租状态、开始赚取租金的日期。但对企业持有以备经营出租的空置建筑物,董事会或类似机构作出书面决议,明确表明将其用于经营出租且持有意图短期内不再发生变化的,即使尚未签订租赁协议,也应视为投资性房地产。

2.持有并准备增值后转让的土地使用权

对持有并准备增值后转让的土地使用权,其作为投资性房地产的确认时点为企业将自用土地使用权停止自用、准备增值后转让的日期。

投资性房地产的确认时点如表9-1所示。

表9-1　投资性房地产的确认时点

适用情况	确认时点
已出租的土地使用权或建筑物	租赁期开始日
持有以备经营出租的空置建筑物	董事会或类似机构作出书面决议的日期
持有并准备增值后转让的土地使用权	自用土地使用权停止自用、准备增值后转让的日期

二、投资性房地产的计量模式

投资性房地产的计量分为成本模式和公允价值模式两种。

（一）成本模式

成本模式是指投资性房地产的初始计量和后续计量均采用实际成本进行核算,外购、自行建造等按照初始购置或自行建造的实际成本计量,后续发生符合资本化条件的支出计入账面成本,后续计量按照固定资产或无形资产的相关规定按期计提折旧或摊销,资产负债表日发生减值的计提减值准备。

（二）公允价值模式

公允价值模式是指投资性房地产初始计量采用实际成本核算,后续计量按照投资性房地产的公允价值进行计量。

按企业会计准则规定,只有存在确凿证据表明投资性房地产的公允价值能够持续可靠取得的情况下,企业才可以采用公允价值模式进行后续计量。可靠证据是指投资性房地产所在地有活跃的房地产交易市场、企业能够从活跃的交易市场上取得同类或类似房地产的市场价格及其他相关信息,从而对投资性房地产的公允价值作出合理的估计。企业一旦选择采用公允价值模式,就应当对其所有投资性房地产均采用公允价值模式进行后续计量。

两种模式的会计核算结果及其经济后果存在一定的差异。成本模式下会计核算结果的可靠性和可控性较高、会计处理比较简单、不同会计期间会计资料的可比性较强,便于监督管理;公允价值模式下取得公允价值的确凿证据相对较为困难,对会计职业判断的要求高,可能存在一定的企业自由裁量权,会计核算结果的可靠性和可控性较低、顺周期性较为明显、会计处理较为复杂烦琐、不同会计期间会计资料的可比性较差,对会计监督管理的要求很高。

特别提示：企业会计准则规定,企业通常应当采用成本模式对投资性房地产进行后续计量,对采用公允价值模式的条件作了限制性规定,且同一企业只能采用一种模式对所有投资性房地产进行后续计量,不得同时采用两种计量模式;同时规定,企业可以从成本模式变更为公允价值模式,已采用公允价值模式不得转为成本模式。

(三)投资性房地产的会计科目设置

为了反映和监督投资性房地产的取得、计提折旧或摊销、公允价值变动和处置等情况,企业应按照成本模式和公允价值模式分别设置"投资性房地产"等会计科目(表9-2)。

表9-2 投资性房地产会计科目设置

业务阶段	成本模式	公允价值模式
初始核算	设置"投资性房地产"科目,核算其实际成本及其增减变化,按具体项目(如厂房、已出租土地使用权等)设置明细科目	设置"投资性房地产——成本"科目,核算其实际成本及其增减变化
后续核算	(1)设置"投资性房地产累计折旧"和"投资性房地产累计摊销"科目,分别核算计提折旧或计提摊销; (2)设置"投资性房地产减值准备"科目,核算计提的减值准备	(1)设置"投资性房地产——公允价值变动"科目,核算公允价值增减变动; (2)设置"公允价值变动损益"科目,核算投资性房地产公允价值变动损益; (3)设置"其他综合收益"科目,核算非投资性房地产转换为投资性房地产转换日的公允价值大于账面价值的差额
处置核算	设置"其他业务收入"和"其他业务成本"科目,核算处置收益和结转的成本	设置"其他业务收入"和"其他业务成本"科目,核算处置收益和结转的成本

三、投资性房地产的初始计量

企业取得投资性房地产的初始计量,在成本模式或公允价值模式下均应按照取得时的实际成本核算。

(一)外购投资性房地产的初始计量

外购的土地使用权和建筑物,按照取得时的实际成本进行初始计量。取得时的实际成本包括购买价款、相关税费和可直接归属于该资产的其他支出。

特别提示:企业购入的房地产,部分用于出租(或资本增值)、部分自用,用于出租(或资本增值)的部分应当予以单独确认的,应按照不同部分的公允价值占公允价值总额的比例将成本在不同部分之间进行分配。

【例9-3】 8月,甲公司计划购入一栋写字楼用于对外出租。9月1日,甲公司与乙公司签订了经营租赁合同,约定自写字楼购买之日起将该栋写字楼出租给乙公司,为期5年。10月2日,甲公司实际购入写字楼,支付价款共计1200万元。假设不考虑相关税费

及其他因素影响。（单位：万元）

10 月 2 日，甲公司应作账务处理如下：

（1）若甲公司采用成本模式核算投资性房地产：

借：投资性房地产——写字楼   1 200

   贷：银行存款   1 200

（2）若甲公司采用公允价值模式核算投资性房地产：

借：投资性房地产——写字楼（成本）   1 200

   贷：银行存款   1 200

（二）自行建造投资性房地产的初始计量

自行建造投资性房地产，其成本由建造该项资产达到预定可使用状态前发生的必要支出构成，包括土地开发费、建筑成本、安装成本、应予以资本化的借款费用、支付的其他费用和分摊的间接费用等。建造过程中发生的非正常性损失，直接计入当期损益，不计入建造成本。按照建造过程中发生的成本，借记"投资性房地产"科目，贷记"银行存款"等科目。

【例 9-4】 20×4 年 10 月末，甲公司购入一块土地的使用权，并在该土地上开始自行建造一栋仓库（乙公司已表达租赁仓库的意向），该土地使用权的购买成本为 1 000 万元，使用年限为 40 年。20×4 年 11 月 1 日至 20×5 年 1 月 1 日，甲公司投资 2 360 万元用于仓库建造；工程完工、达到预定可使用状态时，甲公司与乙公司签订了经营租赁合同，该仓库租赁给乙公司使用，20×5 年 1 月 1 日为起租日，租期 3 年。为简化起见，土地使用权终止确认之前的摊销处理略。甲公司采用成本模式核算投资性房地产，其他因素略。（单位：万元）

甲公司有关账务处理如下：

（1）购入土地使用权时：

借：无形资产——土地使用权   1 000

   贷：银行存款   1 000

（2）建造仓库时：

借：在建工程   2 360

   贷：银行存款等   2 360

（3）仓库达到预定使用状态、签订租约时：

借：投资性房地产——仓库   3 360

   贷：在建工程   2 360

      无形资产——土地使用权   1 000

知识总结：

表9-3　投资性房地产的初始计量

取得来源	初始计量
外购投资性房地产	应按照取得时的实际成本进行初始计量 实际成本包括购买价款、相关税费和可直接归属于该资产的其他支出
自行建造投资性房地产	成本由建造该项资产达到预定可使用状态前发生的必要支出构成，包括土地开发费、建筑成本、安装成本、应予以资本化的借款费用、支付的其他费用和分摊的间接费用等

第三节　投资性房地产的后续计量

一、采用成本模式进行后续计量的投资性房地产

采用成本模式进行后续计量的投资性房地产，应当按照《企业会计准则第4号——固定资产》或《企业会计准则第6号——无形资产》的有关规定，进行相关处理。

（1）按期（月）计提折旧或摊销，借记"其他业务成本"等科目，贷记"投资性房地产累计折旧（摊销）"科目。

（2）取得的租金收入，借记"银行存款"等科目，贷记"其他业务收入"等科目。

（3）投资性房地产存在减值迹象的，适用资产减值的有关规定。经减值测试后确定发生减值的，应当计提减值准备，借记"资产减值损失"科目，贷记"投资性房地产减值准备"科目。如果已经计提减值准备的投资性房地产的价值又得以恢复，不得转回。

【例9-5】　甲公司将一栋写字楼出租给乙公司使用，确认为投资性房地产，采用成本模式进行后续计量。假设这栋办公楼的成本为7 200万元，按照年限平均法计提折旧，使用寿命为20年，预计净残值为0。经营租赁合同约定，乙公司每月等额支付甲公司租金40万元。（单位：万元）

甲公司的账务处理如下：

（1）每月计提折旧：

每月计提的折旧金额=（7 200÷20）÷12=30（万元）

借：其他业务成本——出租写字楼折旧　　　　　　　　　　　　　　30

　　贷：投资性房地产累计折旧　　　　　　　　　　　　　　　　　　30

（2）每月确认租金收入：

借：银行存款（或其他应收款）　　　　　　　　　　　　　　　　　40

　　贷：其他业务收入——出租写字楼租金收入　　　　　　　　　　　40

二、采用公允价值模式进行后续计量的投资性房地产

企业存在确凿证据表明其投资性房地产的公允价值能够持续可靠取得的,可以对投资性房地产采用公允价值模式进行后续计量。公允价值模式的最大特点是在会计期末按照公允价值调整投资性房地产的账面价值,并将公允价值变动计入当期损益。从理论上说,采用公允价值模式进行后续计量更符合投资性房地产的特点,但实务中能否持续可靠取得公允价值是较大的挑战。为此,企业会计准则提出了两种计量模式供企业选择,并对选择公允价值模式所应具备的条件进行了规定。

采用公允价值模式计量的投资性房地产,应当同时满足下列条件:

(1)投资性房地产所在地有活跃的房地产交易市场。所在地,通常指投资性房地产所在的城市。对于大中型城市,应当为投资性房地产所在的城区。

(2)企业能够从活跃的房地产交易市场上取得同类或类似房地产的市场价格及其他相关信息,从而对投资性房地产的公允价值作出合理的估计。

投资性房地产采用公允价值模式进行后续计量的,不计提折旧或摊销,应当以资产负债表日的公允价值计量。资产负债表日,投资性房地产的公允价值高于其账面价值的差额,借记"投资性房地产——公允价值变动"科目,贷记"公允价值变动损益"科目;资产负债表日,公允价值低于其账面价值的,做相反的账务处理。

【例9-6】 甲公司为从事房地产开发经营的企业。10月1日,甲公司与乙公司签订租赁协议,约定将甲公司当日开发完成的一栋精装修的写字楼自当日起经营租赁给乙公司使用,租赁期为10年。该写字楼的造价为9 000万元。当年12月31日,该写字楼的公允价值为9 200万元。假设甲公司采用公允价值计量模式。(单位:万元)

甲公司的账务处理如下:

(1)10月1日,甲公司开发完成写字楼并出租:

借:投资性房地产——成本   9 000

   贷:开发成本   9 000

(2)12月31日,按照公允价值调整其账面价值,公允价值与原账面价值之间的差额计入当期损益:

借:投资性房地产——公允价值变动   200

   贷:公允价值变动损益   200

三、投资性房地产后续计量模式的变更

为保证会计信息的可比性,企业对投资性房地产的计量模式一经确定,不得随意变更。只有在房地产市场比较成熟、能够满足采用公允价值模式条件的情况下,才允许企业对投资性房地产从成本模式计量变更为公允价值模式计量。

成本模式转为公允价值模式的,应当作为会计政策变更处理,并按计量模式变更时公允价值与账面价值的差额调整期初留存收益。

已采用公允价值模式计量的投资性房地产,不得从公允价值模式转为成本模式。

投资性房地产的后续计量如表9-4所示。

表9-4　投资性房地产的后续计量

后续计量模式	账户设置	账务处理
成本模式	投资性房地产 投资性房地产累计折旧(房产) 投资性房地产累计摊销(地产) 投资性房地产减值准备	(1)初始取得时 借:投资性房地产 　　应交税费——应交增值税(进项税额) 　　　贷:银行存款 (2)按期(月)计提折旧或摊销时 借:其他业务成本 　　　贷:投资性房地产累计折旧/投资性房地产累计摊销 (3)取得租金收入时 借:银行存款 　　其他应收款等 　　　贷:其他业务收入 (4)发生减值时 借:资产减值损失 　　　贷:投资性房地产减值准备
公允价值模式	投资性房地产——成本 　　　　　　——公允价值变动	(1)初始取得时 借:投资性房地产——成本 　　应交税费——应交增值税(进项税额) 　　　贷:银行存款 (2)取得租金收入时 借:银行存款 　　其他应收款等 　　　贷:其他业务收入 (3)资产负债表日,公允价值变动时 公允价值>其账面价值: 借:投资性房地产——公允价值变动 　　　贷:公允价值变动损益 公允价值<其账面价值: 借:公允价值变动损益 　　　贷:投资性房地产——公允价值变动

第四节　投资性房地产的后续支出

一、资本化的后续支出

与投资性房地产有关的后续支出,满足投资性房地产确认条件的,应当计入投资性房地产成本。例如,企业为了提高投资性房地产的使用效能,往往需要对投资性房地产进行改建、扩建而使其更加坚固耐用,或者通过装修而改善其室内装潢,改扩建或装修支出满足确认条件的,应当将其资本化。

企业对某项投资性房地产进行改扩建等再开发且将来仍作为投资性房地产的,在再开发期间应继续将其作为投资性房地产(通过"投资性房地产——在建"账户核算),再开发期间不计提折旧或摊销。

资本化的后续支出处理如表9-5所示。

表9-5　资本化的后续支出处理

计量模式	资本化的后续支出处理
成本模式	1.投资性房地产转入改扩建工程 借:投资性房地产——在建 　　投资性房地产累计折旧/投资性房地产累计摊销 　　投资性房地产减值准备 　　贷:投资性房地产 2.发生改扩建或装修支出 借:投资性房地产——在建 　　贷:银行存款等 3.改扩建工程或装修完工 借:投资性房地产 　　贷:投资性房地产——在建
公允价值计量模式	1.投资性房地产转入改扩建工程 借:投资性房地产——在建 　　贷:投资性房地产——成本 　　　　　　　——公允价值变动【或在借方】 2.发生改扩建或装修支出 借:投资性房地产——在建 　　贷:银行存款等 3.改扩建工程或装修完工 借:投资性房地产——成本 　　贷:投资性房地产——在建

【例9-7】　3月，甲公司与乙公司的一项厂房经营租赁合同即将到期。该厂房按照成本模式进行后续计量，原价为2 000万元，已计提折旧600万元。为了提高厂房的租金收入，甲公司决定在租赁期满后对厂房进行改扩建，并与丙企业签订了经营租赁合同，约定自改扩建完工时将厂房出租给丙企业。3月15日，与乙公司的租赁合同到期，厂房随即进入改扩建工程。12月10日，厂房改扩建工程完工，共发生支出150万元，即日按照租赁合同出租给丙企业。假设甲公司采用成本计量模式，不考虑相关税费。（单位：万元）

本例中，改扩建支出属于资本化的后续支出，应当计入投资性房地产的成本。

甲公司的账务处理如下：

（1）3月15日，投资性房地产转入改扩建工程：

借：投资性房地产——厂房（在建）　　　　　　　　　　　　　1 400

　　投资性房地产累计折旧　　　　　　　　　　　　　　　　　600

　　　贷：投资性房地产——厂房　　　　　　　　　　　　　　　　2 000

（2）3月15日—12月10日：

借：投资性房地产——厂房（在建）　　　　　　　　　　　　　150

　　　贷：银行存款等　　　　　　　　　　　　　　　　　　　　　150

（3）12月10日，改扩建工程完工：

借：投资性房地产——厂房　　　　　　　　　　　　　　　　　1 550

　　　贷：投资性房地产——厂房（在建）　　　　　　　　　　　　　1 550

【例9-8】　3月，甲公司与乙公司的一项厂房经营租赁合同即将到期。为了提高厂房的租金收入，甲公司决定在租赁期满后对厂房进行改扩建，并与丙企业签订了经营租赁合同，约定自改扩建完工时将厂房出租给丙企业。3月15日，与乙公司的租赁合同到期，厂房随即进入改扩建工程。11月10日，厂房改扩建工程完工，共发生支出150万元，即日起按照租赁合同出租给丙企业。3月15日，厂房账面余额为1 200万元，其中，成本1 000万元，累计公允价值变动200万元。假设甲公司采用公允价值计量模式，不考虑相关税费。（单位：万元）

甲公司的账务处理如下：

（1）3月15日，投资性房地产转入改扩建工程：

借：投资性房地产——厂房（在建）　　　　　　　　　　　　　1 200

　　　贷：投资性房地产——成本　　　　　　　　　　　　　　　　1 000

　　　　　——公允价值变动　　　　　　　　　　　　　　　　　　200

（2）3月15日—11月10日：

借：投资性房地产——厂房（在建）　　　　　　　　　　　　　150

　　　贷：银行存款　　　　　　　　　　　　　　　　　　　　　　150

（3）11月10日，改扩建工程完工：

借：投资性房地产——成本　　　　　　　　　　　　　　　　　1 350

　　　贷：投资性房地产——厂房（在建）　　　　　　　　　　　　　1 350

二、费用化的后续支出

与投资性房地产有关的后续支出,不满足投资性房地产确认条件的,应当在发生时计入当期损益。例如,企业对投资性房地产进行日常维护会发生一些支出。企业在发生投资性房地产费用化的后续支出时,借记"其他业务成本"等科目,贷记"银行存款"等科目。

【例9-9】 甲公司对某项投资性房地产进行日常维修,发生维修支出2万元。日常维修支出属于费用化的后续支出,应当计入当期损益。该公司账务处理如下:

借:其他业务成本　　　　　　　　　　　　　　　　　　　20 000

　　贷:银行存款　　　　　　　　　　　　　　　　　　　　　　20 000

第五节　投资性房地产的处置及列报与披露

一、投资性房地产的处置

当投资性房地产被处置,或者永久退出使用且预计不能从其处置中取得经济利益时,应当终止确认该项投资性房地产。

企业可以通过对外出售或转让的方式处置投资性房地产取得收益。对于那些由于使用而不断磨损直到最终报废,或者由于遭受自然灾害等非正常原因发生毁损的投资性房地产应当及时进行清理。此外,企业因其他原因,如非货币性交易等而减少投资性房地产也属于投资性房地产的处置。企业出售、转让、报废投资性房地产或者发生投资性房地产毁损,应当将处置收入扣除其账面价值和相关税费后的金额计入当期损益。

(一)采用成本模式计量的投资性房地产的处置

处置采用成本模式计量的投资性房地产时,应当按实际收到的金额,借记"银行存款"等科目,贷记"其他业务收入""应交税费——应交增值税(销项税额)"科目;按该项投资性房地产的账面价值,借记"其他业务成本"科目,按其账面余额,贷记"投资性房地产"科目、按照已计提的折旧或摊销,借记"投资性房地产累计折旧(摊销)"科目,原已计提减值准备的,借记"投资性房地产减值准备"科目(表9-6)。

表9-6　采用成本模式计量的投资性房地产的处置

事项	账务处理
取得处置收入	借:银行存款【处置收入净额】 　　贷:其他业务收入 　　　　应交税费——应交增值税(销项税额)
结转账面价值	借:其他业务成本【差额】 　　投资性房地产累计折旧/投资性房地产累计摊销 　　投资性房地产减值准备 　　贷:投资性房地产

【例 9-10】　甲公司将其出租的一栋写字楼确认为成本按模式计量的投资性房地产。租赁期满后,甲公司将该栋写字楼出售给乙公司,合同价款为 30 000 万元,乙公司已用银行存款付清。该栋写字楼的成本为 28 000 万元,已计提折旧 3 000 万元。假设不考虑增值税。(单位:万元)

甲公司的账务处理如下:

借:银行存款　　　　　　　　　　　　　　　　　　　　30 000

　　贷:其他业务收入　　　　　　　　　　　　　　　　　　　　30 000

借:其他业务成本　　　　　　　　　　　　　　　　　　25 000

　　投资性房地产累计折旧　　　　　　　　　　　　　　3 000

　　贷:投资性房地产　　　　　　　　　　　　　　　　　　　　28 000

(二)采用公允价值模式计量的投资性房地产的处置

处置采用公允价值模式计量的投资性房地产时,应当按实际收到的金额,借记"银行存款"等科目,贷记"其他业务收入""应交税费——应交增值税(销项税额)"科目;按该项投资性房地产的账面余额,借记"其他业务成本"科目,按其成本,贷记"投资性房地产——成本"科目,按其累计公允价值变动,贷记或借记"投资性房地产——公允价值变动"科目,同时结转投资性房地产累计公允价值变动(表 9-7)。

表 9-7　采用公允价值模式计量的投资性房地产的处置

事项	账务处理
取得处置收入	借:银行存款【处置收入净额】 　　贷:其他业务收入 　　　　应交税费——应交增值税(销项税额)
结转账面价值	借:其他业务成本 　　贷:投资性房地产——成本 　　　　　　　　　　——公允价值变动【或在借方】
结转累计确认的公允价值变动	借:公允价值变动损益【累计公允价值变动】 　　贷:其他业务成本 或做相反处理

二、投资性房地产的列报与披露

在资产负债表中,投资性房地产应当作为一个单独的报表项目,按照成本模式或公允价值模式核算的账面价值列示其金额。其中,按照成本模式核算的账面价值,是指投资性房地产的初始成本减去累计折旧(或累计摊销)以及投资性房地产减值准备后的金额;按照公允价值模式核算的账面价值,是指投资性房地产的期末公允价值。

企业应当在附注中披露与投资性房地产有关的下列信息:

(1)投资性房地产的种类、金额和计量模式。

（2）采用成本模式的，投资性房地产的折旧或摊销，以及减值准备的计提情况。

（3）采用公允价值模式的，公允价值的确定依据和方法，以及公允价值变动对损益的影响。

（4）房地产转换情况、理由，以及对损益或所有者权益的影响。

（5）当期处置的投资性房地产及其对损益的影响。

【课程思政】

数据资产"入表"将逐步走向规范化与成熟化

党的二十届三中全会提出"要加快构建促进数字经济发展体制机制，完善促进数字产业化和产业数字化政策体系"。

在大数据时代浪潮下，数据要素已经渗透到经济社会发展的各个角落。如何有效发挥数据的要素属性，如何推动数据资产入表，挖掘数据资源的潜在价值，加快推动业务创新，是当前业内较为关注的热点话题。

促进数据资源有序流通

近年来，我国政府高度重视数据产业发展，出台了一系列政策措施，为数据产业健康发展提供了有力保障。比如，在党中央和国家层面，党的二十大报告提出"加快发展数字经济，促进数字经济和实体经济深度融合，打造具有国际竞争力的数字产业集群"；审议通过《关于加快公共数据资源开发利用的意见》《关于构建数据基础制度更好发挥数据要素作用的意见》（以下简称"数据二十条"）等。

又如，在行业和地方层面、企事业组织层面出台《数据资产评估指导意见》《"数据要素×"三年行动计划（2024—2026 年）》《国家数据标准体系建设指南》《关于促进数据产业高质量发展的指导意见》等相关政策，促进公共数据资源合规高效开发利用。

行业主管部门、数据相关企业、数据交易场所、中介服务机构等正积极推动数据要素市场建设，促进企业数据资源有效运用和有序流通。"数据二十条"颁布后，全国已有48个地方政府发布公共数据授权运营管理办法、细则、实施方案等政策文件。其中，47 个地方政府正式出台公共数据授权运营的法律法规或工作文件，1 个地方政府已向社会公开征求意见。

在政策层面，我国出台了多项政策推动数据资产入表。财政部发布的《企业数据资源会计处理暂行规定》等相关准则明确了数据资产的确认范围和初始计量等要求，为企业数据资产入表提供了基本的规范指引，使企业在数据资产的会计处理上有章可循，有助于提升会计信息质量与可比性，促进数据要素市场健康有序发展。

从执行情况来看，部分科技企业、大型央国企率先积极探索数据资产入表实践，凭借自身技术优势与丰富的数据资源，尝试将符合条件的数据资源确认为资产并进行相应会计处理，在提升企业财务报表对数据资产价值反映的同时，也为其他企业提供了宝贵的借鉴经验。

部分难题亟待破解

数据资产的快速变化和技术更新对信息的时效性和相关性构成挑战。会计信息使投资者和利益相关者更全面地理解企业的价值创造过程。从微观层面来看,数据资产能够为企业带来经济利益和价值增值,促进业务模式创新并提高经营效率。从宏观层面来看,数据资产的协同性和融合性为跨行业融合发展提供了新思路,推动发展新质生产力。

在数字经济背景下,很有必要加强对数据资产价值评估的研究和探索,为数据资产的计量、核算、报表列示以及交易定价等提供依据。但数据资产价值评估是国内外学术界探索的一个新领域,数据要素仍面临大量问题,如数据权利界定不清晰、数据估值定价困难、数据流通渠道不畅通、数据交易效率不高、数据孤岛与数据鸿沟现象严重等。

数据价值具有时效性、变动性,随着时间的推移数据会发生贬值;具有无限性,不同于其他实物资产,数据资产可以被无限使用,价值难以估算;具有场景性,在不同场景下数据所发挥出的价值不同,即便是相同的数据、不同的使用技术和方法所产生的价值也不同。数据价值还具有不确定性,数据的法律监管、隐私权等问题对数据价值会产生实质性影响。

数据资产确认难,数据的可辨认性、控制权归属以及未来经济利益流入的确定性较难判断。数据资产计量困难,其价值受数据质量、应用场景、市场需求等多种因素影响,且数据资产的成本与收益难以准确衡量,目前缺乏统一、成熟的计量模型与方法。企业内部的数据管理基础薄弱,数据治理体系不完善,数据的收集、存储、处理等环节缺乏规范,难以满足入表对数据准确性、完整性、可靠性的严格要求。

数据权属的确定往往较为复杂,加之过往的数据活动中各方对数据权属重要性的认知不足,导致各方在数据流动过程中欠缺法律意义上的依据(合法性基础);数据合规意识淡薄,缺乏成熟的数据合规管理体系;数据资源使用寿命影响因素也比较多,包括业务模式、权利限制、更新频率和时效性等,这些因素不仅使数据资产的使用寿命在初始阶段难以估计,而且在后续使用过程中也存在频繁变化的风险。

共同推动数字经济发展

随着政策的不断完善、技术的持续进步以及企业管理水平的提升,数据资产入表将逐步走向规范化与成熟化,在推动数字经济与实体经济深度融合中发挥更为关键的作用。

在数据资产确认方面,相关部门应进一步细化确认标准与指南,结合行业特点与企业实际情况,明确可辨认性与控制权的判断依据。

对于计量问题,理论界与实务界应合作研究,开发科学合理的数据资产计量模型,综合考虑成本法、收益法、市场法等多种计量属性,充分利用大数据分析、人工智能等技术手段提高计量的准确性。企业应加强数据治理体系建设,完善数据管理制度与流程,提升数据管理水平。

在主要的会计处理方式方面,初始计量时,对于外购数据资产,可按照购买成本入账;企业内部产生的数据资产,若符合资本化条件,可将相关成本资本化。后续计量中,需考虑数据资产的使用寿命与摊销方法,定期进行减值测试,当数据资产的可收回金额低于账面价值时,计提减值准备。在数据资产的使用与处置过程中,根据实际情况确认相关收入、成本与损益。

应构建合理的数据资产权益配置框架,贯穿数据从生成到利用的全生命周期,明确界定数据的所有权、使用权和收益权。数据资产"入表"面临的主要挑战是经济利益的不确定性以及成本与价值计量的复杂性,数据资产的计量标准应进一步深化,并根据重要性原则进行列报。中介机构需持续更新其专业知识,确保合规性和有效性。企业需在确保数据安全与提供充分信息之间找到平衡,实现合规性和透明度的双重目标。

企业数据资产入表要严格执行企业会计准则,并不是所有的数据都能入表;企业均不得以评估等方式得出的金额直接作为入账和调账的依据;不得利用数据价值易变特点,利用减值实施财务"洗澡"违规行为。

要找好切入点才能事半功倍。对于企业而言,"数据资产入表"并非某一个部门能够单独负责的任务,而是需要财务、信息技术、业务部门以及企业高层的协同合作。比如,财务部门可以运用会计准则和方法对数据资产进行准确入账处理;技术部门需要了解掌握数据从产生到存储、处理和流通等环节;业务部门需要明晰数据如何助力业务决策、改进业务流程以及提升客户体验,从业务层面出发有效评估数据资产的价值;企业高层则需要支持和推动企业数字化转型和数据战略。

数据市场真正实现价值创造,在中国经济增长中切实贡献力量,需要政府、企业、学界的共同努力。其中可能包括不同层面的法律、政策如何衔接与落地的问题;数交所、证监会相关部门等多方机构如何推动数据交易体系的标准化、体系化的问题;企业如何聚焦核心数据资产入表的问题;以及学界如何配合市场,做好相关人才培养的问题。

资料来源:中国会计报

【关键术语】

投资性房地产　计量　房屋建筑物　土地使用权　成本模式　公允价值模式　后续支出　资本化支出　费用化支出　投资性房地产转换　投资性房地产处置

【学习评价】

专业能力测评表

(在○中打√,A 掌握,B 基本掌握,C 未掌握)

业务能力	评价指标	自测结果	备注
投资性房地产概述	1.投资性房地产的定义与特征	○A　○B　○C	
	2.投资性房地产的范围	○A　○B　○C	
	3.投资性房地产的管理要求	○A　○B　○C	
投资性房地产的确认和初始计量	1.投资性房地产的确认	○A　○B　○C	
	2.投资性房地产的计量模式	○A　○B　○C	
	3.投资性房地产的初始计量	○A　○B　○C	

续表

业务能力	评价指标	自测结果	备注
投资性房地产的后续计量	1.采用成本模式进行后续计量	○A ○B ○C	
	2.采用公允价值模式进行后续计量	○A ○B ○C	
	3.投资性房地产后续计量模式的变更	○A ○B ○C	
投资性房地产的后续支出	1.资本化的后续支出	○A ○B ○C	
	2.费用化的后续支出	○A ○B ○C	
投资性房地产的处置及列报与披露	1.投资性房地产的处置	○A ○B ○C	
	2.投资性房地产的列报与披露	○A ○B ○C	
教师评语：			
成绩		教师签字	

练习题

答案

第十章　流动负债

【学习目标】

知识目标

1. 了解流动负债的概念及其特征与分类；

2. 熟悉短期借款、应付款项、应付职工薪酬、应交税费的内容；

3. 掌握短期借款、应付票据、应付账款、预收账款的核算；

4. 掌握应付职工薪酬和应交税费的核算。

能力目标

1. 能胜任流动负债会计核算岗位的各项工作；

2. 能按照规范流程和方法进行各项流动负债业务的账务处理。

思政目标

1. 引导学生学会运用实事求是的方法论；

2. 引导学生树立精益求精的工匠精神和严肃认真的科学精神；

3. 培养学生求真求实的精神,激励学生不断探寻本质、具备科学质疑精神。

【思维导图】

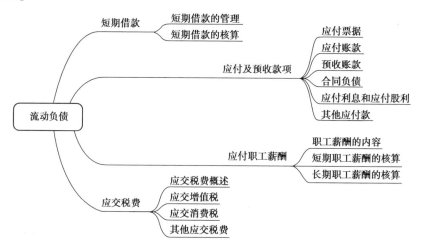

【案例导入】

卓正医疗盈利拐点下暗流涌动:流动负债攀升,上市或成解困关键

只给大众富裕人群看病的卓正医疗能否赢得市场认可?

2025年3月18日,卓正医疗控股有限公司(简称"卓正医疗")更新招股书,拟在港交所主板上市,海通国际、浦银国际担任联席保荐人。这是继2024年5月首次递表失效后的二次冲刺。

招股书显示,卓正医疗成立于2012年,在战略上专注于服务中高端医疗服务市场,以通常具有较强购买力、偏好更个性化医疗服务的大众富裕人群为目标客户。

目前,卓正医疗在中国各地拥有及经营20家医疗服务机构,包括18家诊所和两家医院,并在新加坡拥有及运营3家全科诊所。

2021—2023年,卓正医疗收入分别为4.17亿元、4.73亿元、6.9亿元,同期净亏损分别为2.51亿元、2.22亿元、3.53亿元,剔除公允价值变动损失等非经常损益项目后的经调整净亏损各为1.02亿元、1.23亿元、0.44亿元。卓正医疗已连续亏损三年。

2024年,卓正医疗首次实现盈利,净利润为8 022.7万元,经调整净利润约为1 070万元。

不过,三年累计亏损8.26亿元的历史包袱、红海竞争下的扩张挑战,以及中高端医疗市场狭窄的客群天花板,都让卓正医疗的"闯关"之路充满挑战。

对于连锁医疗机构而言,扩张是占据市场、拉升业绩的必然选择。

处于扩张期的卓正医疗,流动负债逐年提升,截至2022年、2023年及2024年年末,分别约为22.62亿元、26.36亿元和28.16亿元。

据悉,负债总额的增长主要归因于过往的融资活动,特别是可转换可赎回优先股的评估价值变动。截至2024年底,流动负债约为28.16亿元,若扣除可转换可赎回优先股负债24.11亿元,剩余的流动负债约为4.05亿元。同时,公司的流动资产约为5.95亿元。

24.11亿元的可转换可赎回优先股负债,一旦公司成功上市,这些可转换可赎回优先股负债将自动转变为普通股,从而使该负债类别不复存在。

也就是说,上市或是卓正医疗缓解可转换可赎回优先股带来财务压力的关键。

资料来源:深圳商报

思考:企业的流动负债有哪些具体内容? 流动负债如何支持企业的发展壮大? 同时会带来哪些负面影响?

第一节 短期借款

一、短期借款的管理

短期借款是指企业向银行或其他金融机构等借入的期限在1年以下(含1年)的各

种款项。短期借款一般是企业为了满足正常生产经营所需的资金或者是为了抵偿某项债务而借入的。短期借款具有借款金额小、时间短、利息低等特点,对企业资产的流动性要求高。

二、短期借款的核算

企业应设置"短期借款"科目核算短期借款的取得、偿还等情况。该科目的贷方登记取得短期借款本金的金额,借方登记偿还短期借款的本金金额,期末余额在贷方,反映企业尚未偿还的短期借款。本科目可按借款种类、贷款人和币种设置明细科目进行明细核算。

短期借款的账务处理包括取得短期借款、发生短期借款利息、归还短期借款等环节(表10-1)。

表 10-1　短期借款的账务处理

业务节点	账务处理	
取得短期借款时	借:银行存款 　　贷:短期借款	
发生短期借款利息时	预提方式 (当期计提以后支付)	应用情形:通常借款利息是按期支付的,如按季度支付利息,或利息是在借款到期时连同本金一起归还,并且其数额较大。 计提利息时: 借:财务费用 　　贷:应付利息 实际支付时: 借:应付利息【当期支付以前期间已计提的利息】 　　财务费用【当期支付当前期间利息】 　　贷:银行存款等
	直接支付方式 (当期计提当期支付)	应用情形:企业的短期借款利息按月支付,或者在借款到期时连同本金一起归还,数额不大。 借:财务费用 　　贷:银行存款等
归还短期借款时	借:短期借款【借款本金】 　　应付利息【当期支付以前期间已计提的利息】 　　财务费用【当期支付当前期间利息】 　　贷:银行存款	

特别提示:

(1)利息预提方式和直接支付方式在核算上的区别在于是否通过"应付利息"科目核算。

(2)短期借款利息属于企业的筹资费用,在发生时计入财务费用;但企业筹建期间的短期借款利息(不符合资本化条件)计入管理费用。

【例10-1】　4月1日,甲公司向银行借入一笔生产经营用短期借款共计900 000元,期限为6个月,年利率为4%。根据与银行签署的借款协议,该项借款的本金到期后一次归还,利息按月计提、按季支付。甲公司应编制如下会计分录:

(1)4月1日,借入短期借款:

借:银行存款　　　　　　　　　　　　　　　　　　　　　　900 000
　　贷:短期借款　　　　　　　　　　　　　　　　　【借款本金】900 000

(2)4月30日,计提4月份应付利息:

本月应计提的利息金额=900 000×4%÷12=3 000(元)

借:财务费用　　　　　　　　　　　　　　　　　　　　　　　3 000
　　贷:应付利息　　　　　　　　　　　　　　　　　【4月份利息】3 000

5月末计提利息费用的处理与4月份相同。

(3)6月30日,按季度支付银行借款利息:

借:应付利息　　　　【4月已提利息3 000+5月已提利息3 000】6 000
　　财务费用　　　　　　　　　【6月尚未计提利息3 000】3 000
　　贷:银行存款　　　　　　　　　　　　　　　　　　　　　9 000

7月末、8月末计提利息费用的处理与4月份相同。

(4)9月30日,偿还银行借款本金和利息:

借:短期借款　　　　　　　　　　　　　　　　　【借款本金】900 000
　　应付利息　　　　　【7月已计提利息3 000+7月已计提利息3 000】6 000
　　财务费用　　　　　　　　　　【9月尚未计提利息3 000】3 000
　　贷:银行存款　　　【借款本金900 000+7—9月的利息9 000】909 000

第二节　应付及预收款项

一、应付票据

(一)应付票据的管理

应付票据是指企业购买材料、商品和接受服务等而开出、承兑的商业汇票,包括商业承兑汇票和银行承兑汇票。

我国商业汇票的付款期限不超过6个月,因此,企业应将应付票据作为流动负债管理和核算。同时,由于应付票据的偿付时间较短,在会计实务中,一般均按照开出、承兑的应付票据的面值入账。

企业应当设置"应付票据备查簿",详细登记商业汇票的种类、号数和出票日期、到期日、票面余额、交易合同号和收款人姓名或单位名称以及付款日期和金额等资料。应付票据到期结清时,上述内容应当在备查簿内予以注销。

（二）应付票据的账务处理

企业应设置"应付票据"科目核算应付票据的开出、偿付等情况。该科目贷方登记开出、承兑汇票的面值,借方登记支付票据的金额,期末余额在贷方,反映企业尚未到期的商业汇票的票面金额。应付票据的账务处理见表10-2。

表10-2　应付票据的账务处理

业务节点		账务处理
开出应付票据（采购开出商业汇票）		借:材料采购/在途物资/原材料/库存商品等 　　应交税费——应交增值税(进项税额) 　贷:应付票据【面值】
开出银行承兑汇票支付给银行的手续费		借:财务费用 　　应交税费——应交增值税(进项税额) 　贷:银行存款
带息票据期末计提利息		借:财务费用 　贷:应付票据
偿付应付票据（到期支付票款）	不带息票据	借:应付票据【面值】 　贷:银行存款
	带息票据	借:应付票据【面值+已计提的利息】 　　财务费用【带息票据尚未计提的利息】 　贷:银行存款【票据的到期值】
转销应付票据（到期无款支付）	商业承兑汇票	借:应付票据【面值+已计提的利息】 　　财务费用【带息票据尚未计提的利息】 　贷:应付账款【票据的到期值】
	银行承兑汇票	借:应付票据【面值+已计提的利息】 　　财务费用【带息票据尚未计提的利息】 　贷:短期借款【票据的到期值】
		应付银行承兑汇票到期,如企业无力支付票款,则由承兑银行代为支付,并作为付款企业的短期借款处理

应付票据按是否带息分为带息应付票据和不带息应付票据两种。

（1）带息应付票据的处理。由于我国商业汇票期限较短,在期末,通常对尚未支付的应付票据计提利息,计入当期财务费用。票据到期支付票款时,尚未计提的利息部分直接计入当期财务费用。

（2）不带息应付票据的处理。不带息应付票据,其面值就是票据到期时的应付金额。

1.开出应付票据

企业因购买材料、商品和接受服务等而开出、承兑的商业汇票,应当按其票面金额作为应付票据的入账金额,借记"材料采购""在途物资""原材料""库存商品""应付账款""应交税费——应交增值税(进项税额)"等科目,贷记"应付票据"科目。

企业因开出银行承兑汇票而支付的银行承兑汇票手续费,应当计入当期财务费用。支付手续费时,按照确认的手续费,借记"财务费用"科目,取得增值税专用发票的,按注明的增值税进项税额,借记"应交税费——应交增值税(进项税额)"科目,按照实际支付的金额,贷记"银行存款"科目。

2. 偿付应付票据

企业开具的商业汇票到期支付票据款时,根据开户银行的付款通知,借记"应付票据"科目,贷记"银行存款"科目。

【例10-2】 甲企业为增值税一般纳税人,原材料按计划成本核算。6月1日购入原材料一批,增值税专用发票上注明的价款为60 000元,增值税税额为7 800元,原材料验收入库。该企业开出并经开户银行承兑的不带息商业汇票一张,面值为67 800元、期限3个月。缴纳银行承兑手续费33.9元,其中增值税税额1.92元。9月1日商业汇票到期,甲企业通知其开户银行以银行存款支付票款。

甲企业应编制如下会计分录:

(1)6月1日,开出并承兑商业汇票购入材料:

借:材料采购　　　　　　　　　　　　　　　　　　　　　　60 000
　　应交税费——应交增值税(进项税额)　　　　　　　　　　7 800
　　贷:应付票据　　　　　　　　　　　　　　　　　　　　　　　　67 800

(2)6月1日,支付商业汇票承兑手续费:

借:财务费用　　　　　　　　　　　　　　　　　　　　　　31.98
　　应交税费——应交增值税(进项税额)　　　　　　　　　　1.92
　　贷:银行存款　　　　　　　　　　　　　　　　　　　　　　　　33.9

(3)9月1日,支付商业汇票款:

借:应付票据　　　　　　　　　　　　　　　　　　　　　　67 800
　　贷:银行存款　　　　　　　　　　　　　　　　　　　　　　　　67 800

3. 转销应付票据

(1)应付商业承兑汇票到期,如企业无力支付票款,由于商业汇票已经失效,企业应将应付票据按账面余额转作应付账款,借记"应付票据"科目,贷记"应付账款"科目。

(2)应付银行承兑汇票到期,如企业无力支付票款,则由承兑银行代为支付并作为付款企业的贷款处理,企业应将应付票据的账面余额转作短期借款,借记"应付票据"科目,贷记"短期借款"科目。

【例10-3】 承【例10-2】,假设上述银行承兑汇票在9月1日到期时,甲企业无力支付票款。

甲企业应编制如下会计分录:

借:应付票据　　　　　　　　　　　　　　　　　　　　　　67 800
　　贷:短期借款　　　　　　　　　　　　　　　　　　　　　　　　67 800

【例10-4】 甲公司9月1日购入一批材料,价款200 000元,增值税26 000元,同日甲公司开出一张面值为226 000元、期限为3个月、年利率为6%的商业承兑汇票抵付货款,材料已验收入库,到期一次付息。

甲公司对与该应付票据有关的账务处理如下:

(1)9月1日,签发商业承兑汇票时:

借:原材料	200 000
应交税费——应交增值税(进项税额)	26 000
贷:应付票据	226 000

(2)9月30日计提利息时:

每月应计提利息费用=226 000×6%×1÷12=1 130(元)

借:财务费用	1 130
贷:应付票据	1 130

10月31日、11月30日计提利息同9月30日的处理。

(3)12月1日,商业承兑汇票到期,甲公司按面值及利息付款:

借:应付票据	【面值226 000+3个月利息1 130×3】	229 390
贷:银行存款		229 390

(4)若到期日,甲公司无力偿还时:

借:应付票据	229 390
贷:应付账款	229 390

二、应付账款

(一)应付账款的管理

应付账款是指企业因购买材料、商品或接受服务等经营活动而应付给供应单位的款项。实务中,为了使所购入材料、商品的金额、品种、数量和质量等与合同规定的条款相符,避免因验收时发现所购材料、商品的数量或质量存在问题而对入账的材料、商品或应付账款金额进行改动,在材料、商品和发票账单同时到达的情况下,一般在所购材料、商品验收入库后,根据发票账单登记入账,确认应付账款。

在所购材料、商品已经验收入库,但是发票账单未能同时到达的情况下,企业应付材料、商品供应单位的债务已经成立,在会计期末,为了反映企业的负债情况,需要将所购材料、商品和相关的应付账款暂估入账,待下月月初用红字将上月月末暂估入账的应付账款予以冲销。

(二)应付账款的账户设置

企业应设置“应付账款”科目核算应付账款的发生、偿还、转销等情况。该科目的贷方登记应付未付款项的增加,借方登记应付未付款项的减少,期末贷方余额反映企业尚未支付的应付账款余额。本科目可按债权人设置明细科目进行明细核算。

(三)应付账款的入账价值

企业应当于收到相关发票时按照发票账单注明的金额作为应付账款的入账价值,具

体入账价值包括:

(1)因购买商品或接受劳务应向销货方或提供劳务方支付的合同或协议价款。

(2)按照货款计算的增值税进项税额。

(3)购进货物时应负担的运杂费和包装费等(销货方代购货方垫付)。

需要注意的是,企业若在赊购业务中存在现金折扣的情况:首先应在收到销货方的发票账单时,按总价法将发票金额全部计入"应付账款"账户;其次在实际发生现金折扣时,作为抵减采购成本处理。

(四)应付账款的账务处理

1. 发生应付账款

企业购入材料、商品或接受服务等所产生的应付账款,应按应付金额入账。

(1)企业购入材料、商品等验收入库,但货款尚未支付,根据有关凭证(发票账单、随货同行发票上记载的实际价款或暂估价值):

借:材料采购/在途物资/原材料/库存商品等

应交税费——应交增值税(进项税额)

贷:应付账款

(2)企业接受供应单位提供服务而发生的应付未付款项,根据供应单位的发票账单所列金额:

借:生产成本/管理费用等

应交税费——应交增值税(进项税额)

贷:应付账款

2. 偿还应付账款

企业偿还应付账款或开出商业汇票抵付应付账款时:

借:应付账款

贷:银行存款

应付票据等【开出商业汇票抵付】

【例10-5】 甲企业为增值税一般纳税人。6月1日,从A公司购入一批材料,增值税专用发票上注明的价款为100 000元,增值税税额为13 000元;同时,对方代垫运费1 000元、增值税税额90元,已收到对方开具的增值税专用发票。材料验收入库(该企业材料按实际成本进行日常核算),款项尚未支付。7月10日,甲企业以银行存款支付购入材料相关款项114 090元。

甲企业应编制如下会计分录:

(1)6月1日,确认应付账款:

借:原材料 【价款100 000+运费1 000】101 000

应交税费——应交增值税(进项税额) 【13 000+90】13 090

贷:应付账款——A公司 114 090

(2)7月10日,偿还应付账款:

借:应付账款——A公司 114 090

贷:银行存款 114 090

实务中,企业外购电力、燃气等动力一般通过"应付账款"科目核算,即在每月付款时先作暂付款处理,按照增值税专用发票上注明的价款,借记"应付账款"科目,按照增值税专用发票上注明的可抵扣的增值税进项税额,借记"应交税费——应交增值税(进项税额)"科目,贷记"银行存款"等科目;月末按照外购动力的用途分配动力费时,借记"生产成本""制造费用""管理费用"等科目,贷记"应付账款"科目。

【例10-6】 5月20日,甲企业收到银行转来省电力公司供电部门开具的增值税专用发票,发票上注明的电费为38 400元、增值税税额为4 992元,企业以银行存款付讫。月末,该企业经计算,本月应付电费38 400元,其中生产车间电费25 600元、行政管理部门电费12 800元。

甲企业应编制如下会计分录:

(1)5月20日,支付外购动力费:

借:应付账款——省电力公司 38 400
　应交税费——应交增值税(进项税额) 4 992
　　贷:银行存款 43 392

(2)5月31日,分配外购动力费:

借:制造费用 25 600
　管理费用 12 800
　　贷:应付账款——省电力公司 38 400

3. 附有现金折扣条件的应付账款

如果购入的资产在形成一笔应付账款时是带有现金折扣条件的,则应付账款入账金额的确定应按发票上记载的应付金额的总值(即不扣除现金折扣)记账,在实际获得现金折扣时,再冲减采购成本。

【例10-7】 12月10日,甲公司从乙公司购入一批原材料,材料价款为20 000元,增值税为2 600元。材料已验收入库,款项尚未支付。乙公司为尽快回笼资金,给甲公司开出的现金折扣条件是"2/10,1/20,N/30",假设现金折扣采用总价法核算,同时不考虑增值税。

甲公司应编制如下会计分录:

(1)12月10日,甲公司收到材料时:

借:原材料 20 000
　应交税费——应交增值税(进项税额) 2 600
　　贷:应付账款——乙公司 22 600

(2)假定甲公司于12月15日支付货款:

甲公司在10日内付款,可以享有2%的现金折扣=20 000×2%=400(元)

借:应付账款 22 600
　　贷:原材料 400
　　　银行存款 22 200

（3）假定甲公司于12月25日支付货款：

由于甲公司在20日内付款，可以享有1%的现金折扣=20 000×1%=200（元）

借：应付账款　　　　　　　　　　　　　　　　　　　　　　　22 600

　　贷：原材料　　　　　　　　　　　　　　　　　　　　　　　200

　　　　银行存款　　　　　　　　　　　　　　　　　　　　　22 400

（4）假定甲公司于12月31日支付货款：

由于甲公司未在折扣期内付款，因此不能享有现金折扣。

借：应付账款　　　　　　　　　　　　　　　　　　　　　　　22 600

　　贷：银行存款　　　　　　　　　　　　　　　　　　　　　22 600

4.转销应付账款

应付账款一般在较短期限内支付，但有时由于债权单位撤销或其他原因而使应付账款无法清偿。企业对于确实无法支付的应付账款应予以转销，按其账面余额计入营业外收入，借记"应付账款"科目，贷记"营业外收入"科目。

【例10-8】　12月31日，甲企业确认一笔应付某公司货款56 500元为无法支付的款项，对此予以转销。

甲企业应编制如下会计分录：

借：应付账款　　　　　　　　　　　　　　　　　　　　　　　56 500

　　贷：营业外收入　　　　　　　　　　　　　　　　　　　　56 500

三、预收账款

（一）预收账款的概念

预收账款是指企业按照合同规定预收的款项。

（二）预收账款的账务处理

企业应设置"预收账款"科目，核算预收账款的取得、偿付等情况。该科目贷方登记发生的预收账款金额，借方登记企业冲销的预收账款金额；期末贷方余额，反映企业预收的款项，如为借方余额，反映企业尚未转销的款项。本科目一般应按照客户设置明细科目进行明细核算。预收账款的账务处理如表10-3所示。

表10-3　预收账款的账务处理

业务节点	账务处理
取得预收账款时	借：银行存款等 　　贷：预收账款 　　　　应交税费——应交增值税（销项税额）
确认收入时	借：预收账款 　　贷：主营业务收入/其他业务收入等

续表

业务节点	账务处理
收到补付的款项时	借:银行存款等 　　贷:预收账款 　　　　应交税费——应交增值税(销项税额)
退回客户多预付的款项时	借:预收账款 　　应交税费——应交增值税(销项税额) 　　贷:银行存款等

预收款业务不多的企业,可以不单独设置"预收账款"科目,其所发生的预收款,可通过"应收账款"科目核算。

【例10-9】　甲公司为增值税一般纳税人,出租有形动产适用的增值税税率为13%。7月1日,甲公司与乙公司签订经营租赁(非主营业务)吊车合同,向乙公司出租吊车三台,期限为6个月,三台吊车租金(不含税)共计60 000元,税额7 800元。合同约定,合同签订日预付租金(不含税)20 000元,税额2 600元,合同到期结清全部租金余款。合同签订日,甲公司收到租金并存入银行,开具的增值税专用发票注明租金20 000元、增值税税额2 600元。租赁期满日,甲公司收到租金余款及相应的增值税。

甲公司应编制如下会计分录:

(1)7月1日,收到乙公司预付租金:

借:银行存款　　　　　　　　　　　　　　　　　　　　　　　22 600
　　贷:预收账款——乙公司　　　　　　　　　　　　　　　　　　20 000
　　　　应交税费——应交增值税(销项税额)　　　　　　　　　　　2 600

(2)每月末确认租金收入:

每月租金收入=60 000÷6=10 000(元)

借:预收账款——乙公司　　　　　　　　　　　　　　　　　　　10 000
　　贷:其他业务收入　　　　　　　　　　　　　　　　　　　　　10 000

(3)租赁期满收到租金余款及增值税税款:

借:银行存款　　　　　　　　　　　　　　　　　　　　　　　45 200
　　贷:预收账款——乙公司　　　　　【租金总额60 000-预收20 000】40 000
　　　　应交税费——应交增值税(销项税额)　　　【7 800-2 600】5 200

【例10-10】　承【例10-9】,假设甲公司不设置"预收账款"科目,其预收的款项通过"应收账款"科目核算。

甲公司应编制如下会计分录:

(1)收到乙公司预付租金:

借:银行存款　　　　　　　　　　　　　　　　　　　　　　　22 600
　　贷:应收账款——乙公司　　　　　　　　　　　　　　　　　　20 000
　　　　应交税费——应交增值税(销项税额)　　　　　　　　　　　2 600

（2）每月末确认租金收入：

借：应收账款——乙公司　　　　　　　　　　　　　　　　　10 000

　　贷：其他业务收入　　　　　　　　　　　　　　　　　　　　　10 000

（3）租赁期满收到租金余款及增值税：

借：银行存款　　　　　　　　　　　　　　　　　　　　　　45 200

　　贷：应收账款——乙公司　　　　　　　　　　　　　　　　　40 000

　　　　应交税费——应交增值税（销项税额）　　　　　　　　　5 200

四、合同负债

合同负债是指企业已收或应收客户对价而应向客户转让商品的义务。具体账务处理参见收入有关内容。

五、应付利息和应付股利

（一）应付利息

应付利息是指企业按照合同约定应支付的利息，包括预提短期借款利息、分期付息到期还本的长期借款或企业债券等应支付的利息。

企业应设置"应付利息"科目核算应付利息的发生、支付情况。该科目贷方登记按照合同约定计算的应付利息，借方登记实际支付的利息，期末贷方余额反映企业应付未付的利息。本科目一般应按照债权人设置的明细科目进行明细核算。

企业采用合同约定的利率计算确定利息费用时，按应付合同利息金额，借记"财务费用"等科目，贷记"应付利息"科目；实际支付利息时，借记"应付利息"科目，贷记"银行存款"等科目。

【例10-11】　甲企业借入5年期到期还本、每年付息的长期借款3 000 000元，合同约定年利率为6%。借款费用未满足资本化条件。不考虑其他因素。

甲企业应编制如下有关利息费用的会计分录：

（1）每年计算、确认利息费用：

企业每年应支付的利息＝3 000 000×6%＝180 000（元）

借：财务费用　　　　　　　　　　　　　　　　　　　　　180 000

　　贷：应付利息　　　　　　　　　　　　　　　　　　　　　180 000

（2）实际支付利息：

借：应付利息　　　　　　　　　　　　　　　　　　　　　180 000

　　贷：银行存款　　　　　　　　　　　　　　　　　　　　　180 000

（二）应付股利

应付股利是指企业根据股东大会或类似机构审议批准的利润分配方案确定分配给投资者的现金股利或利润。

企业应设置"应付股利"科目核算企业确定或宣告发放但尚未实际支付的现金股利

或利润。该科目贷方登记应支付的现金股利或利润;借方登记实际支付的现金股利或利润;期末贷方余额反映企业应付未付的现金股利或利润。本科目应按照投资者设置明细科目进行明细核算。

企业根据股东大会或类似机构审议批准的利润分配方案,确认应付给投资者的现金股利或利润时,借记"利润分配——应付现金股利或利润"科目,贷记"应付股利"科目;向投资者实际支付现金股利或利润时,借记"应付股利"科目,贷记"银行存款"等科目。

【例10-12】 甲有限责任公司有A、B两个股东,其出资额分别占注册资本的30%和70%。20×4年度该公司实现净利润6 000 000元,经过股东会批准,决定分配股利4 000 000元。股利已用银行存款支付。

甲有限责任公司应编制如下会计分录:

(1)确认应付投资者利润:

借:利润分配——应付现金股利或利润   4 000 000

　　贷:应付股利——A股东　　　　【4000 000×30%】1 200 000

　　　　　　　　——B股东　　　　【4000 000×70%】2 800 000

(2)支付投资者利润:

借:应付股利——A股东   1 200 000

　　　　　　——B股东   2 800 000

　　贷:银行存款   4 000 000

需要说明的是,企业董事会或类似机构通过的利润分配方案中拟分配的现金股利或利润,不需要进行账务处理,但应在附注中披露。企业分配的股票股利不通过"应付股利"科目核算。

六、其他应付款

(一)其他应付款的管理

其他应付款是指企业除应付票据、应付账款、预收账款、应付职工薪酬、应交税费、应付利息、应付股利等经营活动以外的其他各项应付、暂收的款项,如应付短期租赁固定资产租金、应付低价值资产租赁的租金、应付租入包装物租金、出租或出借包装物向客户收取的押金、存入保证金等。

(二)其他应付款的账务处理

企业应设置"其他应付款"科目核算其他应付款的增减变动及其结存情况。该科目贷方登记发生的各种应付、暂收款项;借方登记偿还或转销的各种应付、暂收款项;该科目期末贷方余额,反映企业应付未付的其他应付款项。本科目按照其他应付款的项目和对方单位(或个人)设置的明细科目进行明细核算。

企业发生其他各种应付、暂收款项时,借记"管理费用"等科目,贷记"其他应付款"科目;企业支付或退回其他各种应付、暂收款项时,借记"其他应付款"科目,贷记"银行存款"等科目。

【例10-13】 6月1日,甲公司向客户出借一批包装箱,收到现金押金3 000元;9月1日,客户将该批完好无损的包装箱还回,甲公司于当日退还其现金押金3 000元。

甲公司应编制如下会计分录:

(1)6月1日,收到押金:

借:库存现金　　　　　　　　　　　　　　　　　　　　　　3 000

　　贷:其他应付款　　　　　　　　　　　　　　　　　　　　　　　3 000

(2)9月1日,退还押金:

借:其他应付款　　　　　　　　　　　　　　　　　　　　　　3 000

　　贷:库存现金　　　　　　　　　　　　　　　　　　　　　　　　3 000

第三节　应付职工薪酬

一、职工薪酬的内容

职工薪酬是指企业为获得职工提供的服务或解除劳动关系而给予的各种形式的报酬或补偿。职工薪酬包括短期职工薪酬和长期职工薪酬。企业提供给职工配偶、子女、受赡养人、已故员工遗属及其他受益人等的福利,也属于职工薪酬。

这里所称的"职工",主要包括三类人员:一是与企业订立劳动合同的所有人员,含全职、兼职和临时职工;二是未与企业订立劳动合同,但由企业正式任命的企业治理层和管理层人员,如董事会成员、监事会成员等;三是在企业的计划和控制下,虽未与企业订立劳动合同或未由其正式任命,但向企业所提供服务与职工所提供服务类似的人员,也属于职工的范畴,包括通过企业与劳务中介公司签订用工合同而向企业提供服务的人员。

(一)短期职工薪酬

短期职工薪酬是指企业在职工提供相关服务的年度报告期间结束后12个月内需要全部予以支付的职工薪酬,因解除与职工的劳动关系给予的补偿除外。短期职工薪酬主要包括以下9类。

1.职工工资、奖金、津贴和补贴

职工工资、奖金、津贴和补贴是指按照构成工资总额的计时工资、计件工资、支付给职工的超额劳动报酬和增收节支的劳动报酬、为补偿职工特殊或额外的劳动消耗和因其他特殊原因支付给职工的津贴,以及为保证职工工资水平不受物价影响支付给职工的物价补贴等。其中,企业按照短期奖金计划向职工发放的奖金属于短期薪酬,按照长期奖金计划向职工发放的奖金属于其他长期职工福利。

2.职工福利费

职工福利费是指企业为职工提供的除职工工资、奖金、津贴和补贴、职工教育经费、社会保险费及住房公积金等以外的福利待遇支出,包括发放给职工或为职工支付的以下各项现金补贴和非货币性集体福利:一是为职工卫生保健、生活等发放或支付的各项现金补贴和非货币性福利,包括职工因公外地就医费用、职工疗养费用、防暑降温费等;二是企业尚未分离的内设集体福利部门所发生的设备、设施和人员费用;三是发放给在职职工的生活困难补助以及按规定发生的其他职工福利支出,如丧葬补助费、抚恤费、职工异地安家费、独生子女费等。

3.医疗保险费、工伤保险费和生育保险费等社会保险费

医疗保险费、工伤保险费和生育保险费等社会保险费是指企业按照国家规定的基准和比例计算,向社会保险经办机构缴纳的医疗保险费、工伤保险费和生育保险费。

4.住房公积金

住房公积金是指企业按照国家规定的基准和比例计算,向住房公积金管理机构缴存的住房公积金。

5.工会经费和职工教育经费

工会经费和职工教育经费是指企业为了改善职工文化生活、为职工学习先进技术及提高文化水平和业务素质,用于开展工会活动和职工教育及职业技能培训等相关支出。

6.短期带薪缺勤

短期带薪缺勤是指职工虽然缺勤但企业仍向其支付报酬的安排,包括年休假、病假、短期伤残假、婚假、产假、丧假、探亲假等。长期带薪缺勤属于其他长期职工福利。

7.短期利润分享计划

短期利润分享计划是指因职工提供服务而与职工达成的基于利润或其他经营成果提供薪酬的协议。长期利润分享计划属于其他长期职工福利。

8.非货币性福利

非货币性福利是指企业以自己的产品或外购商品发放给职工作为福利,企业提供给职工无偿使用自己拥有的资产或租赁资产供职工无偿使用等。

9.其他短期薪酬

其他短期薪酬是指除上述薪酬以外的其他为获得职工提供的服务而给予的短期薪酬。

(二)长期职工薪酬

1.离职后福利

离职后福利是指企业为获得职工提供的服务而在职工退休或与企业解除劳动关系后,提供的各种形式的报酬和福利,属于短期薪酬和辞退福利除外。离职后福利包括退休福利(如养老金和一次性的退休支付)及其他离职后福利(如离职后人寿保险和离职后医疗保障)。

离职后福利计划,是指企业与职工就离职后福利达成的协议,或者企业为向职工提供离职后福利而制定的规章或办法等。离职后福利计划按其特征可以分为设定提存计划和设定受益计划。其中,设定提存计划,是指向独立的基金缴存固定费用后,企业不再承担进一步支付义务的离职后福利计划;设定受益计划,是指除设定提存计划以外的离职后福利计划。

2. 辞退福利

辞退福利是指企业在职工劳动合同到期之前解除与职工的劳动关系,或者为鼓励职工自愿接受裁减而给予职工的补偿。辞退福利主要包括:

(1)在职工劳动合同尚未到期前,不论职工本人是否愿意,企业决定解除与职工的劳动关系而给予的补偿。

(2)在职工劳动合同尚未到期前,为鼓励职工自愿接受裁减而给予的补偿,职工有权选择继续在职或接受补偿离职。

辞退福利通常采取解除劳动关系时一次性支付补偿的方式,也有通过提高退休后养老金或其他离职后福利的标准,或者在职工不再为企业带来经济利益后,将职工工资支付到辞退后未来某一期间的方式。

3. 其他长期职工福利

其他长期职工福利是指除短期薪酬、离职后福利、辞退福利之外的长期职工薪酬,包括长期带薪缺勤、长期残疾福利、长期利润分享计划等。

二、短期职工薪酬的核算

企业应设置"应付职工薪酬"科目,核算应付职工薪酬的计提、结算、使用等情况。该科目的贷方登记已分配计入有关成本费用项目的职工薪酬,借方登记实际发放的职工薪酬,包括扣还的款项等;期末贷方余额,反映企业应付未付的职工薪酬。

"应付职工薪酬"科目应按照"工资""职工福利费""非货币性福利""社会保险费""住房公积金""工会经费""职工教育经费""带薪缺勤""利润分享计划""设定提存计划""设定受益计划""辞退福利"等职工薪酬项目设置明细账进行明细核算。

企业应当在职工为其提供服务的会计期间,将实际发生的短期薪酬确认为负债,并计入当期损益,其他会计准则要求或允许将其计入资产成本的除外。

(一)货币性职工薪酬

1. 职工工资、奖金、津贴和补贴

(1)确认应付职工薪酬。企业发生职工工资、奖金、津贴和补贴等货币性职工薪酬,应当在职工为其提供服务的会计期间,将实际发生的职工工资、奖金、津贴和补贴等,根据职工提供服务的受益对象,编制如下会计分录:

借:生产成本【生产车间生产工人薪酬】

　　制造费用【生产车间管理人员薪酬】

　　管理费用【行政管理人员薪酬】

　　销售费用【销售人员薪酬】

　　合同履约成本【履行合同过程中发生的人员薪酬】

　　研发支出【从事研发活动人员薪酬】

　　在建工程【从事工程建设人员薪酬】等

　　　贷:应付职工薪酬——工资

【例10-14】　甲企业7月份应付职工工资总额为693 000元,"工资费用分配汇总表"中列示的产品生产人员工资为480 000元,车间管理人员工资为105 000元,企业行政管理人员工资为 90 600 元,专设销售机构人员工资为 17 400 元。

甲企业应编制如下会计分录:

借:生产成本	480 000
制造费用	105 000
管理费用	90 600
销售费用	17 400
贷:应付职工薪酬——工资	693 000

(2)支付职工薪酬、扣还各种款项。在实务中,企业一般在每月发放工资前,根据"工资费用分配汇总表"中的"实发金额"栏的合计数,通过开户银行支付给职工或从开户银行提取现金,然后再向职工发放。

企业按照有关规定向职工支付工资、奖金、津贴、补贴等,编制如下会计分录:

借:应付职工薪酬——工资
　　贷:其他应收款【代垫的家属医药费等】
　　　　应交税费——应交个人所得税【代扣的个人所得税】
　　　　银行存款等【实际支付给职工的款项】

【例 10-15】　承【例 10-14】,甲企业根据"工资费用分配汇总表"结算本月应付职工工资总额 693 000 元,其中企业代垫职工房租 20 000 元、代垫职工家属医药费 8 000 元、代扣个人所得税 12 000 元,实发工资 653 000 元。

甲企业应编制如下会计分录:

(1)通过银行网银转账发放工资:

借:应付职工薪酬——工资	653 000
贷:银行存款	653 000

(2)代垫款项:

借:应付职工薪酬——工资	40 000
贷:其他应收款——职工房租	20 000
——代垫医药费	8 000
应交税费——应交个人所得税	12 000

2.职工福利费

职工福利费的账务处理如表 10-4 所示。

表 10-4　职工福利费的账务处理

业务节点	账务处理
实际发生时,根据实际发生额计入当期损益或相关资产成本	借:生产成本 　　制造费用 　　管理费用 　　销售费用 　　在建工程 　　研发支出等 　　贷:应付职工薪酬——职工福利费

业务节点	账务处理
实际支付时	借:应付职工薪酬——职工福利费 　贷:银行存款

【例10-16】　乙企业下设一所职工食堂,每月根据在岗职工数量及岗位分布情况、相关历史经验数据等计算需要补贴食堂的金额,从而确定企业每期因补贴职工食堂需要承担的福利费金额。9月,企业在岗职工共计200人,其中管理部门30人,生产车间生产人员170人,企业的历史经验数据表明,需补贴食堂每名职工每月150元。

乙企业应编制如下会计分录:

借:生产成本　　　　　　　　　　　　　　　　　　　　　　　　　　 25 500

　管理费用　　　　　　　　　　　　　　　　　　　　　　　　　　　 4 500

　　贷:应付职工薪酬——职工福利费　　　　　　　　　　　　　　　 30 000

【例10-17】承【例10-16】10月,乙企业支付30 000元补贴给食堂。乙企业应编制如下会计分录:

借:应付职工薪酬——职工福利费　　　　　　　　　　　　　　　　 30 000

　　贷:银行存款　　　　　　　　　　　　　　　　　　　　　　　　 30 000

3.国家规定计提标准的职工薪酬

(1)工会经费和职工教育经费。

根据《中华人民共和国工会法》的规定,企业按每月全部职工工资总额的2%向工会拨缴经费,在成本费用中列支,主要用于为职工服务和工会活动。职工教育经费一般由企业按照每月工资总额的8%计提,主要用于职工接受岗位培训、继续教育等方面的支出。工会经费和职工教育经费的账务处理如表10-5所示。

表10-5　工会经费和职工教育经费的账务处理

业务节点	账务处理
期末,根据规定的计提基础和计提比例计算确定应付工会经费、职工教育经费,按照受益对象计入当期损益或相关资产成本	借:生产成本 　　制造费用 　　管理费用 　　销售费用 　　在建工程 　　研发支出等 　　贷:应付职工薪酬——工会经费 　　　　　　　　　　　　——职工教育经费
实际发生开支时	借:应付职工薪酬——工会经费 　　　　　　　　　　——职工教育经费 　　贷:银行存款等

211

【例10-18】 承【例10-14】,7月,甲企业根据相关规定,分别按照职工工资总额的2%和8%的计提标准,确认应付工会经费和职工教育经费。

本例中,应确认的应付职工薪酬=(480 000+105 000+90 600+17 400)×(2%+8%)=69 300(元),其中,工会经费为13 860元、职工教育经费为55 440元;

应计入"生产成本"科目的金额=480 000×(2%+8%)=48 000(元);

应计入"制造费用"科目的金额=105 000×(2%+8%)=10 500(元);

应计入"管理费用"科目的金额=90 600×(2%+8%)=9 060(元);

应计入"销售费用"科目的金额=17 400×(2%+8%)=1 740(元)。

甲企业应编制如下会计分录:

```
借:生产成本                                    48 000
   制造费用                                    10 500
   管理费用                                     9 060
   销售费用                                     1 740
   贷:应付职工薪酬——工会经费                            13 860
             ——职工教育经费                          55 440
```

(2)社会保险费和住房公积金。

社会保险费包括医疗保险费、养老保险费、失业保险费、工伤保险费等。企业承担的社会保险费,除养老保险费和失业保险费按规定确认为离职后福利外,其他的社会保险作为企业的短期薪酬。住房公积金分为职工所在单位为职工缴存和职工个人缴存两部分,但其全部属于职工个人所有。社会保险费和住房公积金的账务处理如表10-6所示。

表10-6 社会保险费和住房公积金的账务处理

负担主体	业务节点	账务处理
单位负担的部分	期末,根据规定的计提基础和计提比例计算确定企业应缴纳的社会保险费和住房公积金,按照受益对象计入当期损益或相关资产成本	借:生产成本 　制造费用 　管理费用 　销售费用 　在建工程 　研发支出等 　贷:应付职工薪酬——社会保险费 　　　　　——住房公积金
	实际缴纳时	借:应付职工薪酬——社会保险费 　　　　　——住房公积金 　贷:银行存款等
个人承担的部分(由企业每月从职工的工资中代扣代缴)	企业代扣时	借:应付职工薪酬——工资 　贷:其他应付款——社会保险费 　　　　——住房公积金
	企业代缴时	借:其他应付款——社会保险费 　　　　——住房公积金 　贷:银行存款等

【**例**10-19】　承【例10-14】,7月,该企业根据规定的计提标准,计算应由企业负担的向社会保险经办机构缴纳的社会保险费(不含基本养老保险和失业保险费)共计83 160元。按照规定标准计提住房公积金为76 230元。

本例中,应确认的应付职工薪酬＝83 160+76 230＝159 390(元);

应计入"生产成本"科目的金额＝159 390×(480 000÷693 000)＝110 400(元);

应计入"制造费用"科目的金额＝159 390×(105 000÷693 000)＝24 150(元);

应计入"管理费用"科目的金额＝159 390×(90 600÷693 000)＝20 838(元);

应计入"销售费用"科目的金额＝159 390-110 400-24 150-20 838＝4 002(元)。

甲企业应编制如下会计分录:

借:生产成本	110 400
制造费用	24 150
管理费用	20 838
销售费用	4 002
贷:应付职工薪酬——社会保险费	83 160
——住房公积金	76 230

假定该企业从应付职工薪酬中代扣个人应缴纳的社会保险费(不含基本养老保险和失业保险)13 860元、住房公积金为76 230元,共计90 090元。

甲企业应编制如下会计分录:

借:应付职工薪酬工资——工资	90 090
贷:其他应付款——社会保险费	13 860
——住房公积金	76 230

4.短期带薪缺勤

对于职工带薪缺勤,企业应当根据其性质及职工享有的权利,分为累积带薪缺勤和非累积带薪缺勤两类。企业应当对累积带薪缺勤和非累积带薪缺勤分别进行会计处理。如果带薪缺勤属于长期带薪缺勤,企业应当将其作为其他长期职工福利处理。

(1)累积带薪缺勤。

累积带薪缺勤,是指带薪权利可以结转至下期的带薪缺勤,本期尚未用完的带薪缺勤权利可以在未来期间使用。企业应当在职工提供了服务从而增加了其未来享有的带薪缺勤权利时,确认与累积带薪缺勤相关的职工薪酬,并以累积未行使权利而增加的预期支付金额计量。确认累积带薪缺勤时,借记"管理费用"等科目,贷记"应付职工薪酬——带薪缺勤——短期带薪缺勤——累积带薪缺勤"科目。

【**例**10-20】　丁企业从20×4年1月1日起实行累计带薪缺勤制度。该制度规定,每个职工每年可享受5个工作日带薪年休假,未使用的年休假只能向后结转一个公历年度,超过1年未使用的权利作废,在职工离开企业时也无权获得现金支付;职工休年假时,首先使用当年可享受的权利不足部分再从上年结转的带薪年休假中扣除。

至20×4年12月31日丁企业有2 000名职工未享受当年的带薪年休假,丁企业预计20×5年其中有1 900名职工将享受不超过5天的带薪年休假,剩余100名职工每人将平均享受6.5天年休假,假定这100名职工全部为总部各部门经理,该企业平均每名职工每个工作日工资为300元。不考虑其他相关因素。

分析:丁企业在20×4年12月31日应当预计由于职工累积未使用的带薪年休假权利而产生的预期支付的金额,即相当于150天[100×(6.5-5)]的年休假工资金额为45 000元(150×300),并进行如下账务处理:

借:管理费用   45 000

 贷:应付职工薪酬——带薪缺勤——短期带薪缺勤——累积带薪缺勤 45 000

20×5年,如果100名部门经理均未享受累积未使用的带薪年休假,则冲回上年度确认的费用:

借:应付职工薪酬——累积带薪缺勤   45 000

 贷:管理费用   45 000

20×5年,如果100名部门经理均享受了累积未使用的带薪年休假,则20×5年确认的工资费用应扣除上年度已确认的累积带薪年休假费用。

(2)非累积带薪缺勤。

非累积带薪缺勤,是指带薪权利不能结转下期的带薪缺勤,本期尚未用完的带薪缺勤权利将予以取消,并且职工离开企业时也无权获得现金支付。我国企业职工休婚假、产假、丧假、探亲假、病假期间的工资通常属于非累积带薪缺勤。由于职工提供服务本身不能增加其能够享受的福利金额,企业在职工未缺勤时不应当计提相关费用和负债。为此,企业应当在职工实际发生缺勤的会计期间确认与非累积带薪缺勤相关的职工薪酬。

企业确认职工享有的与非累积带薪缺勤权利相关的薪酬,视同职工出勤确认的当期损益或相关资产成本。通常情况下,与非累积带薪缺勤相关的职工薪酬已经包括在企业每期向职工发放的工资等薪酬中,因此,不必额外作相应的账务处理。

(二)非货币性职工薪酬

企业向职工提供非货币性福利的,应当按照公允价值计量。公允价值不能可靠取得的,可以采用成本计量。

企业向职工提供的非货币性福利,应当按照以下情况分别处理:

1.以自产产品或外购商品作为福利发放给职工

企业以自产产品或外购商品作为福利发放给职工的账务处理如表10-7、表10-8所示。

表10-7 以自产产品作为福利发放给职工(视同销售)的账务处理

业务节点	账务处理
企业决定以其自产产品作为非货币性福利发放给职工,计提职工薪酬时	根据受益对象,按照该产品的公允价值和相关税费计入相关资产成本或当期损益,同时确认应付职工薪酬。 借:生产成本 制造费用 管理费用 销售费用 在建工程 研发支出等 贷:应付职工薪酬——非货币性福利【公允价值+按公允价值计算的销项税额】

续表

业务节点	账务处理
实际发放给职工时	视同销售,确认主营业务收入,结转相关成本。 借:应付职工薪酬——非货币性福利 　　贷:主营业务收入【公允价值】 　　　　应交税费——应交增值税(销项税额) 借:主营业务成本 　　贷:库存商品

表 10-8 　以外购商品作为福利发放给职工的账务处理

业务节点	账务处理	
	为发放职工福利购入	购入时尚未得知用于职工福利
购买商品时	借:库存商品【购买价款+增值税进项税额】 　　贷:银行存款等	借:库存商品【购买价款】 　　应交税费——应交增值税(进项税额) 　　贷:银行存款等
计提职工薪酬时	根据受益对象,按照该商品的购买价款和相关税费计入相关资产成本或当期损益,同时确认应付职工薪酬。 借:生产成本 　　制造费用 　　管理费用 　　销售费用 　　在建工程 　　研发支出等 　　贷:应付职工薪酬——非货币性福利【购买价款+增值税进项税额】	
实际发放给职工时	借:应付职工薪酬——非货币性福利 　　贷:库存商品【购买价款+增值税进项税额】	借:应付职工薪酬——非货币性福利 　　贷:库存商品【购买价款】 　　　　应交税费——应交增值税(进项税额转出)

【例 10-21】 甲公司为一家生产笔记本电脑的企业,共有职工 200 名,2 月,公司以其生产的成本为 10 000 元的高级笔记本电脑和外购的每部不含税价格为 1 000 元的手机(购入时尚未得知用于职工福利)作为春节福利发放给公司每名职工。

该型号笔记本电脑的售价为每台 14 000 元,甲公司适用的增值税税率为 13%,已开具了增值税专用发票;甲公司以银行存款支付了购买手机的价款和增值税进项税额,已取得增值税专用发票,适用的增值税税率为 13%。

假定 200 名职工中 170 名为直接参加生产的职工,30 名为总部管理人员。

分析:企业以自己生产的产品作为福利发放给职工,应计入成本费用的职工薪酬金额以公允价值计量,同时计入主营业务收入,产品按照成本结转,但要根据相关税收规定,视同销售计算增值税销项税额。外购商品发放给职工作为福利,应当将缴纳的增值税进项税额计入成本费用。

(1)以自产产品笔记本电脑作为福利发放给职工:

笔记本电脑的售价总额=14 000×170+14 000×30

=2 380 000+420 000

=2 800 000(元)

笔记本电脑的增值税销项税额=14 000×170×13% +14 000×30×13%

=309 400+54 600

=364 000(元)

甲公司决定发放非货币性福利时,应进行如下账务处理:

借:生产成本　　　　　　　　　【14 000×170+14 000×170×13%】2 689 400

　　管理费用　　　　　　　　　【14 000×30+14 000×30×13%】474 600

　　　贷:应付职工薪酬——非货币性福利　　　【2 800 000+364 000】3 164 000

实际发放笔记本电脑时,应进行如下账务处理:

借:应付职工薪酬——非货币性福利　　　　　　　　　　　3 164 000

　　　贷:主营业务收入　　　　　　　　　　　　　　　　2 800 000

　　　　　应交税费——应交增值税(销项税额)　　　　　　364 000

借:主营业务成本　　　　　　　　　　　【10 000×200】2 000 000

　　　贷:库存商品　　　　　　　　　　　　　　　　　　2 000 000

(2)以外购商品手机作为福利发放给职工:

手机的售价总额=1 000×170+1 000×30

=170 000+30 000

=200 000(元)

手机的增值税进项税额=1 000×170×13% +1 000×30×13%

=22 100+3 900

=26 000(元)

甲公司决定发放非货币性福利时,应进行如下账务处理:

借:生产成本　　　　　　　　　　【1 000×170+1 000×170×13%】192 100

　　管理费用　　　　　　　　　　【1 000×30+1 000×30×13%】33 900

　　　贷:应付职工薪酬——非货币性福利　　　【200 000+26 000】226 000

购买手机时,甲公司应进行如下账务处理:

借:库存商品　　　　　　　　　　　　　【1 000×200】200 000

　　应交税费——应交增值税(进项税额)　　　　　　　　26 000

　　　贷:银行存款　　　　　　　　　　　　　　　　　　226 000

实际发放手机时,应进行如下账务处理:

借:应付职工薪酬——非货币性福利　　　　　　　　　　　　　　　　　226 000

　　贷:库存商品　　　　　　　　　　　　　　　　　　　　　　　　　　200 000

　　　　应交税费——应交增值税(进项税额转出)　　　　　　　　　　　26 000

2. 将拥有的房屋等资产无偿提供给职工使用

(1)将企业拥有的房屋等资产无偿提供给职工使用的,应当根据受益对象,将该住房每期应计提的折旧计入相关资产成本或当期损益,同时确认应付职工薪酬,进行如下账务处理:

借:生产成本

　　制造费用

　　管理费用

　　销售费用等

　　贷:应付职工薪酬——非货币性福利【每期应计提的折旧金额】

借:应付职工薪酬——非货币性福利

　　贷:累计折旧

(2)租赁住房等资产供职工无偿使用的,应当根据受益对象,将每期应付的租金计入相关资产成本或当期损益,并确认应付职工薪酬,进行如下账务处理:

借:生产成本

　　制造费用

　　管理费用

　　销售费用等

　　贷:应付职工薪酬——非货币性福利【每期应付的租金】

借:应付职工薪酬——非货币性福利

　　贷:银行存款等

【例10-22】　甲公司为总部各部门经理级别以上职工提供汽车免费使用,同时为副总裁以上高级管理人员每人租赁一套住房。甲公司总部共有部门经理以上职工20名,每人提供一辆桑塔纳汽车免费使用,假定每辆桑塔纳汽车每月计提折旧1 000元;该公司共有副总裁以上高级管理人员5名,公司为其每人租赁一套面积为200平方米的公寓,月租金为每套8 000元。

甲公司应编制如下会计分录:

(1)确认提供汽车的非货币性福利:

公司提供汽车供职工使用的非货币性福利=20×1 000=20 000(元)

借:管理费用　　　　　　　　　　　　　　　　　　　　　　　　　　20 000

　　贷:应付职工薪酬——非货币性福利　　　　　　　　　　　　　　20 000

借:应付职工薪酬——非货币性福利　　　　　　　　　　　　　　　　20 000

　　贷:累计折旧　　　　　　　　　　　　　　　　　　　　　　　　20 000

(2)确认为职工租赁住房的非货币性福利：

公司租赁住房供职工使用的非货币性福利＝5×8 000＝40 000(元)

借：管理费用   40 000

  贷：应付职工薪酬——非货币性福利   40 000

甲公司每月支付副总裁以上高级管理人员住房租金时，应编制如下会计分录：

借：应付职工薪酬——非货币性福利   40 000

  贷：银行存款   40 000

(三)短期利润分享计划

企业制订有利润分享计划的，如规定当职工在企业工作了特定期限后，能够享有按照企业净利润按一定比例计算的薪酬，如果职工在企业工作到特定期限，其提供的服务就会增加企业应付职工薪酬金额，或者尽管企业没有支付这类薪酬的法定义务，但是有支付此类薪酬的惯例，或者说企业除了支付此类薪酬外没有其他现实的选择，企业应当及时按照规定，进行有关会计处理。

【例10-23】 丙公司有一项利润分享计划，要求丙公司将其至20×5年12月31日止会计年度的税前利润的指定比例支付给在20×5年7月1日至20×6年6月30日为丙公司提供服务的职工。该奖金于20×6年6月30日支付。20×5年12月31日止会计年度的税前利润为1 000万元人民币。如果丙公司在20×5年7月1日至20×6年6月30日期间没有职工离职，则当年的利润分享支付总额为税前利润的3%。丙公司估计职工离职将使支付额降低至税前利润的2.5%(其中，直接参加生产的职工享有1%，总部管理人员享有1.5%)，不考虑个人所得税影响。

分析：尽管支付额是按照截至20×5年12月31日止会计年度的税前利润的3%计量，但是业绩却是基于职工在20×5年7月1日至20×6年6月30日期间提供的服务。因此，丙公司在20×5年12月31日应按照税前利润的50%的2.5%确认负债和成本及费用，金额为125 000元(10 000 000×50%×2.5%)。余下的利润分享金额，连同针对估计金额与实际支付金额之间的差额作出的调整额，在20×6年予以确认。

20×5年12月31日的账务处理如下：

借：生产成本   【10 000 000×50%×1%】50 000

  管理费用   【10 000 000×50%×1.5%】75 000

  贷：应付职工薪酬——利润分享计划   125 000

20×6年6月30日，丙公司的职工离职使其支付的利润分享金额为20×5年度税前利润的2.8%(直接参加生产的职工享有1.1%，总部管理人员享有1.7%)，在20×6年确认余下的利润分享金额，连同针对估计金额与实际支付金额之间的差额作出的调整额合计为155 000元(10 000 000×2.8%－125 000)。其中，计入生产成本的利润分享计划金额为60 000元(10 000 000×1.1%－50 000)，计入管理费用的利润分享计划金额为95 000元(10 000 000×1.7%－75 000)。

20×6年6月30日的账务处理如下：

借：生产成本   60 000

管理费用	95 000
贷:应付职工薪酬——利润分享计划	155 000

三、长期职工薪酬的核算

（一）离职后福利

1. 设定提存计划

对于设定提存计划,企业应当根据在资产负债表日为换取职工在会计期间提供的服务而应向单独主体缴存的提存金,确认为应付职工薪酬,并计入当期损益或相关资产成本,进行如下账务处理:

借:生产成本

　制造费用

　管理费用

　销售费用等

　贷:应付职工薪酬——设定提存计划

【例 10-24】　承【例 10-14】,甲企业根据所在地政府规定,按照职工工资总额的 16%提取基本养老保险费,缴存当地社会保险经办机构。7 月,甲企业缴存的基本养老保险费,应计入生产成本的金额为 76 800 元,应计入制造费用的金额为 16 800 元,应计入管理费用的金额为 14 496 元,应计入销售费用的金额为 2 784 元。

甲企业应编制如下会计分录:

借:生产成本	76 800
制造费用	16 800
管理费用	14 496
销售费用	2 784
贷:应付职工薪酬——设定提存计划——基本养老保险费	110 880

2. 设定受益计划

设定受益计划,是指除设定提存计划以外的离职后福利计划。两者的区分取决于计划的主要条款和条件所包含的经济实质。在设定提存计划下,企业的法定义务是以企业同意向基金的缴存额为限,职工所取得的离职后福利金额取决于向离职后福利计划或保险公司支付的提存金金额,以及提存金所产生的投资回报,从而精算风险(即福利将少于预期)和投资风险(即投资的资产将不足以支付预期的福利)实质上要由职工来承担。

在设定受益计划时,企业的义务是为现在及以前的职工提供约定的福利,并且精算风险和投资风险实质上由企业来承担。如果精算或投资的实际结果比预期差,则企业的义务可能会增加。

当企业通过以下方式负有法定义务时,该计划就是一项设定受益计划:

(1)计划福利公式不仅仅与提存金金额相关,而且要求企业在资产不足以满足该公式的福利时提供进一步的提存金。

(2)通过计划间接地或直接地对提存金的特定回报作出担保。

设定受益计划可能是不注入资金的,或者可能全部或部分由企业(有时由其职工)向法律上独立于报告主体的企业或者基金,以缴纳提存金形式注入资金,并由其向职工支付福利。到期时已注资福利的支付不仅取决于基金的财务状况和投资业绩,而且取决于企业补偿基金资产短缺的能力和意愿。企业实质上承担着与计划相关的精算风险和投资风险。因此,设定受益计划所确认的费用并不一定是本期应付的提存金金额。企业如果存在一项或多项设定受益计划的,对于每一项计划应当分别进行会计处理。

(二)辞退福利

企业向职工提供辞退福利的,应当在"企业不能单方面撤回因解除劳动关系或裁减所提供的辞退福利时"和"企业确认涉及支付辞退福利的重组相关的成本或费用时"两者孰早日,确认辞退福利产生的职工薪酬负债,并计入当期损益,进行如下账务处理:

借:管理费用

贷:应付职工薪酬——辞退福利

【例10-25】 甲公司是一家空调制造企业。20×4年9月,为了能够在下一年度顺利实施转产,甲公司管理层制订了一项辞退计划,从20×5年1月1日起,企业将以职工自愿方式,辞退其柜式空调生产车间的职工。辞退计划的详细内容,包括拟辞退的职工所在部门、数量、各级别职工能够获得的补偿以及计划实施的时间等,均已与职工沟通,并达成一致意见,辞退计划已于20×4年12月10日经董事会正式批准,辞退计划将于下一个年度内实施完毕。该项辞退计划的详细内容如表10-9所示。

表10-9 辞退计划

所属部门	职位	辞退数量 (人)	工龄 (年)	每人补偿额 (万元)
空调车间	车间主任、副主任	10	1~10	10
			10~20	20
			20~30	30
	高级技工	50	1~10	8
			10~20	18
			20~30	28
	一般技工	100	1~10	5
			10~20	15
			20~30	25
合计		160		

20×4年12月31日,企业预计各级别职工拟接受辞退职工数量的最佳估计数(最可能发生数)及其应支付的补偿见表10-10。

表10-10 预计接受辞退补偿

所属部门	职位	辞退数量（人）	工龄（年）	接受数量	每人补偿额（万元）	补偿金额（万元）
空调车间	车间主任、副主任	10	1～10	5	10	50
			10～20	2	20	40
			20～30	1	30	30
	高级技工	50	1～10	20	8	160
			10～20	10	18	180
			20～30	5	28	140
	一般技工	100	1～10	50	5	250
			10～20	20	15	300
			20～30	10	25	250
合计		160		123		1 400

根据表10-10,愿意接受辞退职工的最佳估计数为123名,预计补偿总额为1 400万元,则企业在20×4年(辞退计划于20×4年12月10日由董事会批准)应编制如下会计分录:

借:管理费用   14 000 000
　　贷:应付职工薪酬——辞退福利   14 000 000

(三)其他长期职工福利

企业向职工提供的其他长期职工福利,符合设定提存计划条件的,应当按照设定提存计划的有关规定进行会计处理;符合设定受益计划条件的,应当按照设定受益计划的有关规定进行会计处理。

长期残疾福利水平取决于职工提供服务期间长短的,企业应在职工提供服务的期间确认应付长期残疾福利义务,计量时应当考虑长期残疾福利支付的可能性和预期支付的期限。与职工提供服务期间长短无关的,企业应当在导致职工长期残疾的事件发生的当期确认应付长期残疾福利。

第四节 应交税费

一、应交税费概述

(一)应交税费的管理

企业根据税法规定应交纳的各种税费包括增值税、消费税、企业所得税、城市维护建设税、资源税、土地增值税、房产税、车船税、城镇土地使用税、教育费附加、印花税、耕地占用税、环境保护税、契税、车辆购置税等。

(二)应交税费的确认与计量

企业应通过"应交税费"科目,核算各种税费的应交、交纳等情况。该科目贷方登记应交纳的各种税费,借方登记实际交纳的税费。期末余额一般在贷方,反映企业尚未交纳的税费;期末余额如在借方,反映企业多交或尚未抵扣的税费。本科目按应交税费项目设置明细科目进行明细核算。

企业代扣代缴的个人所得税,也通过"应交税费"科目核算,而企业交纳的耕地占用税、印花税、车辆购置税、契税、进口关税不需要预计应交数的税金,不通过"应交税费"科目核算,具体账务处理见表 10-11、表 10-12。

表 10-11　不通过"应交税费"科目核算的税种

税种	交纳时的账务处理
耕地占用税	借:在建工程 　贷:银行存款
印花税	借:税金及附加 　贷:银行存款
车辆购置税	借:固定资产 　贷:银行存款
契税	借:固定资产/无形资产等 　贷:银行存款
进口关税	借:原材料等 　贷:银行存款

表 10-12　"应交税费"科目与"税金及附加"科目的比较

项目		应交税费	税金及附加
科目类别		负债类科目	损益类科目
借贷方向		借方减少贷方增加	借方增加贷方减少
核算范围	相同点	消费税、城市维护建设税、资源税、土地增值税(房地产开发企业)、房产税、车船税、城镇土地使用税、教育费附加、环境保护税等 账务处理如下: 借:税金及附加 　贷:应交税费——应交××	
	不同点	增值税、企业所得税、企业代扣代缴的个人所得税等	印花税

二、应交增值税

（一）应交增值税概述

1. 增值税征税范围和纳税义务人

增值税是以商品（含应税劳务、应税行为）在流转过程中实现的增值额作为计税依据而征收的一种流转税。按照我国现行增值税制度的规定，在我国境内销售货物、加工修理修配劳务、服务、无形资产和不动产以及进口货物的企业、单位和个人为增值税的纳税人。其中，服务是指提供交通运输服务、建筑服务、邮政服务、电信服务、金融服务、现代服务、生活服务。

根据经营规模大小及会计核算水平的健全程度，增值税纳税人分为一般纳税人和小规模纳税人。

一般纳税人是指年应税销售额超过财政部、国家税务总局规定标准的增值税纳税人。小规模纳税人是指年应税销售额未超过规定标准，并且会计核算不健全，不能够提供准确税务资料的增值税纳税人。

2. 增值税的计税方法

计算增值税的方法分为一般计税方法和简易计税方法。

（1）增值税的一般计税方法。

增值税的一般计税方法是先按当期销售额和适用的税率计算出销项税额，然后以该销项税额对当期购进项目支付的税款（即进项税额）进行抵扣，间接算出当期的应纳税额。

应纳税额的计算公式：

应纳税额＝当期销项税额－当期进项税额

公式中的"当期销项税额"是指纳税人当期销售货物、加工修理修配劳务、服务、无形资产和不动产时按照销售额和增值税税率计算并收取的增值税税额。其中，销售额是指纳税人销售货物、加工修理修配劳务、服务、无形资产和不动产向购买方收取的全部价款和价外费用，但是不包括收取的销项税额。

当期销项税额的计算公式：

销项税额＝销售额×增值税税率

公式中的"当期进项税额"是指纳税人购进货物、加工修理修配劳务、服务、无形资产或者不动产，支付或者负担的增值税税额。

下列进项税额准予从销项税额中抵扣：

①从销售方取得的增值税专用发票（含税控机动车销售统一发票，下同）上注明的增值税税额。

②从海关进口增值税专用缴款书上注明的增值税税额。

③购进农产品，除取得增值税专用发票或者海关进口增值税专用缴款书外，按照农产品收购发票或者销售发票上注明的农产品买价和9%的扣除率计算的进项税额；如用于生产销售或委托加工13%税率货物的农产品，按照农产品收购发票或者销售发票上注

明的农产品买价和10%扣除率计算的进项税额。

④从境外单位或者个人购进服务、无形资产或者不动产,从税务机关或者扣缴义务人取得的解缴税款的完税凭证上注明的增值税税额。

⑤一般纳税人支付的道路通行费,凭增值税电子普通发票上注明的收费金额和规定的方法计算的可抵扣的增值税进项税额;桥、闸通行费,凭取得的通行费发票上注明的收费金额和规定的方法计算的可抵扣的增值税进项税额。

当期销项税额小于当期进项税额不足抵扣时,其不足部分可以结转下期继续抵扣。

一般纳税人采用的税率分为13%、9%、6%和零税率。

一般纳税人销售货物、劳务、有形动产租赁服务或者进口货物,税率为13%。

一般纳税人销售或者进口粮食等农产品、食用植物油、食用盐、自来水、暖气、冷气、热水、煤气、石油液化气、天然气、二甲醚、沼气、居民用煤炭制品、图书、报纸、杂志、音像制品、电子出版物、饲料、化肥、农药、农机、农膜以及国务院及其有关部门规定的其他货物,税率为9%;提供交通运输、邮政、基础电信、建筑、不动产租赁服务,销售不动产,转让土地使用权,税率为9%。

一般纳税人的其他应税行为,税率为6%。

一般纳税人出口货物,税率为零,但是国务院另有规定的除外。境内单位和个人发生的跨境应税行为税率为零,具体范围由财政部和国家税务总局另行规定。

(2)增值税的简易计税方法。

增值税的简易计税方法是按照销售额与征收率的乘积计算应纳税额,不得抵扣进项税额。

应纳税额的计算公式:

$$应纳税额=销售额×征收率$$

公式中的销售额不包括其应纳税额,如果纳税人采用销售额和应纳税额合并定价方法的,应按照公式"销售额=含税销售额÷(1+征收率)"还原为不含税销售额计算。

增值税一般纳税人计算增值税大多采用一般计税方法;小规模纳税人一般采用简易计税方法;一般纳税人发生财政部和国家税务总局规定的特定应税销售行为,也可以选择简易计税方式计税,但是不得抵扣进项税额。

采用简易计税方式的增值税征收率为3%,国家另有规定的除外。

(二)一般纳税人的账务处理

1.增值税核算应设置的会计科目

为了核算企业应交增值税的发生、抵扣、缴纳、退税及转出等情况,增值税一般纳税人应当在"应交税费"科目下设置"应交增值税""未交增值税""预交增值税""待抵扣进项税额""待认证进项税额""待转销项税额""增值税留抵税额""简易计税""转让金融商品应交增值税""代扣代缴增值税"等明细科目。

(1)"应交增值税"明细科目。

"应交增值税"明细科目核算一般纳税人进项税额、销项税额抵减、已交税金、转出未交增值税、减免税款、出口抵减内销产品应纳税额、销项税额、出口退税、进项税额转出、转出多交增值税等情况。

该明细账设置以下专栏：

①"进项税额"专栏，记录一般纳税人购进货物、加工修理修配劳务、服务、无形资产或不动产而支付或负担的、准予从当期销项税额中抵扣的增值税税额；

②"销项税额抵减"专栏，记录一般纳税人按照现行增值税制度规定因扣减销售额而减少的销项税额；

③"已交税金"专栏，记录一般纳税人当月已交纳的应交增值税税额；

④"转出未交增值税"和"转出多交增值税"专栏，分别记录一般纳税人月度终了转出当月应交未交或多交的增值税税额；

⑤"减免税款"专栏，记录一般纳税人按现行增值税制度规定准予减免的增值税税额；

⑥"出口抵减内销产品应纳税额"专栏，记录实行"免、抵、退"办法的一般纳税人按规定计算的出口货物的进项税抵减内销产品的应纳税额；

⑦"销项税额"专栏，记录一般纳税人销售货物、加工修理修配劳务、服务、无形资产或不动产应收取的增值税税额；

⑧"出口退税"专栏，记录一般纳税人出口货物、加工修理修配劳务、服务、无形资产按规定退回的增值税税额；

⑨"进项税额转出"专栏，记录一般纳税人购进货物、加工修理修配劳务、服务、无形资产或不动产等发生非正常损失以及其他原因而不应从销项税额中抵扣、按规定转出的进项税额。

（2）"未交增值税"明细科目。

"未交增值税"明细科目核算一般纳税人月度终了从"应交增值税"或"预交增值税"明细科目转入当月应交未交、多交或预交的增值税税额，以及当月交纳以前期间未交的增值税税额。

（3）"预交增值税"明细科目。

"预交增值税"明细科目核算一般纳税人转让不动产、提供不动产经营租赁服务、提供建筑服务、采用预收款方式销售自行开发的房地产项目等，以及其他按现行增值税制度规定应预交的增值税税额。

（4）"待抵扣进项税额"明细科目。

"待抵扣进项税额"明细科目核算一般纳税人已取得增值税扣税凭证并经税务机关认证，按照现行增值税制度规定准予以后期间从销项税额中抵扣的进项税额。

（5）"待认证进项税额"明细科目。

"待认证进项税额"明细科目核算一般纳税人由于未经税务机关认证而不得从当期销项税额中抵扣的进项税额。包括一般纳税人已取得增值税扣税凭证、按照现行增值税制度规定准予从销项税额中抵扣，但尚未经税务机关认证的进项税额；一般纳税人已申请稽核但尚未取得稽核相符结果的海关缴款书进项税额。

（6）"待转销项税额"明细科目。

"待转销项税额"明细科目核算一般纳税人销售货物、加工修理修配劳务、服务、无形资产或不动产,已确认相关收入（或利得）但尚未发生增值税纳税义务而需于以后期间确认为销项税额的增值税税额。

（7）"简易计税"明细科目。

"简易计税"明细科目核算一般纳税人采用简易计税方法发生的增值税计提、扣减、预缴、缴纳等业务。

（8）"转让金融商品应交增值税"明细科目。

"转让金融商品应交增值税"明细科目核算增值税纳税人转让金融商品发生的增值税税额。

（9）"代扣代缴增值税"明细科目。

"代扣代缴增值税"明细科目核算纳税人购进在境内未设经营机构的境外单位或个人在境内的应税行为代扣代缴的增值税。

2.取得资产、接受劳务或服务的账务处理

（1）一般纳税人购进货物、加工修理修配劳务、服务、无形资产或者不动产的账务处理。

①一般纳税人购进货物、加工修理修配劳务、服务、无形资产或者不动产,已取得合法扣税凭证注明的,根据合法扣税凭证注明的增值税税额计入"应交税费——应交增值税（进项税额）"科目,进行如下账务处理:

借:材料采购/在途物资/原材料/库存商品/生产成本/无形资产/固定资产/管理费用等

【应计入相关成本费用或资产的金额】

应交税费——应交增值税（进项税额）【当月已认证的可抵扣增值税税额】

贷:应付账款/应付票据/银行存款等【应付或实际支付的金额】

购进货物等发生的退货,应根据税务机关开具的红字增值税专用发票编制相反的会计分录,如原增值税专用发票未作认证,应将发票退回并作相反的会计分录。

②一般纳税人已取得增值税扣税凭证,按照现行增值税制度规定准予从销项税额中抵扣,但尚未经税务机关认证的进项税额,以及一般纳税人已申请稽核但尚未取得稽核相符结果的海关缴款书的,进行如下账务处理:

借:原材料等

应交税费——待认证进项税额【当月未认证的可抵扣增值税税额】

贷:应付账款等

经认证后准予抵扣时:

借:应交税费——应交增值税（进项税额）

贷:应交税费——待认证进项税额

③企业购进农产品,除取得增值税专用发票或者海关进口增值税专用缴款书外,按照农产品收购发票或者销售发票上注明的农产品买价和9%的扣除率计算进项税额;购

进用于生产、销售或委托加工 13% 税率货物的农产品,按照农产品收购发票或者销售发票上注明的农产品买价和 10% 的扣除率计算进项税额,进行如下账务处理:

借:材料采购/在途物资/原材料/库存商品等【农产品买价扣除进项税额后的差额】

应交税费——应交增值税(进项税额)

贷:应付账款/应付票据/银行存款等【应付或实际支付的价款】

【例 10-26】　甲公司为增值税一般纳税人,6 月 5 日购入农产品一批,农产品收购发票上注明的买价为 200 000 元,规定的扣除率为 9%,货物尚未到达,价款已用银行存款支付。

进项税额=购买价款×扣除率=200 000×9% =18 000(元)

借:在途物资　　　　　　　　　　【买价 200 000-进项税额 18 000】182 000

应交税费——应交增值税(进项税额)　　　　　　　　　　　18 000

贷:银行存款　　　　　　　　　　　　　　　　　　　　　　200 000

(2)货物等已验收入库但尚未取得增值税扣税凭证的账务处理。

企业购进的货物等已到达并验收入库,但尚未收到增值税扣税凭证并未付款的,应在月末按货物清单或相关合同协议上的价格暂估入账,不需要将增值税的进项税额暂估入账。下月月初,用红字冲销原暂估入账金额,待取得相关增值税扣税凭证并经认证后,按应计入相关成本费用或资产的金额,借记“原材料”“库存商品”“固定资产”“无形资产”等科目,按可抵扣的增值税额,借记“应交税费——应交增值税(进项税额)”科目,按应付或实际支付的金额,贷记“应付账款”“应付票据”“银行存款”等科目。

【例 10-27】　6 月 30 日,甲公司(一般纳税人)购进原材料一批,已验收入库,但尚未收到增值税扣税凭证,款项也未支付。随货同行的材料清单列明的原材料销售价格为 260 000 元。

6 月 30 日,甲公司暂估入账:

借:原材料　　　　　　　　　　　　　　　　　　　　　　260 000

贷:应付账款　　　　　　　　　　　　　　　　　　　　260 000

7 月初,用红字冲销原暂估入账金额:

借:原材料　　　　　　　　　　　　　　　　　　　　　　-260 000

贷:应付账款　　　　　　　　　　　　　　　　　　　　-260 000

7 月 10 日,取得相关增值税专用发票上注明的价款为 260 000 元,增值税税额为 33 800 元,增值税专用发票已经认证。全部款项以银行存款支付。

甲公司应编制如下会计分录:

借:原材料　　　　　　　　　　　　　　　　　　　　　　260 000

应交税费——应交增值税(进项税额)　　　　　　　　　33 800

贷:银行存款　　　　　　　　　　　　　　　　　　　　293 800

(3)进项税额转出的账务处理。

企业已单独确认进项税额的购进货物、加工修理修配劳务或者服务、无形资产或者不动产但其事后改变用途(如用于简易计税方法计税项目、免征增值税项目、非增值税应税项目等），或发生非正常损失，原已计入进项税额、待抵扣进项税额或待认证进项税额，按照现行增值税制度规定不得从销项税额中抵扣。这里所说的"非正常损失"，根据现行增值税制度规定，是指因管理不善造成货物被盗、丢失、霉烂变质，以及因违反法律法规造成货物或者不动产被依法没收、销毁、拆除的情形。

进项税额转出的账务处理如下：

借：应付职工薪酬【改变用途，如外购货物或商品用于集体福利或个人消费等】
　　待处理财产损溢【发生非正常损失，如管理不善或被依法没收等】
　　贷：原材料/库存商品等
　　　　应交税费——应交增值税（进项税额转出）
　　　　　　　　——待抵扣进项税额
　　　　　　　　——待认证进项税额

【例10-28】　6月，甲公司（一般纳税人）发生进项税额转出事项如下：

（1）10日，库存材料因管理不善发生火灾损失，材料实际成本为20 000元，相关增值税专用发票上注明的增值税税额为2 600元。甲公司将毁损库存材料作为待处理财产损溢入账。

借：待处理财产损溢——待处理流动资产损溢　　　　　　　　22 600
　　贷：原材料　　　　　　　　　　　　　　　　　　　　　　20 000
　　　　应交税费——应交增值税（进项税额转出）　　　　　　 2 600

（2）18日，领用一批外购原材料用于集体福利，该批原材料的实际成本为60 000元，相关增值税专用发票上注明的增值税税额为7 800元。

借：应付职工薪酬——职工福利费　　　　　　　　　　　　　67 800
　　贷：原材料　　　　　　　　　　　　　　　　　　　　　　60 000
　　　　应交税费——应交增值税（进项税额转出）　　　　　　 7 800

特别提示：一般纳税人购进货物、加工修理修配劳务、服务、无形资产或不动产，用于简易计税方法计税项目、免征增值税项目、集体福利或个人消费等，即使取得的增值税专用发票上已注明增值税进项税额，该税额按照现行增值税制度规定也不得从销项税额中抵扣的，取得增值税专用发票时，应将待认证的目前不可抵扣的增值税进项税额，借记"应交税费——待认证进项税额"科目，贷记"银行存款""应付账款"等科目。经税务机关认证为不可抵扣的增值税进项税额时，借记"应交税费——应交增值税（进项税额）"科目，贷记"应交税费——待认证进项税额"科目；同时，将增值税进项税额转出，借记相关成本费用或资产科目，贷记"应交税费——应交增值税（进项税额转出）"科目。

【例10-29】　6月28日，甲公司（一般纳税人）外购空调扇300台作为福利发放给直接从事生产的职工，取得的增值税专用发票上注明的价款为150 000元，增值税进项税额为19 500元，以银行存款支付了购买空调扇的价款和增值税进项税额，增值税专用发票尚未经税务机关认证。

甲公司应编制如下会计分录：

（1）购入时：

借：库存商品——空调扇　　　　　　　　　　　　　　　　　　　 150 000

　　应交税费——待认证进项税额　　　　　　　　　　　　　　　　 19 500

　　　贷：银行存款　　　　　　　　　　　　　　　　　　　　　　 169 500

（2）经税务机关认证不可抵扣时：

借：应交税费——应交增值税（进项税额）　　　　　　　　　　　　 19 500

　　　贷：应交税费——待认证进项税额　　　　　　　　　　　　　 19 500

同时：

借：库存商品——空调扇　　　　　　　　　　　　　　　　　　　　 19 500

　　　贷：应交税费——应交增值税（进项税额转出）　　　　　　　 19 500

（3）实际发放时：

借：应付职工薪酬——非货币性福利　　　　　　　　　　　　　　　 169 500

　　　贷：库存商品——空调扇　　　　　　　　　【150 000+19 500】169 500

3. 销售等业务的账务处理

（1）企业销售货物、加工修理修配劳务、服务、无形资产或不动产的账务处理。

企业销售货物、加工修理修配劳务、服务、无形资产或不动产，进行如下账务处理：

借：应收账款/应收票据/银行存款等【应收或已收的金额】

　　　贷：主营业务收入/其他业务收入/固定资产清理等【取得的收益金额】

　　　　　应交税费——应交增值税（销项税额）【按增值税制度规定计算的销项税额】

　　　　　　　　　　——简易计税【采用简易计税方法计算的应纳增值税额】

企业销售货物等发生销售退回的，应根据税务机关开具的红字增值税专用发票作相反的会计分录。

根据会计准则相关规定的收入或利得确认时点早于按照现行增值税制度确认增值税纳税义务发生时点的，应将相关销项税额计入"应交税费——待转销项税额"科目，待实际发生纳税义务时再转入"应交税费——应交增值税（销项税额）"或"应交税费——简易计税"科目。

按照增值税制度确认增值税纳税义务发生时点早于根据会计准则相关规定收入或利得确认时点的，应将应纳增值税额，借记"应收账款"科目，贷记"应交税费——应交增值税（销项税额）"或"应交税费——简易计税"科目。根据会计准则相关规定确认收入或利得时，应按扣除增值税销项税额后的金额确认收入或利得。

【**例10-30**】　6月28日，甲公司（一般纳税人）为外单位代加工电脑桌500个，每个收取加工费80元，已加工完成。开具增值税专用发票上注明的价款为40 000元，增值税税额为5 200元，款项已收到并存入银行。

借：银行存款　　　　　　　　　　　　　　　　　　　　　　　　　 45 200

　　　贷：主营业务收入　　　　　　　　　　　　　　　　　　　　 40 000

　　　　　应交税费——应交增值税（销项税额）　　　　　　　　　　 5 200

（2）视同销售的账务处理。

企业有些交易和事项按照现行增值税制度规定应视同对外销售处理，计算应交增值税。

视同销售需要缴纳增值税的事项主要有企业将自产或委托加工的货物用于集体福利或个人消费、作为投资提供给其他单位或个体工商户、分配给股东或投资者、对外捐赠等。在这些情况下，企业应当根据视同销售的具体内容，按照现行增值税制度规定计算的销项税额（或采用简易计税方法计算的应纳增值税税额），进行如下账务处理：

①将自产或委托加工的货物用于集体福利或个人消费、对外投资、分配给股东或投资者：

借：应付职工薪酬【将自产或委托加工的货物用于集体福利或个人消费】

　　长期股权投资【将自产或委托加工的货物对外投资】

　　应付股利【将自产或委托加工的货物分配给股东或投资者】

　　　贷：主营业务收入/其他业务收入等

　　　　　应交税费——应交增值税（销项税额）

同时：

借：主营业务成本/其他业务成本等

　　　贷：库存商品/原材料

②将自产或委托加工的货物对外捐赠：

借：营业外支出

　　　贷：库存商品/原材料（成本价）

　　　　　应交税费——应交增值税（销项税额）【公允价或市场价×现行增值税率】

【例10-31】 6月，甲公司（一般纳税人）发生视同销售交易或事项如下：

（1）10日，以公司生产的产品对外捐赠，该批产品的实际成本为200 000元，市场不含税售价为250 000元，开具的增值税专用发票上注明的增值税税额为32 500元。

甲公司以自产产品对外捐赠应交的增值税销项税额=250 000×13%=32 500（元）

借：营业外支出　　　　　　　　　　　　　　　　　　　　　232 500

　　贷：库存商品　　　　　　　　　　　　　　　　　　　　　200 000

　　　　应交税费——应交增值税（销项税额）　　　　　　　　　32 500

（2）28日，甲公司用一批原材料对外进行长期股权投资。该批原材料实际成本为600 000元，双方协商不含税价值为750 000元，开具的增值税专用发票上注明的增值税税额为97 500元。

甲公司对外投资原材料应交的增值税销项税额=750 000×13%=97 500（元）

借：长期股权投资　　　　　　　　　　　　　　　　　　　　847 500

　　贷：其他业务收入　　　　　　　　　　　　　　　　　　　750 000

　　　　应交税费——应交增值税（销项税额）　　　　　　　　　97 500

同时：

借：其他业务成本　　　　　　　　　　　　　　　　　　　　600 000

　　贷：原材料　　　　　　　　　　　　　　　　　　　　　　600 000

特别提示:将外购货物或商品作为集体福利和个人消费,商品已到增值税链条的最终环节,后续不会再发生流转,故不应视同销售;如果外购货物或商品直接用于集体福利、个人消费,进项税额不得抵扣,计入成本;如果外购货物或商品改变用途用于集体福利、个人消费,购进时确认的进项税额需要作转出处理。

4.月末转出多交增值税和未交增值税的账务处理

月度终了,企业应当将当月应交未交或多交的增值税自"应交增值税"明细科目转入"未交增值税"明细科目。

①对于当月应交未交的增值税:

借:应交税费——应交增值税(转出未交增值税)

　　贷:应交税费——未交增值税

②对于当月多交的增值税:

借:应交税费——未交增值税

　　贷:应交税费——应交增值税(转出多交增值税)

【例10-32】　6月,甲公司(一般纳税人)当月发生增值税销项税额合计为525 200元,增值税进项税额转出合计为29 900元,增值税进项税额合计为195 050元。

甲公司当月应交增值税计算结果如下:

当月应交增值税=525 200+29 900-195 050=360 050(元)

甲公司编制如下会计分录:

借:应交税费——应交增值税(转出未交增值税)　　　　　　　360 050

　　贷:应交税费——未交增值税　　　　　　　　　　　　　　　　360 050

5.交纳增值税的账务处理

①交纳当月应交的增值税:

借:应交税费——应交增值税(已交税金)

　　贷:银行存款

②交纳以前期间未交的增值税:

借:应交税费——未交增值税

　　贷:银行存款

【例10-33】　7月5日,甲公司(一般纳税人)交纳6月未交的增值税360 050元,编制如下会计分录:

借:应交税费——未交增值税　　　　　　　　　　　　　　　　360 050

　　贷:银行存款　　　　　　　　　　　　　　　　　　　　　　　360 050

特别提示:企业购入材料、商品等不能取得增值税专用发票的,发生的增值税应计入材料采购成本,借记"材料采购""在途物资""原材料""库存商品"等科目,贷记"银行存款"等科目。

(三)小规模纳税人的账务处理

小规模纳税人核算增值税采用简化的方法,即购进货物、应税服务或应税行为,取得增值税专用发票上注明的增值税,一律不予抵扣,直接计入相关成本费用或资产。小规模纳税人销售货物、应税服务或应税行为时,按照不含税的销售额和规定的增值税征收率计算应缴纳的增值税(即应纳税额),但不得开具增值税专用发票。

一般来说,小规模纳税人采用销售额和应纳税额合并定价的方法并向客户结算款项,销售货物、应税服务或应税行为后,应进行价税分离,确定不含税的销售额。

不含税的销售额计算公式:

$$不含税销售额=含税销售额÷(1+征收率)$$

$$应纳税额=不含税销售额×征收率$$

小规模纳税人进行账务处理时,只需在"应交税费"科目下设置"应交增值税"明细科目,该明细科目不再设置增值税专栏。"应交税费——应交增值税"科目贷方登记应交纳的增值税,借方登记已交纳的增值税;期末贷方余额,反映小规模纳税人尚未交纳的增值税,期末借方余额,反映小规模纳税人多交纳的增值税。

表 10-13　小规模纳税人的账务处理

情形	账务处理
购进货物、应税服务或应税行为	借:原材料等【价税合计数】 　　贷:银行存款等 提示:小规模纳税人购进货物的增值税进项税额不可以抵扣,计入采购成本中。
销售货物、应税服务或应税行为	借:银行存款等【包括应交的增值税额】 　　贷:主营业务收入等【不含税的销售额】 　　　　应交税费——应交增值税
缴纳增值税	借:应交税费——应交增值税 　　贷:银行存款

表 10-14　"应交增值税"明细科目与"未交增值税"明细科目的比较

科目	借方	贷方
应交税费——应交增值税	月末借方代表留抵税额	月末无贷方余额
应交税费——未交增值税	借方余额代表多交的增值税	贷方余额代表期末结转下期应交的增值税

【例 10-34】　某企业为增值税小规模纳税人,适用增值税征收率为 3%,原材料按实际成本核算。该企业发生经济交易如下:

购入原材料一批,取得增值税专用发票上注明的价款为 30 000 元,增值税税额为 3 900 元,全部款项以银行存款支付,材料已验收入库;

销售产品一批,开具的普通发票上注明的货款(含税)为 51 500 元,款项已存入银行,用银行存款交纳增值税 1 500 元。

该企业应编制如下会计分录：

（1）购入原材料：

借：原材料   33 900

　　贷：银行存款   33 900

（2）销售产品：

不含税销售额＝含税销售额÷（1＋征收率）＝51 500÷（1＋3%）＝50 000（元）

应纳增值税＝不含税销售额×征收率＝50 000×3%＝1 500（元）

借：银行存款   51 500

　　贷：主营业务收入   50 000

　　　　应交税费——应交增值税   1 500

（3）缴纳增值税：

借：应交税费——应交增值税   1 500

　　贷：银行存款   1 500

三、应交消费税

（一）应交消费税概述

消费税是指在我国境内生产、委托加工和进口应税消费品的单位和个人，按其流转额缴纳的一种税。消费税有从价定率、从量定额、从价定率和从量定额复合计税（简称"复合计税"）三种征收方法。

采取从价定率方法征收的消费税，以不含增值税的销售额为税基，按照税法规定的税率计算。企业的销售收入包含增值税的，应将其换算为不含增值税的销售额。

采取从量定额方法计征的消费税，按税法确定的企业应税消费品的数量和单位应税消费品应缴纳的消费税计算确定。

采取复合计税方法计征的消费税，以不含增值税的销售额为税基，按照税法规定的税率计算的消费税，加上根据按税法确定的企业应税消费品的数量和单位应税消费品应缴纳的消费税计算的消费税合计确定。

（二）应交消费税的账务处理

企业应在"应交税费"科目下设置"应交消费税"明细科目，核算应交消费税的发生、缴纳情况。该科目贷方登记应交纳的消费税，借方登记已交纳的消费税，期末贷方余额，反映企业尚未交纳的消费税，期末借方余额，反映企业多交纳的消费税。

1. 销售应税消费品

企业销售应税消费品应交的消费税：

借：税金及附加

　　贷：应交税费——应交消费税

【例10-35】 甲企业销售所生产的化妆品，价款为1 000 000元（不含增值税），开具的增值税专用发票上注明的增值税税额为130 000元，适用的消费税税率为15%，款项已存入银行。

甲公司应编制如下会计分录：

（1）取得价款和税款时：

借：银行存款　　　　　　　　　　　　　　　　　　　　　　　　1 130 000

　　贷：主营业务收入　　　　　　　　　　　　　　　　　　　　　1 000 000

　　　　应交税费——应交增值税（销项税额）　　　　　　　　　　　130 000

（2）计算应交纳的消费税：

应纳消费税税额＝1 000 000×15%＝150 000（元）

借：税金及附加　　　　　　　　　　　　　　　　　　　　　　　　150 000

　　贷：应交税费——应交消费税　　　　　　　　　　　　　　　　　150 000

2. 自产自用应税消费品

企业将生产的应税消费品用于在建工程等非生产机构时，按规定应缴纳的消费税：

借：在建工程等

　　贷：应交税费——应交消费税

【例10-36】　乙企业在建工程领用自产燃油，成本为50 000元，应纳消费税6 000元。不考虑其他相关税费。

乙企业应编制如下会计分录：

借：在建工程　　　　　　　　　　　　　　　　　　　　　　　　　56 000

　　贷：库存商品　　　　　　　　　　　　　　　　　　　　　　　　50 000

　　　　应交税费——应交消费税　　　　　　　　　　　　　　　　　　6 000

【例10-37】　丙企业下设的职工食堂享受企业提供的补贴，本月领用自产产品一批，该产品的成本为20 000元，市场不含税售价为30 000元，适用的增值税税率为13%，消费税税率为10%。

丙企业应编制如下会计分录：

借：应付职工薪酬——职工福利费　　　　　　　　　　　　　　　　33 900

　　贷：主营业务收入　　　　　　　　　　　　　　　　　　　　　　30 000

　　　　应交税费——应交增值税（销项税额）　　　　　　　　　　　　3 900

借：税金及附加　　　　　　　　　　　　　　　　　　　　　　　　3 000

　　贷：应交税费——应交消费税　　　　　　　　　　　　　　　　　　3 000

同时：

借：主营业务成本　　　　　　　　　　　　　　　　　　　　　　　20 000

　　贷：库存商品　　　　　　　　　　　　　　　　　　　　　　　　20 000

3. 委托加工应税消费品

企业如有应交消费税的委托加工物资，一般应由受托方代收代缴消费税。

（1）委托加工物资收回后，直接用于对外销售的，将受托方代收代缴的消费税计入委托加工物资的成本：

借：委托加工物资【包含消费税】

贷:应付账款/银行存款等

（2）委托加工物资收回后,用于连续生产应税消费品的,按规定准予抵扣的,已由受托方代收代缴的消费税应单独核算,不计入委托加工物资的成本:

借:委托加工物资【不包含消费税】

　　应交税费——应交消费税

　　贷:应付账款/银行存款等

最终产品出售时,按总的应交消费税:

借:税金及附加

　　贷:应交税费——应交消费税

最后,再补交"应交税费——应交消费税"的借、贷双方差额即可。

【例10-38】　甲企业委托乙企业代为加工一批应交消费税的材料(非金银首饰)。甲企业发出材料的成本为2 000 000元,应付加工费为400 000元,增值税税率为13%,由乙企业代收代缴的消费税为160 000元。材料已经加工完成,并由甲企业收回验收入库,加工费及相关税金尚未支付。甲企业采用实际成本法进行原材料的核算。

甲企业应编制如下会计分录:

（1）委托加工物资收回继续用于生产应税消费品:

借:委托加工物资　　　　　　　　　　　　　　　　　　2 000 000

　　贷:原材料　　　　　　　　　　　　　　　　　　　　　　2 000 000

借:委托加工物资　　　　　　　　　　　　　　　　　　400 000

　　应交税费——应交增值税(进项税额)　　　　　　　52 000

　　　　　　——应交消费税　　　　　　　　　　　　　160 000

　　贷:应付账款　　　　　　　　　　　　　　　　　　　　612 000

借:原材料　　　　　　　　　　　　　　　　　　　　　2 400 000

　　贷:委托加工物资　　　　　　　　　【2 000 000+400 000】2 400 000

（2）委托加工物资收回直接对外销售:

借:委托加工物资　　　　　　　　　　　　　　　　　　2 000 000

　　贷:原材料　　　　　　　　　　　　　　　　　　　　　　2 000 000

借:委托加工物资　　　　　　　　　　　【400 000+160 000】560 000

　　应交税费——应交增值税(进项税额)　　　　　　　52 000

　　贷:应付账款　　　　　　　　　　　　　　　　　　　　612 000

借:库存商品　　　　　　　　　　　　　　　　　　　　2 560 000

　　贷:委托加工物资　　　　　　　　　【2 000 000+560 000】2 560 000

4.进口应税消费品

企业进口应税物资缴纳的消费税由海关代征。应交的消费税按照组成计税价格和规定的税率计算,消费税计入该项物资成本:

借:在途物资/材料采购/原材料/库存商品等

　　贷:银行存款等

【例10-39】 甲企业从国外进口一批需要缴纳消费税的商品,已知该商品关税完税价格为 540 000 元,按规定应缴纳关税 108 000 元,假定进口的应税消费品的消费税税率为 10%,增值税税率为 13%。货物报关后,自海关取得的"海关进口消费税专用缴款书"注明的消费税为 72 000 元、"海关进口增值税专用缴款书"注明的增值税为 93 600 元。进口商品已验收入库,全部货款和税款已用银行存款支付。

甲企业应编制如下会计分录:

应交消费税税额 = (540 000+108 000)÷(1-10%)×10% = 72 000(元)

应交增值税税额 = (540 000+108 000+72 000)×13% = 93 600(元)

进口商品的入账成本 = 540 000+108 000+72 000 = 720 000(元)

借:库存商品 720 000

应交税费——应交增值税(进项税额) 93 600

贷:银行存款 813 600

四、其他应交税费

(一)其他应交税费概述

其他应交税费是指除上述应交税费以外的其他各种应上交国家的税费,包括应交资源税、应交城市维护建设税、应交土地增值税、应交所得税、应交房产税、应交城镇土地使用税、应交车船税、应交教育费附加、应交环境保护税、应交个人所得税等。

企业应当在"应交税费"科目下设置相应的明细科目进行核算,贷方登记应交纳的有关税费,借方登记已交纳的有关税费,期末贷方余额,反映企业尚未缴纳的有关税费。

(二)应交资源税的账务处理

资源税是对在我国境内开采矿产品或者生产盐的单位和个人征收的税。

对外销售应税产品应交纳的资源税应计入"税金及附加"科目,借记"税金及附加"科目,贷记"应交税费——应交资源税"科目;自产自用应税产品应交纳的资源税应计入"生产成本""制造费用"等科目,借记"生产成本""制造费用"等科目,贷记"应交税费——应交资源税"科目。

【例10-40】 甲企业本期对外销售资源税应税矿产品3 600吨,将自产资源税应税矿产品800吨用于其产品生产,税法规定每吨矿产品应交资源税5元。

甲企业应编制如下会计分录:

(1)计算对外销售应税矿产品应交资源税:

企业对外销售应税产品而应交的资源税 = 3 600×5 = 18 000(元)

借:税金及附加 18 000

贷:应交税费——应交资源税 18 000

(2)计算自用应税矿产品应交资源税:

企业自产自用应税矿产品而应交纳的资源税 = 800×5 = 4 000(元)

借:生产成本 4 000

贷:应交税费——应交资源税   4 000

(3)缴纳资源税:

借:应交税费——应交资源税   22 000

    贷:银行存款   22 000

(三)应交城市维护建设税的账务处理

城市维护建设税是以增值税和消费税为计税依据征收的一种税。其纳税人为缴纳增值税和消费税的单位和个人,以纳税人实际缴纳的增值税和消费税税额为计税依据,并分别与两项税金同时缴纳。税率因纳税人所在地不同从1%~7%不等。

应纳税额的计算公式为:

$$应纳税额 = (实际交纳的增值税 + 实际交纳的消费税) \times 适用税率$$

企业按规定计算出应交纳的城市维护建设税,借记"税金及附加"等科目,贷记"应交税费——应交城市维护建设税"科目。交纳城市维护建设税,借记"应交税费——应交城市维护建设税"科目,贷记"银行存款"科目。

【例10-41】 7月,甲企业实际交纳增值税510 000元、消费税240 000元,适用的城市维护建设税税率为7%。

甲企业应编制如下会计分录:

(1)计算应交城市维护建设税:

应交的城市维护建设税=(510 000+240 000)×7%=52 500(元)

借:税金及附加   52 500

    贷:应交税费——应交城市维护建设税   52 500

(2)用银行存款交纳城市维护建设税:

借:应交税费——应交城市维护建设税   52 500

    贷:银行存款   52 500

(四)应交教育费附加的账务处理

教育费附加是指为了加快发展地方教育事业、扩大地方教育经费资金来源而向企业征收的附加费用。教育费附加以各单位实际缴纳的增值税、消费税的税额为计征依据,按其一定比例分别与增值税、消费税同时缴纳。企业按规定计算出应交纳的教育费附加,借记"税金及附加"等科目,贷记"应交税费——应交教育费附加"科目。

【例10-42】 甲企业按税法规定计算,第四季度应交纳教育费附加300 000元,款项已经用银行存款支付。

甲企业应编制如下会计分录:

(1)计算应交纳的教育费附加:

借:税金及附加   300 000

    贷:应交税费——应交教育费附加   300 000

(2)用银行存款交纳教育费附加:

借:应交税费——应交教育费附加   300 000

　　　　贷:银行存款　　　　　　　　　　　　　　　　　　　　　　　　300 000

（五）应交土地增值税的账务处理

　　土地增值税是对转让国有土地使用权、地上的建筑物及其附着物（简称"转让房地产"）并取得增值性收入的单位和个人所征收的一种税。土地增值税按照转让房地产所取得的增值额和规定的税率计算征收。

　　根据企业对房地产核算的方法不同,企业应交土地增值税的账务处理也有所区别:

　　（1）企业转让的土地使用权连同地上建筑物及其附着物一并在"固定资产"科目核算的,转让时应交的土地增值税,借记"固定资产清理"科目,贷记"应交税费——应交土地增值税"科目。

　　（2）土地使用权在"无形资产"科目核算的,借记"银行存款""累计摊销""无形资产减值准备"科目,按应交的土地增值税,贷记"应交税费——应交土地增值税"科目,同时冲销土地使用权的账面价值,贷记"无形资产"科目,按其差额,借记或贷记"资产处置损益"科目。

　　（3）房地产开发企业销售房地产应交的土地增值税,借记"税金及附加"科目,贷记"应交税费——应交土地增值税"科目。

　　交纳土地增值税,借记"应交税费——应交土地增值税"科目,贷记"银行存款"科目。

　　【例10-43】　甲企业对外转让一栋厂房,根据税法规定计算的应交土地增值税为25 000元。甲企业应编制如下会计分录:

　　（1）计算应交土地增值税:

　　借:固定资产清理　　　　　　　　　　　　　　　　　　　　　　　25 000

　　　　贷:应交税费——应交土地增值税　　　　　　　　　　　　　　　　25 000

　　（2）用银行存款缴纳土地增值税:

　　借:应交税费——应交土地增值税　　　　　　　　　　　　　　　　　25 000

　　　　贷:银行存款　　　　　　　　　　　　　　　　　　　　　　　　25 000

（六）应交房产税、城镇土地使用税和车船税的账务处理

　　房产税是国家对在城市、县城、建制镇和工矿区征收的由产权所有人缴纳的一种税。房产税依照房产原值一次减除10%～30%后的余额计算交纳。没有房产原值作为依据的,由房产所在地税务机关参考同类房产核定;房产出租的,以房产租金收入为房产税的计税依据。

　　城镇土地使用税是以城市、县城、建制镇、工矿区范围内使用土地的单位和个人为纳税人,以其实际占用的土地面积和规定税额计算征收。

　　车船税是以车辆、船舶（简称"车船"）为课征对象,向车船的所有人或者管理人征收的一种税。

　　企业应交的房产税、城镇土地使用税、车船税,计入"税金及附加"科目,借记"税金及附加"科目,贷记"应交税费——应交房产税/应交城镇土地使用税/应交车船税"科目。

【例10-44】 某企业按税法规定本期应交纳房产税为160 000元、车船税38 000元、城镇土地使用税45 000元。

该企业应编制如下会计分录：

(1)计算应交纳的上述税金：

借：税金及附加 243 000

　　贷：应交税费——应交房产税 160 000

　　　　　　　　——应交城镇土地使用税 45 000

　　　　　　　　——应交车船税 38 000

(2)用银行存款交纳上述税金：

借：应交税费——应交房产税 160 000

　　　　　　　——应交城镇土地使用税 45 000

　　　　　　　——应交车船税 38 000

　　贷：银行存款 243 000

知识总结：

表10-15 其他应交税费的账务处理

税种	具体内容	账务处理
应交资源税	对外销售应税产品应交纳的资源税应计入"税金及附加"科目；自产自用应税产品应交纳的资源税应计入"生产成本""制造费用"等科目	借：税金及附加 　　生产成本 　　制造费用等 　　贷：应交税费——应交资源税
应交城市维护建设税	应纳税额＝(实际交纳的增值税＋实际交纳的消费税)×适用税率	计提时： 借：税金及附加等 　　贷：应交税费——应交城市维护建设税 交纳时： 借：应交税费——应交城市维护建设税 　　贷：银行存款
应交教育费附加	应纳税额＝(实际交纳的增值税＋实际交纳的消费税)×征收率	计提时： 借：税金及附加等 　　贷：应交税费——应交教育费附加 交纳时： 借：应交税费——应交教育费附加 　　贷：银行存款

续表

税种	具体内容	账务处理
应交土地增值税	转让土地使用权时连同地上建筑物及其附着物一并在"固定资产"科目核算	借:固定资产清理【转让时应交的土地增值税】 　贷:应交税费——应交土地增值税
	土地使用权在"无形资产"科目核算	借:银行存款【实际收到的金额】 　　累计摊销【已计提的摊销额】 　　无形资产减值准备【已计提的减值准备金额】 　贷:应交税费——应交土地增值税【转让时应交的土地增值税】 　　　无形资产 　　　资产处置损益【差额,或借方】
	房地产开发企业销售房地产应交纳的土地增值税	借:税金及附加 　贷:应交税费——应交土地增值税
应交房产税、城镇土地使用税、车船税	计入"税金及附加"科目	借:税金及附加 　贷:应交税费——应交房产税 　　　　　　——应交城镇土地使用税 　　　　　　——应交车船税

【课程思政】

国家税务总局:2024 年减税降费及退税超 2.6 万亿元

2024 年,现行支持科技创新和制造业发展的主要政策减税降费及退税达 26 293 亿元,助力我国新质生产力加速培育、制造业高质量发展。

2024 年,税务部门精准落实结构性减税降费政策,重点支持科技创新和制造业发展。分政策类型看,支持加大科技投入和成果转让的研发费用加计扣除等政策减税降费及退税 8 069 亿元;支持破解"卡脖子"难题和科技人才引进及培养的集成电路和工业母机企业增值税加计抵减等政策减税降费 1 328 亿元;支持培育发展高新技术企业和新兴产业的高新技术企业减按 15% 税率征收企业所得税、新能源汽车免征车辆购置税等政策减税 4 662 亿元;支持设备更新和技术改造的政策减税 1 140 亿元;支持制造业高质量发展的先进制造业企业增值税加计抵减和留抵退税等政策减税降费及退税 11 094 亿元。

在结构性减税降费政策等一系列政策措施作用下,科技创新能力不断增强。增值税发票数据显示,2024 年,高技术产业销售收入同比较全国总体增速快 9.6 个百分点,反映创新产业增长较快;全国科技成果转化服务销售收入同比增长 27.1%,较高技术服务业增速快 14.3 个百分点,说明科研结果加快转化为实际生产力;数字经济核心产业同比增长 7.1%,全国企业采购数字技术金额同比增长 7.4%,折射出数实融合有序推进。

在税费优惠等各方面政策的支持带动下,我国制造业稳步发展。增值税发票数据显示,2024年,制造业企业销售收入较全国总体增速快2.2个百分点。其中,装备制造业、数字产品制造业、高技术制造业销售收入同比分别增长6.2%、8.3%和9%,特别是计算机制造、通信及雷达设备制造、智能设备制造等先进制造业销售收入同比分别增长14.4%、19%和10.1%,反映出制造业向高端化、智能化稳步推进。

国家税务总局有关司局负责人表示,下一步,税务部门将深入贯彻落实党的二十届三中全会和中央经济工作会议精神,聚焦创新驱动发展战略和促进实体经济发展等改革任务,认真落实并不断研究完善重点支持科技创新和制造业发展的结构性减税降费政策,更好助力新质生产力发展,推动我国经济高质量发展。

资料来源:新华财经

【关键术语】

短期借款　应付账款　应付票据　预收账款　应付职工薪酬　应交税费

【学习评价】

专业能力测评表

(在○中打√,A掌握,B基本掌握,C未掌握)

业务能力	评价指标	自测结果			备注
短期借款	1.短期借款的管理	○A	○B	○C	
	2.短期借款的核算	○A	○B	○C	
应付及预收款项	1.应付票据	○A	○B	○C	
	2.应付账款	○A	○B	○C	
	3.预收账款	○A	○B	○C	
	4.其他应付款	○A	○B	○C	
应付职工薪酬	1.职工薪酬的内容	○A	○B	○C	
	2.短期职工薪酬的核算	○A	○B	○C	
	3.长期职工薪酬的核算	○A	○B	○C	
应交税费	1.应交税费概述	○A	○B	○C	
	2.应交增值税	○A	○B	○C	
	3.应交消费税	○A	○B	○C	
	4.其他应交税费	○A	○B	○C	
教师评语:					
成绩		教师签字			

练习题

答案

第十一章　非流动负债

【学习目标】

知识目标

1. 掌握长期借款的账务处理；

2. 掌握应付债券利息计算及账务处理；

3. 掌握实际利率法下应付债券利息调整的摊销；

4. 熟悉借款费用应予资本化的借款范围及借款费用资本化的确认与计量。

能力目标

1. 能按照规范流程和方法进行非流动负债业务的账务处理；

2. 能总结出各项流动负债、非流动负债在账务处理上的异同。

思政目标

1. 培养学生公平、公正、诚信的品格；

2. 引导学生树立"爱国、敬业、诚信、友善"的社会主义核心价值观；

3. 引导学生对职业道德加以重视，将诚信放在第一位。

【思维导图】

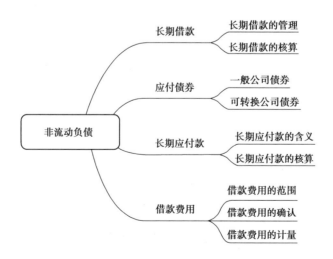

【案例导入】

香雪制药遭 ST 警示：五年财务造假与关联资金占用浮出水面

2025 年 3 月 24 日，香雪制药（300147）发布公告称，公司股票将于 2025 年 3 月 25 日开市起被实施其他风险警示，股票简称变更为"ST 香雪"。

这一决定源于中国证监会于 2025 年 3 月 21 日下发的《行政处罚事先告知书》，揭露了该公司长达五年的财务造假及关联方资金占用问题。

作为 2010 年登陆创业板的"明星药企"，香雪制药的 ST 不仅暴露其内控失效、实控人违规操控的深层危机，也为资本市场信息披露合规性敲响警钟。

财务困境加剧：四年累亏 21 亿，债务难填

《财中社》发现，财务造假与资金占用的背后，是香雪制药持续恶化的经营基本面。

2017 年起，公司扣非净利润陷入亏损泥潭，除 2020 年以后均为负数，2021 年录得 -7.31 亿元；2021—2023 年归母净利润分别为 -6.77 亿元、-5.30 亿元、-3.89 亿元，累计亏损近 16 亿元。

2024 年前三季度，公司营收同比下滑 11.26% 至 15.34 亿元，归母净利润续亏 2.18 亿元，预计全年亏损扩大至 6 亿~8.62 亿元。

债务压力更令其举步维艰。截至 2024 年 9 月末，公司总负债达 59.37 亿元，资产负债率攀升至 73.72%；账面货币资金仅 0.76 亿元，仅为 2024 年前三季度利息费用 1.78 亿元的 42%，短期借款却高达 14.43 亿元，一年内到期的非流动负债 2.78 亿元，另外还有 5.78 亿元的长期借款；流动比率低至 0.36，速动比率仅 0.28，偿债能力几近枯竭。

为缓解危机，香雪制药近年连续出售湖北天济药业、北京香雪等 6 家子公司股权，但回笼资金与债务规模相比仍是杯水车薪。此前，债权人景龙建设以 6 600 万元工程款未清偿为由，向法院申请对公司预重整，进一步暴露其流动性危机。

尽管此次 ST 警示未触及退市标准，但公司持续亏损、资不抵债的现状已引发市场对其持续经营能力的质疑。对于 6 万名股东而言，如何追偿损失仍是未知数。

资料来源：财中社

思考：企业为什么要有负债经营？大额举债后对企业发展有什么不利或者有利影响？

第一节 长期借款

一、长期借款的管理

长期借款是指企业向银行或其他金融机构借入的期限在 1 年以上（不含 1 年）的各种借款，一般用于固定资产的购建、改扩建工程、大修理工程、对外投资以及为了保持长期经营能力等方面。它是企业长期负债的重要组成部分，必须加强管理与核算。

由于长期借款的使用关系到企业的生产经营规模和效益,企业除了要遵守有关的贷款规定、编制借款计划并要有不同形式的担保外,还应监督借款的使用、近期支付长期借款的利息以及按规定的期限归还借款本金等。因此,长期借款会计处理的基本要求是反映和监督企业长期借款的借入、借款利息的结算和借款本息的归还情况,促使企业遵守信贷纪律,提高信用等级,同时也要确保长期借款有效使用。

二、长期借款的核算

企业应通过"长期借款"科目核算长期借款的借入、归还等情况。该科目按照贷款单位和贷款种类设置明细账,分"本金""利息调整"等进行明细核算。该科目的贷方登记长期借款本息的增加额,借方登记本息的减少额,期末贷方余额反映企业尚未偿还的长期借款。长期借款的账务处理如表11-1所示。

表11-1　长期借款的账务处理

项目	账务处理
取得长期借款	借:银行存款【按实际收到的款项】 　　长期借款——利息调整【差额】 　　贷:长期借款——本金
发生长期借款利息	长期借款利息费用应当在资产负债表日按照实际利率法计算确定,实际利率与合同利率差异较小的,也可以采用合同利率计算确定利息费用。 借:管理费用【筹建期间】 　　财务费用【生产经营期间,不符合资本化条件】 　　在建工程等【未达到可使用状态前,符合资本化条件】 　　贷:应付利息【分期付息】 　　　　长期借款——应计利息【到期一次还本付息】
归还长期借款	借:长期借款—本金【归还的本金】 　　应付利息 　　长期借款——应计利息 　　贷:银行存款【实际归还的款项】

1.取得长期借款

企业借入长期借款,应按实际收到的金额,借记"银行存款"科目,贷记"长期借款——本金"科目;如存在差额,还应借记"长期借款——利息调整"科目。

【例11-1】　甲企业为增值税一般纳税人,于20×4年11月30日从银行借入资金3 000 000元,借款期限为3年,年利率为4.8%(到期一次还本付息,不计复利)。所借款项已存入银行。甲企业用该借款于当日购买不需安装的设备一台,价款2 000 000元,增值税税额为260 000元,另支付保险等费用100 000元,设备已于当日投入使用。

甲企业应编制如下会计分录:

（1）取得借款时：

借：银行存款 3 000 000

　　贷：长期借款——本金 3 000 000

（2）支付设备款及保险费用时：

借：固定资产 2 100 000

　　应交税费——应交增值税（进项税额） 260 000

　　贷：银行存款 2 360 000

2. 发生长期借款利息

长期借款利息费用应当在资产负债表日按照实际利率法计算确定，实际利率与合同利率差异较小的，也可以采用合同利率计算确定利息费用。

长期借款计算确定的利息费用，应当按以下原则计入有关成本、费用：

（1）属于筹建期间的，计入管理费用。

（2）属于生产经营期间的，计入财务费用。如果长期借款用于购建固定资产等符合资本化条件的，在资产尚未达到预定可使用状态前，所发生的利息支出应当资本化，计入在建工程等相关资产成本；资产达到预定可使用状态后发生的利息支出，以及按规定不予资本化的利息支出，计入财务费用。

长期借款按合同利率计算确定的应付未付利息，如果属于分期付息的，计入"应付利息"科目，如果属于到期一次还本付息的，计入"长期借款——应计利息"科目，借记"在建工程""制造费用""财务费用""研发支出"等科目，贷记"应付利息"或"长期借款——应计利息"科目。

【例11-2】 承【例11-1】，甲企业于20×4年12月31日计提长期借款利息。

甲企业应编制如下会计分录：

20×4年12月31日计提的长期借款利息＝3 000 000×4.8%÷12＝12 000（元）

借：财务费用 12 000

　　贷：长期借款——应计利息 12 000

20×5年1月至20×7年10月末，每月预提利息分录同上。

3. 归还长期借款

企业归还长期借款的本金时，应按归还的金额，借记"长期借款——本金"科目，贷记"银行存款"科目；按归还的利息，借记"应付利息"或"长期借款——应计利息"科目，贷记"银行存款"科目。

【例11-3】 承【例11-1】和【例11-2】，甲企业于20×7年11月30日偿还该笔银行借款本息。

甲企业应编制如下会计分录：

借：财务费用 【20×7年11月的利息12 000】12 000

　　长期借款——本金 3 000 000

　　　　　　——应计利息 【每月预提利息12 000×35个月】420 000

　　贷：银行存款 【本金3 000 000＋3年利息432 000】3 432 000

【例11-4】 20×4 年 1 月 1 日,甲企业向银行借入 3 年期的长期借款 2 000 000 元,用于企业的经营周转,年利率9%,按照复利计算,每年计息一次,到期一次还本付息,借入款项存入银行。

甲企业的账务处理如下:

(1)20×4 年 1 月 1 日,取得借款时

借:银行存款   2 000 000
　　贷:长期借款——本金   2 000 000

(2)20×4 年 12 月 31 日计息时

第一年的利息 = 2 000 000×9% = 180 000(元)

借:财务费用   180 000
　　贷:长期借款——应计利息   180 000

(3)20×5 年 12 月 31 日计息时

第二年的利息 =(2 000 000+180 000)×9% = 196 200(元)

借:财务费用   196 200
　　贷:长期借款——应计利息   196 200

(4)20×6 年 12 月 31 日到期还本付息时

第三年的利息 =(2 000 000+180 000+196 200)×9% = 213 858(元)

三年累计的利息 = 180 000+196 200+213 858 = 590 058(元)

应归还的本利和 = 2 000 000+590 058 = 2 590 058(元)

借:长期借款——本金   2 000 000
　　　　　　——应计利息   【180 000+196 200】376 200
　　财务费用   213 858
　　贷:银行存款   2 590 058

第二节　应付债券

一、一般公司债券

(一)公司债券的发行

企业发行的超过一年期的债券(包括企业发行的归类为金融负债的优先股、永续债等),构成了企业的长期负债。

公司债券的发行方式有三种,即溢价发行、折价发行和面值发行。假设其他条件不变:

(1)如果债券的票面利率高于同期银行存款利率时,可按超过债券票面价值的价格发行,称为溢价发行。溢价是发行债券的企业以后各期多付利息而事先得到的补偿。

(2)如果债券的票面利率低于同期银行存款利率,可按低于债券面值的价格发行,称

为折价发行。折价是发行债券的企业以后各期少付利息而预先给投资者的补偿。

（3）如果债券的票面利率与同期银行存款利率相同,可按票面价格发行,称为面值发行。溢价或折价是发行债券企业在债券存续期内对利息费用的一种调整。

无论是按面值发行,还是溢价发行或折价发行,账务处理如下:

借:银行存款【实际收到的款项】

　　应付债券——利息调整【折价发行时实际收到的款项与面值的差额】

　　贷:应付债券——面值【债券的面值】

　　　　应付债券——利息调整【溢价发行时实际收到的款项与面值的差额】

（二）利息调整的摊销

利息调整应在债券存续期间内采用实际利率法进行摊销。实际利率法是指按照应付债券的实际利率计算其摊余成本及各期利息费用的方法;实际利率是指将应付债券在债券存续期间的未来现金流量,折现为该债券当前账面价值所使用的利率。

1.分期付息、一次还本的债券

资产负债表日,对于分期付息、一次还本的债券,企业应进行如下账务处理:

借:在建工程/制造费用/财务费用等【期初摊余成本×实际利率计算的债券利息费用】

　　贷:应付利息【面值×票面利率计算的应付未付利息】

　　　　应付债券——利息调整【倒挤的差额,也有可能在借方】

2.一次还本付息的债券

资产负债表日,对于一次还本付息的债券,企业应进行如下账务处理:

借:在建工程/制造费用/财务费用等【期初摊余成本×实际利率计算的债券利息费用】

　　贷:应付债券——应计利息【面值×票面利率计算的应付未付利息】

　　　　应付债券——利息调整【倒挤的差额,也有可能在借方】

（三）债券的偿还

企业发行的债券通常分为一次还本、分期付息或一次还本付息两种。

1.一次还本、分期付息

每期支付利息时:

借:应付利息

　　贷:银行存款

债券到期偿还本金并支付最后一期利息时:

借:应付债券——面值【债券的面值】

　　在建工程/制造费用/财务费用等【最后一期确认的利息费用】

　　贷:银行存款【债券的面值+最后一期的应付利息】

　　　　应付债券——利息调整【倒挤的差额,也有可能在借方】

2.一次还本付息

采用一次还本付息方式的,企业应于债券到期支付债券本息时,进行如下账务处理:

借:应付债券——面值【债券的面值】

　　　　——应计利息【以前期间已计提的利息】

　　在建工程/制造费用/财务费用等【最后一期确认的利息费用】

　　贷:银行存款【债券的面值+所有期间的应付利息】

　　　　应付债券——利息调整【倒挤的差额,也有可能在借方】

【例11-5】 20×1年12月31日,甲公司经批准发行5年期一次还本、分期付息、面值10 000 000元的公司债券,甲公司该批债券实际发行价格为10 432 700元(溢价发行)。债券利息在每年12月31日支付,票面利率为年利率6%。假定债券发行时的市场利率为5%。

甲公司根据上述资料,采用实际利率法和摊余成本法计算确定利息费用,如表11-2所示。

表11-2 利息费用计算表　　　　　　　　　　　　　　　　单位:元

付息日	名义利息 (应付利息)	实际利息费用 (财务费用)	利息调整 (溢价摊销)	债券摊余成本
	①=面值× 票面利率6%	②=期初摊余成本 ×实际利率5%	③=①-②	④=上行 ④-③
20×1年12月31日				10 432 700.00
20×2年12月31日	600 000.00	521 635.00	78 365.00	10 354 335.00
20×3年12月31日	600 000.00	517 716.75	82 283.25	10 272 051.75
20×4年12月31日	600 000.00	513 602.59	86 397.41	10 185 654.34
20×5年12月31日	600 000.00	509 282.72	90 717.28	10 094 937.06
20×6年12月31日	600 000.00	505 062.94*	94 937.06*	10 000 000.00
合计	3 000 000.00	2 567 300.00	432 700.00	—

注:*为尾数调整,即

432 700=10 432 700-10 000 000

94 937.06=432 700-78 365.00-82 283.25-86 397.41-90 717.28

505 062.94=600 000-94 937.06

根据表11-2的资料,甲公司的账务处理如下:

(1)20×1年12月31日发行债券时:

借:银行存款　　　　　　　　　　　　　　　　　　　　　　10 432 700

　　贷:应付债券——面值　　　　　　　　　　　　　　　　　10 000 000

　　　　　　——利息调整　　　　　　　　　　　　　【溢价差额】432 700

（2）20×2 年 12 月 31 日确认利息费用时：

借：财务费用等 　　　　　　　　　　　　　　　　【实际利息】521 635

　　应付债券——利息调整 　　　　　　　　　　　【溢价摊销】78 365

　　　贷：应付利息 　　　　　　　　　　　　　　【名义利息】600 000

（3）20×2 年 12 月 31 日支付利息费用时：

借：应付利息 　　　　　　　　　　　　　　　　　　　　　600 000

　　贷：银行存款 　　　　　　　　　　　　　　　　　　　　600 000

20×3 年、20×4 年、20×5 年确认、支付利息费用的会计处理同 20×2 年。

（4）20×6 年 12 月 31 日归还债券本金及最后一期利息费用时：

借：财务费用等 　　　　　　　　　　　　　　　　　　505 062.94

　　应付债券——面值 　　　　　　　　　　　　　　10 000 000

　　　　　　——利息调整 　　　　　　　　　　　　　94 937.06

　　贷：银行存款 　【面值 10 000 000+最后一期的应付利息 600 000】10 600 000

【例 11-6】　某企业经批准于 20×4 年 1 月 1 日起发行面值为 100 元的 2 年期债券 200 000 张，面值总额 2 000 万元，债券票面利率为 3%，每年 7 月 1 日和 12 月 31 日付息，到期时归还本金并发放最后一次利息。该债券发行价格为 1 961.92 万元，债券实际利率为年利率 4%。该债券所筹资金全部用于新生产线的建设，该生产线于 20×4 年 6 月底完工交付使用。债券溢、折价采用实际利率法摊销，每年 6 月 30 日和 12 月 31 日计提利息。

要求：编制该企业从债券发行到债券到期的全部会计分录。（单位：万元）

分析：甲公司根据上述资料，采用实际利率法和摊余成本法计算确定利息费用，如表 11-3 所示。

表 11-3　利息费用计算表　　　　　　　　　　　　　　　　　单位：万元

付息日	名义利息（应付利息）	实际利息费用（财务费用）	利息调整（折价摊销）	债券摊余成本
	①＝面值×票面利率 3%÷2	②＝期初摊余成本×实际利率 4%÷2	③＝②-①	④＝上行④+③
20×4 年 1 月 1 日				1 961.92
20×4 年 6 月 30 日	30	39.24	9.24	1 971.16
20×4 年 12 月 31 日	30	39.42	9.42	1 980.58
20×5 年 6 月 30 日	30	39.61	9.61	1 990.19
20×5 年 12 月 31 日	30	39.81*	9.81*	2 000
合计	120	158.08	38.08	—

注：*为尾数调整，即

9.81＝38.08-9.24-9.42-9.61

39.81＝30+9.81

(1)20×4年1月1日发行债券：

借：银行存款	1 961.92
应付债券——利息调整	38.08
贷：应付债券——债券面值	2 000

(2)20×4年6月30日计提利息：

利息费用 = 1 961.92×(4%÷2) = 39.24(万元)，本期利息费用予以资本化，计入"在建工程"科目。

借：在建工程	39.24
贷：应付利息	30
应付债券——利息调整	9.24

(3)20×4年7月1日支付利息：

| 借：应付利息 | 30 |
| 贷：银行存款 | 30 |

(4)20×4年12月31日计提利息：

利息费用 = (1 961.92+9.24)×(4%÷2) = 39.42(万元)

因为该生产线于20×4年6月末完工交付使用，故本期及以后各期所发生的借款利息予以费用化，计入"财务费用"科目。

借：财务费用	39.42
贷：应付利息	30
应付债券——利息调整	9.42

(5)20×5年1月1日支付利息：

| 借：应付利息 | 30 |
| 贷：银行存款 | 30 |

(6)20×5年6月30日计提利息：

利息费用 = (1 961.92+9.24+9.42)×(4%÷2) = 39.61(万元)

借：财务费用	39.61
贷：应付利息	30
应付债券——利息调整	9.61

(7)20×5年7月1日支付利息：

| 借：应付利息 | 30 |
| 贷：银行存款 | 30 |

(8)20×5年12月31日计提利息：

尚未摊销的"利息调整"余额 = 38.08-9.24-9.42-9.61 = 9.81(万元)

利息费用 = 30+9.81 = 39.81(万元)

借：财务费用	39.81
贷：应付利息	30
应付债券——利息调整	9.81

(9)20×6 年 1 月 1 日支付利息和本金：

借：应付债券——债券面值   2 000

  应付利息   30

  贷：银行存款   2 030

二、可转换公司债券

我国发行可转换公司债券采取记名式无纸化发行方式。企业发行的可转换公司债券在"应付债券"科目下设置"可转换公司债券"明细科目核算。

企业发行的可转换公司债券，应当在初始确认时将其包含的负债成分和权益成分进行分拆，将负债成分确认为应付债券，将权益成分确认为其他权益工具。在进行分拆时，应当先对负债成分的未来现金流量进行折现并确定负债成分的初始确认金额，再按发行价格总额扣除负债成分初始确认金额后的金额确定权益成分的初始确认金额。发行可转换公司债券发生的交易费用，应当在负债成分和权益成分之间按照各自的相对公允价值进行分摊。

企业发行可转换公司债券，应进行如下账务处理：

借：银行存款【实际收到的款项】

  贷：应付债券——可转换公司债券（面值）【债券包含的负债成分面值】

    其他权益工具【债券包含的权益成分的公允价值】

    应付债券——可转换公司债券（利息调整）【倒挤的差额，也有可能在借方】

【例 11-7】 甲公司经批准于 20×4 年 1 月 1 日按面值发行 5 年期一次还本、按年付息的可转换公司债券 200 000 000 元，款项已收存银行，债券票面年利率为 6%。债券发行 1 年后可转换为普通股股票，初始转股价为每股 10 元，股票面值为每股 1 元。债券持有人若在当期付息前转换股票的，应按债券面值和应计利息之和除以转股价，计算转换的股份数。假定 20×5 年 1 月 1 日债券持有人将持有的可转换公司债券全部转换为普通股股票，甲公司发行可转换公司债券时二级市场上与之类似的没有附带转换权的债券市场利率为 9%。

甲公司的账务处理如下：

(1)20×4 年 1 月 1 日发行可转换公司债券时：

可转换公司债券负债成分的公允价值 = 200 000 000×0.6499 + 200 000 000×6%×3.8897 = 176 656 400（元）

可转换公司债券权益成分的公允价值 = 200 000 000 - 176 656 400 = 23 343 600（元）

借：银行存款   【按面值发行】200 000 000

  应付债券——可转换公司债券（利息调整） 【倒挤的差额】23 343 600

  贷：应付债券——可转换公司债券（面值） 【债券的面值】200 000 000

    其他权益工具   【权益成分的公允价值】23 343 600

(2)20×4 年 12 月 31 日确认利息费用时：

借：财务费用等 【期初摊余成本 176 656 400×实际利率 9%】15 899 076

贷:应付利息——可转换公司债券利息　　　　【200 000 000×6%】12 000 000

　　应付债券——可转换公司债券(利息调整)　　　【倒挤的差额】3 899 076

(3)20×5 年 1 月 1 日债券持有人行使转换权时(假定利息尚未支付):

转换的股份数=(200 000 000+12 000 000)÷10=21 200 000(股)

借:应付债券——可转换公司债券(面值)　　　　【债券的面值】200 000 000

　　应付利息——可转换公司债券利息　　　　　【已计提的利息】12 000 000

　　其他权益工具　　　　　　　　　　【权益成分的公允价值】23 343 600

贷:股本　　　　　　　　　　　　　　【股票的面值】21 200 000

　　应付债券——可转换公司债券(利息调整)

　　　　　　　　　　　　　【23 343 600-3 899 076】19 444 524

　　资本公积——股本溢价　　　　　　　　【倒挤的差额】194 699 076

企业发行附有赎回选择权的可转换公司债券,其在赎回日可能支付的利息补偿金,即债券约定赎回期届满日应当支付的利息减去应付债券票面利息的差额,应当在债券发行日至债券约定赎回期届满日期间计提应付利息,计提的应付利息,分别计入相关资产成本或财务费用。

第三节　长期应付款

一、长期应付款的含义

长期应付款,是指企业除长期借款和应付债券以外的其他各种长期应付款项,如以分期付款方式购入固定资产发生的应付款项等。

二、长期应付款的核算

企业应设置"长期应付款"科目,用以核算企业应付的款项及偿还情况。该科目可按长期应付款的种类和债权人进行明细核算。该科目的贷方登记发生的长期应付款,借方登记偿还的应付款项,期末贷方余额反映企业尚未偿还的长期应付款。

采用分期付款方式购置资产并超过正常信用条件延期支付价款,实际上具有融资性质。因购入方需要承担延期付款的利息,故分期付款总额通常高于一次性付款金额。企业应按照购买价的现值,借记"固定资产""无形资产"等科目,按应支付的价款总额,贷记"长期应付款"科目,将实际支付的价款与购买价款的现值之间的差额,借记"未确认融资费用"科目,并且在信用期内采用实际利率法摊销。各期实际支付的价款与购买价款的现值之间的差额,符合资本化条件的,应当计入固定资产成本,其余部分应当在信用期间内确认为财务费用,计入当期损益。

【例 11-8】　20×4 年 1 月 1 日,甲公司与乙公司签订一项购货合同,甲公司从乙公司购入一台需要安装的特大型设备。合同约定,甲公司采用分期付款方式支付价款。该设备的价款共计600万元(不考虑增值税),在20×4年至20×6年的3年内每年支付200万元,每年的付款日期为当年12月31日。20×4年1月1日,设备如期运抵甲公司并开始安装。20×4年12月31日,设备达到预定可使用状态,发生安装费80万元,已用银行存款付讫。假定甲公司适用的年折现率为10%。已知利率为10%,期限为3年的年金现值系数为2.486 9。

要求:对甲公司上述业务进行相应的账务处理。

分析:本例中,甲公司购入设备分期付款的现值=2 000 000×(P/A,10%,3)

=2 000 000×2.486 9

=4 973 800(元)

(1)20×4年1月1日,编制分录如下:

借:在建工程——××设备 【购买价款的现值】4 973 800

　　未确认融资费用【实际支付的价款与购买价款的现值之间的差额】1 026 200

　　　贷:长期应付款——乙公司 【应支付的价款总额】6 000 000

(2)20×4年1月1日至20×4年12月31日为设备的安装期间,未确认融资费用的分摊额符合资本化条件,计入固定资产成本。

未确认融资费用的分摊额=(6 000 000-1 026 200)×10%=497 380(元)

借:在建工程 497 380

　　贷:未确认融资费用 497 380

借:长期应付款——乙公司 2 000 000

　　贷:银行存款 2 000 000

20×4年12月31日,设备达到预定可使用状态,支付安装费80万元,并从"在建工程"科目转入"固定资产"。

计入固定资产成本的金额=4 973 800+497 380+800 000=6 271 180(元)

借:在建工程 800 000

　　贷:银行存款 800 000

借:固定资产——××设备 6 271 180

　　贷:在建工程 6 271 180

(3)20×5年12月31日该设备已经达到预定可使用状态,未确认融资费用的分摊额不再符合资本化条件,应计入当期损益。

未确认融资费用的分摊额=[(6 000 000-2 000 000)-(1 026 200-497 380)]×10%=347 118(元)

借:财务费用 347 118

　　贷:未确认融资费用 347 118

借:长期应付款——乙公司 2 000 000

　　贷:银行存款 2 000 000

(4)20×6年12月31日未确认融资费用的分摊额=1 026 200-497 380-347 118=181 702(元)

借:财务费用　　　　　　　　　　　　　　　　　181 702
　　贷:未确认融资费用　　　【未确认融资费用的余额】181 702
借:长期应付款——乙公司　　　　　　　　　　　2 000 000
　　贷:银行存款　　　　　　　　　　　　　　　2 000 000

第四节　借款费用

一、借款费用的范围

借款费用是企业因借入资金所付出的代价,包括借款利息、折价和溢价的摊销、辅助费用以及因外币借款而发生的汇兑差额等。

1. 借款利息

因借款而发生的利息包括企业向银行或者其他金融机构等借入资金发生的利息、发行公司债券或企业债券发生的利息,以及为购建或者生产符合资本化条件的资产而发生的带息债务所承担的利息等。

2. 折价和溢价的摊销

因借款而发生的折价和溢价主要是指发行债券等发生的折价或者溢价。发行债券中的折价或者溢价,其实质是对债券票面利息的调整(即将债券票面利率调整为实际利率),属于借款费用的范畴。如某公司发行公司债券,每张公司债券票面价值为100元,票面年利率为6%,期限为4年,而同期市场利率为年利率8%,由于公司债券的票面利率低于市场利率,为成功发行公司债券,该公司采取了折价发行的方式,折价金额在实质上是用于补偿投资者在购入债券后所受到的名义利息上的损失,应当作为以后各期利息费用的调整额。

3. 辅助费用

因借款而发生的辅助费用,是指企业在借款过程中发生的手续费、佣金等费用,这些费用是因安排借款而发生的,也属于借入资金所付出的代价,是借款费用的构成部分。

4. 因外币借款而发生的汇兑差额

因外币借款而发生的汇兑差额,是指汇率变动导致市场汇率与账面汇率出现差异,从而对外币借款本金及其利息的记账本位币金额所产生的影响金额。

企业发生的权益性融资费用,不应包括在借款费用中。

【例11-9】　某企业发生了借款手续费10万元,发行公司债券佣金1 000万元,发行公司股票佣金2 000万元,借款利息200万元。其中,借款手续费10万元、发行公司债券佣金1 000万元和借款利息200万元均属于借款费用;发行公司股票属于公司权益性融资,所发生的佣金应当冲减溢价,不属于借款费用范畴,不应按照借款费用规定进行会计处理。

二、借款费用的确认

(一) 确认原则

借款费用的确认主要涉及的是将每期发生的借款费用资本化、计入相关资产的成本,还是将有关借款费用化、计入当期损益的问题。

借款费用确认的基本原则是,企业发生的借款费用可直接归属于符合资本化条件的资产购建或者生产的,应当予以资本化,计入相关资产成本;其他借款费用应当在发生时根据其发生额确认费用,计入当期损益。

符合资本化条件的资产,是指需要经过相当长时间的购建或者生产活动才能达到预定可使用或者可销售状态的固定资产、投资性房地产和存货等资产。无形资产的开发支出等在符合条件的情况下,也可以认定为符合资本化条件的资产。符合资本化条件的存货主要包括房地产开发企业开发的用于对外出售的房地产开发产品、企业制造的用于对外出售的大型机器设备等。其中,"相当长时间"应当是指资产的购建或者生产所必需的时间,通常为 1 年以上(含 1 年)。

在实务中,如果人为或者故意等非正常因素导致资产的购建或者生产时间相当长的,该资产不属于符合资本化条件的资产。购入即可使用的资产,或者购入后需要安装但所需安装时间较短的资产,或者需要建造或生产但建造或生产时间较短的资产,均不属于符合资本化条件的资产。

【例 11-10】　甲企业向银行借入资金分别用于生产 A 产品和 B 产品,其中,A 产品的生产时间较短,为 1 个月;B 产品属于大型发电设备,生产周期较长,为 1 年零 3 个月。

为存货生产而借入的借款费用在符合资本化条件的情况下应当予以资本化。本例中,由于 A 产品的生产时间较短,不属于需要经过相当长时间的生产才能达到预定可销售状态的资产,因此,为 A 产品的生产而借入资金所发生的借款费用不应计入 A 产品的生产成本,而应计入当期财务费用。而 B 产品的生产时间比较长,属于需要经过相当长时间的生产才能达到预定可销售状态的资产,因此,为 B 产品的生产而借入资金所发生的借款费用符合资本化的条件,应计入 B 产品的成本中。

(二)借款费用应予资本化的借款范围

借款包括专门借款和一般借款。

专门借款,是指为购建或者生产符合资本化条件的资产而专门借入的款项。专门借款通常有明确的用途,即为购建或者生产某项符合资本化条件的资产而专门借入,并通常具有标明该用途的借款合同。如某企业为了建造一条生产线向某银行专门贷款 5 000 万元,某房地产开发企业为了开发某住宅小区向某银行专门贷款 2 亿元等,均属于专门借款,其使用目的明确。

一般借款是指除专门借款外的借款。相对于专门借款,一般借款在借入时通常没有特指用于符合资本化条件的资产的购建或者生产。

借款费用资本化的借款范围,既包括专门借款,也包括一般借款。对于一般借款,只有在购建或者生产某项符合资本化条件的资产占用了一般借款时,才应将与该部分一般借款相关的借款费用资本化;否则,所发生的借款费用应当计入当期损益。

（三）借款费用资本化期间的确定

只有发生在资本化期间内的有关借款费用才允许资本化,资本化期间的确定是借款费用确认和计量的重要前提。借款费用资本化期间是指从借款费用开始资本化时点到停止资本化时点的期间,不包括借款费用暂停资本化的期间。

1. 借款费用开始资本化的时点

借款费用开始资本化必须同时满足三个条件,即资产支出已经发生、借款费用已经发生、为使资产达到预定可使用或者可销售状态所必要的购建或者生产活动已经开始。

（1）资产支出已经发生。

资产支出包括以支付现金、转移非现金资产和承担带息债务等形式所发生的支出。

①支付现金,是指用货币资金支付符合资本化条件的资产的购建或者生产支出。

②转移非现金资产,是指企业将自有非现金资产直接用于符合资本化条件的资产的购建或者生产。

③承担带息债务,是指企业为了购建或者生产符合资本化条件的资产而承担的带息应付款项。

例如,甲企业用银行存款购买为建造固定资产所需用的物资、支付有关职工薪酬、向工程承包商支付工程进度款等,这些支出均属于资产支出;乙企业将自产的水泥、钢材等产品用于建造符合资本化条件的资产,该企业同时还用自产的产品换取其他企业的工程物资,并用于符合资本化条件的资产的建造,也属于资产支出;丙企业因建设长期工程,于20×4年7月1日购入一批工程用物资,开出一张20万元的带息银行承兑汇票,期限为3个月,票面年利率为4%。该事项虽未使企业直接支付现金,但自7月1日开出承兑汇票开始企业就要为这笔债务承担代价——支付利息,所以,该带息债务发生之时意味着资产支出已经发生。

（2）借款费用已经发生。

借款费用已经发生,是指企业已经发生了因购建或者生产符合资本化条件的资产而专门借入款项的借款费用,或者占用的一般借款的借款费用。

例如,甲企业于20×4年7月1日为建造一艘预期20×5年年末完工的工程船,从银行专门借入款项3 000万元,当日开始计息。在20×4年7月1日即应当认为借款费用已经发生。

（3）为使资产达到预定可使用或者可销售状态所必要的购建或者生产活动已经开始。

为使资产达到预定可使用或者可销售状态所必要的购建或者生产活动已经开始,是指符合资本化条件的资产的实体建造或者生产工作已经开始,如主体设备的安装、厂房的实际开工建造等。它不包括仅仅持有资产但没有发生为改变资产形态而进行的实质上的建造或者生产活动。

例如,甲企业为了建设厂房于20×4年2月初购置了建筑用地,但是尚未开工兴建房屋,有关房屋实体建造活动也没有开始,在这种情况下,仅意味着资产支出已经发生,并不意味着为使资产达到预定可使用状态所必要的购建活动已经开始。而如果甲企业于当年3月初建造该厂房的工程开工了,则为使资产达到预定可使用状态所必要的购建活动已经开始。

企业只有在上述三个条件同时满足的情况下,相关借款费用才可以开始资本化;只要其中有一个条件没有满足,借款费用就不能资本化,而应计入当期损益。

【例11-11】 某企业专门借入款项建造某项符合资本化条件的固定资产,相关借款费用已经发生,同时固定资产的实体建造工作也已开始,但固定资产建造所需物资等都是赊购或者客户垫付的(且所形成的负债均为不带息负债),发生的相关薪酬等费用也尚未形成现金流出。

在这种情况下,固定资产建造本身并没有占用借款资金,没有发生资产支出,该事项只满足借款费用开始资本化的第二个和第三个条件,但是没有满足第一个条件,所以,所发生的借款费用不应予以资本化。

【例11-12】 某企业为了建造一项符合资本化条件的固定资产,使用自有资金购置了工程物资,该固定资产已经开始动工兴建,但专门借款资金尚未到位,也没有占用一般借款资金。

在这种情况下,该事项尽管满足了借款费用开始资本化的第一个和第三个条件,但是不符合借款费用开始资本化的第二个条件,因此,不允许开始借款费用的资本化。

【例11-13】 某企业为了建造某一项符合资本化条件的厂房,已经使用银行存款购置了水泥、钢材等,发生了资产支出,相关借款也已开始计息,但是厂房因各种原因迟迟未能开工兴建。

在这种情况下,该事项尽管满足了借款费用开始资本化的第一个和第二个条件,但是不符合借款费用开始资本化的第三个条件,因此,所发生的借款费用不应予以资本化。

2.借款费用暂停资本化的时间

符合资本化条件的资产在购建或者生产过程中发生非正常中断且中断时间连续超过3个月的,应当暂停借款费用的资本化。中断的原因必须是非正常中断,属于正常中断的,相关借款费用仍可资本化。非正常中断,通常是由企业管理决策上的因素或者其他不可预见的因素等所导致的中断。如出于与施工方发生了质量纠纷、工程或生产用料没有及时供应、资金周转发生了困难、施工或生产发生了安全事故、发生了与资产购建或生产有关的劳动纠纷等原因,资产购建或者生产活动发生的中断,均属于非正常中断。

正常中断与非正常中断有显著不同。正常中断通常仅限于购建或者生产符合资本化条件的资产达到预定可使用或者可销售状态所必要的程序,或者事先可预见的不可抗力因素导致的中断。如某些工程建造到一定阶段必须暂停下来进行质量或者安全检查,检查通过后才可继续下一阶段的建造工作,这类中断是在施工前可以预见的,而且是工程建造必经的程序,属于正常中断。某些地区的工程在建造过程中,由可预见的不可抗力因素(如雨季或冰冻季节等)导致施工出现的中断,也属于正常中断。

在实务中,企业应当按照实质重于形式等原则来判断借款费用暂停资本化的时间。如果相关资产购建或者生产的中断时间较长而且满足其他规定条件的,相关借款费用应当暂停资本化。

【例11-14】 某企业于20×4年1月1日利用专门借款开工建造一幢厂房,支出已经发生,因此借款费用从当日起开始资本化。工程预计于20×5年3月完工。20×4年5月15日,工程施工发生了安全事故,导致工程中断,直到8月10日才复工。

在本例中,该中断属于非正常中断,因此,上述专门借款在20×4年5月15日至8月10日间所发生的借款费用不应资本化,而应作为财务费用计入当期损益。

【例11-15】 某企业在北方某地建造某工程期间,遇上冰冻季节(通常为6个月),工程施工因此中断,待冰冻季节过后方能继续施工。在本例中,该地区在施工期间出现较长时间的冰冻是正常情况,由此的施工中断是可预见的不可抗力因素导致的中断,属于正常中断。在正常中断期间所发生的借款费用可以继续资本化,计入相关资产的成本。

3. 借款费用停止资本化的时点

购建或者生产符合资本化条件的资产达到预定可使用或者可销售状态时,借款费用应当停止资本化。在符合资本化条件的资产达到预定可使用或者可销售状态之后发生的借款费用,应当在发生时根据其发生额确认为费用,计入当期损益。

资产达到预定可使用或者可销售状态,是指所购建或者生产的符合资本化条件的资产已经达到建造方、购买方或者企业自身等预先设计、计划或者合同约定的可使用或者可销售的状态。企业在确定借款费用停止资本化的时点时需要运用职业判断,应当按照实质重于形式原则,针对具体情况,依据经济实质判断所购建或者生产的符合资本化条件的资产达到预定可使用或者可销售状态的时点,具体可从以下3个方面进行判断:

(1)符合资本化条件的资产的实体建造(包括安装)或者生产活动已经全部完成或者实质上已经完成。

(2)所购建或者生产的符合资本化条件的资产与设计要求、合同规定或者生产要求相符或者基本相符,即使有极个别与设计、合同或者生产要求不相符的地方,也不影响其正常使用或者销售。

(3)继续发生在所购建或生产的符合资本化条件的资产上的支出金额很少或者几乎不再发生。

购建或者生产符合资本化条件的资产需要试生产或者试运行的,在试生产结果表明资产能够正常生产出合格产品,或者试运行结果表明资产能够正常运转或者营业时,应当认为该资产已经达到预定可使用或者可销售状态。

【例11-16】 某企业借入一笔款项,于20×4年2月1日采用出包方式开工建造一幢厂房。20×5年10月10日工程全部完工,达到合同要求。10月30日工程验收合格,11月15日办理工程竣工结算,11月20日完成全部资产移交手续,12月1日厂房正式投入使用。

在本例中,企业应当将20×5年10月10日确定为工程达到预定可使用状态的时点,作为借款费用停止资本化的时点。后续的工程验收日、竣工结算日、资产移交日和投入使用日均不应作为借款费用停止资本化的时点,否则会导致资产价值和利润的高估。

在符合资本化条件的资产的实际购建或者生产过程中,如果所购建或者生产的符合资本化条件的资产分别建造、分别完工,企业也应当按照实质重于形式原则,区别不同情况,界定借款费用停止资本化的时点。

如果所购建或者生产的符合资本化条件的资产的各部分分别完工,每部分在其他部分继续建造或者生产过程中可供使用或者可对外销售,且为使该部分资产达到预定可使用或可销售状态所必要的购建或者生产活动实质上已经完成的,应当停止与该部分资产相关的借款费用的资本化。

如果企业购建或者生产的资产的各部分分别完工,但必须等到整体完工后才可使用或者对外销售的,应当在该资产整体完工时停止借款费用的资本化。在这种情况下,即使各部分资产已经完工,也不能够认为该部分资产已经达到了预定可使用或者可销售状态,企业只能在该资产整体完工时,才能认为资产已经达到了预定可使用或者可销售状态,借款费用方可停止资本化。

【例11-17】 某企业在建设某一涉及数项工程的钢铁冶炼项目时,每个单项工程都是根据各道冶炼工序设计建造的。因此,只有在每项工程都建造完毕后,整个冶炼项目才能正式运转,达到生产和设计要求,故每个单项工程完工后不应认为资产已经达到了预定可使用状态。企业只有等到整个冶炼项目全部完工,达到预定可使用状态时,才能停止借款费用的资本化。

三、借款费用的计量

(一)借款利息资本化金额的确定

在借款费用资本化期间内,每一会计期间的利息(包括折价或溢价的摊销,下同)的资本化金额,应当按照下列原则确定。

1. 专门借款利息资本化金额的确定

为购建或者生产符合资本化条件的资产而借入专门借款的,应当以专门借款当期实际发生的利息费用减去将尚未动用的借款资金存入银行取得的利息收入或进行暂时性投资取得的投资收益后的金额,确定专门借款应予资本化的利息金额。

专门借款利息资本化金额计算公式如下:

每一会计期间专门借款利息资本化金额 = 专门借款当期实际发生的利息费用 - (尚未动用的借款资金的利息收入 + 尚未动用的借款资金暂时性投资取得的投资收益)

2. 一般借款利息资本化金额的确定

为购建或者生产符合资本化条件的资产而占用了一般借款的,企业应当根据累计资产支出超过专门借款部分的资产支出加权平均数乘以所占用一般借款的资本化率,计算确定一般借款应予资本化的利息金额。资本化率应当根据一般借款加权平均利率计算确定,即企业占用一般借款购建或者生产符合资本化条件的资产时,一般借款的借款费用的资本化金额的确定应当与资产支出相挂钩。有关计算公式如下:

一般借款利息费用资本化金额=累计资产支出超过专门借款部分的资产支出加权平均数×所占用一般借款的资本化率

所占用一般借款的资本化率=所占用一般借款加权平均利率=所占用一般借款当期实际发生的利息之和÷所占用一般借款本金加权平均数

3. 每一会计期间的利息资本化金额不应当超过当期相关借款实际发生的利息金额

【例11-18】 甲公司于20×4年1月1日正式动工建造一幢厂房,工期预计为18个月。工程采用出包方式,分别于20×4年1月1日、20×4年7月1日和20×5年1月1日支付工程进度款。

甲公司为建造厂房于20×4年1月1日向A银行专门借款30 000 000元,借款期限为2年,年利率为5%。另外,在20×4年7月1日又向A银行专门借款60 000 000元,借款期限为2年,年利率为6%。借款利息按年支付(如无特别说明,例题中名义利率与实际利率相同)。

甲公司将闲置借款资金用于固定收益债券短期投资,该短期投资月收益率为0.5%。

厂房于20×5年6月30日完工,达到预定可使用状态。

甲公司为建造该厂房的支出金额如表11-4所示。

表11-4　甲公司厂房建造资产支出及闲置借款资金投资情况表　　单位:元

日期	每期资产支出金额	累计资产支出金额	闲置借款资金用于短期投资金额
20×4年1月1日	15 000 000	15 000 000	15 000 000
20×4年7月1日	35 000 000	50 000 000	40 000 000
20×5年1月1日	35 000 000	85 000 000	5 000 000
总计	85 000 000		60 000 000

由于甲公司使用了专门借款建造厂房,而且厂房建造支出没有超过专门借款金额,因此,甲公司20×4年、20×5年建造厂房应予资本化的利息金额计算如下:

(1)确定借款费用资本化期间为20×4年1月1日至20×5年6月30日。

(2)计算在资本化期间内专门借款实际发生的利息金额:

20×4年专门借款发生的利息金额=30 000 000×5%+60 000 000×6%×6÷12=3 300 000(元)

20×5年1月1日至6月30日专门借款发生的利息金额=30 000 000×5%×6÷12+60 000 000×6%×6÷12=2 550 000(元)

(3)计算在资本化期间内利用闲置的专门借款资金进行短期投资所获得的收益:

20×4年短期投资收益=15 000 000×0.5%×6+40 000 000×0.5%×6=1 650 000(元)

20×5年1月1日至6月30日短期投资收益=5 000 000×0.5%×6=150 000(元)

(4)由于在资本化期间内,专门借款利息费用的资本化金额应当以其实际发生的利息费用减去将闲置的借款资金进行短期投资取得的投资收益后的金额确定,因此:

20×4年的利息资本化金额=3 300 000-1 650 000=1 650 000(元)

20×5 年的利息资本化金额＝2 550 000−150 000＝2 400 000（元）

（5）有关借款利息的账务处理如下：

①20×4 年 12 月 31 日：

借：在建工程——××厂房   1 650 000

    财务费用   1 650 000

        贷：应付利息——A 银行   3 300 000

（闲置专门借款资金进行短期投资取得收益的账务处理略，下同）

②20×5 年 6 月 30 日：

借：在建工程——××厂房   2 400 000

    财务费用   150 000

        贷：应付利息——A 银行   2 550 000

（二）借款辅助费用资本化金额的确定

辅助费用是企业为了安排借款而发生的必要费用，包括借款手续费（如发行债券手续费）、佣金等。如果企业不发生这些费用，就无法取得借款。辅助费用是企业借入款项所付出的一种代价，是借款费用的有机组成部分。

对于企业发生的专门借款辅助费用，在所购建或者生产的符合资本化条件的资产达到预定可使用或者可销售状态之前发生的，应当在发生时根据其发生额予以资本化；在所购建或者生产的符合资本化条件的资产达到预定可使用或者可销售状态之后所发生的，应当在发生时根据其发生额确认为费用，计入当期损益。上述资本化或计入当期损益的辅助费用的发生额，是指按照实际利率法所确定的金融负债交易费用对每期利息费用的调整额。借款实际利率与合同利率差异较小的，也可以采用合同利率计算确定利息费用。一般借款发生的辅助费用，也应当按照上述原则确定其发生额。

（三）外币专门借款汇兑差额资本化金额的确定

在资本化期间内，外币专门借款本金及其利息的汇兑差额应当予以资本化，计入符合资本化条件的资产的成本；除外币专门借款外的其他外币借款本金及其利息所产生的汇兑差额，应当作为财务费用计入当期损益。

【课程思政】

小账本垒出乡村振兴大舞台

湖北省宜昌市兴山县昭君镇位于长江支流香溪河中游，地处有着"最美水上公路"之称的古昭公路南端入口，是三峡库区最后一个整体搬迁的重建集镇。

从著名的西汉和亲使者王昭君故里向东南方走大约 2 千米，即是昭君村村民委员会。村民委员会一楼的办事大厅是一个大开间，里面放置着几张办公桌、电脑，设有一个读书角。与常见的办事大厅相比，这里并没有设置任何一个"柜台"，前来办事的村民可以与村委会工作人员面对面交流。没有了"柜台"的隔阂，办理什么业务，都和唠家常一般自如。

昭君村近年来通过举办"村晚"、篮球比赛、节日活动等方式提升村民的幸福感。村集体经济发展起来了,村民的腰包也鼓起来了。2024年,昭君村村集体经济收入创新高,成为昭君镇村集体经济收入最高的行政村。春节前,昭君村向每户发放了1 500元村集体经济收入分红,还发放了总价值约10万元的物资。

此外,昭君村向村里60岁以上的老人发放了500元补助,向70岁以上老人发放补助和被褥等生活用品。与2023年相比,这笔补助金涨了200元。

这些数据的取得,得益于兴山县全面实施乡镇代理记账改革。该项工作起始于2019年,经过6年的运行,已经取得一定成效。

兴山县通过政府采购确定湖北华审会计师事务所有限公司为乡镇代理记账委托机构。华审事务所委派19名专业财会人员分别进驻8个乡镇财政所,代理48家行政事业单位和96个村的记账业务。每年从财务报账审核、凭证单据的归集粘贴、财务核算、账务处理、报表编制上报、会计档案整理等方面全面规范财务会计工作。通过代理记账,乡镇财务管理工作走向规范化、专业化,乡村财务管理软实力得到全面提升。

其中,兴山县相关部门搭建的人员选拔和保障机制值得关注。

人才少、人难留是制约乡村发展的大瓶颈。兴山县多数乡镇远离城区,位置偏僻,如何保证记账人员的稳定性,既扎根乡镇、尽职尽责,又达到胜任能力,是一个两难命题。兴山县最终确定了代理记账人员本地化和加强培训的原则框架,由华审事务所统一在兴山招聘各乡镇及村级代账人员,每个乡镇按行政事业财务及农村村级财务分设两人,建立一支能扎根基层的专职人员队伍,改变了市场上常见的"个体户打游击"式的代账模式。

在昭君镇财政所一楼的办公大厅,"一杯热茶、一把椅子、一句问候、一张笑脸、一个满意答复"的标语挂在墙上。代理记账工作人员有专门的两个岗位,实行坐班制,与财政所合署办公。财政所提供办公生活设备设施,代理记账工作人员比照财政所职工安排生活、住宿,确保工作人员扎根基层。

从成果来看,兴山县乡镇财务管理工作实现了"五个统一",即统一了会计档案、会计制度、会计科目、财务报表、审核标准,做到财务管理"一把尺子量标准、一套制度管执行"。

可喜的是,原先的财政驻村专管员被解放了出来。

此前,因为面向最基层老百姓,乡镇财政驻村专管员工作职责多达16项,但编制较少,驻村专管员疲于应付基础工作,制度执行和财政监管工作存在空档。推行代理记账工作后,驻村专管员从诸多事务性工作中彻底解放,相关制度的执行得到保障。

更重要的是,财政监管工作相较以前更加规范。

此前,各乡镇的监管工作形同虚设,自己记账、自己监管,流于形式,违纪违规现象时有发生。实行代理记账之后,财政摆脱了"既当裁判员,又当运动员"的尴尬工作局面,使财政会计监管工作回归正本。每年定期制度化开展日常监管,有效遏制违规违纪和财务管理不规范行为,未发生一起违规违纪事件,真正做到监管安全。

出色的基础会计工作推动村集体经济快速发展。

昭君村的柑橘、茶叶、花椒能够走出大山,走向全国,家家有产业、户户有收入。昭君村的水、电、路、网等基础设施越来越现代化。同时,吸引着一批从昭君村走出大山的企业家重新回到家乡投资设厂。

2025 年,一位昭君籍的企业家准备回家乡发展文旅产业,投资规模将达千万元。规范的会计基础工作是吸引投资的一个主要原因。

一页页账本垒起了乡村振兴的舞台,诠释着县域乡村经济的活力与未来。

资料来源:中国会计报

【关键术语】

长期借款　应付债券　借款费用　资本化　费用化

【学习评价】

专业能力测评表

(在○中打√,A 掌握,B 基本掌握,C 未掌握)

业务能力	评价指标	自测结果			备注
长期借款	1. 长期借款的管理	○A	○B	○C	
	2. 长期借款的核算	○A	○B	○C	
应付债券	1. 一般公司债券	○A	○B	○C	
	2. 可转换公司债券	○A	○B	○C	
长期应付款	1. 长期应付款的含义	○A	○B	○C	
	2. 长期应付款的核算	○A	○B	○C	
借款费用	1. 借款费用的范围	○A	○B	○C	
	2. 借款费用的确认	○A	○B	○C	
	3. 借款费用的计量	○A	○B	○C	
教师评语:					
成绩		教师签字			

练习题

答案

第十二章 所有者权益

【学习目标】

知识目标

1. 了解所有者权益的基本内容、其他综合收益的含义；

2. 理解实收资本的含义及形成来源，掌握实收资本的核算方法；

3. 理解资本公积的主要来源及其核算；

4. 掌握留存收益的构成及盈余公积、未分配利润的核算。

能力目标

1. 能针对实务中可能发生的情况，依据所有者权益的核算理论进行判断分析；

2. 能总结出各项所有者权益在账务处理上的异同。

思政目标

1. 增强学生的社会责任意识，培养学生遵守准则的意识；

2. 引导学生用发展的眼光去看待会计学科，培养学生的创新精神；

3. 培养学生的诚信品格、法治意识及实事求是、科学探究精神等。

【思维导图】

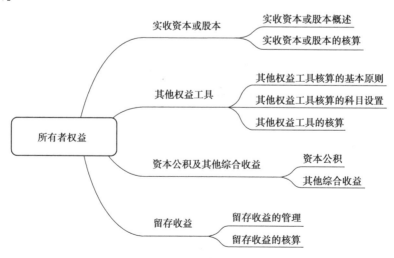

【案例导入】

永鼎股份:控股子公司增资扩股并引入外部投资者

2025年3月24日,永鼎股份发布公告称,控股子公司东部超导科技(苏州)有限公司拟增资扩股并引入外部投资者嘉兴晋财合盛先进制造产业股权投资合伙企业(有限合伙)和自然人安惊川。嘉兴晋财合盛拟以现金1 000万元认购东部超导新增注册资本100万元,其余900万元计入资本公积;安惊川拟以现金2 000万元认购新增注册资本200万元,其余1 800万元计入资本公积。增资完成后,东部超导注册资本将增至6 300万元,公司直接及间接持有东部超导的股权比例将从73.55%降至70.05%。

资料来源:每日经济新闻

思考:企业的所有者权益包括哪些内容? 企业为什么要引入外部投资者?

第一节 实收资本或股本

一、实收资本或股本概述

(一)实收资本或股本的管理

1.相关概念

实收资本是指企业按照章程规定或合同、协议约定,接受投资者投入企业的资本。实收资本的构成比例或股东的股份比例,是确定所有者在企业所有者权益中所占份额的基础,也是企业进行利润或股利分配的主要依据。对股份有限公司而言,实收资本又称为股本,即发起人按照合同或协议约定投入的资本和社会公众在公司发行股票时认购股票缴入的资本,其在金额上等于股份面值和股份总额的乘积。

投资者投入企业资本以分享企业经营未来收益为目标,同时承担相应的风险,分担不完全合约下企业未来经营的不确定性,因此,对实收资本或股本进行真实、准确、完整的确认与计量,是保护投资者合法权益的会计基本职责,是建立投资者权益得到充分保护的股票市场和发挥资本市场直接融资功能的基础。

2.股东出资形式

《中华人民共和国公司法》(简称《公司法》)规定,股东可以用货币出资,也可以用实物、知识产权、土地使用权等可以用货币估价并可以依法转让的非货币财产作价出资;但是,法律、行政法规规定不得作为出资的财产除外。企业应当对作为出资的非货币财产评估作价,核实财产,不得高估或者低估作价。法律、行政法规对评估作价有规定的,从其规定。股东应当按期足额缴纳公司章程中规定的各自所认缴的出资额。股东以货币出资的,应当将货币出资足额存入有限责任公司在银行开设的账户;以非货币财产出资的,应当依法办理其财产权的转移手续。股东不按照前款规定缴纳出资的,除应当向公司足额缴纳外,还应当向已按期足额缴纳出资的股东承担违约责任。企业收到所有者投入企业的资本后,应根据有关原始凭证(如投资清单、银行通知单等),分别按照不同的出资方式进行会计处理。

3.增减变动

一般情况下,企业的实有资金应相对固定不变,但在某些特定情况下,实有资金也可能发生增减变化。《中华人民共和国企业法人登记管理条例施行细则》规定,除国家另有规定外,企业的注册资金应当与实有资金相一致。当实有资金比原注册资金增加或减少超过20%时,应持资金使用证明或者验资证明,向原登记主管机关申请变更登记。如擅自改变注册资本或抽逃资金,要受到工商行政管理部门的处罚。

(二)实收资本或股本的确认与计量

股份有限公司应设置"股本"科目,其他各类企业应设置"实收资本"科目,反映和监督企业实际收到的投资者投入资本的情况。"实收资本"与"股本"账户核算的内容见表12-1。

表12-1 "实收资本"与"股本"账户核算的内容

项目	"实收资本"	"股本"
借方	登记企业按照法定程序报经批准减少的注册资本额	登记经批准核销的股票面值
贷方	登记企业收到投资者符合注册资本的出资额	登记已发行的股票面值
期末余额	在贷方,反映企业期末实有的资本额	在贷方,反映发行在外的股票面值
明细账的设置	按照投资者设置明细账	按照股票的类别设置明细账进行明细核算
适用范围	股份有限公司外	股份有限公司

二、实收资本或股本的核算

(一)接受现金资产投资

接受现金资产投资的账务处理见表12-2。

表12-2 接受现金资产投资的账务处理

项目	账务处理
股份有限公司以外的企业接受现金资产投资	借:银行存款等【实际收到的金额或存入企业开户银行的金额】 　贷:实收资本【投资合同或协议约定的投资者在企业注册资本中所占份额的部分】 　　资本公积——资本溢价【实际收到或存入开户银行的金额超过投资者在企业注册资本中所占份额的部分,即实际收到的金额与实收资本之间的差额】

续表

项目	账务处理
股份有限公司接受现金资产投资	股份有限公司发行股票时,既可以按面值发行股票,也可以溢价发行(我国目前不允许折价发行)。股份有限公司在核定的股本总额及核定的股份总额的范围内发行股票时,应在实际收到现金资产时进行会计处理: 借:银行存款等【发行股票收到的现金资产】 　贷:股本【每股股票面值和发行股份总数的乘积计算的金额】 　　资本公积——股本溢价【实际收到的金额与股本之间的差额】
	股份有限公司发行股票发生的手续费、佣金等交易费用,属于溢价发行的,应从溢价中冲减资本公积——股本溢价,溢价金额不足冲减的,或者属于按面值发行无溢价的,依次冲减盈余公积和未分配利润,即按照下列分录中的①②③顺序冲减: 借:资本公积——股本溢价　　① 　盈余公积　　　　　　　　② 　利润分配——未分配利润　③ 　贷:银行存款

1. 股份有限公司以外的企业接受现金资产投资

【例12-1】 甲有限责任公司由两位投资者投资200 000元设立,每人各出资100 000元。一年后,为扩大经营规模,经批准,甲有限责任公司注册资本增加到300 000元,并引入第三位投资者加入。按照投资协议,新投资者需缴入现金110 000元,同时享有该公司1/3的股份。甲有限责任公司已收到该现金投资。假定不考虑其他因素。

本例中,甲有限责任公司收到第三位投资者的现金投资110 000元中,100 000元属于第三位投资者在注册资本中所享有的份额,应计入"实收资本"科目,10 000元属于资本溢价,应计入"资本公积——资本溢价"科目。

甲有限责任公司应编制如下会计分录:

借:银行存款　　　　　　　　　　　　　　　　　　　　　　　　110 000

　贷:实收资本　　　　　　　　　　　　　　　　　　　　　　　100 000

　　资本公积——资本溢价　　　　　　　　　　　　　　　　　　 10 000

2. 股份有限公司接受现金资产投资

【例12-2】 乙股份有限公司首次公开发行普通股50 000 000股,每股面值1元,每股发行价格为4元。乙股份有限公司与证券公司约定,按发行收入的3%收取佣金,从发行收入中扣除。假定收到的股款已存入银行。

乙股份有限公司应编制如下会计分录:

公司收到证券公司转来的发行收入=50 000 000×4×(1-3%)=194 000 000(元)

应计入"资本公积"的金额=溢价收入-发行佣金=50 000 000×(4-1)-50 000 000×4×3%=144 000 000(元)

借:银行存款　　　　　　　　　　　　　　　　　　　　　　194 000 000

　　　　贷:股本　　　　　　　　　　　　　　　　　　　　　　　　　　50 000 000

　　　　　　资本公积——股本溢价　　　　　　　　　　　　　　　144 000 000

(二)接受非现金资产投资

企业接受投资者作价投入的材料、固定资产、无形资产等,进行如下账务处理:

借:原材料/固定资产/无形资产等【投资合同或协议约定的价值,不公允的除外】

　　应交税费——应交增值税(进项税额)

　　贷:实收资本/股本【投资合同或协议约定的投资者在企业注册资本或股本中所占份额的部分】

　　　　资本公积——资本溢价或股本溢价【投资合同或协议约定的价值>投资者在企业注册资本或股本中所占份额的部分,即差额】

【例12-3】　甲有限责任公司于设立时收到乙公司作为资本投入的不需要安装的机器设备一台,合同约定该机器设备的价值为 2 000 000 元,增值税进项税额为 260 000 元(由投资方支付税款,并提供或开具增值税专用发票)。经约定,甲有限责任公司接受乙公司的投入资本为 2 260 000 元,全部作为实收资本。合同约定的固定资产价值与公允价值相符,不考虑其他因素。

甲有限责任公司应编制如下会计分录:

借:固定资产　　　　　　　　　　　　　　　　　　　　　　　　2 000 000

　　应交税费——应交增值税(进项税额)　　　　　　　　　　　　260 000

　　贷:实收资本——乙公司　　　　　　　　　　　　　　　　　　2 260 000

(三)实收资本(或股本)的增减变动

1.实收资本(或股本)的增加

一般企业增加资本主要有三个途径:接受投资者追加投资、资本公积转增资本和盈余公积转增资本。实收资本(或股本)增加的账务处理如表12-3所示。

表12-3　实收资本(或股本)增加的账务处理

途径	账务处理
接受投资者追加投资	核算方法与投资者初次投入时相同: 借:银行存款等 　　贷:实收资本/股本 　　　　资本公积——资本溢价(或股本溢价)
资本公积转增资本	借:资本公积——资本溢价(或股本溢价) 　　贷:实收资本/股本
盈余公积转增资本	借:盈余公积 　　贷:实收资本/股本

【例12-4】　甲、乙、丙三人共同投资设立了 A 有限责任公司,原注册资本为 4 000 000 元,甲、乙、丙分别出资 500 000 元、2 000 000 元和 1 500 000 元。为扩大经营规

模,经批准,A有限责任公司注册资本扩大为5 000 000元,甲、乙、丙按照原出资比例分别追加投资125 000元、500 000元和375 000元。A有限责任公司如期收到甲、乙、丙追加的现金投资。

A有限责任公司应编制如下会计分录:

借:银行存款　　　　　　　　　　　　　　　　　　1 000 000
　贷:实收资本——甲　　　　　　　　　　　　　　　　　125 000
　　　　　——乙　　　　　　　　　　　　　　　　　500 000
　　　　　——丙　　　　　　　　　　　　　　　　　375 000

本例中,甲、乙、丙三人按原出资比例(甲、乙、丙分别为12.5%、50%、37.5%)追加实收资本,因此,A有限责任公司应分别按照125 000元、500 000元和375 000元的金额,贷记"实收资本"科目中甲、乙、丙明细分类账。

【例12-5】　承【例12-4】,因扩大经营规模需要,经批准,A有限责任公司按原出资比例将资本公积1 000 000元转增资本。

A有限责任公司应编制如下会计分录:

借:资本公积　　　　　　　　　　　　　　　　　　1 000 000
　贷:实收资本——甲　　　　　　　　　　　　　　　　　125 000
　　　　　——乙　　　　　　　　　　　　　　　　　500 000
　　　　　——丙　　　　　　　　　　　　　　　　　375 000

本例中,资本公积1 000 000元按原出资比例转增实收资本,因此,A有限责任公司应分别按照125 000元、500 000元和375 000元的金额,贷记"实收资本"科目中甲、乙、丙明细分类账。

【例12-6】　承【例12-4】,因扩大经营规模需要,经批准,A有限责任公司按原出资比例将盈余公积1 000 000元转增资本。

A有限责任公司应编制如下会计分录:

借:盈余公积　　　　　　　　　　　　　　　　　　1 000 000
　贷:实收资本——甲　　　　　　　　　　　　　　　　　125 000
　　　　　——乙　　　　　　　　　　　　　　　　　500 000
　　　　　——丙　　　　　　　　　　　　　　　　　375 000

本例中,盈余公积1 000 000元按原出资比例转增实收资本,因此,A有限责任公司应分别按照125 000元、500 000元和375 000元的金额,贷记"实收资本"科目中甲、乙、丙明细分类账。

2.实收资本(或股本)的减少

企业实收资本减少的原因一般包括:一是资本过剩;二是企业发生重大亏损而减少实收资本;三是因企业发展需要而调节资本结构。实收资本(或股本)减少的账务处理如表12-4所示。

表 12-4　实收资本(或股本)减少的账务处理

途径	账务处理
一般企业按法定程序报经批准减少注册资本	借:实收资本等 　　贷:银行存款等
股份有限公司回购并注销股票	股份有限公司发还投资时,采用回购本公司股票方式减资的,应通过"库存股"科目核算回购股份的金额。
	回购股票时: 借:库存股 　　贷:银行存款等【实际支付的回购价款】
	注销股票时: (1)如果回购股票支付的价款>股票面值总额(溢价回购),差额冲减资本公积——股本溢价,股本溢价不足冲减的,依次冲减盈余公积和利润分配——未分配利润 借:股本【注销的股票面值总额=每股面值×注销股数】 　　资本公积——股本溢价　　① 　　盈余公积　　　　　　　　② 　　利润分配——未分配利润　③ 　　　贷:库存股【每股回购价格×注销股数】 (2)如果回购股票支付的价款<股票面值总额(折价回购),差额计入资本公积——股本溢价 借:股本【注销的股票面值总额=每股面值×注销股数】 　　贷:库存股【每股回购价格×注销股数】 　　　资本公积——股本溢价【差额】

【例 12-7】　A 上市公司 12 月 31 日的股本为 100 000 000 元(面值为 1 元),资本公积(股本溢价)为 30 000 000 元,盈余公积为 40 000 000 元。经股东大会批准,A 上市公司以现金回购方式回购本公司股票 20 000 000 股并注销。假定 A 上市公司按每股 2 元回购股票,不考虑其他因素。

A 上市公司应编制如下会计分录:

(1)回购本公司股份时:

库存股成本=20 000 000×2=40 000 000(元)

借:库存股　　　　　　　　　　　　　　　　　　　　　　　　　40 000 000

　　贷:银行存款　　　　　　　　　　　　　　　　　　　　　　　40 000 000

(2)注销本公司股份时:

应冲减的资本公积=20 000 000×2－20 000 000×1=20 000 000(元)

借:股本　　　　　　　　　　　　　　　　　　　　　　　　　　20 000 000

　　资本公积——股本溢价　　　　　　　　　　　　　　　　　　20 000 000

|贷:库存股|40 000 000|

【例12-8】　承【例12-7】，假定 A 上市公司按每股 3 元回购股票，其他条件不变，A 上市公司应编制如下会计分录：

（1）回购本公司股份时：

库存股成本 = 20 000 000×3 = 60 000 000（元）

|借:库存股|60 000 000|
|　贷:银行存款|60 000 000|

（2）注销本公司股份时：

除股本外应冲减金额 = 20 000 000×3 − 20 000 000×1 = 40 000 000（元）

其中应冲减股本溢价 30 000 000 元、盈余公积 10 000 000 元。

借:股本	20 000 000
资本公积——股本溢价	30 000 000
盈余公积	10 000 000
贷:库存股	60 000 000

【例12-9】　承【例12-7】，假定 A 上市公司按每股 0.9 元回购股票，其他条件不变，A 上市公司应编制如下会计分录：

（1）回购本公司股份时：

库存股成本 = 20 000 000×0.9 = 18 000 000（元）

|借:库存股|18 000 000|
|　贷:银行存款|18 000 000|

（2）注销本公司股份时：

应增加的资本公积 = 20 000 000×1 − 20 000 000×0.9 = 2 000 000（元）

借:股本	20 000 000
贷:库存股	18 000 000
资本公积——股本溢价	2 000 000

本例中，由于折价回购，股本与库存股成本的差额 2 000 000 元应作增加资本公积处理。

有限责任公司和小企业发还投资的会计处理比较简单，按法定程序报经批准减少注册资本的，按减少的注册资本金额减少实收资本，借记"实收资本""资本公积"等科目，贷记"库存现金""银行存款"等科目。

第二节　其他权益工具

企业发行的除普通股（作为实收资本或股本）以外，按照金融负债和权益工具区分原则分类为权益工具的其他权益工具，按照以下原则进行会计处理。

一、其他权益工具核算的基本原则

企业发行的金融工具应当按照金融工具准则进行初始确认和计量;其后,于每个资产负债表日计提利息或分派股利时按照相关具体企业会计准则进行处理。即企业应当以所发行金融工具的分类为基础,确定该工具利息支出或股利分配等的会计处理。对于归类为权益工具的金融工具,无论其名称中是否包含"债",其利息支出或股利分配都应当作为发行企业的利润分配,其回购、注销等作为权益的变动处理;对于归类为金融负债的金融工具,无论其名称中是否包含"股",其利息支出或股利分配原则上按照借款费用进行处理,其回购或赎回产生的利得或损失等计入当期损益。

企业(发行方)发行金融工具,其发生的手续费、佣金等交易费用,如分类为债务工具且以摊余成本计量的,应当计入所发行工具的初始计量金额;如分类为权益工具的,应当从权益(其他权益工具)中扣除。

二、其他权益工具核算的科目设置

金融工具发行方应当设置下列会计科目,对发行的金融工具进行会计核算:

(1)发行方对于归类为金融负债的金融工具在"应付债券"科目核算。"应付债券"科目应当按照发行的金融工具种类进行明细核算,并在各类工具中按"面值""利息调整""应计利息"设置明细账,进行明细核算(发行方发行的符合流动负债特征并归类为流动负债的金融工具,以相关流动性质的负债类科目进行核算)。

对于需要拆分且形成衍生金融负债或衍生金融资产的,应将拆分的衍生金融负债或衍生金融资产按照其公允价值在"衍生工具"科目核算。对于发行的且嵌入了非紧密相关的衍生金融资产或衍生金融负债的金融工具,如果发行方选择将其整体指定为以公允价值计量且其变动计入当期损益的,则应将发行的金融工具的整体在以公允价值计量且其变动计入当期损益的金融负债等科目中核算。

(2)在所有者权益类科目中设置"其他权益工具"科目,核算企业发行的除普通股以外的归类为权益工具的各种金融工具。"其他权益工具"科目应按发行金融工具的种类等进行明细核算。

三、其他权益工具的核算

(一)发行方的核算

1. 发行方发行的金融工具归类为债务工具并以摊余成本计量

发行方发行的金融工具归类为债务工具并以摊余成本计量的,进行如下账务处理:

借:银行存款等科目【实际收到的金额】
　　贷:应付债券——优先股、永续债等(面值)【债务工具的面值】
　　　　　　　　——优先股、永续债等(利息调整)【倒挤的差额,也有可能在借方】

在该工具存续期间,计提利息并对账面的利息调整进行调整等的会计处理,按照金融工具确认和计量准则中有关金融负债按摊余成本后续计量的规定进行会计处理。

2. 发行方发行的金融工具归类为权益工具

发行方发行的金融工具归类为权益工具的,应按实际收到的金额:

借:银行存款

贷:其他权益工具——优先股、永续债等

分类为权益工具的金融工具,在存续期间分派股利(含分类为权益工具的工具所产生的利息,下同)的,作为利润分配处理。发行方应根据经批准的股利分配方案,按应分配给金融工具持有者的股利金额:

借:利润分配——应付优先股股利、应付永续债利息等

贷:应付股利——优先股股利、永续债利息等

3. 发行方发行的金融工具为复合金融工具

发行方发行的金融工具为复合金融工具的,进行如下账务处理:

借:银行存款等科目【实际收到的金额】

贷:应付债券——优先股、永续债等(面值)【金融工具的面值】

——优先股、永续债等(利息调整)【负债成分的公允价值与金融工具面值之间的差额,也有可能在借方】

其他权益工具——优先股、永续债等【实际收到的金额扣除负债成分的公允价值后的金额】

发行复合金融工具发生的交易费用,应当在负债成分和权益成分之间按照各自占总发行价款的比例进行分摊。与多项交易相关的共同交易费用,应当在合理的基础上,采用与其他类似交易一致的方法,在各项交易之间进行分摊。

(二)投资方的核算

金融工具投资方(持有人)考虑持有的金融工具或其组成部分是权益工具还是债务工具投资时,应当遵循金融工具确认和计量准则的相关要求,通常应当与发行方对金融工具的权益或负债属性的分类保持一致。例如,对于发行方归类为权益工具的非衍生金融工具,投资方通常应当将其归类为权益工具投资。

如果投资方因持有发行方发行的金融工具而对发行方拥有控制、共同控制或重大影响的,按照《企业会计准则第2号——长期股权投资》和《企业会计准则第20号——企业合并》进行确认和计量;投资方需编制合并财务报表的,按照《企业会计准则第33号——合并财务报表》的规定编制合并财务报表。

第三节　资本公积及其他综合收益

一、资本公积

(一)资本公积的管理

资本公积是指企业收到投资者出资额超出其在注册资本(或股本)中所占份额的部

分,以及其他资本公积等。资本公积包括资本溢价(或股本溢价)和其他资本公积。

资本溢价(或股本溢价)是企业收到投资者的超出其在企业注册资本(或股本)中所占份额的投资。其他资本公积是指除资本溢价(或股本溢价)以外所形成的资本公积。

与实收资本(或股本)不同,资本公积不直接反映企业所有者在企业的基本产权关系,不作为企业持续经营期间进行利润或股利分配的依据。

(二)资本公积的确认与计量

1.资本溢价(或股本溢价)的确认与计量

资本溢价按非股份有限公司的投资者超额缴入资本的数额,即投资者实际缴入的款额超过其在企业注册资本中所占份额的数额确认与计量。

股本溢价按溢价发行股票的溢价扣除发行费用后的数额,即股份有限公司发行股票实际收到的款额超过其股票面值总额的部分确认与计量。

2.其他资本公积的确认与计量

"其他资本公积"涉及的情况相对比较复杂,如企业的长期股权投资采用权益法核算时,因被投资方除净损益、其他综合收益以及利润分配以外的所有者权益的其他变动(主要包括被投资方接受其他股东的资本性投入、被投资方发行可分离交易的可转债中包含的权益成分、以权益结算的股份支付、其他股东对被投资方增资导致投资方持股比例变动等),投资企业按应享有被投资方所有者权益份额的增、减数额,调整长期股权投资的账面价值和资本公积(其他资本公积)。

(三)资本公积的账务处理

为了反映和监督企业资本公积的增减变动情况,企业应设置"资本公积"科目。该科目贷方登记资本公积的增加额;借方登记资本公积的减少额;期末贷方余额反映企业资本公积余额。该科目的明细账按资本公积的类别设置。

资本公积的核算包括资本溢价(或股本溢价)的核算、其他资本公积的核算和资本公积转增资本的核算等内容。

1.资本溢价(或股本溢价)的核算

(1)资本溢价。

除股份有限公司外的其他类型的企业,在企业创立时,投资者认缴的出资额与注册资本一致, 般不会产生资本溢价。但在企业重组或有新的投资者加入时,常常会出现资本溢价。因为在企业进行正常生产经营后,其资本利润率通常要高于企业初创阶段,另外,企业有内部积累,新投资者加入企业后,对这些积累将来也要分享,所以新加入的投资者往往要付出大于原投资者的出资额,才能取得与原投资者相同的出资比例。投资者多缴的部分计入资本溢价。

有关账务处理,参见本章其他相关内容。

(2)股本溢价。

在按面值发行股票的情况下,企业发行股票取得的收入,应全部作为股本处理;在溢价发行股票的情况下,企业发行股票取得的收入等于股票面值部分计入股本,超出股票面值的溢价收入计入股本溢价。

发行股票相关的手续费、佣金等交易费用,如果是溢价发行股票的,应从溢价中抵扣,冲减资本公积(股本溢价);无溢价发行股票或溢价金额不足以抵扣的,应将不足抵扣的部分冲减盈余公积,盈余公积不足抵扣的,冲减未分配利润。

有关账务处理,参见本章其他相关内容。

2. 其他资本公积的核算

企业对被投资方的长期股权投资采用权益法核算的,在持股比例不变的情况下,对因被投资方除净损益、其他综合收益和利润分配以外的所有者权益的其他变动,应按持股比例计算其应享有或应分担被投资方所有者权益的增减数额,调整长期股权投资的账面价值和资本公积(其他资本公积)。账务处理如下:

借:长期股权投资——其他权益变动
　　贷:资本公积——其他资本公积

(或做相反的账务处理)

处置长期股权投资时,应转销与该笔投资相关的其他资本公积,将原计入"资本公积——其他资本公积"账户的金额结转至"投资收益"账户中。

借:资本公积——其他资本公积
　　贷:投资收益

(或做相反的账务处理)

有关账务处理,参见长期股权投资的相关内容。

3. 资本公积转增资本的核算

经股东大会或类似机构决议,用资本公积转增资本时:

借:资本公积
　　贷:实收资本/股本

有关账务处理,参见本章其他相关内容。

二、其他综合收益

其他综合收益,是指企业根据会计准则规定未在当期损益中确认的各项利得和损失。包括以后会计期间不能重分类进损益的其他综合收益和以后会计期间满足规定条件时将重分类进损益的其他综合收益两类。

(一)以后会计期间不能重分类进损益的其他综合收益项目

以后会计期间不能重分类进损益的其他综合收益项目,主要包括重新计量设定受益计划净负债或净资产导致的变动、按照权益法核算因被投资方重新计量设定受益计划净负债或净资产变动导致的权益变动,投资企业按持股比例计算确认的该部分其他综合收益项目,以及在初始确认时,企业可以将非交易性权益工具指定为以公允价值计量且其变动计入其他综合收益的金融资产,该指定一经作出,不得撤销,即当该类非交易性权益工具终止确认时原计入其他综合收益的公允价值变动损益不得重分类进损益。

（二）以后会计期间满足规定条件时将重分类进损益的其他综合收益项目

以后会计期间满足规定条件时将重分类进损益的其他综合收益项目,主要包括:

（1）符合金融工具准则规定,同时符合两个条件的金融资产应当分类为以公允价值计量且其变动计入其他综合收益:①企业管理该金融资产的业务模式既以收取合同现金流量为目标又以出售该金融资产为目标;②该金融资产的合同条款规定,在特定日期产生的现金流量,仅为对本金和以未偿付本金金额为基础的利息的支付。当该类金融资产终止确认时,之前计入其他综合收益的累计利得或损失应当从其他综合收益中转出,计入当期损益。

（2）按照金融工具准则规定,将以公允价值计量且其变动计入其他综合收益的债务工具投资重分类为以摊余成本计量的金融资产的,或重分类为以公允价值计量且其变动计入当期损益的金融资产的,按规定可以将原计入其他综合收益的利得或损失转入当期损益的部分。

（3）采用权益法核算的长期股权投资。采用权益法核算的长期股权投资,按照被投资方实现其他综合收益以及持股比例计算应享有或分担的金额,调整长期股权投资的账面价值,同时增加或减少其他综合收益。其会计处理为:

①被投资方其他综合收益(可转损益部分)增加时:

借:长期股权投资——其他综合收益

　　贷:其他综合收益

②被投资方其他综合收益(可转损益部分)减少时:

借:其他综合收益

　　贷:长期股权投资——其他综合收益

③处置该项股权投资时:

借:其他综合收益

　　贷:投资收益

（或做相反的账务处理）

有关账务处理,参见长期股权投资的相关内容。

第四节　留存收益

一、留存收益的管理

留存收益是指企业从历年实现的利润中提取或形成的留存于企业的内部积累,包括盈余公积和未分配利润。

（一）盈余公积的管理

盈余公积是指企业按照有关规定从净利润中提取的积累资金。公司制企业的盈余公积包括法定盈余公积和任意盈余公积。其中:法定盈余公积是指企业按照规定的比例从净利润中提取的盈余公积;任意盈余公积是指企业按照股东会或股东大会决议提取的盈余公积。盈余公积的管理如表12-5所示。

表12-5　盈余公积的管理

类型	具体内容
公司制企业	1.根据《公司法》有关规定,应按照净利润(减弥补以前年度亏损,下同)的10%取法定盈余公积; 2.可根据股东会或股东大会的决议提取任意盈余公积
非公司制企业	1.法定盈余公积的提取比例可超过净利润的10%; 2.经有关权力机构批准,也可提取任意盈余公积
所有类型企业	1.提取的盈余公积经批准可用于弥补亏损、转增资本、发放现金股利或利润等; 2.法定盈余公积累计额已达注册资本的50%可以不再提取; 3.如果以前年度未分配利润有盈余(即年初未分配利润余额>0),在计算提取法定盈余公积的基数时,不应包括企业年初未分配利润;如果以前年度有未弥补的亏损(即年初未分配利润余额<0),应先弥补以前年度亏损再提取盈余公积

(二)未分配利润的管理

未分配利润是指企业实现的净利润经过弥补亏损、提取盈余公积和向投资者分配利润后留存在企业的历年结存的利润。相对于所有者权益的其他部分,企业对于未分配利润的使用有较大的自主权。

上述过程中的利润分配,是指企业根据国家有关规定和企业章程、投资者协议等,对企业当年可供分配的利润所进行的分配。利润分配以期末可供分配的利润为基础,按以下顺序进行:①提取法定盈余公积;②提取任意盈余公积;③向投资者分配利润。计算公式如下:

期末可供分配的利润=当年实现的净利润(或净亏损)+年初未分配利润(或－年初未弥补亏损)+其他转入(如盈余公积补亏)

期末可供投资者分配的利润=期末可供分配的利润－提取的盈余公积

期末未分配利润=期末可供投资者分配的利润－向投资者分配的现金股利或利润、实际发放的股票股利等

二、留存收益的核算

(一)盈余公积的核算

为了反映和监督盈余公积的形成和使用情况,企业应设置"盈余公积"科目。该科目贷方登记按规定提取的盈余公积数额;借方登记用盈余公积弥补亏损和转增资本的实际

数额;贷方余额反映企业的盈余公积。"盈余公积"科目应按照盈余公积形成的来源分设"法定盈余公积"和"任意盈余公积"两个明细科目。

1. 提取盈余公积

企业按规定提取盈余公积时,应通过"利润分配"和"盈余公积"等科目核算。

【例12-10】 乙股份有限公司本年度实现净利润为5 000 000元,年初未分配利润为0。经股东大会批准,乙股份有限公司按当年净利润的10%提取法定盈余公积。假定不考虑其他因素。

乙股份有限公司应编制如下会计分录:

本年提取法定盈余公积金额=5 000 000×10%=500 000(元)

借:利润分配——提取法定盈余公积　　　　　　　　　　　　　　　500 000

　贷:盈余公积——法定盈余公积　　　　　　　　　　　　　　　　　500 000

2. 盈余公积补亏

【例12-11】 经股东大会批准,丙股份有限公司用以前年度提取的盈余公积弥补当年亏损,当年弥补亏损的金额为600 000元。假定不考虑其他因素。

丙股份有限公司应编制如下会计分录:

借:盈余公积　　　　　　　　　　　　　　　　　　　　　　　　　600 000

　贷:利润分配——盈余公积补亏　　　　　　　　　　　　　　　　　600 000

3. 盈余公积转增资本

【例12-12】 因扩大经营规模需要,经股东大会批准,丁股份有限公司将盈余公积400 000元转增股本。假定不考虑其他因素。

丁股份有限公司应编制如下会计分录:

借:盈余公积　　　　　　　　　　　　　　　　　　　　　　　　　400 000

　贷:股本　　　　　　　　　　　　　　　　　　　　　　　　　　　400 000

4. 用盈余公积发放现金股利或利润

【例12-13】 甲股份有限公司20×4年12月31日股本为50 000 000元(每股面值1元),可供投资者分配的利润为6 000 000元,盈余公积为20 000 000元。20×5年3月20日,股东大会批准了20×4年度利润分配方案,按每10股2元发放现金股利。甲公司共需要分派10 000 000元现金股利,其中动用可供投资者分配的利润6 000 000元、盈余公积4 000 000元。假定不考虑其他因素。

本例中,甲股份有限公司经股东大会批准,按每10股2元发放现金股利的方式,甲公司共需要分派10 000 000元(50 000 000÷10×2)现金股利。其中,属于以未分配利润发放现金股利的部分6 000 000元应计入"利润分配——应付现金股利或利润"科目;属于以盈余公积发放现金股利的部分4 000 000元应计入"盈余公积"科目。

甲股份有限公司应编制如下会计分录:

(1)发放现金股利时:

借:利润分配——应付现金股利或利润　　　　　　　　　　　　　6 000 000

　盈余公积　　　　　　　　　　　　　　　　　　　　　　　　4 000 000

　　　　贷:应付股利　　　　　　　　　　　　　　　　　　　　　　　10 000 000

　　(2)支付股利时:

　　借:应付股利　　　　　　　　　　　　　　　　　　　　　　　　10 000 000

　　　　贷:银行存款　　　　　　　　　　　　　　　　　　　　　　　10 000 000

(二)未分配利润的核算

　　在会计处理上,"未分配利润"设置"利润分配——未分配利润"明细科目进行核算,反映企业利润的分配(或亏损的弥补)和历年分配(或弥补)后的未分配利润(或未弥补亏损)。"利润分配"科目应设置"提取法定盈余公积""提取任意盈余公积""应付现金股利或利润""盈余公积补亏""未分配利润"等明细科目进行明细核算。未分配利润的账务处理如表12-6所示。

表12-6　未分配利润的账务处理

项目	账务处理
结转当年实现的净利润(或发生的净亏损)	年度终了,结转当年实现的净利润: 借:本年利润 　　贷:利润分配——未分配利润
	年度终了,结转当年发生的净亏损: 借:利润分配——未分配利润 　　贷:本年利润
提取盈余公积	借:利润分配——提取法定盈余公积 　　　　　　——提取任意盈余公积 　　贷:盈余公积——法定盈余公积 　　　　　　——任意盈余公积
向投资者分配现金股利或利润	宣告分配现金股利时: 借:利润分配——应付现金股利或利润 　　贷:应付股利
	实际发放现金股利时: 借:应付股利 　　贷:银行存款等
盈余公积弥补亏损	借:盈余公积 　　贷:利润分配——盈余公积补亏

续表

项目	账务处理
将"利润分配"科目所属其他明细科目的余额结转至"未分配利润"明细科目	借:利润分配——未分配利润 贷:利润分配——提取法定盈余公积 ——提取任意盈余公积 ——应付现金股利或利润 ——转作股本的股利等 借:利润分配——盈余公积补亏 贷:利润分配——未分配利润
	结转后,"利润分配"科目中除"未分配利润"明细科目外,其他明细科目无余额
	结转后,"利润分配——未分配利润"科目: 贷方余额——表示累积未分配的利润金额; 借方余额——表示累积未弥补的亏损金额

【例12-14】 甲股份有限公司的股本为 100 000 000 元,每股面值 1 元。20×4 年初未分配利润为贷方 80 000 000 元,20×4 年实现净利润 50 000 000 元。

假定公司按 20×4 年实现净利润的 10% 提取法定盈余公积、5% 提取任意盈余公积,同时向股东按每股 0.2 元派发现金股利,按每 10 股送 3 股的比例派发股票股利。20×5 年 3 月 15 日,公司以银行存款支付了全部现金股利,新增股本也已经办理完股权登记和相关增资手续。

甲公司的账务处理如下:

(1)20×4 年度终了时,企业结转本年实现的净利润:

借:本年利润　　　　　　　　　　　　　　　　　　　　　　50 000 000

　　贷:利润分配——未分配利润　　　　　　　　　　　　　　　　50 000 000

(2)提取法定盈余公积和任意盈余公积:

借:利润分配——提取法定盈余公积　　　　　　　　　　　　　5 000 000

　　　　　　——提取任意盈余公积　　　　　　　　　　　　　2 500 000

　　贷:盈余公积——法定盈余公积　　　　　　　　　　　　　　　5 000 000

　　　　　　　　——任意盈余公积　　　　　　　　　　　　　　　2 500 000

(3)结转"利润分配"的明细科目:

借:利润分配——未分配利润　　　　　　　　　　　　　　　　7 500 000

　　贷:利润分配——提取法定盈余公积　　　　　　　　　　　　　5 000 000

　　　　　　　　——提取任意盈余公积　　　　　　　　　　　　　2 500 000

甲公司 20×4 年末"利润分配——未分配利润"科目的余额 = 80 000 000 + 50 000 000 - 7 500 000 = 122 500 000(元)

即贷方余额为 122 500 000 元,反映企业的累计未分配利润为 122 500 000 元。

（4）批准发放现金股利：

借：利润分配——应付现金股利　　　　　　　　　　　　　　20 000 000

　　贷：应付股利　　　　　　　　　　　　【100 000 000×0.2】20 000 000

20×5 年 3 月 15 日，实际发放现金股利：

借：应付股利　　　　　　　　　　　　　　　　　　　　　　20 000 000

　　贷：银行存款　　　　　　　　　　　　　　　　　　　　　20 000 000

（5）20×5 年 3 月 15 日，发放股票股利：

借：利润分配——转作股本的股利　　　　　　　　　　　　　30 000 000

　　贷：股本　　　　　　　　　　　　【100 000 000×1×30%】30 000 000

知识总结：

表 12-7　所有者权益各事项对所有者权益总额和留存收益总额增减变动的影响

项目	账务处理	对所有者权益总额的影响	对留存收益总额的影响
提取盈余公积	借：利润分配——提取法定盈余公积 　　　　　　——提取任意盈余公积 　贷：盈余公积——法定盈余公积 　　　　　　——任意盈余公积	无	无
盈余公积补亏	借：盈余公积 　贷：利润分配——盈余公积补亏	无	无
盈余公积转增资本	借：盈余公积 　贷：实收资本/股本	无	减少
宣告分配现金股利	借：利润分配——应付现金股利或利润 　贷：应付股利	减少	减少
实际发放现金股利	借：应付股利 　贷：银行存款等	无	无
宣告分配股票股利	不作账务处理	无	无
实际发放股票股利	借：利润分配——转作股本的股利 　贷：股本	无	减少
资本公积转增资本	借：资本公积 　贷：实收资本/股本	无	无
税后利润补亏	不作账务处理，"利润分配——未分配利润"科目借贷方相互抵销	无	无
回购股票	借：库存股 　贷：银行存款等	减少	无

续表

项目	账务处理	对所有者权益总额的影响	对留存收益总额的影响
注销股票	回购价款>股票面值总额： 借：股本 　　资本公积——股本溢价 　　盈余公积 　　利润分配——未分配利润 　贷：库存股	无	涉及盈余公积和未分配利润时，留存收益减少
	回购价款<股票面值总额： 借：股本 　贷：库存股 　　资本公积——股本溢价	无	无

【课程思政】

制度哲学与实践范式革新 ——《企业可持续披露准则——基本准则（试行）》解读

财政部、外交部、国家发展改革委、工业和信息化部、生态环境部等九部门联合印发的《企业可持续披露准则——基本准则（试行）》（以下简称《基本准则》），以"积极借鉴、以我为主、兼收并蓄、彰显特色"的起草思路，坚持"以我为主、体现中国特色"为基本原则，在积极借鉴国际准则有益经验的基础上，从制定目的、适用范围、披露目标、重要性标准、体例结构以及部分技术要求等方面基于我国实际作出规定。

作为一般披露要求，《基本准则》对可持续信息披露仅作原则性规定，在信息质量特征、披露要素和相关披露要求上总体与国际准则保持衔接，且对中国企业更具适用性。

作为国家统一的可持续披露准则体系底座，《基本准则》主要规范企业可持续信息披露的基本概念、原则、方法、目标和一般共性要求等，统驭具体准则和应用指南的制定。国家统一的可持续披露准则体系还包括具体准则和应用指南。具体准则是针对环境、社会和治理方面的可持续议题的信息披露提出具体要求。环境方面的议题包括气候、污染、水与海洋资源、生物多样性与生态系统、资源利用与循环经济等。社会方面的议题包括员工、消费者和终端用户权益保护、社区资源和关系管理、客户关系管理、供应商关系管理、乡村振兴、社会贡献等。治理方面的议题包括商业行为等。应用指南包括行业应用指南和准则应用指南两类。行业应用指南针对特定行业应用基本准则和具体准则提供指引，以指导特定行业企业识别并披露重要的可持续信息。准则应用指南对基本准则和具体准则进行解释、细化和提供示例，以及对重点难点问题进行操作性规定。

《基本准则》标志着我国在可持续发展信息披露领域迈入制度化、规范化的新阶段。更值得关注的是，《基本准则》体现了国家可持续发展制度的设计哲学与实践范式革新。

全球趋同与本土特色的"双轨制"设计

《基本准则》的出台标志着中国可持续信息披露从分散化探索迈向系统性制度设计，其核心在于构建全球基准与中国特色的动态平衡。

一方面，充分吸收国际财务报告准则（IFRS S1/S2）的"四要素"框架即"治理、战略、风险与机遇管理、指标与目标"，强调可持续信息与财务信息的关联性，要求企业披露风险对财务状况、经营成果的定量影响，与国际主流准则趋同。

另一方面，未来通过"中国特色议题"嵌入，如乡村振兴、污染防治等社会类主题，将国家战略与企业责任深度融合，形成既关注风险对企业财务的冲击，也强调企业对经济、社会、环境影响的"双重重要性"导向原则。

这一设计折射出中国对全球治理话语权的战略考量：既通过接轨国际规则降低企业跨境合规成本，又以本土议题创新为全球可持续标准贡献"中国方案"。

从报告编制到价值创造的范式升级

《基本准则》推动信息披露向企业价值管理工具转型，其核心突破体现在三个层面。

一是数据治理的系统性重构，要求可持续信息与财务报表在数据口径、假设、期间上保持一致，倒逼企业整合财务与非财务数据系统，打破数据关联壁垒。

二是风险管理的场景化延伸，引入"情景分析"作为战略韧性评估工具，要求企业模拟政策调整等多元情景下的风险敞口。这种动态分析方法超越静态指标披露，推动企业从被动应对转向主动预判。

三是价值链管理的责任外溢，明确企业需评估上下游活动的可持续影响，将披露范围从自身运营扩展至全价值链。这一要求可能重塑行业竞争逻辑。

弹性框架与刚性约束的辩证统一

《基本准则》通过"分层渐进"策略平衡改革力度与企业适应性。允许企业根据行业特性弹性定义"短期、中期、长期"时间范围，对已建立整体性战略的议题允许整合披露，避免重复性披露。

刚性约束强化信息质量要求，要求信息具备"可验证性"，要求重大判断需披露假设依据，并通过"鼓励鉴证声明"为未来强制审验预留政策空间。

这种"软硬兼施"的策略既为中小企业预留转型缓冲期，又通过试点先行、分步扩展（从上市公司到非上市公司、从定性到定量）形成压力传导机制。

迈向制度成熟期的关键一跃

《基本准则》的试行不仅是中国可持续发展的里程碑，更是全球可持续治理多元化的实验场。

其成效也将受到三个维度的协同影响：政策层的动态校准（如具体准则、应用指南以及行业准则或指南的及时配套）、市场层的响应能力（如第三方鉴证服务的规范化与专业化）、国际层的对话深度（如与国际准则及国际技术标准的互认机制）。

资料来源：中国会计报

【关键术语】

实收资本　股本　资本公积　法定盈余公积　任意盈余公积　未分配利润　发放现金股利

【学习评价】

专业能力测评表

（在○中打√,A 掌握,B 基本掌握,C 未掌握）

业务能力	评价指标	自测结果			备注
实收资本或股本	1. 实收资本或股本概述	○A	○B	○C	
	2. 实收资本或股本的核算	○A	○B	○C	
资本公积及 其他综合收益	1. 资本公积	○A	○B	○C	
	2. 其他综合收益	○A	○B	○C	
留存收益	1. 留存收益的管理	○A	○B	○C	
	2. 留存收益的核算	○A	○B	○C	
教师评语：					
成绩		教师签字			

练习题　　　　　答案

第十三章 收入、费用和利润

【学习目标】

知识目标

1. 了解所得税费用确认和计量的原则；

2. 熟悉收入确认和计量的步骤、费用的内容及其分类、利润的构成；

3. 掌握一般销售商品收入的核算、在某一时段内完成的销售商品收入的核算、合同取得成本与合同履约成本的核算；

4. 掌握期间费用的核算、利润及利润分配核算的基本原理和方法。

能力目标

1. 能胜任收入、费用和利润等会计核算岗位的各项工作；

2. 能按照规范流程和方法进行收入、费用和利润等各项业务的账务处理；

3. 能总结出不同经济业务在收入的账务处理上的异同。

思政目标

1. 提升学生的沟通能力，培养学生从多角度思考问题的能力；

2. 培养学生的民族复兴使命感、社会担当和责任感；

3. 增强学生对国家的认同及认知意识，充分形成对国家的归属感、自豪感。

【思维导图】

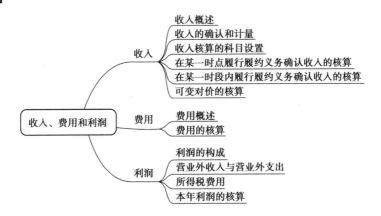

【案例导入】

10 派 39.74 元，A 股又现大额分红！

2025 年 3 月 24 日，比亚迪股份有限公司（以下简称"比亚迪"，002594）发布了 2024 年年度报告。公司 2024 年实现营业收入 7 771.02 亿元，同比增长 29.02%。这是比亚迪历史上年度营收首次突破 7 000 亿元，同时，按历史汇率，超越了特斯拉 2024 年全年 976.90 亿美元（约人民币 7 022.35 亿元）营收表现，为 2018 年以来首次。

业绩方面，比亚迪 2024 年实现归母净利润 402.54 亿元，同比增长 34.00%；实现扣非后归母净利润 369.83 亿元，同比增长 29.94%。

比亚迪 2024 年以 427.21 万辆的新能源汽车销量蝉联中国汽车市场车企销量冠军、中国汽车市场品牌销量冠军、全球新能源汽车市场销量冠军，全年新能源汽车销量同比增速达到 41.26%。

在 2024 年第四季度，比亚迪分别实现营收和归母净利润 2 748.51 亿元、150.16 亿元，同比增速分别为 52.66%、73.12%，继续保持较快增长。

巨额研发投入是实现技术领先的关键。比亚迪 2024 年年报显示，公司 2024 年研发投入达到 542 亿元，同比增长 35.68%。

充裕的现金是比亚迪大手笔研发投入的底气。2024 年，比亚迪经营活动产生的现金流量净额达到 1 334.54 亿元，2024 年末现金储备（包括但不限于货币资金、交易性金融资产）达到 1 549 亿元。

同时，比亚迪宣布，以总股本 30.39 亿股为基数，公司拟向全体股东每 10 股派发现金红利 39.74 元（含税）。

资料来源：证券日报

思考：企业的利润来源有哪些途径？如何实现并保持企业利润的高增长速度？

第一节 收 入

一、收入概述

收入是指企业在日常活动中形成的、会导致所有者权益增加的、与所有者投入资本无关的经济利益的总流入。日常活动是指企业为完成其经营目标所从事的经常性活动以及与之相关的其他活动。

按照企业主要经营业务等经常性经营活动实现的收入，通常将收入分为主营业务收入和其他业务收入，例如，制造业企业的产品销售收入是其主营业务收入，生产产品用的材料销售收入或出租包装物等收入则属于其他业务收入；又如，商业银行的利息收入是其主营业务收入。

二、收入的确认和计量

收入的确认和计量的基本步骤如表 13-1 所示。

表 13-1 收入的确认和计量的基本步骤

步骤	内容	实质
第 1 步	识别与客户订立的合同	收入确认
第 2 步	识别合同中的单项履约义务	
第 3 步	确定交易价格	收入计量
第 4 步	将交易价格分摊至各单项履约义务	
第 5 步	履行各单项履约义务时确认收入	收入确认

特别提示:上述步骤主要针对企业复杂的销售业务营业收入的确认和计量。在实务中,企业大部分是相对简单的业务,有些步骤不一定存在,因此不需要完全按照上述步骤进行营业收入的确认与计量。例如,商品零售企业销售商品不需要签订合同,因此不需要识别客户合同和识别合同中的履约义务;如果客户合同中不包括可变对价、重大融资成分、非现金对价及应付客户对价等,则合同规定的交易价格即最终交易价格;若客户合同中的商品为单件商品,则不需要单独识别合同中的履约义务及分摊交易价格。

(一)识别与客户订立的合同

合同是指双方或多方之间订立有法律约束力的权利义务的协议。合同有书面形式、口头形式以及其他形式。合同的存在是企业确认客户合同收入的前提,企业与客户之间的合同一经签订,企业即享有从客户处取得与转移商品和服务对价的权利,同时负有向客户转移商品和服务的履约义务。

1. 收入确认的原则

企业应当在履行了合同中的履约义务,即在客户取得相关商品控制权时确认收入。取得相关商品控制权,是指客户能够主导该商品的使用并从中获得几乎全部经济利益,也包括有能力阻止其他方主导该商品的使用并从中获得经济利益。取得商品控制权包括 3 个要素:

(1)客户必须拥有现时权利,能够主导该商品的使用并从中获得几乎全部经济利益。如果客户只能在未来的某一期间主导该商品的使用并从中获益,则表明其尚未取得该商品的控制权。

(2)客户有能力主导该商品的使用,即客户在其活动中有权使用该商品,或者能够允许或阻止其他方使用该商品。

(3)客户能够获得几乎全部的经济利益。商品的经济利益是指商品的潜在现金流量,既包括现金流入的增加,也包括现金流出的减少。客户可以通过使用、消耗、出售、处置、交换、抵押或持有等多种方式直接或间接地获得商品的经济利益。

特别提示:本章所称的客户是指与企业订立合同以向该企业购买其日常活动产出的

商品并支付对价的一方;所称的商品包括商品和服务。本章的收入不涉及企业对外出租资产收取的租金、进行债权投资收取的利息、进行股权投资取得的现金股利以及保费收入等。

2.收入确认的条件

企业与客户之间的合同同时满足下列5项条件的,企业应当在客户取得相关商品控制权时确认收入:

(1)合同各方已批准该合同并承诺将履行各自义务。

(2)该合同明确了合同各方与所转让商品相关的权利和义务。

(3)该合同有明确的与所转让商品相关的支付条款。

(4)该合同具有商业实质,即履行该合同将改变企业未来现金流量的风险、时间分布或金额。

(5)企业因向客户转让商品而有权取得的对价很可能收回。

【例13-1】 甲房地产开发公司与乙公司签订合同,向其销售一栋建筑物,合同价款为100万元。该建筑物的成本为60万元,乙公司在合同开始日即取得了该建筑物的控制权。根据合同约定,乙公司在合同开始日支付了5%的保证金5万元,并就剩余95%的价款与甲公司签订了不附追索权的长期融资协议,如果乙公司违约,甲公司可重新拥有该建筑物,即使收回的建筑物不能涵盖所欠款项的总额,甲公司也不能向乙公司索取进一步的赔偿。乙公司计划在该建筑物内开设一家餐馆。在该建筑物所在的地区,餐饮行业面临激烈的竞争,但乙公司缺乏餐饮行业的经营经验。

本例中,乙公司计划以该餐馆产生的收益偿还甲公司的欠款,除此之外并无其他的经济来源,乙公司也未对该笔欠款设定任何担保。如果乙公司违约,甲公司虽然可重新拥有该建筑物,但即使收回的建筑物不能涵盖所欠款项的总额,甲公司也不能向乙公司索取进一步的赔偿。因此,甲公司对乙公司还款的能力和意图存在疑虑,认为该合同不满足合同价款很可能收回的条件。甲公司应当将收到的5万元确认为一项负债。

特别提示:没有商业实质的非货币性资产交换,无论何时,均不应确认收入。从事相同业务经营的企业之间,为便于向客户或潜在客户销售而进行的非货币性资产交换(例如,两家石油公司之间相互交换石油,以便及时满足各自不同地点客户的需求),不应确认收入。

(二)识别合同中的单项履约义务

履约义务是指合同中企业向客户转让可明确区分商品或服务的承诺。企业应当将向客户转让可明确区分商品(或者商品的组合)的承诺以及向客户转让一系列实质相同且转让模式相同的、可明确区分商品的承诺作为单项履约义务。例如,企业与客户签订合同,向其销售商品并提供安装服务,该安装服务简单,除该企业外其他供应商也可以提供此类安装服务,该合同中销售商品和提供安装服务为两项单项履约义务。若该安装服务复杂且商品需要按客户定制要求修改,则合同中销售商品和提供安装服务合并为单项履约义务。

(三)确定交易价格

交易价格是指企业因向客户转让商品而预期有权收取的对价金额,不包括企业代第三方收取的款项(如增值税)以及企业预期将退还给客户的款项。合同条款所承诺的对价,可能是固定金额、可变金额或两者兼有。

【**例13-2**】 甲企业与客户签订合同为其建造一栋厂房,约定的价款为100万元,4个月完工,交易价格为固定金额100万元;假如合同中约定若提前1个月完工,客户将额外奖励甲公司10万元,甲企业对合同估计工程提前1个月完工的概率为95%。请计算甲企业该项业务的交易价格是多少?

本例中甲企业对合同估计工程提前1个月完工的概率为95%,则预计有权收取的对价为110万元,即交易价格应包括固定金额100万元和可变金额10万元,总计为110万元。

(四)将交易价格分摊至各单项履约义务

当合同中包含两项或多项履约义务时,需要将交易价格分摊至各单项履约义务,分摊的方法是在合同开始日,按照各单项履约义务所承诺商品的单独售价(企业向客户单独销售商品的价格)的相对比例,将交易价格分摊至各单项履约义务。通过分摊交易价格,使企业分摊至各单项履约义务的交易价格能够反映其因向客户转让已承诺的相关商品而有权收取的对价金额。

【**例13-3**】 甲企业与客户签订合同,向其销售 A、B、C 三件产品,不含增值税的合同总价款为 10 000 元。A、B、C 产品的不含增值税单独售价分别为 5 000 元、3 500 元和7 500 元,合计 16 000 元。

本例中甲企业应按照 A、B、C 产品各单项履约义务所承诺商品的单独售价的相对比例进行分摊:

A 产品应当分摊的交易价格=5 000÷16 000×10 000=3 125.00(元)

B 产品应当分摊的交易价格=3 500÷16 000×10 000=2 187.50(元)

C 产品应当分摊的交易价格=7 500÷16 000×10 000=4 687.50(元)

(五)履行各单项履约义务时确认收入

当企业将商品转移给客户,客户取得了相关商品的控制权,意味着企业履行了合同履约义务,此时,企业应确认收入。企业将商品控制权转移给客户,可能是在某一时段内(即履行履约义务的过程中)发生,也可能在某一时点(即履约义务完成时)发生。企业应当根据实际情况,首先判断履约义务是否满足在某一时段内履行的条件,如不满足,则该履约义务属于在某一时点履行的履约义务。对于在某一时段内履行的履约义务,企业应当选取恰当的方法来确定履约进度;对于在某一时点履行的履约义务,企业应当综合分析控制权转移的迹象,判断其转移时点。

【**例13-4**】 卖手机当月开始送 12 个月话费:价格 4 800 元。手机单独售价 4 500元,12 个月话费单独售价 500 元,请计算卖手机当月应确认收入的金额。

（1）第1步,识别合同:卖手机送话费

（2）第2步,识别单项履约义务:手机和话费两项履约义务

（3）第3步,确定交易价格为4 800元

（4）第4步,分配交易价格,按单独售价比例分摊:

手机应分配的交易价格=4 500÷(4 500+500)×4 800=4 320(元)

12个月话费应分配的交易价格=500÷(4 500+500)×4 800=480(元)

（5）第5步,确认收入:

①手机按某一时点确认收入,当月确认收入4 320元

②话费按某一时段确认收入,当月应确认收入=480÷12=40(元)

③卖手机当月应确认收入=4 320+40=4 360(元)

三、收入核算的科目设置

企业为了核算与客户之间的合同产生的收入及相关的成本费用,一般需要设置"主营业务收入""其他业务收入""主营业务成本""其他业务成本""合同取得成本""合同履约成本""合同资产""合同负债"等科目,如表13-2—表13-5所示。

表13-2 "主营业务收入"科目与"主营业务成本"科目

项目	主营业务收入	主营业务成本
核算内容	核算企业确认的销售商品、提供服务等主营业务的收入	核算企业确认销售商品、提供服务等主营业务收入时应结转的成本
借贷方向	贷方登记企业主营业务活动实现的收入,借方登记期末转入"本年利润"科目的主营业务收入,结转后该科目应无余额	借方登记企业应结转的主营业务成本,贷方登记期末转入"本年利润"科目的主营业务成本,结转后该科目应无余额
明细核算	可按主营业务的种类进行明细核算	
主要账务处理	企业在履行了合同中的单项履约义务时: 借:银行存款/应收账款/应收票据/合同资产等 　　贷:主营业务收入 　　　　应交税费——应交增值税(销项税额)	企业根据本期销售各种商品、提供各种服务的实际成本,结转成本时: 借:主营业务成本 　　存货跌价准备 　　贷:库存商品/合同履约成本等

表13-3 "其他业务收入"科目与"其他业务成本"科目

项目	其他业务收入	其他业务成本
核算内容	核算企业确认的除主营业务活动以外的其他经营活动实现的收入,包括出租固定资产、出租无形资产、出租包装物和商品、销售材料等实现的收入	核算企业确认的除主营业务活动以外的其他经营活动所形成的成本,包括出租固定资产的折旧额、出租无形资产的摊销额、出租包装物的成本或摊销额、销售材料的成本等

项目	其他业务收入	其他业务成本
借贷方向	贷方登记企业其他业务活动实现的收入,借方登记期末转入"本年利润"科目的其他业务收入,结转后该科目应无余额	借方登记企业应结转的其他业务成本、贷方登记期末转入"本年利润"科目的其他业务成本,结转后该科目应无余额
明细核算	可按其他业务的种类进行明细核算	
主要账务处理	企业确认其他业务收入时: 借:银行存款/应收账款等 　贷:其他业务收入 　　应交税费——应交增值税(销项税额)	企业发生其他业务成本时: 借:其他业务成本 　　存货跌价准备 　贷:原材料/周转材料等

表 13-4　"合同取得成本"科目与"合同履约成本"科目

项目	合同取得成本	合同履约成本
核算内容	核算企业取得合同发生的、预计能够收回的增量成本	核算企业为履行当前或预期取得的合同所发生的、不属于其他企业会计准则规范范围且按照收入准则应当确认为一项资产的成本
借贷方向	借方登记发生的合同取得成本,贷方登记摊销的合同取得成本,期末借方余额,反映企业尚未结转的合同取得成本	借方登记发生的合同履约成本,贷方登记摊销的合同履约成本,期末借方余额,反映企业尚未结转的合同履约成本
明细核算	可按合同进行明细核算	可按合同分别设置"服务成本""工程施工"等明细科目进行明细核算
主要账务处理	(1)企业发生合同取得成本时: 借:合同取得成本 　贷:银行存款等 (2)对合同取得成本进行摊销时: 借:销售费用 　贷:合同取得成本	(1)企业发生合同履约成本时: 借:合同履约成本 　贷:银行存款/应付工资薪酬/原材料等 (2)对合同履约成本进行摊销时: 借:主营业务成本/其他业务成本 　贷:合同履约成本
	涉及增值税的,还应进行相应的处理	

表 13-5　"合同资产"科目与"合同负债"科目

项目	合同资产	合同负债
核算内容	核算企业已向客户转让商品而有权收取对价的权利,且该权利取决于时间流逝之外的其他因素(如履行合同中的其他履约义务)	核算企业已收或应收客户对价而应向客户转让商品的义务

续表

项目	合同资产	合同负债
借贷方向	借方登记因已转让商品而有权收取的对价金额,贷方登记取得无条件收款权的金额,期末借方余额,反映企业已向客户转让商品而有权收取的对价金额	贷方登记企业在向客户转让商品之前,已经收到或已经取得无条件收取合同对价权利的金额;借方登记企业向客户转让商品时冲销的金额;期末贷方余额,反映企业在向客户转让商品之前,已经收到的合同对价或已经取得的无条件收取合同对价权利的金额
明细核算	按合同进行明细核算	
主要账务处理	(1)企业在客户实际支付合同对价或在该对价到期应付之前,已经向客户转让了商品的,应当按因已转让商品而有权收取的对价金额: 借:合同资产 　　贷:主营业务收入/其他业务收入等	(1)企业在向客户转让商品之前,客户已经支付了合同对价或企业已经取得了无条件收取合同对价权利的,企业应当在客户实际支付款项与到期支付款项孰早时点,按照该已收或应收的金额: 借:银行存款/应收账款/应收票据等 　　贷:合同负债
	(2)企业取得无条件收款权时: 借:应收账款等 　　贷:合同资产	(2)企业向客户转让相关商品时: 借:合同负债 　　贷:主营业务收入/其他业务收入等
	涉及增值税的,还应进行相应的处理	

此外,企业发生减值的,还应当设置"合同履约成本减值准备""合同取得成本减值准备""合同资产减值准备"等科目进行核算。

知识链接:

1."合同资产"科目与"应收账款"科目

二者都属于资产类科目,都是企业拥有的有权收取合同对价的权利,区别在于收款权利是否有条件。

应收账款:代表的是无条件收取合同对价的权利,即企业仅仅随着时间的流逝即可收款。

合同资产:并不是一项无条件收款权,该权利除时间流逝外,还取决于其他条件(例如,履行合同中的其他履约义务)才能收取相应的合同对价,即履约义务还没有全部完成,只有收取部分对价的权利。

例如,甲公司向乙公司销售一批商品,如果合同约定乙公司3个月后无条件付款,则甲公司应确认为"应收账款";如果合同约定无质量问题时乙公司3个月后付款,则甲公司应确认为"合同资产"。

因此,合同资产和应收账款相关的风险是不同的,应收账款仅承担信用风险,而合同资产除信用风险外,还可能承担其他风险,如履约风险等。

当企业履行两项及以上的单项履约义务并且根据合同约定,全部履行完毕之后,才具有无条件收取合同对价的权利时,企业履行完某单项履约义务之后,应将有权收取的对价先确认为"合同资产",待全部履行完毕之后再转入"应收账款"。以两项单项履约义务为例,如表13-6所示。

表13-6 两项单项履约义务的账务处理

时间节点	账务处理
履行了单项履约义务 A	借:合同资产 　　贷:主营业务收入 借:主营业务成本 　　贷:库存商品
履行了单项履约义务 B	借:应收账款 　　贷:合同资产 　　　　主营业务收入 　　　　应交税费——应交增值税(销项税额) 借:主营业务成本 　　贷:库存商品
收到货款时	借:银行存款 　　贷:应收账款

2. "合同负债"科目与"预收账款"科目

二者都属于负债类科目,核算的是企业预收的款项。

合同负债:强调"合同"的概念,核算的是在收入准则范围内所产生的预收的款项。

预收账款:并不强调"合同"的概念,适用于收入准则之外的预收的款项,例如,向他人提供租赁服务所产生的预收的款项。

四、在某一时点履行履约义务确认收入的核算

(一)在某一时点履行履约义务收入的确认

企业一般商品销售属于在某一时点履行的履约义务。对于在某一时点履行的履约义务,企业应当在客户取得相关商品控制权时点确认收入。在判断控制权是否转移时,企业应当综合考虑下列迹象:

(1)企业就该商品享有现时收款权利,即客户就该商品负有现时付款义务。例如,甲企业与客户签订销售商品合同,约定客户有权定价且在收到商品无误后10日内付款。在客户收到甲企业开具的发票、商品验收入库后,客户能够自主确定商品的销售价格或商品的使用情况,此时甲企业享有收款权利,客户负有现时付款义务。

(2)企业已将该商品的法定所有权转移给客户,即客户已拥有该商品的法定所有权。

例如,房地产企业向客户销售商品房,在客户付款后取得房屋产权证时,表明企业已将该商品房的法定所有权转移给客户。

(3)企业已将该商品实物转移给客户,即客户已占有该商品实物。例如,企业与客户签订交款提货合同,在企业销售商品并送货到客户指定地点,客户验收合格并付款,表明企业已将该商品实物转移给客户,即客户已占有该商品实物。

(4)企业已将该商品所有权上的主要风险和报酬转移给客户,即客户已取得该商品所有权上的主要风险和报酬。例如,甲房地产公司向客户销售商品房并办理产权转移手续后,该商品房价格上涨或下跌带来的利益或损失全部属于客户,表明客户已取得该商品房所有权上的主要风险和报酬。

(5)客户已接受该商品。例如,企业向客户销售为其定制生产的节能设备,客户收到并验收合格后办理入库手续,表明客户已接受该商品。

(6)其他表明客户已取得商品控制权的迹象。

(二)一般性销售业务的核算

在某一时间节点履行履约义务确认收入的账务处理如表13-7所示。

表 13-7　在某一时间节点履行履约义务确认收入的账务处理

时间节点	账务处理
确认收入时	借:银行存款/应收账款/应收票据/合同资产等 　　贷:主营业务收入/其他业务收入 　　　　应交税费——应交增值税(销项税额)
结转成本时	借:主营业务成本/其他业务成本 　　存货跌价准备【已销售商品/材料对应的存货跌价准备】 　　贷:库存商品/原材料
代垫运费时	借:应收账款等 　　贷:银行存款
收到货款时	借:银行存款 　　贷:应收账款/应收票据

【例13-5】　4月1日,甲公司与客户签订合同,向其销售A、B两种商品,A商品的单独售价为6 000元,B商品的单独售价为24 000元,合同价款为25 000元。合同约定,A商品于合同开始日交付,B商品在一个月之后交付,当两项商品全部交付之后,甲公司才有权收取25 000元的合同对价。上述价格均不包含增值税。A、B商品的实际成本分别为4 200元和18 000元。假定A商品和B商品分别构成单项履约义务,其控制权在交付时转移给客户。5月1日,甲公司交付B商品,开具的增值税专用发票上注明售价为25 000元,增值税税额为3 250元。6月1日,甲公司收到客户支付的货款并存入银行。

本例中甲公司将A商品交付给客户之后,与该商品相关的履约义务已经履行,但需要等到后续交付B商品时,才具有无条件收取合同对价的权利,因此,甲公司应当将因交付 A 商品而有权收取的对价确认为合同资产,而不是应收账款。

甲公司应先将交易价格 25 000 元分摊至 A、B 商品两项履约义务:

分摊至 A 商品的合同价款=6 000÷(6 000+24 000)×25 000=5 000(元)

分摊至 B 商品的合同价款=24 000÷(6 000+24 000)×25 000=20 000(元)

甲公司应编制如下会计分录:

(1)4 月 1 日,交付 A 商品时:

借:合同资产　　　　　　　　　　　　　　　　　　　　　　5 000

　　贷:主营业务收入　　　　　　　　　　　　　　　　　　　　　5 000

借:主营业务成本　　　　　　　　　　　　　　　　　　　　4 200

　　贷:库存商品　　　　　　　　　　　　　　　　　　　　　　　4 200

(2)5 月 1 日,交付 B 商品时:

借:应收账款　　　　　　　　　　　　　　　　　　　　　28 250

　　贷:合同资产　　　　　　　　　　　　　　　　　　　　　　　5 000

　　　主营业务收入　　　　　　　　　　　　　　　　　　　　20 000

　　　应交税费——应交增值税(销项税额)　　　　　　　　　3 250

借:主营业务成本　　　　　　　　　　　　　　　　　　　18 000

　　贷:库存商品　　　　　　　　　　　　　　　　　　　　　　18 000

(3)6 月 1 日,收到货款时:

借:银行存款　　　　　　　　　　　　　　　　　　　　　28 250

　　贷:应收账款　　　　　　　　　　　　　　　　　　　　　　28 250

(三)发出商品业务的核算

企业向客户转让商品的对价未达到"很可能收回"收入确认条件的,例如,销售方在销售时已知购买方资金周转发生困难仍发货,在发出商品时,企业不应确认收入,将发出商品的成本计入"发出商品"科目。"发出商品"科目核算企业商品已发出但客户没有取得商品控制权的商品成本。企业向客户转让商品的对价未达到"很可能收回"收入确认条件的账务处理如表 13-8 所示。

表 13-8　企业向客户转让商品的对价未达到"很可能收回"收入确认条件的账务处理

时间节点	账务处理
发出商品时	借:发出商品 　　贷:库存商品
已发出的商品被客户退回时	借:库存商品 　　贷:发出商品

续表

时间节点	账务处理
收到货款或取得收取货款权利时	确认收入： 借：银行存款/应收账款 　　贷：主营业务收入 　　　　应交税费——应交增值税（销项税额）
	结转已销商品成本： 借：主营业务成本 　　贷：发出商品

【例 13-6】　7 月 12 日,甲公司向乙公司销售一批商品,开出的增值税专用发票上注明的销售价款为 200 000 元,增值税税额为 26 000 元,款项尚未收到;该批商品成本为 120 000 元。

甲公司在销售时已知乙公司资金周转发生困难,但为了减少存货积压,同时也为了维持与乙公司长期建立的商业合作关系,甲公司仍将商品发往乙公司且办妥托收手续。假定甲公司发出该批商品时其增值税纳税义务已经发生。

10 月 5 日,甲公司得知乙公司经营情况逐渐好转,乙公司承诺近期付款。

10 月 16 日,甲公司收到乙公司支付的款项。

本例中由于乙公司资金周转存在困难,因而甲公司在货款回收方面存在较大的不确定性,与该批商品所有权有关的风险和报酬没有转移给乙公司。根据在某一时点履行的履约义务的收入确认条件,甲公司在发出商品且办妥托收手续时不能确认收入。

甲公司的账务处理如下：

(1)7 月 12 日,发出商品时：

借：发出商品　　　　　　　　　　　　　　　　　　　　　　　120 000

　　贷：库存商品　　　　　　　　　　　　　　　　　　　　　　120 000

(2)同时,将增值税专用发票上注明的增值税额转入应收账款：

借：应收账款——乙公司(应收销项税额)　　　　　　　　　　　26 000

　　贷：应交税费——应交增值税(销项税额)　　　　　　　　　26 000

(注:如果销售该商品的增值税纳税义务尚未发生,则不作这笔分录,待纳税义务发生时再作应交增值税的分录)

(3)10 月 5 日,乙公司承诺近期付款时：

借：应收账款——乙公司　　　　　　　　　　　　　　　　　　226 000

　　贷：主营业务收入　　　　　　　　　　　　　　　　　　　200 000

　　　　应收账款——乙公司(应收销项税额)　　　　　　　　　26 000

借：主营业务成本　　　　　　　　　　　　　　　　　　　　　120 000

　　贷：发出商品　　　　　　　　　　　　　　　　　　　　　120 000

(4)10 月 16 日,收到款项时:

借:银行存款 226 000

　　贷:应收账款——乙公司 226 000

(四)商业折扣、现金折扣与销售折让业务的核算

1. 商业折扣、现金折扣业务的账务处理

有关账务处理,参见应收账款的相关内容。

2. 销售折让业务的账务处理

销售折让是指企业因所售商品的质量不合格、品种与要求不一致等原因而在售价上给予的减让。对于销售折让,企业应分不同情况进行处理:

(1)企业在确认收入之前发生折让的,销售方应直接从原定的销售价格中扣除给予购货方的销售折让作为实际销售价格,并据此确认销售收入。

(2)已确认收入的售出商品发生销售折让的,通常应当在发生时冲减当期销售商品的收入。

(3)已确认收入的销售折让属于资产负债表日后事项的,应当按照《企业会计准则第29 号——资产负债表日后事项》的相关规定进行处理。

【例 13-7】 甲公司向乙公司销售一批商品,开出的增值税专用发票上注明的销售价款为 100 000 元,增值税额为 13 000 元。乙公司在验收过程中发现商品质量不合格,要求在价格上给予 5% 的折让,假定甲公司已确认销售收入,款项尚未收到,已取得税务机关开具的红字增值税专用发票。

甲公司的账务处理如下:

(1)销售实现时:

借:应收账款 113 000

　　贷:主营业务收入 100 000

　　　　应交税费——应交增值税(销项税额) 13 000

(2)发生销售折让时:

借:主营业务收入 5 000

　　应交税费——应交增值税(销项税额) 650

　　贷:应收账款 5 650

(3)实际收到款项时:

借:银行存款 107 350

　　贷:应收账款 107 350

(五)销售退回业务的核算

销售退回是指企业因售出商品在质量、规格等方面不符合销售合同规定条款的要求,客户要求企业予以退货。企业销售商品发生退货,表明企业履约义务的减少和客户商品控制权及其相关经济利益的丧失。

发生销售退回时,如果企业尚未确认销售收入,应将已计入"发出商品"等账户的商

品成本转回"库存商品"账户;如果企业已经确认了销售收入,应冲减退回当月的销售收入以及销售成本;如果属于资产负债表日后事项,应按照资产负债表日后事项的相关规定进行会计处理。销售退回业务的账务处理如表13-9所示。

表13-9　销售退回业务的账务处理

情形	账务处理
未确认收入的已发出商品发生退回	借:库存商品 　　贷:发出商品
已确认收入的售出商品发生退回 (除资产负债表日后事项外)	直接冲减退回当月的收入和成本: 借:主营业务收入 　　应交税费——应交增值税(销项税额) 　　贷:银行存款/应收票据/应收账款等 收到退回商品验收入库时: 借:库存商品 　　贷:主营业务成本
属于资产负债表日后事项销售退回	按资产负债表日后事项来处理

【例13-8】　5月20日,甲公司销售一批商品,增值税专用发票上注明售价为400 000元,增值税税额为52 000元;客户收到该批商品并验收入库;当日收到客户支付的货款存入银行。该批商品成本为300 000元。该项业务属于在某一时点履行的履约义务并确认销售收入。

7月20日,该批部分商品质量出现严重问题,客户将该批商品的50%退回给甲公司。甲公司同意退货,于退货当日支付退货款,并按规定向客户开具了红字增值税专用发票。

假定不考虑其他因素,甲公司应编制如下会计分录:

(1)5月20日,确认收入时:

借:银行存款　　　　　　　　　　　　　　　　　　　　　452 000

　　贷:主营业务收入　　　　　　　　　　　　　　　　　　400 000

　　　　应交税费——应交增值税(销项税额)　　　　　　　　52 000

同时,结转销售商品成本:

借:主营业务成本　　　　　　　　　　　　　　　　　　　300 000

　　贷:库存商品　　　　　　　　　　　　　　　　　　　　300 000

(2)7月20日,商品的50%销售退回时:

借:主营业务收入　　　　　　　　　　　　　　　　　　　200 000

　　应交税费——应交增值税(销项税额)　　　　　　　　　26 000

　　贷:银行存款　　　　　　　　　　　　　　　　　　　　226 000

借:库存商品　　　　　　　　　　　　　　　　　　　　　150 000

　　贷:主营业务成本　　　　　　　　　　　　　　　　　　150 000

（六）特殊销售业务的核算

1. 委托代销

委托代销是指委托方根据协议,委托受托方代销商品的一种销售方式。它可分为视同买断方式和支付手续费方式。

（1）视同买断方式委托代销商品。

视同买断方式是指委托方和受托方签订合同或协议,委托方按协议价格收取委托代销商品的货款,实际售价可由受托方自定,实际售价与协议价之间的差额归受托方所有的销售方式。

如果委托方和受托方之间的协议明确表明,受托方在取得代销商品后,无论是否能够卖出,是否获利,均与委托方无关,那么委托方和受托方之间的代销商品交易,与委托方直接销售商品给受托方没有实质区别,在符合销售商品收入确认条件时,委托方应确认相关销售产品收入。

如果委托方和受托方之间的协议明确标明,将来受托方没有将商品售出时可以将商品退回给委托方,或受托方因代销商品出现亏损时可以要求委托方补偿,那么委托方在交付商品时不确认收入,受托方也不做购进商品处理;受托方将商品销售后,按实际售价确认销售收入,并向委托方开具代销清单;委托方收到代销清单时,再确认本企业的销售收入。

【例13-9】　甲公司委托乙公司销售商品100件,协议价为200元/件,成本为120元/件。代销协议约定,乙公司在取得代销商品后,无论是否能够卖出、是否获利,均与甲公司无关。这批商品已经发出,货款尚未收到,甲公司开出的增值税专用发票上注明的增值税额为2 600元。

乙公司将该批商品按30 000元的价格出售,收取增值税3 900元,并给甲公司开具代销清单,结清合同价款。

根据本例的资料,甲公司采用视同买断方式委托乙公司代销商品。

甲公司（委托方）在发出商品时的账务处理如下:

①发出委托代销商品时:

借:应收账款——乙公司　　　　　　　　　　　　　　　　　22 600
　贷:主营业务收入　　　　　　　　　　　　　　　　　　　　20 000
　　　应交税费——应交增值税(销项税额)　　　　　　　　　　2 600
借:主营业务成本　　　　　　　　　　　　　　　　　　　　12 000
　贷:库存商品　　　　　　　　　　　　　　　　　　　　　12 000

②收到乙公司开来的代销清单及汇入的货款时:

借:银行存款　　　　　　　　　　　　　　　　　　　　　22 600
　贷:应收账款——乙公司　　　　　　　　　　　　　　　　22 600

乙公司（受托方）的会计处理:

①收到代销商品时:

借:库存商品　　　　　　　　　　　　　　　　　　　　　20 000

应交税费——应交增值税(进项税额)	2 600
贷:应付账款——甲公司	22 600

②售出代销商品时:

借:银行存款	33 900
贷:主营业务收入	30 000
应交税费——应交增值税(销项税额)	3 900
借:主营业务成本	20 000
贷:库存商品	20 000

③按合同价将货款汇给甲公司时:

借:应付账款——甲公司	22 600
贷:银行存款	22 600

如果委托方和受托方之间的合同明确标明,将来受托方没有将商品售出时可以将商品退回给委托方,或受托方因代销商品出现亏损时可以要求委托方补偿,这种情况说明受托方并没有承担对受托代销商品无条件付款的义务,因而该项合同安排在形式上和实质上都属于委托代销安排。委托方在发出商品时不确认收入,发出的商品通过"发出商品"科目核算,也可以单独设置"委托代销商品"科目核算;受托方在收到商品时也不作为代销商品购进处理,收到的代销商品通过"受托代销商品"科目核算。随后期间,受托方将受托代销的商品售出后,按实际售价确认销售收入,并向委托方开具代销清单;委托方收到代销清单时,根据代销清单所列的已销商品确认销售收入。

【例13-10】承【例13-9】,如果代销协议约定:乙公司将来没有将受托代销的商品售出,可以将商品退回给甲公司,或乙公司因代销商品出现亏损可以要求甲公司补偿,其他条件不变,甲公司、乙公司应进行如下账务处理。

甲公司(委托方)的账务处理如下:

①发出委托代销商品时:

借:委托代销商品/发出商品	12 000
贷:库存商品	12 000

②收到乙公司开具的代销清单时:

借:应收账款	22 600
贷:主营业务收入	20 000
应交税费——应交增值税(销项税额)	2 600
借:主营业务成本	12 000
贷:委托代销商品/发出商品	12 000

③收到乙公司汇入的货款时:

借:银行存款	22 600
贷:应收账款	22 600

乙公司(受托方)的会计处理:

①收到代销商品时:

```
借:受托代销商品                                    20 000
    贷:受托代销商品款                                      20 000
②售出代销商品时:
借:银行存款                                        33 900
    贷:主营业务收入                                        30 000
        应交税费——应交增值税(销项税额)                    3 900
借:主营业务成本                                    20 000
    贷:受托代销商品                                        20 000
借:受托代销商品款                                  20 000
    贷:应付账款——甲公司                                  20 000
③收到增值税专用发票时:
借:应交税费——应交增值税(进项税额)              2 600
    贷:应付账款——甲公司                                  2 600
④按合同价将货款汇给甲公司时:
借:应付账款——甲公司                              22 600
    贷:银行存款                                            22 600
```

(2)支付手续费方式委托代销商品。

采用支付手续费代销方式下,委托方在发出商品时,商品所有权上的主要风险和报酬并未转移给受托方,委托方在发出商品时通常不应确认销售商品收入,而应在收到受托方开出的代销清单时确认销售商品收入,同时将应支付的代销手续费计入销售费用;受托方应在代销商品销售后,按合同或协议约定的方法计算确定代销手续费,确认劳务收入。

受托方可通过"受托代销商品""受托代销商品款"等账户,对受托代销商品进行核算。确认代销手续费收入时,借记"应付账款"账户,贷记"其他业务收入"等账户。支付手续费方式委托代销商品的账务处理如表13-10所示。

表13-10　支付手续费方式委托代销商品的账务处理

委托方		受托方	
时点	账务处理	时点	账务处理
发出商品时(不符合收入确认条件)	借:委托代销商品/发出商品　　贷:库存商品	收到商品	借:受托代销商品　　贷:受托代销商品款

续表

	委托方		受托方
收到代销清单、代销手续费发票时	确认收入: 借:应收账款 　贷:主营业务收入 　　应交税费——应交增值税 　　（销项税额）	对外销售	借:银行存款 　贷:受托代销商品 　　应交税费——应交增 　　值税（销项税额）
	结转成本: 借:主营业务成本 　贷:委托代销商品/发出商品	收到委托方开具的增值税专用发票	借:受托代销商品款 　　应交税费——应交增值 　　税（进项税额） 　贷:应付账款
	结算手续费: 借:销售费用——代销手续费 　　应交税费——应交增值税（进项税额） 　贷:应收账款		
收到货款时	借:银行存款 　贷:应收账款	支付货款并计算代销手续费	借:应付账款 　贷:银行存款 　　其他业务收入——代销手续费 　　应交税费——应交增值税（销项税额）

【例13-11】　甲公司与乙公司均为增值税一般纳税人。6月1日,甲公司与乙公司签订委托代销合同,甲公司委托乙公司销售W商品2 000件,W商品当日发出,每件成本为70元。合同约定乙公司应按每件100元对外销售,甲公司按不含增值税的销售价格的10%向乙公司支付手续费。除非这些商品在乙公司存放期间内由于乙公司的责任发生毁损或丢失,否则在W商品对外销售之前,乙公司没有义务向甲公司支付货款。乙公司不承担包销责任,没有售出的W商品须退回给甲公司,同时,甲公司也有权要求收回W商品或将其销售给其他的客户。

6月,乙公司实际对外销售1 500件,开出的增值税专用发票上注明的售价为150 000元,增值税税额为19 500元。6月30日,甲公司收到乙公司开具的代销清单和代销手续费增值税专用发票(增值税税率为6%),以及扣除代销手续费后的货款;甲公司开具相应的增值税专用发票。

本例中,甲公司将W商品发送至乙公司后,乙公司虽然已经承担W商品的实物保管责任,但仅为接受甲公司的委托销售W商品,并根据实际销售的数量赚取一定比例的手续费。甲公司有权要求收回W商品或将其销售给其他的客户,乙公司并不能主导这些商品的销售,这些商品对外销售与否、是否获利以及获利多少等不由乙公司控制,乙公司没有取得这些商品的控制权。因此,甲公司将 W 商品发送至乙公司时不应确认收入,而应当在乙公司将 W 商品销售给最终客户时确认收入。

甲公司(委托方)应编制如下会计分录:

(1)6 月 1 日,发出商品时:

借:委托代销商品/发出商品 140 000

贷:库存商品 【2 000 件×70 元/件】140 000

(2)6 月 30 日,收到代销清单、代销手续费发票时:

借:应收账款——乙公司 169 500

贷:主营业务收入 【1 500 件×100 元/件】150 000

应交税费——应交增值税(销项税额) 19 500

借:主营业务成本 105 000

贷:委托代销商品/发出商品 【1 500 件×70 元/件】105 000

借:销售费用——代销手续费 【150 000×10%】15 000

应交税费——应交增值税(进项税额) 【15 000×6%】900

贷:应收账款——乙公司 15 900

(3)6 月 30 日,收到乙公司支付的货款时:

借:银行存款 153 600

贷:应收账款——乙公司 【169 500-15 900】153 600

乙公司(受托方)应编制如下会计分录:

(1)6 月 1 日,收到商品:

借:受托代销商品 200 000

贷:受托代销商品款 【2 000 件×100 元/件】200 000

(2)6 月对外销售时(不确认收入):

借:银行存款 169 500

贷:受托代销商品 【1 500 件×100 元/件】150 000

应交税费——应交增值税(销项税额) 19 500

(3)6 月 30 日,收到甲公司开具的增值税专用发票:

借:受托代销商品款 150 000

应交税费——应交增值税(进项税额) 19 500

贷:应付账款——甲公司 169 500

(4)6 月 30 日,支付货款并计算代销手续费:

确认代销手续费时:

借:应付账款——甲公司 15 900

贷:其他业务收入——代销手续费 15 000

应交税费——应交增值税(销项税额) 900

支付货款时:

借:应付账款——甲公司 【169 500-15 900】153 600

　　　　贷:银行存款　　　　　　　　　　　　　　　　　　　　　153 600
　　也可将上述两笔分录进行合并处理:
　　借:应付账款——甲公司　　　　　　　　　　　　　　　　　　169 500
　　　　贷:银行存款　　　　　　　　　　　　　　【169 500-15 900】153 600
　　　　　其他业务收入——代销手续费　　　　　　　　　　　　　15 000
　　　　　应交税费——应交增值税(销项税额)　　　　　　　　　　900

　　2.预收款方式销售

　　企业向客户预收销售商品款项的,应当首先将该款项确认为负债,待履行了相关履约义务时再转为收入。

　　【例13-12】　1月1日,甲公司与乙公司签订了一项合同对价为113 000元(含增值税)的商品转让合同。合同约定,乙公司应于1月31日向甲公司预付全部合同价款,甲公司则于3月31日向乙公司交付商品。乙公司未能按合同约定的日期支付价款,而是推迟到3月1日才支付价款,甲公司于3月31日向乙公司交付了商品。

　　(1)假定甲公司与乙公司签订的是一项可撤销的合同,乙公司在向甲公司支付合同价款之前均可撤销。

　　由于合同可撤销,在乙公司向甲公司支付合同价款之前,甲公司并不拥有无条件收取合同价款的权利,甲公司应将3月1日收到的款项确认为负债,待向乙公司交付商品时再确认收入。

　　①3月1日,甲公司收到乙公司预付的价款时:
　　借:银行存款　　　　　　　　　　　　　　　　　　　　　　　113 000
　　　　贷:合同负债　　　　　　　　　　　　　　　　　　　　　113 000
　　②3月31日,甲公司向乙公司交付了商品时:
　　借:合同负债　　　　　　　　　　　　　　　　　　　　　　　113 000
　　　　贷:主营业务收入　　　　　　　　　　　　　　　　　　　100 000
　　　　　应交税费——应交增值税(销项税额)　　　　　　　　　13 000

　　(2)假定甲公司与乙公司签订的是一项不可撤销的合同。

　　由于合同不可撤销,在合同约定的乙公司预付合同价款日(1月31日),甲即已拥有无条件收取合同价款的权利。甲公司应于1月31日确认应收账款,同时确认合同负债;收到乙公司预付的价款时,作为应收账款的收回;待向乙公司交付商品时,将合同负债转为收入。

　　①1月31日,甲公司确认应收账款和合同负债时:
　　借:应收账款　　　　　　　　　　　　　　　　　　　　　　　113 000
　　　　贷:合同负债　　　　　　　　　　　　　　　　　　　　　113 000
　　②3月1日,甲公司收到乙公司预付的价款时:
　　借:银行存款　　　　　　　　　　　　　　　　　　　　　　　113 000
　　　　贷:应收账款　　　　　　　　　　　　　　　　　　　　　113 000

③3 月 31 日,甲公司向乙公司交付商品时:

借:合同负债 113 000
　　贷:主营业务收入 100 000
　　　　应交税费——应交增值税(销项税额) 13 000

3. 分期收款销售

分期收款销售是指商品已经交付,但货款分期收回的一种销售方式。在分期收款销售方式下,如果企业仅仅是为了确保到期收回货款而保留了商品的法定所有权,则企业保留的这项权利通常不会对客户取得对所购商品的控制权形成障碍。因此,企业将商品交付给客户,通常可以表明客户已经取得了对商品的所有权,企业应于向客户交付商品时确认销售收入。

【例 13-13】 1 月 1 日,甲公司采用分期收款方式向乙公司销售一批产品,产品成本为 450 000 元,根据合同约定,该批产品按照正常的销售价格为 600 000 元及相应的增值税额 78 000 元进行结算,乙公司收到产品时首次支付 20% 的货款,其余货款于每季末等额支付,分 3 次付清。

在该项交易中,由于所售产品是按照正常的销售价格进行结算的,也就是说,该价款是公允的。因此,甲公司应于交付产品时,按照已收和应收的全部合同价款确认收入和相应的增值税额。

甲公司的账务处理如下:

(1)1 月 1 日,销售商品并收到乙公司首付的 20% 货款时:

已收合同价款=(600 000+78 000)×20%=135 600(元)

应收合同价款=(600 000+78 000)-135 600=542 400(元)

已收增值税销项税额=600 000×20%×13%=15 600(元)

应收增值税销项税额=600 000×80%×13%=62 400(元)

借:银行存款 135 600
　　应收账款——乙公司 542 400
　　贷:主营业务收入 600 000
　　　　应交税费——应交增值税(销项税额) 15 600
　　　　　　　　——待转销项税额 62 400

借:主营业务成本 450 000
　　贷:库存商品 450 000

(2)3 月 31 日,收到乙公司支付的分期账款时:

每期应收合同价款=542 400÷3=180 800(元)

借:银行存款 180 800
　　应交税费——待转销项税额 【62 400÷3】20 800
　　贷:应收账款——乙公司 180 800
　　　　应交税费——应交增值税(销项税额) 20 800

6 月 30 日、9 月 30 日收到乙公司支付的分期账款的账务处理同上。

4. 附有销售退回条件的销售

附有销售退回条件的销售,是指购买方依照有关合同有权退货的销售方式。对于附有销售退回条件的销售,企业应当在客户取得相关商品控制权时,按照因向客户转让商品而预期有权收取的对价金额(不包含预期因销售退回将退还的金额)确认收入,按照预期因销售退回将退还的金额确认负债;同时,按照预期将退回商品转让时的账面价值,扣除收回该商品转让时预计发生的成本。

【例13-14】 2月15日,甲公司销售300件A商品给乙公司,该批产品的价款为300 000元,增值税销项税额为39 000元,总成本为240 000元,规定20天内可以无条件退货,已开具增值税专用发票并收取全部价款。客户已取得A商品的控制权。甲公司根据以往的经验,估计退货率为5%。3月2日,乙公司退回A商品12件,其余商品未退货,甲公司开出红字增值税专用发票,退回价款12 000元、增值税1 560元。

甲公司的账务处理如下:

(1)2月15日,估计退货部分不确认收入:

确认主营业务收入=300 000×(1-5%)=285 000(元)

确认预计负债=300 000×5%=15 000(元)

借:银行存款　　　　　　　　　　　　　　　　　　　339 000
　　贷:主营业务收入　　　　　　　　　　　　　　　　285 000
　　　　预计负债　　　　　　　　　　　　　　　　　　15 000
　　　　应交税费——应交增值税(销项税额)　　　　　39 000

确认主营业务成本和发出商品成本:

确认主营业务成本=240 000×(1-5%)=228 000(元)

确认发出商品成本=240 000×5%=12 000(元)

借:主营业务成本　　　　　　　　　　　　　　　　　228 000
　　发出商品　　　　　　　　　　　　　　　　　　　12 000
　　贷:库存商品　　　　　　　　　　　　　　　　　240 000

(2)3月2日,支付退货款13 560(12 000+1 560)元,未退货部分确认收入:

确认主营业务收入=15 000-12 000=3 000(元)

借:预计负债　　　　　　　　　　　　　　　　　　　15 000
　　应交税费——应交增值税(销项税额)　　　　　　　1 560
　　贷:主营业务收入　　　　　　　　　　　　　　　　3 000
　　　　银行存款　　　　　　　　　　　　　　　　　13 560

转回库存商品=12 000(退回价款)÷300 000×240 000=9 600(元)

确认主营业务成本=12 000(发出商品成本)-9 600=2 400(元)

借:主营业务成本　　　　　　　　　　　　　　　　　2 400
　　库存商品　　　　　　　　　　　　　　　　　　　9 600
　　贷:发出商品　　　　　　　　　　　　　　　　　12 000

五、在某一时段内履行履约义务确认收入的核算

（一）在某一时段内履行履约义务的确认条件

满足下列条件之一的,属于在某一时段内履行的履约义务:

1. 客户在企业履约的同时即取得并消耗企业履约所带来的经济利益

如果企业在履约过程中是持续地向客户转移该服务控制权的,则表明客户在企业履约的同时即取得并消耗企业履约所带来的经济利益,该履约义务属于在某一时段内履行的履约义务。

2. 客户能够控制企业履约过程中在建的商品

企业在履约过程中在建的商品包括在产品、在建工程、尚未完成的研发项目、正在进行的服务等。如果在企业创建这些商品的过程中客户就能够控制这些在建商品,则表明该履约义务属于在某一时段内履行的履约义务。

3. 企业履约过程中所产出的商品具有不可替代用途,且该企业在整个合同期间内有权就累计至今已完成的履约部分收取款项

具有不可替代用途,是指因合同限制或实际可行性限制,企业不能轻易地将商品用于其他用途。有权就累计至今已完成的履约部分收取款项,是指在由于客户或其他方原因终止合同的情况下,企业有权就累计至今已完成的履约部分收取能够补偿其已发生成本和合理利润的款项,并且该权利具有法律约束力。

【例 13-15】 12 月 1 日甲企业与乙企业签订合同,在乙企业的厂区内按乙企业的设计要求为乙企业建造一栋厂房,工期为 4 个月。在建造过程中,乙企业有权修改厂房设计,并与甲企业重新协商设计变更后的合同价款;乙企业每月末按当月工程进度向甲企业支付工程款;如果乙企业终止合同,已完成建造部分的厂房归乙企业所有。

分析:本例合同的相关条款均表明作为客户的乙企业能够控制在建的厂房,因此,甲企业提供的这项厂房建造服务属于在某一时段内履行的履约义务,应在建造期间内按履约进度确认收入。

【例 13-16】 甲企业是一家造船企业。甲企业与乙企业签订了一份按照乙企业的具体要求设计和建造船舶的合同。甲企业在自己的厂区完成该船舶的建造,乙企业无法控制在建过程中的船舶;甲企业如果想把船舶出售给其他客户,需发生重大改造成本。合同约定,如果乙企业单方面解约,需向甲企业支付相当于合同总价30%的违约金,且建造中的船舶归甲企业所有。假定该合同只包括一项履约义务,即设计与建造乙企业所需船舶。

对于甲企业而言,设计与建造船舶是否属于在某一时段内履行的履约义务?

分析:首先,乙企业没有在甲企业设计与建造该艘船舶的同时取得并消耗甲企业建造过程带来的经济利益;其次,乙企业不能控制在建的船舶;再次,虽然该船舶具有不可替代用途(因为如要出售给乙企业之外的其他企业,甲企业将发生重大改造成本),但甲企业在乙企业单方面解约时仅可向其收取相当于合同总价30%的违约金,说明甲企业在整个合同期间内无权就累计至今已完成的履约部分收取能够补偿其已发生成本和合理

利润的款项。综上所述,甲企业为乙企业设计并建造船舶这个履约义务不属于在某一时段内履行的履约义务。

(二)履约进度的确定方法

对于在某一时段内履行的履约义务,企业应当在该段时间内按照履约进度确认收入,但是,履约进度不能合理确定的除外。

资产负债表日,企业依据履约进度确认收入时,按照合同的交易价格总额乘以履约进度扣除以前会计期间累计已确认的收入后的金额,确认为当期收入;同时,按照履行合同估计发生的总成本乘以履约进度再扣除以前会计期间累计确认的合同成本后的金额,结转当期成本。用公式表示如下:

本期确认的收入=合同的交易价格总额×履约进度-以前会计期间累计已确认的收入

本期确认的成本=预计的合同总成本×履约进度-以前会计期间累计已确认的成本

企业应当考虑商品的性质,采用产出法或投入法确定恰当的履约进度,并且在确定履约进度时,应当扣除那些控制权尚未转移给客户的商品。

1.产出法

产出法是根据已转移给客户的商品对于客户的价值确定履约进度,通常可采用实际测量的完工进度、评估已实现的结果、已达到的工程进度节点、时间进度、已完工或交付的产品等产出指标确定履约进度。企业在评估是否采用产出法确定履约进度时,应当考虑具体的事实和情况,并选择能够如实反映企业履约进度和向客户转移商品控制权的产出指标。当选择的产出指标无法计量控制权已转移给客户的商品时,不应采用产出法。

【例13-17】 20×4年8月1日,甲公司与客户签订合同,为该客户拥有的一条铁路更换100根铁轨,合同价格为10万元(不含税价)。截至20×4年12月31日,甲公司共更换铁轨60根,剩余部分预计在20×5年3月31日之前完成。该合同仅包含一项履约义务,且该履约义务满足在某一时段内履行的条件。假定不考虑其他情况。

本例中,甲公司提供的更换铁轨的服务属于在某一时段内履行的履约义务,甲公司按照已完成的工作量占预计总工作量的比例确定履约进度。因此,截至20×4年12月31日,该合同的履约进度为60%(60÷100×100%),甲公司应确认的收入为6万元(10×60%)。

2.投入法

投入法是根据企业为履行履约义务的投入确定履约进度,通常可采用投入的材料数量、花费的人工工时或机器工时、发生的成本和时间进度等投入指标确定履约进度。当企业从事的工作或发生的投入是在整个履约期间内平均发生时,企业也可以按照直线法确认收入。产出法下有关产出指标的信息有时可能无法直接观察获得,或者企业为获得这些信息需要花费很高的成本时,可能需要采用投入法来确定履约进度。

【例13-18】 甲公司于12月1日接受一项设备安装任务,安装期为3个月,合同总收入600 000元,至年底已预收安装费440 000元,实际发生安装费用280 000元(假定均为安装人员薪酬),估计还将发生安装费用120 000元。假定甲公司按实际发生的成本占估计总成本的比例确定安装的履约进度,不考虑增值税等其他因素。

甲公司的账务处理如下：

实际发生的成本占估计总成本的比例 = 280 000 ÷ (280 000 + 120 000) × 100% = 70%

12 月 31 日确认的劳务收入 = 600 000 × 70% − 0 = 420 000（元）

（1）实际发生劳务成本：

借：合同履约成本——设备安装 　　　　　　　　　　　　　　　280 000

　　贷：应付职工薪酬 　　　　　　　　　　　　　　　　　　　　280 000

（2）预收劳务款：

借：银行存款 　　　　　　　　　　　　　　　　　　　　　　　440 000

　　贷：合同负债——××公司 　　　　　　　　　　　　　　　　440 000

（3）12 月 31 日确认劳务收入并结转劳务成本：

借：合同负债——××公司 　　　　　　　　　　　　　　　　　420 000

　　贷：主营业务收入——设备安装 　　　　　　　　　　　　　　420 000

借：主营业务成本——设备安装 　　　　　　　　　　　　　　　280 000

　　贷：合同履约成本——设备安装 　　　　　　　　　　　　　　280 000

采用已经发生的成本作为投入指标时，投入法也称为成本法。实务中，企业通常按照累计实际发生的成本占预计总成本的比例（即成本法）确定履约进度。累计实际发生的成本包括企业向客户转移商品过程中所发生的直接成本和间接成本，如直接人工、直接材料、分包成本以及其他与合同相关的成本。

履约进度 = 已完工或已交付的产品（或已提供的服务）数量 ÷ 应交付的产品（或应提供的服务）总量

对于每一项履约义务，企业只能采用一种方法来确定其履约进度，并加以一贯运用。对于类似情况下的类似履约义务，企业应当采用相同的方法确定履约进度。

当履约进度不能合理确定时，企业已经发生的成本预计能够得到补偿的，应当按照已经发生的成本金额确认收入，直到履约进度能够合理确定为止。

企业应当在每一个资产负债表日，对履约进度进行重新估计，如果客观环境发生变化，企业需要重新评估履约进度是否发生变化，以确保履约进度能够反映履约情况的变化，该变化应当作为会计估计变更进行会计处理。

（三）合同成本与合同负债的确认

1. 合同取得成本

企业为取得合同发生的增量成本预期能够收回的，应作为合同取得成本确认为一项资产。增量成本是指企业不取得合同就不会发生的成本，也就是企业发生的与合同直接相关，但又不是所签订合同的对象或内容（如建造商品或提供服务）本身所直接发生的费用。如销售佣金，若预期可通过未来的相关服务收入予以补偿，该销售佣金（即增量成本）应在发生时确认为一项资产，即合同取得成本。

企业为取得合同发生的、除预期能够收回的增量成本之外的其他支出，如无论是否取得合同均会发生的差旅费、投标费、为准备投标资料发生的相关费用等，应当在发生时计入当期损益，除非这些支出明确由客户承担。

2. 合同履约成本

企业为履行合同可能会发生各种成本,企业在确认收入的同时应当对这些成本进行分析,若不属于存货、固定资产、无形资产等规范范围且同时满足下列条件的,应当作为合同履约成本确认为一项资产:

(1)该成本与一份当前或预期取得的合同直接相关。

①与合同直接相关的成本:A. 直接人工(如支付给直接为客户提供所承诺服务的人员的工资、奖金等);B. 直接材料(如为履行合同耗用的原材料、辅助材料、构配件、零件、半成品的成本和周转材料的摊销及租赁费用等);C. 制造费用或类似费用(如组织和管理相关生产、施工、服务等活动发生的费用,包括车间管理人员的职工薪酬、劳动保护费、固定资产折旧费及修理费、物料消耗、取暖费、水电费、办公费、差旅费、财产保险费、工程保修费、临时设施摊销费等)。

②明确由客户承担的成本以及仅因该合同而发生的其他成本(如支付给分包商的成本、机械使用费、设计和技术援助费用、施工现场二次搬运费、生产工具和用具使用费、检验试验费、工程定位复测费、工程点交费用、场地清理费等)。

(2)该成本增加了企业未来用于履行(包括持续履行)履约义务的资源。

(3)该成本预期能够收回。

企业应当在下列支出发生时,将其计入当期损益:一是管理费用,除非这些费用明确由客户承担。二是非正常消耗的直接材料、直接人工和制造费用(或类似费用),这些支出为履行合同而发生,但未反映在合同价格中。三是与履约义务中已履行(包括已全部履行或部分履行)部分相关的支出,即该支出与企业过去的履约活动相关。四是无法区分尚未履行的与已履行(或部分履行)的履约义务的相关支出。

3. 合同负债

合同负债是指企业已收或应收客户对价而应向客户转让商品的义务。需要说明的是,对于尚未向客户履行转让商品的义务而已收或应收客户对价中的增值税部分,因不符合合同负债的定义,不应确认为合同负债。

(四)合同取得成本及销售收入的核算

企业对已确认为资产的合同取得成本,应当采用与该资产相关的商品收入确认相同的基础进行摊销,计入当期损益。为简化实务操作,该资产摊销期限不超过一年的,可以在发生时计入当期损益。

1. 企业发生合同取得成本,支付相关费用时

借:合同取得成本

贷:银行存款/应付职工薪酬等

2. 确认收入、摊销合同取得成本时

借:应收账款

贷:主营业务收入

应交税费——应交增值税(销项税额)

借:销售费用
　　贷:合同取得成本

【例13-19】 甲公司是一家咨询公司,为增值税一般纳税人,对外提供咨询服务适用的增值税税率为6%。甲公司通过竞标赢得一个服务期为5年的客户,该客户每年年末支付含税咨询费3 180 000元。为取得与该客户的合同,甲公司聘请外部律师进行尽职调查并支付相关费用25 000元,为投标而发生的差旅费20 000元,支付销售人员佣金120 000元。甲公司预期这些支出未来均能够收回。此外,甲公司根据其年度销售目标、整体盈利情况及个人业绩等,向销售部门经理支付年度奖金10 000元。

在本例中,甲公司因签订该客户合同而向销售人员支付的佣金属于取得合同发生的增量成本,应当将其作为合同取得成本确认为一项资产;甲公司聘请外部律师进行尽职调查发生的支出、为投标发生的差旅费以及向销售部门经理支付的年度奖金(不能直接归属于可识别的合同)不属于增量成本,应当于发生时直接计入当期损益。

甲公司应编制如下会计分录:

(1)支付与取得合同相关的费用:

借:合同取得成本 　　　　　　　　　　　　　　　　120 000
　　管理费用 　　　　　　　　　　　　　【25 000+20 000】45 000
　　贷:银行存款 　　　　　　　　　　　　　　　　　165 000

(2)每月确认服务收入,摊销合同取得成本:

每月服务收入=3 180 000÷(1+6%)÷12=250 000(元)

每月摊销合同取得成本=120 000÷5÷12=2 000(元)

借:应收账款 　　　　　　　　　　　　　　　　　　265 000
　　贷:主营业务收入 　　　　　　　　　　　　　　　250 000
　　　　应交税费——应交增值税(销项税额) 　　　　　15 000
借:销售费用 　　　　　　　　　　　　　　　　　　　2 000
　　贷:合同取得成本 　　　　　　　　　　　　　　　　2 000

(3)确认销售部门经理奖金时:

借:销售费用 　　　　　　　　　　　　　　　　　　　10 000
　　贷:应付职工薪酬 　　　　　　　　　　　　　　　　10 000

(4)发放销售部门经理奖金时:

借:应付职工薪酬 　　　　　　　　　　　　　　　　　10 000
　　贷:银行存款 　　　　　　　　　　　　　　　　　　10 000

(五)合同履约成本及销售收入的核算

企业对已确认为资产的合同履约成本,应当采用与该资产相关的商品收入确认相同的基础进行摊销,计入当期损益。

1.企业发生合同履约成本时

借:合同履约成本
　　贷:银行存款/应付职工薪酬/原材料/累计折旧等

2.确认收入、摊销合同履约成本时

借:银行存款

　　贷:主营业务收入

　　　　应交税费——应交增值税(销项税额)

借:主营业务成本

　　贷:合同履约成本

【**例 13-20**】　甲公司为增值税一般纳税人,装修服务适用增值税税率为 9%。20×4 年 12 月 1 日,甲公司与乙公司签订一项为期 3 个月的装修合同,合同约定装修价款为 500 000 元,增值税税额为 45 000 元,装修费用每月月末按完工进度支付。20×4 年 12 月 31 日,经专业测量师测量后,确定该项劳务的完工程度为 25%;乙公司按完工进度支付价款及相应的增值税款。截至 20×4 年 12 月 31 日,甲公司为完成该合同累计发生劳务成本 100 000 元(假定均为装修人员薪酬),估计还将发生劳务成本 300 000 元。

假定该业务属于甲公司的主营业务,全部由其自行完成;该装修服务构成单项履约义务,并属于在某一时段内履行的履约义务;甲公司按照实际测量的完工进度确定履约进度。

甲公司应编制如下会计分录:

(1)实际发生劳务成本:

借:合同履约成本　　　　　　　　　　　　　　　　　　　　　　　　100 000

　　贷:应付职工薪酬　　　　　　　　　　　　　　　　　　　　　　　　100 000

(2)20×4 年 12 月 31 日,确认劳务收入、结转劳务成本:

20×4 年 12 月 31 日应确认的劳务收入 = 500 000×25% − 0 = 125 000(元)

借:银行存款　　　　　　　　　　　　　　　　　　　　　　　　　　136 250

　　贷:主营业务收入　　　　　　　　　　　　　　　　　　　　　　　　125 000

　　　　应交税费——应交增值税(销项税额)　　　　　　　　　　　　　 11 250

借:主营业务成本　　　　　　　　　　　　　　　　　　　　　　　　100 000

　　贷:合同履约成本　　　　　　　　　　　　　　　　　　　　　　　　100 000

20×5 年 1 月 31 日,经专业测量师测量后,确定该项劳务的完工程度为 70%;乙公司按完工进度支付价款同时支付对应的增值税款。20×5 年 1 月,为完成该合同发生劳务成本 180 000 元(假定均为装修人员薪酬),为完成该合同估计还将发生劳务成本 120 000 元。

甲公司应编制如下会计分录:

(1)实际发生劳务成本:

借:合同履约成本　　　　　　　　　　　　　　　　　　　　　　　　180 000

　　贷:应付职工薪酬　　　　　　　　　　　　　　　　　　　　　　　　180 000

(2)20×5 年 1 月 31 日,确认劳务收入、结转劳务成本:

20×5 年 1 月 31 日应确认的劳务收入 = 500 000×70% − 125 000 = 225 000(元)

借:银行存款　　　　　　　　　　　　　　　　　　　　　　　　　　245 250

贷:主营业务收入	225 000
应交税费——应交增值税(销项税额)	20 250
借:主营业务成本	180 000
贷:合同履约成本	180 000

20×5 年 2 月 28 日,装修完工,乙公司验收合格,按完工进度支付价款同时支付对应的增值税款。20×5 年 2 月,为完成该合同发生劳务成本 120 000 元(假定均为装修人员薪酬)。

甲公司应编制如下会计分录:

(1)实际发生劳务成本:

借:合同履约成本	120 000
贷:应付职工薪酬	120 000

(2)20×5 年 2 月 28 日,确认劳务收入、结转劳务成本:

20×5 年 2 月 28 日应确认的劳务收入=500 000−125 000−225 000=150 000(元)

借:银行存款	163 500
贷:主营业务收入	150 000
应交税费——应交增值税(销项税额)	13 500
借:主营业务成本	120 000
贷:合同履约成本	120 000

【例13-21】 甲公司经营一家酒店,为增值税一般纳税人,适用的增值税税率为6%,该酒店是甲公司的自有资产。12 月甲公司计提与酒店经营直接相关的酒店、客房以及客房内的设备家具等折旧 120 000 元、酒店土地使用权摊销费用 65 000 元。经计算,当月确认房费、餐饮等服务含税收入 424 000 元,全部存入银行。

本例中,甲公司经营酒店主要是通过提供客房服务赚取收入,而客房服务的提供直接依赖于酒店物业(包含土地)以及家具等相关资产,这些资产折旧和摊销属于甲公司为履行与客户的合同而发生的合同履约成本。已确认的合同履约成本在收入确认时予以摊销,计入营业成本。

甲公司应编制如下会计分录:

(1)确认资产折旧、摊销费用:

借:合同履约成本	185 000
贷:累计折旧	120 000
累计摊销	65 000

(2)12 月确认酒店服务收入,摊销合同履约成本:

借:银行存款	424 000
贷:主营业务收入	400 000
应交税费——应交增值税(销项税额)	24 000
借:主营业务成本	185 000
贷:合同履约成本	185 000

（六）合同负债及销售收入的核算

合同负债及销售收入的账务处理如下：

1. 预收款项时

借：银行存款

　　贷：合同负债

　　　　应交税费——待转销项税额

2. 按期确认收入，同时将对应的待转销项税额确认为销项税额

借：合同负债

　　应交税费——待转销项税额

　　贷：主营业务收入

　　　　应交税费——应交增值税（销项税额）

【例13-22】　甲公司为增值税一般纳税人，经营一家健身俱乐部。7月1日，某客户与甲公司签订合同，成为甲公司的会员，并向甲公司支付会员费6 360元，可在未来的12个月内在该俱乐部健身，且没有次数的限制。该业务适用的增值税税率为6%。

本例中，客户在会籍期间可随时来俱乐部健身，且没有次数限制，客户已使用俱乐部健身的次数不会影响其未来继续使用的次数，甲公司在该合同下的履约义务是承诺随时准备在客户需要时为其提供健身服务，因此，该履约义务属于在某一时段内履行的履约义务，并且该履约义务在会员的会籍期间内随时间的流逝而得到履行。

甲公司应按照直线法确认收入，每月应当确认的收入＝6 360÷（1＋6%）÷12＝500（元）

甲公司应编制如下会计分录：

（1）7月1日，收到会员费时：

借：银行存款　　　　　　　　　　　　　　　　　　　　　　　　　6 360

　　贷：合同负债　　　　　　　　　　　　　　　　　　　　　　　　6 000

　　　　应交税费——待转销项税额　　　　　　　　　　　　　　　　　360

（2）7月31日，确认收入，同时将对应的待转销项税额确认为销项税额：

借：合同负债　　　　　　　　　　　　　　　　　　　　　　　　　　500

　　应交税费——待转销项税额　　　　　　　　　　　　　　　　　　　30

　　贷：主营业务收入　　　　　　　　　　　　　　　　　　　　　　　500

　　　　应交税费——应交增值税（销项税额）　　　　　　　　　　　　　30

以后11个月内每月确认收入会计分录同上。

知识总结：

表13-11　履行履约义务时收入的确认原则

会计处理原则	时点履约的	按控制权转移确认收入
	期间履约的	按履约进度确认收入

续表

会计处理原则	时点履约的	按控制权转移确认收入
	期间履约的	按履约进度确认收入
期间履约	满足条件之一,即可界定为期间履约	①客户在企业履约的同时即取得并消耗企业履约所带来的经济利益
		②客户能控制企业履约过程中在建的商品
		③产出商品具有不可替代用途,且该企业在整个合同期间有权就累计至今已完成的履约部分收取款项
	履约进度的确认方法	①产出法
		②投入法
	计算公式	①当期收入=总收入×履约进度-已确认过的收入
		②当期成本=总成本×履约进度-已确认过的成本
时点履约	控制权转移的迹象	①企业就该商品享有现时收款权利
		②企业已将商品的法定所有权转移给了客户
		③企业已将商品的实物转移给了客户
		④企业已将该商品所有权上的主要风险和报酬转移给客户,即客户已取得该商品所有权上的主要风险和报酬
		⑤客户已接受该商品

六、可变对价的核算

(一)可变对价的管理

企业与客户的合同中约定的对价金额可能是固定的,也可能会因折扣、价格折让、返利、退款、奖励积分、激励措施、业绩奖金、索赔等因素而变化。此外,根据一项或多项或有事项的发生而收取不同对价金额的合同,也属于可变对价的情形。

若合同中存在可变对价,企业应当对计入交易价格的可变对价进行估计。企业应当按照期望值或最可能发生金额确定可变对价的最佳估计数。但是,企业不能在两种方法之间随意进行选择。期望值是按照各种可能发生的对价金额及相关概率计算确定的金额;最可能发生金额是一系列可能发生的对价金额中最可能发生的单一金额,即合同最可能产生的单一结果。此外,需要注意的是,确定可变对价金额之后,计入交易价格的可变对价金额还应满足限制条件,即包含可变对价的交易价格,应当不超过在相关不确定性消除时,累计已确认的收入极可能不会发生重大转回的金额。

(二)可变对价的账务处理

【例13-23】　甲公司是一个家电生产销售企业,销售家电适用的增值税税率为13%。

6月,甲公司向零售商乙公司销售1 000台W型冰箱,每台价格为4 000元,合同价款合计400万元。每台W型冰箱的成本为3 000元。乙公司收到W型冰箱并验收入库。甲公司向乙公司提供价格保护,同意在未来6个月内,如果同款冰箱售价下降,则按照合同价格与最低售价之间的差额向乙公司支付差价。甲公司根据以往执行类似合同的经验预计各种结果发生的概率,如表13-12所示。

表13-12 冰箱售价下降的概率估计

未来6个月内的降价金额(元/台)	概率(%)
0	40
200	30
400	20
600	10

注:上述价格均不包含增值税。

本例中该项销售业务属于在某一时点履行的履约义务。甲公司认为期望值能够更好地预测其有权获取的对价金额。在该方法下,甲公司估计交易价格为每台3 800元(4 000×40%+3 800×30%+3 600×20%+3 400×10%)。

6月,甲公司应编制如下会计分录:

(1)确认收入时:

借:应收账款   4 294 000

　　贷:主营业务收入   【3 800×1 000】3 800 000

　　　　应交税费——应交增值税(销项税额)   494 000

(2)结转销售商品成本:

借:主营业务成本   3 000 000

　　贷:库存商品   3 000 000

第二节　费　用

一、费用概述

费用包括企业日常活动所发生的经济利益的总流出,主要指企业为取得营业收入进行产品销售等营业活动所发生的营业成本、税金及附加和期间费用。

(一)费用的管理

1.营业成本

企业为生产产品、提供劳务等发生的可归属于产品成本、劳务成本等的费用,应当在确认销售商品收入、提供劳务收入等时,将已销售商品、已提供劳务的成本确认为营业成本（包括主营业务成本和其他业务成本）。

2. 税金及附加

税金及附加是指企业经营活动应负担的相关税费，包括消费税、城市维护建设税、教育费附加、资源税、土地增值税、房产税、环境保护税、城镇土地使用税、车船税、印花税等。

3. 期间费用

期间费用是指企业日常活动中发生的不能计入特定核算对象的成本，而应计入发生当期损益的费用，包括销售费用、管理费用和财务费用。

期间费用是企业日常活动中所发生的经济利益的流出，通常不计入特定的成本核算对象，是因为期间费用是企业为组织和管理整个经营活动所发生的费用，与可以确定特定成本核算对象的材料采购、产成品生产等没有直接关系，因此在发生时直接计入当期损益。

（1）销售费用。

销售费用是指企业销售商品和材料、提供服务的过程中发生的各种费用，包括企业在销售商品过程中发生的保险费、包装费、展览费、广告费、商品维修费、预计产品质量保证损失、运输费、装卸费等，以及为销售本企业商品而专设的销售机构（含销售网点、售后服务网点等）的职工薪酬、业务费、折旧费等经营费用。企业发生的与专设销售机构相关的固定资产修理费用等后续支出也属于销售费用。销售费用是与企业销售商品活动有关的费用，但不包括销售商品本身的成本，该成本属于主营业务成本。

（2）管理费用。

管理费用是指企业为组织和管理生产经营发生的各种费用，包括企业在筹建期间内发生的开办费、董事会和行政管理部门在企业的经营管理中发生的以及应由企业统一负担的公司经费（包括行政管理部门职工薪酬、物料消耗、低值易耗品摊销、办公费和差旅费等）、行政管理部门负担的工会经费、董事会费（包括董事会成员津贴、会议费和差旅费等）、聘请中介机构费、咨询费（含顾问费）、诉讼费、业务招待费、技术转让费、研究费用等。企业行政管理部门发生的固定资产修理费用等后续支出，也作为管理费用核算。

（3）财务费用。

财务费用是指企业为筹集生产经营所需资金等而发生的筹资费用，包括利息支出（减利息收入）、汇兑损益以及相关的手续费等。

（二）费用的确认与计量

费用应按照权责发生制确认，凡应属于本期发生的费用，不论其款项是否支付，均确认为本期费用；反之，不属于本期发生的费用，即使其款项已在本期支付，也不确认为本期费用。

费用包含以下两种情况：一是企业发生的不符合或者不再符合资产确认条件的支出，应当在发生时确认为费用，计入当期损益；二是企业发生的交易或事项导致其承担了一项负债，而又不确认为一项资产的，应当在发生时确认为费用计入当期损益。

二、费用的核算

(一)税金及附加的核算

企业应当设置"税金及附加"科目,核算企业经营活动发生的消费税、城市维护建设税、教育费附加、资源税、房产税、环境保护税、城镇土地使用税、车船税、印花税等相关税费。

企业按规定计算确定的与经营活动相关的消费税、城市维护建设税、资源税、教育费附加、房产税、环境保护税、城镇土地使用税、车船税等税费:

借:税金及附加

　　贷:应交税费

期末,应将"税金及附加"科目余额转入"本年利润"科目,结转后,"税金及附加"科目无余额。

企业缴纳的印花税,不会发生应付未付税款的情况,不需要预计应纳税金额,同时也不存在与税务机关结算或者清算的问题。因此,企业交纳的印花税不通过"应交税费"科目核算,于购买印花税票时:

借:税金及附加

　　贷:银行存款

【例13-24】　8月31日,某公司取得应纳消费税的销售商品收入3 000 000元,该商品适用的消费税税率为25%。该公司应编制如下会计分录:

(1)计算确认应交消费税税额:

消费税税额=3 000 000×25%=750 000(元)

借:税金及附加　　　　　　　　　　　　　　　　　　　750 000

　　贷:应交税费——应交消费税　　　　　　　　　　　　　　　750 000

(2)实际交纳消费税时:

借:应交税费——应交消费税　　　　　　　　　　　　　750 000

　　贷:银行存款　　　　　　　　　　　　　　　　　　　　　　750 000

(二)销售费用的核算

企业应设置"销售费用"科目,核算销售费用的发生和结转情况。该科目借方登记企业所发生的各项销售费用,贷方登记期末转入"本年利润"科目的销售费用,结转后,"销售费用"科目应无余额。"销售费用"科目应按费用项目进行明细核算。

【例13-25】　甲公司为增值税一般纳税人,6月15日用银行存款支付所销产品保险费合计31 800元,取得的增值税专用发票上注明的保险费为30 000元、增值税税额为1 800元。该公司应编制如下会计分录:

借:销售费用　　　　　　　　　　　　　　　　　　　30 000

　　应交税费——应交增值税(进项税额)　　　　　　　1 800

　　贷:银行存款　　　　　　　　　　　　　　　　　　　　31 800

（三）管理费用的核算

企业应设置"管理费用"科目,核算管理费用的发生和结转情况。"管理费用"科目借方登记企业发生的各项管理费用,贷方登记期末转入"本年利润"科目的管理费用,结转后,"管理费用"科目应无余额。"管理费用"科目按费用项目进行明细核算。商品流通企业管理费用不多的,可不设"管理费用"科目,相关核算内容可并入"销售费用"科目核算。

【例13-26】 甲公司为增值税一般纳税人,9月10日,行政管理部门用银行存款支付接待客户的住宿费和餐费,取得的增值税专用发票上注明的住宿费为10 000元、增值税税额为600元,取得的增值税普通发票上注明的餐费为5 000元、增值税税额为300元。该公司应编制如下会计分录:

借:管理费用　　　　　　　　　　　　　　【10 000+5 000+300】15 300
　　应交税费——应交增值税(进项税额)　　　　　　　　　　　600
　　贷:银行存款　　　　　　　　　　　　　　　　　　　　　15 900

（四）财务费用的核算

企业应设置"财务费用"科目,核算财务费用的发生和结转情况。"财务费用"科目借方登记企业发生的各项财务费用,贷方登记期末转入"本年利润"科目的财务费用,结转后,"财务费用"科目应无余额。"财务费用"科目应按费用项目进行明细核算。

【例13-27】 12月21日,甲公司支付本月应负担的短期借款利息25 000元。该公司应编制如下会计分录:

借:财务费用——利息支出　　　　　　　　　　　　　　　　　25 000
　　贷:银行存款　　　　　　　　　　　　　　　　　　　　　25 000

【例13-28】 12月21日,甲公司收到开户银行转来活期存款利息清单1 000元。该公司应编制如下会计分录:

借:银行存款　　　　　　　　　　　　　　　　　　　　　　　1 000
　　贷:财务费用——利息收入　　　　　　　　　　　　　　　　1 000

第三节　利　润

一、利润的构成

利润包括收入减去费用后的净额、直接计入当期利润的利得和损失等。利得是指由企业非日常活动所形成的、会导致所有者权益增加的、与所有者投入资本无关的经济利益的流入。损失是指由企业非日常活动所发生的、会导致所有者权益减少的、与向所有者分配利润无关的经济利益的流出。

（一）营业利润

按照利润表的列报要求,营业利润的构成内容如下:

营业利润=营业收入-营业成本-税金及附加-销售费用-管理费用-研发费用-财务费用+其他收益+投资收益(-投资损失)+净敞口套期收益(-净敞口套期损失)+公允价值变动收益(-公允价值变动损失)-信用减值损失-资产减值损失+资产处置收益(-资产处置损失)

其中:

营业收入是指企业经营业务所实现的收入总额,包括主营业务收入和其他业务收入。

营业成本是指企业经营业务所发生的实际成本总额,包括主营业务成本和其他业务成本。

研发费用是指企业计入管理费用的进行研究与开发过程中发生的费用化支出,以及计入管理费用的自行开发无形资产的摊销。

其他收益主要是指与企业日常活动相关,除冲减相关成本费用以外的政府补助,以及应计入其他收益的内容。

投资收益(或损失)是指企业以各种方式对外投资所取得的收益(或损失)。

公允价值变动收益(或损失)是指企业交易性金融资产等公允价值变动形成的应计入当期损益的利得(或损失)。

信用减值损失是指企业计提各项金融资产信用减值准备所确认的信用损失。

资产减值损失是指企业计提有关资产减值准备所形成的损失。

资产处置收益(或损失)反映企业出售划分为持有待售的非流动资产(金融工具、长期股权投资和投资性房地产除外)或处置组(子公司和业务除外)时确认的处置利得或损失,以及处置未划分为持有待售的固定资产、在建工程、生产性生物资产及无形资产而产生的处置利得或损失,还包括非货币性资产交换中换出非流动资产产生的利得或损失。

(二)利润总额

利润总额=营业利润+营业外收入-营业外支出

其中:

营业外收入是指企业发生的与其日常活动无直接关系的各项利得。

营业外支出是指企业发生的与其日常活动无直接关系的各项损失。

(三)净利润

净利润=利润总额-所得税费用

其中,所得税费用是指企业确认的应从当期利润总额中扣除的所得税费用。

二、营业外收入与营业外支出

(一)营业外收入

1.营业外收入核算的内容

营业外收入是指企业确认的与其日常活动无直接关系的各项利得。营业外收入并不是企业经营资金耗费所产生的,实际上是经济利益的净流入,不需要与有关的费用进行配比。营业外收入主要包括非流动资产毁损报废收益、与企业日常活动无关的政府补助、盘盈利得、捐赠利得等。其中：

非流动资产毁损报废收益，指因自然灾害等发生毁损、已丧失使用功能而报废非流动资产所产生的清理收益。

与企业日常活动无关的政府补助，指企业从政府无偿取得货币性资产或非货币性资产，且与企业日常活动无关的利得。

盘盈利得，指企业对现金等资产清查盘点时发生盘盈，报经批准后计入营业外收入的金额。

捐赠利得，指企业接受捐赠产生的利得。

2. 营业外收入的核算

企业应设置"营业外收入"科目，核算营业外收入的取得及结转情况。该科目贷方登记企业确认的营业外收入，借方登记期末将"营业外收入"科目余额转入"本年利润"科目的营业外收入，结转后，"营业外收入"科目无余额。"营业外收入"科目可按营业外收入项目进行明细核算。

【例13-29】　甲公司将固定资产报废清理的净收益9 800元转作营业外收入，应编制如下会计分录：

借：固定资产清理　　　　　　　　　　　　　　　　　　　9 800
　　贷：营业外收入　　　　　　　　　　　　　　　　　　　　　9 800

（二）营业外支出

1. 营业外支出的核算内容

营业外支出是指企业发生的与其日常活动无直接关系的各项损失，主要包括非流动资产毁损报废损失、捐赠支出、盘亏损失、非常损失、罚款支出等。其中：

非流动资产毁损报废损失，指因自然灾害等发生毁损、已丧失使用功能而报废非流动资产所产生的清理损失。

捐赠支出，指企业对外进行捐赠发生的支出。

盘亏损失，主要指对于财产清查盘点中盘亏的资产，查明原因并报经批准计入营业外支出的损失。

非常损失，指企业因客观因素（如自然灾害等）造成的损失，扣除保险公司赔偿后应计入营业外支出的净损失。

罚款支出，指企业支付的行政罚款、税务罚款，以及其他因违反法律法规、合同协议等而支付的罚款、违约金、赔偿金等支出。

2. 营业外支出的核算

企业应设置"营业外支出"科目，核算营业外支出的发生及结转情况。该科目借方登记确认的营业外支出，贷方登记期末将"营业外支出"科目余额转入"本年利润"科目的营业外支出，结转后"营业外支出"科目无余额。"营业外支出"科目可按营业外支出项目进行明细核算。

【例 13-30】 *甲公司用银行存款支付税款滞纳金 30 000 元,应编制如下会计分录:*

借:营业外支出   30 000

  贷:银行存款   30 000

三、所得税费用

企业的所得税费用包括当期所得税和递延所得税两部分,其中,当期所得税是指当期应交所得税,递延所得税包括递延所得税资产和递延所得税负债。递延所得税资产是指以未来期间很可能取得用来抵扣可抵扣暂时性差异的应纳税所得额为限确认的一项资产,递延所得税负债是指根据应纳税暂时性差异计算的未来期间应付所得税的金额。

(一)应交所得税

应交所得税是指企业按照企业所得税法规定计算确定的针对当期发生的交易和事项,应交纳给税务部门的所得税金额,即当期应交所得税。

应纳税所得额是在企业税前会计利润(即利润总额)的基础上调整确定的,计算公式为:

应纳税所得额=税前会计利润+纳税调整增加额-纳税调整减少额

企业当期应交所得税的计算公式为:

应交所得税=应纳税所得额×适用税率

(二)所得税费用的核算

根据企业会计准则的规定,企业计算确定的当期所得税和递延所得税之和,即为应从当期利润总额中扣除的所得税费用。即:

所得税费用=当期所得税+递延所得税

其中:

递延所得税=(递延所得税负债的期末余额-递延所得税负债的期初余额)-(递延所得税资产的期末余额-递延所得税资产的期初余额)

企业应设置"所得税费用"科目,核算企业所得税费用的确认及其结转情况。期末,应将"所得税费用"科目的余额转入"本年利润"科目,借记"本年利润"科目,贷记"所得税费用"科目,结转后,"所得税费用"科目应无余额。

四、本年利润的核算

企业应设置"本年利润"科目,核算企业本年度实现的净利润或发生的净亏损。

会计期末,企业应将"主营业务收入""其他业务收入""其他收益""营业外收入"等科目的余额分别转入"本年利润"科目的贷方,将"主营业务成本""其他业务成本""税金及附加""销售费用""管理费用""财务费用""信用减值损失""资产减值损失""营业外支出""所得税费用"等科目的余额分别转入"本年利润"科目的借方。企业还应将"投资收益""公允价值变动损益""资产处置损益"科目的净收益转入"本年利润"科目的贷方,将"投资收益""公允价值变动损益""资产处置损益"科目的净损失转入"本年利润"科目的借方。结转后"本年利润"科目如为贷方余额,表示当年实现的净利润;如为借方余额,表示当年发生的净亏损。

年度终了,企业还应将"本年利润"科目的本年累计余额转入"利润分配——未分配利润"科目。如"本年利润"为贷方余额,借记"本年利润"科目,贷记"利润分配——未分配利润"科目;如为借方余额,作相反的会计分录,借记"利润分配——未分配利润"科目,贷记"本年利润"科目。结转后,"本年利润"科目应无余额。

【例 13-31】 乙公司有关损益类科目的年末余额如表 13-13 所示(所得税税率为 25%)。

表 13-13　损益类科目余额　　　　　单位:元

科目名称	借或贷	结账前余额
主营业务收入	贷	6 000 000
其他业务收入	贷	700 000
其他收益	贷	150 000
投资收益	贷	1 000 000
营业外收入	贷	50 000
主营业务成本	借	4 000 000
其他业务成本	借	400 000
税金及附加	借	80 000
销售费用	借	500 000
管理费用	借	770 000
财务费用	借	300 000
营业外支出	借	250 000

乙公司年末结转本年利润,应编制如下会计分录:

(1)将各损益类科目余额结转至"本年利润"科目:

①结转各项收入、利得类科目:

借:主营业务收入	6 000 000
其他业务收入	700 000
其他收益	150 000
投资收益	1 000 000
营业外收入	50 000
贷:本年利润	7 900 000

②结转各项费用、损失类科目:

借:本年利润	6 300 000
贷:主营业务成本	4 000 000

其他业务成本	400 000
税金及附加	80 000
销售费用	500 000
管理费用	770 000
财务费用	300 000
营业外支出	250 000

（2）经过上述结转后，"本年利润"科目的贷方发生额合计 7 900 000 元减去借方发生额合计 6 300 000 元即为税前会计利润 1 600 000 元。

（3）假设乙公司当年度不存在所得税纳税调整以及递延所得税因素。

（4）当期应交所得税额＝1 600 000×25%＝400 000（元）。

①确认所得税费用：

借：所得税费用	400 000
贷：应交税费——应交所得税	400 000

②将所得税费用转入"本年利润"科目：

借：本年利润	400 000
贷：所得税费用	400 000

（5）将"本年利润"科目年末余额 1 200 000 元（7 900 000－6 300 000－400 000）转入"利润分配——未分配利润"科目：

借：本年利润	1 200 000
贷：利润分配——未分配利润	1 200 000

【课程思政】

优化收入分配结构　推进共同富裕

实现共同富裕，是我国未来一段时期发展的重要目标之一。展望 2035 年，我国将基本实现社会主义现代化，人的全面发展、全体人民共同富裕取得更为明显的实质性进展。中央财经委员会第十次会议提出，构建初次分配、再分配、三次分配协调配套的基础性制度。中央经济工作会议提出，要正确认识和把握实现共同富裕的战略目标和实践途径，要发挥分配的功能和作用。共同富裕是社会主义的本质要求，优化收入分配结构对扎实推进共同富裕具有重要意义。

第一，优化收入分配结构是夯实共同富裕的社会基础，形成共建共享合力的重要手段。当一个国家生产力发展到一定阶段，失去公平的经济必然会陷入停滞和倒退，失去高质量发展的社会基础。优化收入分配结构，是正确发挥人民群众的主观能动性，激发人民群众积极主动地通过奋斗实现共同富裕，形成共建共富动力的重要机制。

第二，优化收入分配结构是厚植共同富裕的经济根基，解决不平衡问题的重要措施。扎实推进共同富裕，要正确处理好效率和公平的关系。经过多年艰苦卓绝的不懈奋斗，我国全面建成了小康社会，国力和人民生活水平跃上了新的台阶，但发展不平衡不充分问题仍然突出。共同富裕要抓住高质量发展这一主线，不断"做大蛋糕"，在高质量发展中持续优化收入分配结构,稳步解决不平衡的问题。

第三,优化收入分配结构是实现高质量发展和高水平生活良性循环的重要抓手。"十四五"规划纲要要提出,坚持居民收入增长和经济增长基本同步、劳动报酬提高和劳动生产率提高基本同步,持续提高低收入群体收入,扩大中等收入群体,更加积极有为地促进共同富裕。优化收入分配结构,通过提低与扩中并举,提高人民生活质量。通过市场、政府和社会合力,提高低收入群体的收入水平;充分发挥市场功能,扩大中等收入群体规模。通过收入结构的优化,进一步激活国内消费市场,推动"双循环"新发展格局。

我国在收入分配调节方面的制度和实践不断健全和完善,持续稳步向共同富裕的目标推进。

首先,在初次分配上,确立市场在配置资源中起决定性作用的原则,进一步发挥有为政府的职能。通过要素市场体系的建立健全,效率原则在初次分配中得到体现。相关制度进一步完善,保障国有企业、民营企业和外资企业等不同所有制形式的市场主体公平地参与经济活动和市场竞争。市场机制不断健全,维护市场有序运行,防止垄断和不正当竞争成为有为政府的重要工作。户籍制度改革不断深化;大力推进劳动合同集体协商和集体合同签订;出台限制国有企业高管薪酬的规定;劳动法明确规定"劳动者就业,不因民族、种族、性别、宗教信仰不同而受歧视"。

其次,再分配制度体系建设取得巨大成就。个人所得税制度、社会保障体系和社会救助制度等都取得了长足发展。2006 年起,我国全面取消农业税,比原定用五年时间取消农业税的时间表整整提前了三年,大大减轻了农民的负担。1980 年个人所得税法正式颁布,1994 年新的个人所得税法初步建立起内外统一的个人所得税制度。目前个人所得税收抵扣制度初步建立,税收征收体系基本建成,个人所得税体系进一步健全和完善。从 1985 年开始,我国先后启动了养老、医疗、失业、工伤和生育费用社会统筹试点,2010年社会保险法正式颁布,基本养老金全国统筹、农村和城镇居民基本医疗保险合并等,标志着社会保险体系建设取得重大进展。

最后,在三次分配上,法律制度和组织机构建设也取得长足进展。红十字会法、公益事业捐赠法和慈善法等法律法规制定颁布,红十字会和中华慈善总会等社会组织也在健康发展。

初次分配、再分配和三次分配相互协同,兼顾效率与公平,在高质量发展中稳步推进共同富裕的基础性制度建设。收入分配结构的优化,直接表现在近年我国居民收入差距趋于平稳,基尼系数和城乡收入差距出现小幅下降,社会兜底能力和保障水平显著提高。

资料来源:"学习强国"网站

【关键术语】

收入的确认和计量 识别合同 单项履约义务 产出法 投入法 一般商品销售收入 在某一时段内完成的商品销售收入 合同取得成本 合同履约成本 税金及附加 营业利润 利润总额 净利润 所得税费用 本年利润 表结法 账结法

【学习评价】

专业能力测评表

（在○中打√,A 掌握,B 基本掌握,C 未掌握）

业务能力	评价指标	自测结果			备注
收入	1.收入概述	○A	○B	○C	
	2.收入的确认和计量	○A	○B	○C	
	3.收入核算的科目设置	○A	○B	○C	
	4.在某一时点履行履约义务确认收入的核算	○A	○B	○C	
	5.在某一时段内履行履约义务确认收入的核算	○A	○B	○C	
	6.可变对价的核算	○A	○B	○C	
费用	1.费用概述	○A	○B	○C	
	2.费用的核算	○A	○B	○C	
利润	1.利润的构成	○A	○B	○C	
	2.营业外收入与营业外支出	○A	○B	○C	
	3.所得税费用	○A	○B	○C	
	4.本年利润的核算	○A	○B	○C	
教师评语：					
成绩		教师签字			

练习题　　　　　答案

第十四章　财务报告

【学习目标】

知识目标

1. 了解财务报告的概念、编制要求；

2. 了解财务报表附注的作用和主要内容；

3. 熟悉现金流量表及所有者权益变动表的内容、结构及各项目的填列方法；

4. 掌握资产负债表及利润表各项目的填列方法。

能力目标

1. 能胜任会计报表编制岗位的各项工作；

2. 能按照规范流程和方法进行资产负债表、利润表的编制。

思政目标

1. 加强学生对理论知识的理解和专业技能的掌握；

2. 培养学生职业素养、工匠精神和团队合作能力；

3. 引导学生树立家国情怀、民族精神、时代精神。

【思维导图】

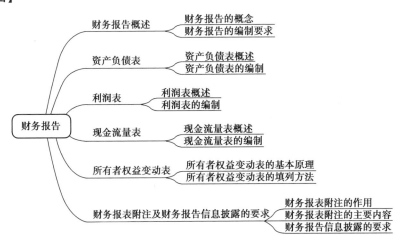

【案例导入】

员工打印财务报表用于维权反被解聘
法院:行为未泄密,公司违法需赔偿

2023 年 3 月 7 日,据浙江法治报报道:因年度绩效奖金发放问题与公司发生争议,打印了公司的财务报表等资料用于维权,结果反被公司以泄露公司机密情报为由解除劳动合同。"说我泄露机密情报,完全是子虚乌有! 他们这是违法解约,必须支付赔偿金。"近日,"80 后"小伙王某将所在公司告上了法院。

王某在浙江嘉兴某公司从事管理岗位工作。2021 年年底,因公司扣下了王某的年度绩效奖金,还解除了他的经理职务,王某与公司产生争议。"他们甚至都没有给我一个合理的理由。"气愤的王某想要与公司打官司。

为了搜集证据,王某利用其管理权限,从办公电脑上打印了公司的资产负债表、利润表等资料,事后被公司发现。在双方交涉过程中,王某向公司书面承诺不得将打印的财务资料用于劳动争议仲裁和诉讼以外的用途。然而没过多久,公司又因此事解除了与王某的劳动合同。

对此,该公司表示,王某作为员工态度恶劣,私自打印公司财务资料,泄露公司机密,以公司商业机密相威胁并删除公司办公资料,已严重违反公司规章制度、职业道德。此外,在公司通知王某解除劳动合同后,王某迟迟未完成工作交接,公司解除劳动合同的行为符合法律规定。

经劳动仲裁前置程序,王某向嘉兴市秀洲区人民法院起诉,要求公司支付其违法解除劳动合同赔偿金。秀洲法院经审理认为,首先,王某在打印财务资料时双方的劳动合同尚未解除,王某仍系公司的管理人员,其接触财务资料的行为并未超越其权限。其次,公司的资产负债表、利润表等财务资料与王某主张的年度绩效奖金直接相关,王某打印上述资料是为自己仲裁或诉讼维权所用,属于自助行为且未超过明显限度。再者,王某并未泄露财务资料,亦未另作他用。

综合上述情形,王某打印公司财务资料的行为不应认定为"泄露公司机密情报",公司解除劳动合同的理由不能成立,依法应当支付赔偿金。最终,法院判决嘉兴某公司支付王某赔偿金 14.5 万余元。

法院提醒:员工在维权过程中,需要注意避免非法获取公司财务资料,且不能用作维权之外的其他用途,否则可能承担泄露公司商业秘密的法律责任。必要时,可以向仲裁机构或者人民法院申请要求公司提供相关财务资料。

资料来源:"学习强国"网站

思考:企业的财务报告包括哪些资料? 财务报告具有什么作用? 企业哪些财务资料不能私自对外传播? 哪些财务资料可以公开披露?

第一节 财务报告概述

一、财务报告的概念

财务报告,是指企业对外提供的反映企业某一特定日期的财务状况和某一会计期间的经营成果、现金流量等会计信息的文件。财务报告包括财务报表和其他应当在财务报告中披露的相关信息和资料。

财务报告所提供的关于企业财务状况、经营成果和现金流量等的信息,是企业投资者、债权人、政府管理者和社会公众等利益相关者评价、考核、监督企业管理者受托经管责任履行状况的基本手段,是企业投资者、债权人等作出投资或信贷决策的重要依据;真实、完整、有用的财务报告是经济社会诚信的重要内容和基石;提供虚假的财务报告是违法行为,构成犯罪的应依法追究刑事责任。为了防范和化解企业财务报告法律责任,确保财务报告信息真实可靠,提升企业治理和经营管理水平,促进资本市场和市场经济健康可持续发展,应当明确财务报告编制要求、落实经办责任、强化财务报告的监督管理。

企业编制、对外提供和分析利用财务报告的风险主要有以下3点:

(1)编制财务报告违反会计法律法规和国家统一的会计准则制度,可能导致企业承担法律责任和声誉受损。

(2)提供虚假财务报告、误导财务报告使用者,造成决策失误,干扰市场秩序。

(3)不能有效利用财务报告,难以及时发现企业经营管理中存在的问题,可能导致企业财务风险和经营风险失控。

二、财务报告体系

1.财务报告体系的概念

财务报告体系包括财务报表和其他应当在财务报告中披露的相关信息和资料。财务报表是财务报告的主体和核心内容,其他应当在财务报告中披露的相关信息和资料是对财务报表的补充和说明。

财务报表,又称财务会计报表,是指对企业财务状况、经营成果和现金流量的结构性表述。一套完整的财务报表至少应当包括"四表一注",即资产负债表、利润表、现金流量表、所有者权益变动表和附注,并且这些组成部分在列报上具有同等的重要程度,企业不得强调某张报表或某些报表(或附注)较其他报表(或附注)更为重要。附注是对在资产负债表、利润表、现金流量表和所有者权益变动表等报表中列示项目的文字描述或明细资料,以及对未能在这些报表中列示项目的说明等。

财务报表列报,是指交易和事项在报表中的列示和在附注中的披露。其中,"列示"通常反映资产负债表、利润表、现金流量表和所有者权益(或股东权益)变动表等报表中的信息;相对于"列示"而言,"披露"通常主要反映附注中的信息。

2.财务报告的分类

财务报告按照编报时间,分为年报和中期报告。年报是年度财务报告的简称,是指以会计年度为基础编制的财务报告。中期报告是中期财务报告的简称,是指以中期为基础编制的财务报告。中期,是指短于一个完整的会计年度的报告期间。中期财务报告至少应当包括资产负债表、利润表、现金流量表和附注。中期资产负债表、利润表和现金流量表应当是完整报表,其格式和内容应当与上年度财务报表相一致。中期报告分为月度报告(简称月报)、季度报告(简称季报)和半年度报告(简称半年报)。

财务报表相应分为年度财务会计报表和中期财务会计报表。中期财务报表分为月度、季度和半年度财务会计报表。除此之外,财务会计报表按编制主体,分为个别财务报表和合并财务报表。个别财务报表,是指反映母公司所属子公司财务状况、经营成果和现金流量的财务报表。合并财务报表,是指反映母公司和其全部子公司形成的企业集团整体财务状况、经营成果和现金流量的财务报表。

三、财务报告的编制要求

会计报表应当依据国家统一会计制度要求,根据登记完整、核对无误的会计账簿记录和其他有关资料编制,做到数字真实、计算准确、内容完整、说明清楚。

企业编制财务报表时应当对企业持续经营能力进行评估;除现金流量表信息外,企业应当按照权责发生制编制财务报表;企业财务报表项目的列报应当在各个会计期间保持一致;企业单独列报或汇总列报相关项目时应当遵循重要性原则;企业财务报表项目一般不得以金额抵销后的净额列报;企业应当列报可比会计期间的比较数据等。

1.依据各项会计准则确认和计量的结果编制财务报表

企业应当根据实际发生的交易和事项,遵循会计基本准则和各项具体会计准则及解释的规定进行确认和计量,并在此基础上编制财务报表。

2.列报基础

企业应当以持续经营为基础编制财务报表。在编制财务报表的过程中,企业管理层应当全面评估企业的持续经营能力。评估时,应当利用其所有可获得的信息,评估涵盖的期间应包括企业自资产负债表日起至少 12 个月,评估需要考虑的因素包括宏观政策风险、市场经营风险、企业目前或长期的盈利能力、偿债能力、财务弹性以及企业管理层改变经营政策的意向等。评价结果表明对持续经营能力产生重大怀疑的,企业应当在附注中披露导致对持续经营能力产生重大怀疑的影响因素以及企业拟采取的改善措施。

企业在评估持续经营能力时应当结合考虑企业的具体情况。通常情况下,如果企业过去每年都有可观的净利润,并且易于获取所需的财务资源,则对持续经营能力的评估易于判断,这表明企业以持续经营为基础编制财务报表是合理的,而无须进行详细的分析。反之,如果企业过去多年有亏损的记录等情况,则需要通过考虑更加广泛的相关因素来作出评价,比如目前和预期未来的获利能力、债务清偿计划、替代融资的潜在来源等。

企业如果存在以下情况之一,通常表明其处于非持续经营状态:①企业已在当期进行清算或停止营业;②企业已经正式决定在下一个会计期间进行清算或停止营业;③企业已确定在当期或下一个会计期间没有其他可供选择的方案而将被迫进行清算或停止营业。企业处于非持续经营状态时,应当采用清算价值等其他基础编制财务报表,比如破产企业的资产采用可变现净值计量、负债按照其预计的结算金额计量等。在非持续经营情况下,企业应当在附注中声明财务报表未以持续经营为基础列报,披露未以持续经营为基础的原因以及财务报表的编制基础。

3. 权责发生制

除现金流量表按照收付实现制编制外,企业应当按照权责发生制编制其他财务报表。在采用权责发生制会计的情况下,当项目符合基本准则中财务报表要素的定义和确认标准时,企业就应当确认相应的资产、负债、所有者权益、收入和费用,并在财务报表中加以反映。

4. 列报的一致性

财务报表项目的列报应当在各个会计期间保持一致,不得随意变更,包括财务报表中的项目名称和财务报表项目的分类、排列顺序等方面都应保持一致。在下列情况下,企业可以变更财务报表项目的列报:一是会计准则要求改变财务报表项目的列报;二是企业经营业务的性质发生重大变化或对企业经营影响较大的交易或事项发生后,变更财务报表项目的列报能够提供更可靠、更相关的会计信息。企业变更财务报表项目列报的,应当根据会计准则的有关规定提供列报的比较信息。

5. 依据重要性原则单独或汇总列报项目

重要性是判断财务报表项目是否单独列报的重要标准。重要性是指在合理预期下,如果财务报表某项目的省略或错报会影响使用者据此作出经济决策的,则该项目就具有重要性。企业在进行重要性判断时,应当根据所处环境,从项目的性质和金额大小两方面予以判断:一方面,应当考虑该项目的性质是否属于企业日常活动,以及是否显著影响企业的财务状况、经营成果和现金流量等因素;另一方面,判断项目金额大小的重要性,应当根据单项金额占资产总额、负债总额、所有者权益总额、营业收入总额、营业成本总额、净利润、综合收益总额等直接相关或所属报表单列项目金额的比重加以确定。企业对于各个项目的重要性判断标准一经确定,不得随意变更。

财务报表中的项目是单独列报还是汇总列报,应当依据重要性原则来判断。如果某项目单个看不具有重要性,则可将其与其他项目汇总列报;如果具有重要性,则应当单独列报。企业应按照财务报表项目的性质或功能来判断其重要性:

(1)性质或功能不同的项目,一般应当在财务报表中单独列报,但是不具有重要性的项目可以汇总列报。性质或功能可以按照流动性来判断。流动性,通常按资产的变现或耗用时间长短或者负债的偿还时间长短来确定。比如,存货和固定资产在性质上和功能上都有本质差别,必须分别在资产负债表上单独列报。

（2）性质或功能类似的项目，一般可以汇总列报，但是对其具有重要性的类别应该单独列报。例如，原材料、低值易耗品等项目在性质上类似，均通过生产过程形成企业的产品存货，因此可以汇总列报，汇总之后的类别统称为"存货"在资产负债表上单独列报。

（3）项目单独列报的原则不仅适用于报表，还适用于附注。某些项目的重要性程度不足以在资产负债表、利润表、现金流量表或所有者权益变动表中单独列示，但对附注却具有重要性，在这种情况下应当在附注中单独披露。例如，对某制造业企业而言，原材料、在产品、库存商品等项目的重要性程度不足以在资产负债表上单独列示，因此在资产负债表上汇总列示，但是鉴于其对该制造业企业的重要性，应当在附注中单独披露。

（4）会计基本准则规定在财务报表中单独列报的项目，企业应当单独列报。其他会计准则规定单独列报的项目，企业应当增加单独列报项目。

6. 总额列报

财务报表项目应当以总额列报，资产和负债、收入和费用、直接计入当期利润的利得项目和损失项目的金额不能相互抵销，即不得以净额列报，但另有规定的除外。比如，企业欠客户的应付款不得与其他客户欠本企业的应收款相互抵销，否则就掩盖了交易的实质。再如，收入和费用反映了企业投入和产出之间的关系，是企业经营成果的两个方面，为了更好地反映经济交易的实质、考核企业经营管理水平以及预测企业未来现金流量，收入和费用不得相互抵销。以下3种情况不属于抵销：

（1）一组类似交易形成的利得和损失以净额列示的，不属于抵销。例如，汇兑损益应当以净额列报，为交易目的而持有的金融工具形成的利得和损失应当以净额列报。但是，如果相关的利得和损失具有重要性，则应当单独列报。

（2）资产或负债项目按扣除备抵项目后的净额列示，不属于抵销。例如，资产计提的减值准备，实质上意味着资产的价值确实发生了减损，资产项目应当按扣除减值准备后的净额列示，这样才能反映资产当时的真实价值。

（3）非日常活动产生的利得和损失，以同一交易形成的收益扣减相关费用后的净额列示更能反映交易实质的，不属于抵销。非日常活动并非企业主要的业务，非日常活动产生的损益以收入扣减费用后的净额列示，更能有利于报表使用者的理解。例如，非流动资产处置形成的利得或损失，应当按处置收入扣除该资产的账面金额和相关销售费用后的净额列报。

7. 比较信息的列报

企业在列报当期财务报表时，至少应当提供所有列报项目上一个可比会计期间的比较数据，以及与理解当期财务报表相关的说明，提高信息在会计期间的可比性。列报比较信息的要求适用于财务报表的所有组成部分，包括"四表一注"。通常情况下，企业列报的所有项目至少包括两期各报表及相关附注的比较数据。当企业追溯应用会计政策或追溯重述，或者重新分类财务报表项目时，应当在一套完整的财务报表中列报最早可比期间期初的财务报表，即应当至少列报三期资产负债表、两期其他报表（利润表、现金流量表和所有者权益变动表）及相关附注。其中，列报的三期资产负债表分别指当期期末的资产负债表、上期期末（即当期期初）的资产负债表以及上期期初的资产负债表。

8.财务报表表首的列报要求

财务报表通常与其他信息(如企业年度报告等)一起公布,企业应当将按照企业会计准则编制的财务报告与一起公布的同一文件中的其他信息相区分。企业在财务报表的显著位置(通常是表首部分)应当至少披露下列基本信息:

(1)编报企业的名称,如企业名称在所属当期发生了变更的,还应明确标明。

(2)对资产负债表而言,应当披露资产负债表日;对利润表、现金流量表、所有者权益变动表而言,应当披露报表涵盖的会计期间。

(3)货币名称和单位,按照我国企业会计准则的规定,企业应当以人民币作为记账本位币列报,并标明金额单位,如人民币元、人民币万元等。

第二节 资产负债表

一、资产负债表概述

(一)资产负债表的概念

资产负债表是反映企业在某一特定日期的财务状况的报表,是对企业特定日期的资产、负债和所有者权益的结构性表述。它反映企业在某一特定日期所拥有或控制的经济资源、所承担的现时义务和所有者对净资产的要求权。其中,特定日期分别指会计期间中会计年度的年末及中期的月末、季末和半年末(如6月30日)等;财务状况是指企业经营活动及其结果在某一特定日期的资金结构状况及其表现,表明企业取得资金的方式与来路和这些资金的使用状态与去向,如资产负债率是企业财务状况的重要财务指标,表明企业在特定日期的资产所使用的资金中通过负债取得资金的比率。

(二)资产负债表的结构原理

资产负债表是根据"资产=负债+所有者权益"这一平衡公式,按照各具体项目的性质和功能作为分类标准,依次将某一特定日期的资产、负债、所有者权益的具体项目予以适当的排列编制而成。

资产负债表主要由表首、表体两部分组成。表首部分应列明报表名称、编制单位名称、资产负债表日、报表编号和计量单位;表体部分是资产负债表的主体,列示了用以说明企业财务状况的各个项目。资产负债表的表体格式一般有两种:报告式资产负债表和账户式资产负债表。报告式资产负债表是上下结构,上半部分列示资产各项目,下半部分列示负债和所有者权益各项目。账户式资产负债表是左右结构,左边列示资产各项目,反映全部资产的分布及存在状态;右边列示负债和所有者权益各项目,反映全部负债和所有者权益的内容及构成情况。资产各项目的合计金额等于负债和所有者权益各项目的合计金额。

我国企业的资产负债表采用账户式结构,分为左右两方,左方为资产项目,大体按资产的流动性强弱排列,流动性强的资产如"货币资金""交易性金融资产"等排在前面,流动性弱的资产如"长期股权投资""固定资产"等排在后面。右方为负债及所有者权益项目,一般按要求清偿期限长短的先后顺序排列,"短期借款""应付票据""应付账款"等需要在1年内或者长于1年的一个正常营业周期内偿还的流动负债排在前面,"长期借款"等在1年以上才需偿还的非流动负债排在中间,在企业清算之前不需要偿还的所有者权益项目排在后面,表明负债具有优先偿还的要求权,所有者权益对负债具有担保责任。

账户式资产负债表中的资产各项目的合计等于负债和所有者权益各项目的合计,即资产负债表左方和右方平衡。账户式资产负债表可以反映资产、负债、所有者权益之间的内在关系,即"资产=负债+所有者权益"。

（三）资产负债表的作用

资产负债表可以反映企业在某一特定日期所拥有或控制的经济资源、所承担的现时义务和所有者对净资产的要求权,帮助财务报表使用者全面了解企业的财务状况、分析企业的偿债能力等情况,从而为其作出经济决策提供依据。

二、资产负债表的编制

（一）资产负债表项目的填列方法

资产负债表各项目均需填列"期末余额"和"上年年末余额"两栏。

资产负债表的"上年年末余额"栏内各项数字,应根据上年年末资产负债表的"期末余额"栏内所列数字填列。如果上年度资产负债表规定的各个项目的名称和内容与本年度不一致,应按照本年度的规定对上年年末资产负债表各项目的名称和数字进行调整,填入本表"上年年末余额"栏内。

资产负债表的"期末余额"栏主要有以下5种填列方法。

1. 根据总账科目余额填列

如"短期借款""资本公积"等项目,根据"短期借款""资本公积"各总账科目的余额直接填列;有些项目则需根据几个总账科目的期末余额计算填列,如"货币资金"项目,需根据"库存现金""银行存款""其他货币资金"三个总账科目的期末余额的合计数填列。

2. 根据明细账科目余额计算填列

如"应付账款"项目,需要根据"应付账款"和"预付账款"两个科目所属的相关明细科目的期末贷方余额计算填列;"预付款项"项目,需要根据"应付账款"科目和"预付账款"科目所属的相关明细科目的期末借方余额减去与"预付账款"有关的坏账准备贷方余额计算填列;"预收款项"项目,需要根据"应收账款"科目和"预收账款"科目所属相关明细科目的期末贷方金额合计填列;"开发支出"项目,需要根据"研发支出"科目所属的"资本化支出"明细科目期末余额计算填列;"应付职工薪酬"项目,需要根据"应付职工薪酬"科目的明细科目期末余额计算填列;"一年内到期的非流动资产""一年内到期的非流动负债"项目,需要根据相关非流动资产和非流动负债项目的明细科目余额计算填列。

3. 根据总账科目和明细账科目余额分析计算填列

如"长期借款"项目，需要根据"长期借款"总账科目余额扣除"长期借款"科目所属的明细科目中将在一年内到期且企业不能自主地将清偿义务展期的长期借款后的金额计算填列；"长期待摊费用"项目，应根据"长期待摊费用"科目的期末余额减去将于一年内（含一年）摊销的数额后的金额填列；"其他非流动资产"项目，应根据有关科目的期末余额减去将于一年内（含一年）收回数后的金额计算填列；"其他非流动负债"项目，应根据有关科目的期末余额减去将于一年内（含一年）到期偿还数后的金额计算填列。

4. 根据有关科目余额减去其备抵科目余额后的净额填列

如资产负债表中"应收票据""应收账款""长期股权投资""在建工程"等项目，应当根据"应收票据""应收账款""长期股权投资""在建工程"等科目的期末余额减去"坏账准备""长期股权投资减值准备""在建工程减值准备"等备抵科目余额后的净额填列。"投资性房地产"（采用成本模式计量）、"固定资产"项目，应当根据"投资性房地产""固定资产"科目的期末余额，减去"投资性房地产累计折旧""投资性房地产减值准备""累计折旧""固定资产减值准备"等备抵科目的期末余额，以及"固定资产清理"科目期末余额后的净额填列；"无形资产"项目，应当根据"无形资产"科目的期末余额，减去"累计摊销""无形资产减值准备"等备抵科目余额后的净额填列。

5. 综合运用上述填列方法分析填列

如资产负债表中的"存货"项目，需要根据"原材料""库存商品""委托加工物资""周转材料""材料采购""在途物资""发出商品""材料成本差异"等总账科目期末余额的分析汇总数，减去"存货跌价准备"科目余额后的净额填列。

（二）资产负债表项目的填列说明

1. 资产项目的填列说明

（1）"货币资金"项目。

"货币资金"项目，反映企业库存现金、银行结算户存款、外埠存款、银行汇票存款、银行本票存款、信用卡存款、信用证保证金存款等的合计数。本项目应根据"库存现金""银行存款""其他货币资金"科目期末余额的合计数填列。

【例14-1】　12月31日，甲公司"库存现金"科目余额为0.1万元，"银行存款"科目余额为100.9万元，"其他货币资金"科目余额为99万元，则12月31日，甲公司资产负债表中：

"货币资金"项目"期末余额"栏的列报金额=0.1+100.9+99=200（万元）。

（2）"交易性金融资产"项目。

"交易性金融资产"项目，反映资产负债表日企业分类为以公允价值计量且其变动计入当期损益的金融资产，以及企业持有的指定为以公允价值计量且其变动计入当期损益的金融资产的期末账面价值。该项目应根据"交易性金融资产"科目的相关明细科目期末余额分析填列。自资产负债表日起超过一年到期且预期持有超过一年的以公允价值计量且其变动计入当期损益的非流动金融资产的期末账面价值，在"其他非流动金融资产"项目反映。

【例 14-2】 12 月 31 日,甲公司"交易性金融资产"科目余额为 1 200 万元。该交易性金融资产未超过一年到期,直接填列"交易性金融资产"项目的期末余额。

(3)"应收票据"项目。

"应收票据"项目,反映资产负债表日以摊余成本计量的,企业因销售商品、提供服务等收到的商业汇票,包括银行承兑汇票和商业承兑汇票。该项目应根据"应收票据"科目的期末余额,减去"坏账准备"科目中相关坏账准备期末余额后的金额分析填列。

【例 14-3】 12 月 31 日,甲公司"应收票据"科目的余额为 300 万元;"坏账准备"科目贷方余额中有关应收票据计提的坏账准备余额为 11 万元,则 12 月 31 日,甲公司资产负债表中:

"应收票据"项目"期末余额"栏的列报金额 = 300 - 11 = 289(万元)。

(4)"应收账款"项目。

"应收账款"项目,反映资产负债表日以摊余成本计量的,企业因销售商品、提供服务等经营活动应收取的款项。该项目应根据"应收账款"和"预收账款"账户所属各明细账户的期末借方余额的合计数,减去"坏账准备"账户中相关坏账准备期末余额后的金额分析填列。如"应收账款"账户所属明细账户期末有贷方余额的,应在资产负债表"预收款项"项目内填列。

【例 14-4】 12 月 31 日,甲公司"应收账款"科目的借方余额为 1 000 万元;"坏账准备"科目贷方余额中有关应收账款计提的坏账准备余额为 34 万元,则 12 月 31 日,甲公司资产负债表中:

"应收账款"项目"期末余额"栏的列报金额 = 1 000 - 34 = 966(万元)。

(5)"应收款项融资"项目。

"应收款项融资"项目,反映资产负债表日以公允价值计量且其变动计入其他综合收益的应收票据和应收账款等。该项目应根据"应收票据""应收账款"科目的明细科目期末余额分析填列。

(6)"预付款项"项目。

"预付款项"项目,反映企业按照购货合同规定预付给供应单位的款项等。该项目应根据"预付账款"和"应付账款"科目所属各明细科目的期末借方余额合计数,减去"坏账准备"科目中有关预付账款计提的坏账准备期末余额后的净额填列。如"预付账款"科目所属明细科目期末为贷方余额的,应在资产负债表"应付账款"项目内填列。

【例 14-5】 12 月 31 日,甲公司"预付账款"科目的余额为 200 万元;"坏账准备"科目贷方余额中有关预付账款计提的坏账准备余额为 0,则 12 月 31 日,甲公司资产负债表中:

"预付款项"项目"期末余额"栏的列报金额 = 200 - 0 = 200(万元)。

(7)"其他应收款"项目。

"其他应收款"项目,反映企业除应收票据、应收账款、预付账款等经营活动以外的其他各种应收、暂付的款项。本项目应根据"应收利息""应收股利""其他应收款"科目的期末余额合计数,减去"坏账准备"科目中相关坏账准备期末余额后的金额填列。其中的

"应收利息"仅反映相关金融工具已到期可收取但于资产负债表日尚未收到的利息。基于实际利率法计提的金融工具的利息应包含在相应金融工具的账面余额中。

【例14-6】 12月31日,甲公司"其他应收款"科目的期末余额为15万元,"应收利息"科目的期末余额为25万元,则12月31日,甲公司资产负债表中:

"其他应收款"项目"期末余额"栏的列报金额=15+25=40(万元)。

(8)"存货"项目。

"存货"项目,反映企业期末在库、在途和在加工中的各种存货的可变现净值或成本(成本与可变现净值孰低)。存货包括各种材料、商品、在产品、半成品、包装物、低值易耗品、发出商品等。本项目应根据"材料采购""原材料""库存商品""周转材料""委托加工物资""发出商品""生产成本""受托代销商品"等科目的期末余额合计数,减去"受托代销商品款""存货跌价准备"科目期末余额后的净额填列。材料采用计划成本核算,以及库存商品采用计划成本核算或售价核算的企业,还应按加或减材料成本差异、商品进销差价后的金额填列。

【例14-7】 12月31日,甲公司有关科目余额如下:"库存商品"科目借方余额1 175万元,"委托加工物资"科目借方余额200万元,"存货跌价准备"科目贷方余额100万元,"受托代销商品"科目借方余额400万元,"受托代销商品款"科目贷方余额400万元,则12月31日,甲公司资产负债表中:

"存货"项目"期末余额"栏的列报金额=1 175+200-100+400-400=1 275(万元)。

(9)"合同资产"项目。

"合同资产"项目,反映企业按照《企业会计准则第14号——收入》(2017)的相关规定,根据本企业履行履约义务与客户付款之间的关系在资产负债表中列示的合同资产。

"合同资产"项目应根据"合同资产"科目的相关明细科目期末余额分析填列,同一合同下的合同资产和合同负债应当以净额列示,其中净额为借方余额的,应当根据其流动性在"合同资产"或"其他非流动资产"项目中填列,已计提减值准备的,还应以减去"合同资产减值准备"科目中相关的期末余额后的金额填列;其中净额为贷方余额的,应当根据其流动性在"合同负债"或"其他非流动负债"项目中填列。

(10)"持有待售资产"项目。

"持有待售资产"项目,反映资产负债表日划分为持有待售类别的非流动资产及划分为持有待售类别的处置组中的流动资产和非流动资产的期末账面价值。该项目应根据"持有待售资产"科目的期末余额,减去"持有待售资产减值准备"科目的期末余额后的金额填列。

【例14-8】 甲公司计划出售一项固定资产,该固定资产于12月31日(本月已计提折旧)被划分为持有待售固定资产,其账面价值为315万元,从划归为持有待售的下个月起停止计提折旧,不考虑其他因素,则12月31日,甲公司资产负债表中:

"持有待售资产"项目"期末余额"栏的列报金额=315(万元)。

(11)"一年内到期的非流动资产"项目。

"一年内到期的非流动资产"项目,反映企业预计自资产负债表日起一年内变现的非流动资产。本项目应根据有关科目的期末余额分析填列。

（12）"债权投资"项目。

"债权投资"项目，反映资产负债表日企业以摊余成本计量的长期债权投资的期末账面价值。该项目应根据"债权投资"科目的相关明细科目期末余额,减去"债权投资减值准备"科目中相关减值准备的期末余额后的金额分析填列。自资产负债表日起一年内到期的长期债权投资的期末账面价值,在"一年内到期的非流动资产"项目反映。企业购入的以摊余成本计量的一年内到期的债权投资的期末账面价值,在"其他流动资产"项目反映。

【例14-9】 12月31日,甲公司持有乙公司发行的3年期一次还本、分期付息的债券。"债权投资"科目的期末账面价值为500万元。12月31日,甲公司资产负债表中:

"债权投资"项目"期末余额"栏的列报金额=500(万元)。

（13）"其他债权投资"项目。

"其他债权投资"项目,反映资产负债表日企业分类为以公允价值计量且其变动计入其他综合收益的长期债权投资的期末账面价值。该项目应根据"其他债权投资"科目的相关明细科目期末余额分析填列。自资产负债表日起一年内到期的长期债权投资的期末账面价值,在"一年内到期的非流动资产"项目反映。企业购入的以公允价值计量且其变动计入其他综合收益的一年内到期的债权投资的期末账面价值,在"其他流动资产"项目反映。

（14）"长期应收款"项目。

"长期应收款"项目,反映企业租赁产生的应收款项和采用递延方式分期收款、实质上具有融资性质的销售商品和提供劳务等经营活动产生的应收款项。本项目应根据"长期应收款"科目的期末余额,减去相应的"未实现融资收益"科目和"坏账准备"科目所属相关明细科目期末余额后的金额填列。

（15）"长期股权投资"项目。

"长期股权投资"项目,反映投资方对被投资方实施控制、重大影响的权益性投资,以及对其合营企业的权益性投资。本项目应根据"长期股权投资"科目的期末余额,减去"长期股权投资减值准备"科目的期末余额后的净额填列。

【例14-10】 12月31日,甲公司"长期股权投资"科目的期末账面净值为3 600万元。12月31日,甲公司资产负债表中:

"长期股权投资"项目"期末余额"栏的列报金额=3 600(万元)。

（16）"其他权益工具投资"项目。

"其他权益工具投资"项目,反映资产负债表日企业指定为以公允价值计量且其变动计入其他综合收益的非交易性权益工具投资的期末账面价值。本项目应根据"其他权益工具投资"科目的期末余额填列。

（17）"固定资产"项目。

"固定资产"项目,反映资产负债表日企业固定资产的期末账面价值和企业尚未清理完毕的固定资产清理净损益。本项目应根据"固定资产"科目的期末余额,减去"累计折旧"和"固定资产减值准备"科目的期末余额后的金额,以及"固定资产清理"科目的期末余额填列。

【例14-11】 12月31日,甲公司"固定资产"科目借方余额为2 400万元,"累计折旧"科目贷方余额为370万元,"固定资产减值准备"科目贷方余额为148万元。12月31日,甲公司资产负债表中:

"固定资产"项目"期末余额"栏的列报金额=2 400-370-148=1 882(万元)。

(18)"在建工程"项目。

"在建工程"项目,反映资产负债表日企业尚未达到预定可使用状态的在建工程的期末账面价值和企业为在建工程准备的各种物资的期末账面价值。本项目应根据"在建工程"科目的期末余额,减去"在建工程减值准备"科目的期末余额后的金额,以及"工程物资"科目的期末余额,减去"工程物资减值准备"科目的期末余额后的金额填列。

【例14-12】 12月31日,甲公司"在建工程"科目借方余额为118万元,未计提减值准备。则12月31日,甲公司资产负债表中:

"在建工程"项目"期末余额"栏的列报金额=118(万元)。

(19)"使用权资产"项目。

"使用权资产"项目,反映资产负债表日承租人企业持有的使用权资产的期末账面价值。本项目应根据"使用权资产"科目的期末余额,减去"使用权资产累计折旧"和"使用权资产减值准备"科目的期末余额后的金额填列。

【例14-13】 12月31日,甲公司"使用权资产"科目借方余额为230万元。该项租赁开始日为12月15日,自下月开始计提折旧。则12月31日,甲公司资产负债表中:

"使用权资产"项目"期末余额"栏的列报金额=230(万元)。

(20)"无形资产"项目。

"无形资产"项目,反映企业持有的专利权、非专利技术、商标权、著作权、土地使用权等无形资产的成本减去累计摊销和减值准备后的净值。项目应根据"无形资产"科目的期末余额,减去"累计摊销"和"无形资产减值准备"科目期末余额后的净额填列。

【例14-14】 12月31日,甲公司"无形资产"科目借方余额为800万元,"累计摊销"科目贷方余额为200万元,"无形资产减值准备"科目贷方余额为51万元,则12月31日,甲公司资产负债表中:

"无形资产"项目"期末余额"栏的列报金额=800-200-51=549(万元)。

(21)"开发支出"项目。

"开发支出"项目,反映企业开发无形资产过程中能够资本化形成无形资产成本的支出部分。本项目应当根据"研发支出"科目所属的"资本化支出"明细科目期末余额填列。

【例14-15】 12月31日,甲公司"研发支出——资本化支出"科目的借方余额为300万元。则12月31日,甲公司资产负债表中:

"开发支出"项目"期末余额"栏的列报金额=300(万元)。

(22)"长期待摊费用"项目。

"长期待摊费用"项目,反映企业已经发生但应由本期和以后各期负担的分摊期限在一年以上的各项费用。本项目应根据"长期待摊费用"科目的期末余额,减去将于一年内(含一年)摊销的数额后的金额分析填列。但长期待摊费用的摊销年限只剩一年或不足一年的,或预计在一年内(含一年)进行摊销的部分,不得归类为流动资产,仍在各该非流动资产项目中填列,不转入"一年内到期的非流动资产"项目。

【例14-16】 12月31日,甲公司"长期待摊费用"科目的借方余额为21.6万元。则12月31日,甲公司资产负债表中:

"长期待摊费用"项目"期末余额"栏的列报金额=21.6(万元)。

(23)"递延所得税资产"项目。

"递延所得税资产"项目,反映企业根据所得税准则确认的可抵扣暂时性差异产生的所得税资产。本项目应根据"递延所得税资产"科目的期末余额填列。

【例14-17】 12月31日,甲公司"递延所得税资产"科目的借方余额为56.25万元。则12月31日,甲公司资产负债表中:

"递延所得税资产"项目"期末余额"栏的列报金额=56.25(万元)。

(24)"其他非流动资产"项目。

"其他非流动资产"项目,反映企业除上述非流动资产以外的其他非流动资产。本项目应根据有关科目的期末余额填列。

2. 负债项目的填列说明

(1)"短期借款"项目。

"短期借款"项目,反映企业向银行或其他金融机构等借入的期限在一年以下(含一年)的各种借款。本项目应根据"短期借款"科目的期末余额填列。

【例14-18】 12月31日,甲公司"短期借款"科目的余额如下:银行质押借款310万元,信用借款40万元。则12月31日,甲公司资产负债表中:

"短期借款"项目"期末余额"栏的列报金额=310+40=350(万元)。

(2)"交易性金融负债"项目。

"交易性金融负债"项目,反映企业资产负债表日承担的交易性金融负债,以及企业持有的直接指定为以公允价值计量且其变动计入当期损益的金融负债的期末账面价值。本项目应根据"交易性金融负债"科目的相关明细科目期末余额填列。

(3)"应付票据"项目。

"应付票据"项目,反映资产负债表日以摊余成本计量的,企业因购买材料、商品和接受服务等开出、承兑的商业汇票,包括银行承兑汇票和商业承兑汇票。本项目应根据"应付票据"科目的期末余额填列。

【例14-19】 12月31日,甲公司"应付票据"科目的贷方余额为:125万元的银行承兑汇票,110万元的商业承兑汇票。则12月31日,甲公司资产负债表中:

"应付票据"项目"期末余额"栏的列报金额=125+110=235(万元)。

(4)"应付账款"项目。

"应付账款"项目,反映资产负债表日以摊余成本计量的,企业因购买材料、商品和接受服务等经营活动应支付的款项。本项目应根据"应付账款"和"预付账款"科目所属的相关明细科目的期末贷方余额合计数填列。

【例14-20】　12月31日,甲公司"应付账款"科目贷方余额为941.85万元,则12月31日,甲公司资产负债表中:

"应付账款"项目"期末余额"栏的列报金额=941.85(万元)。

(5)"预收款项"项目。

"预收款项"项目,反映企业按照合同规定预收的款项。本项目应根据"预收账款"和"应收账款"科目所属各明细科目的期末贷方余额合计数填列。如"预收账款"科目所属明细科目期末为借方余额的,应在资产负债表"应收账款"项目内填列。

【例14-21】　12月31日,甲公司"预收账款"科目贷方余额为230万元,则12月31日,甲公司资产负债表中:

"预收款项"项目"期末余额"栏的列报金额=230(万元)。

(6)"合同负债"项目。

"合同负债"项目,反映企业已收或应收客户对价而应向客户转让商品的义务。根据本企业履行履约义务与客户付款之间的关系在资产负债表中列示的合同负债。本项目应根据"合同负债"的相关明细科目期末余额分析填列。

(7)"应付职工薪酬"项目。

"应付职工薪酬"项目,反映企业为获得职工提供的服务或解除劳动关系而给予的各种形式的报酬或补偿。本项目应根据"应付职工薪酬"科目所属各明细科目的期末贷方余额分析填列。

【例14-22】　12月31日,甲公司"应付职工薪酬"科目明细项目为:工资70万元,社会保险费(含医疗保险、工伤保险)4.1万元,设定提存计划(含基本养老保险费)2.5万元,住房公积金2万元,工会经费1.4万元。则12月31日,甲公司资产负债表中:

"应付职工薪酬"项目"期末余额"栏的列报金额=70+4.1+2.5+2+1.4=80(万元)。

(8)"应交税费"项目。

"应交税费"项目,反映企业按照税法规定计算应交纳的各种税费,包括增值税、消费税、城市维护建设税、教育费附加、企业所得税、资源税、土地增值税、房产税、城镇土地使用税、车船税、环境保护税等。企业代扣代缴的个人所得税,也通过本项目列示。企业所交纳的税金不需要预计应交数的,如印花税、耕地占用税等,不在本项目列示。

本项目应根据"应交税费"科目的期末贷方余额填列。需要说明的是,"应交税费"科目下的"应交增值税""未交增值税""待抵扣进项税额""待认证进项税额""增值税留抵税额"等明细科目期末借方余额应根据情况,在资产负债表中的"其他流动资产"或"其他非流动资产"项目列示;"应交税费——待转销项税额"等科目期末贷方余额应根据情况,在资产负债表中的"其他流动负债"或"其他非流动负债"项目列示;"应交税费"科目下的"未交增值税""简易计税""转让金融商品应交增值税""代扣代交增值税"等科目期末贷方余额应在资产负债表中的"应交税费"项目列示。

【例14-23】　12月31日,甲公司"应交税费"科目贷方期末余额为450万元,则12月31日,甲公司资产负债表中:

"应交税费"项目"期末余额"栏的列报金额=450(万元)。

(9)"其他应付款"项目。

"其他应付款"项目,反映企业除应付票据、应付账款、预收账款、应付职工薪酬、应交税费等经营活动以外的其他各项应付、暂收的款项。本项目应根据"应付利息""应付股利""其他应付款"科目的期末余额合计数填列。其中,"应付利息"科目仅反映相关金融工具已到期应支付但于资产负债表日尚未支付的利息。基于实际利率法计提的金融工具的利息应包含在相应金融工具的账面余额中。

【例14-24】 12月31日,甲公司"应付利息"科目贷方期末余额5万元,"应付股利"科目贷方期末余额250万元,"其他应付款"科目贷方期末余额55万元。则12月31日,甲公司资产负债表中:

"其他应付款"项目"期末余额"栏的列报金额=5+250+55=310(万元)。

(10)"持有待售负债"项目。

"持有待售负债"项目,反映资产负债表日处置组中与划分为持有待售类别的资产直接相关的负债的期末账面价值。本项目应根据"持有待售负债"科目的期末余额填列。

(11)"一年内到期的非流动负债"项目。

"一年内到期的非流动负债"项目,反映企业非流动负债中将于资产负债表日后一年内到期部分的金额,如将于一年内偿还的长期借款。本项目应根据有关科目的期末余额分析填列。

(12)"长期借款"项目。

"长期借款"项目,反映企业向银行或其他金融机构借入的期限在一年以上(不含一年)的各项借款。本项目应根据"长期借款"科目的期末余额,扣除"长期借款"科目所属的明细科目中将在资产负债表日起一年内到期且企业不能自主地将清偿义务展期的长期借款后的金额计算填列。

【例14-25】 12月31日,甲公司"长期借款"科目余额为440万元(12月末借入),则甲公司12月31日资产负债表中:

"长期借款"项目"期末余额"栏的列报金额=440(万元)。

(13)"应付债券"项目。

"应付债券"项目,反映企业为筹集长期资金而发行的债券本金及应付的利息。本项目应根据"应付债券"科目的期末余额分析填列。对于资产负债表日企业发行的金融工具,分类为金融负债的,应在本项目填列,对于优先股和永续债还应在本项目下的"优先股"项目和"永续债"项目分别填列。

(14)"租赁负债"项目。

"租赁负债"项目,反映资产负债表日承租人企业尚未支付的租赁付款额的期末账面价值。本项目应根据"租赁负债"科目的期末余额填列。自资产负债表日起一年内到期应予以清偿的租赁负债的期末账面价值,在"一年内到期的非流动负债"项目中反映。

【例14-26】 12月31日,甲公司"租赁负债"科目余额为230万元,其中,"租赁负债——未确认融资费用"科目借方余额为70万元,"租赁负债——租赁付款额"科目贷方余额为300万元。则甲公司12月31日资产负债表中：

"租赁负债"项目"期末余额"栏的列报金额＝300－70＝230(万元)。

(15)"长期应付款"项目。

"长期应付款"项目，应根据"长期应付款"科目的期末余额，减去相关的"未确认融资费用"科目的期末余额后的金额，以及"专项应付款"科目的期末余额填列。

(16)"预计负债"项目。

"预计负债"项目，反映企业根据或有事项等相关准则确认的各项预计负债，包括对外提供担保、未决诉讼、产品质量保证、重组义务以及固定资产和矿区权益弃置义务等产生的预计负债。本项目应根据"预计负债"科目的期末余额填列。企业按照《企业会计准则第22号——金融工具确认和计量》(2018)的相关规定，对贷款承诺等项目计提的损失准备，应当在本项目中填列。

(17)"递延收益"项目。

"递延收益"项目，反映尚待确认的收入或收益。本项目核算包括企业根据政府补助准则确认的应在以后期间计入当期损益的政府补助金额、售后租回形成融资租赁的售价与资产账面价值差额等其他递延性收入。本项目应根据"递延收益"科目的期末余额填列。本项目中摊销期限只剩一年或不足一年的，或预计在一年内(含一年)进行摊销的部分，不得归类为流动负债，仍在本项目中填列，不转入"一年内到期的非流动负债"项目。

(18)"递延所得税负债"项目。

"递延所得税负债"项目，反映企业根据所得税准则确认的应纳税暂时性差异产生的所得税负债。本项目应根据"递延所得税负债"科目的期末余额填列。

【例14-27】 12月31日，甲公司"递延所得税负债"科目余额为30万元，则甲公司12月31日资产负债表中：

"递延所得税负债"项目"期末余额"栏的列报金额＝30(万元)。

(19)"其他非流动负债"项目。

"其他非流动负债"项目，反映企业除以上非流动负债以外的其他非流动负债。本项目应根据有关科目期末余额，减去将于一年内(含一年)到期偿还数后的余额分析填列。非流动负债各项目中将于一年内(含一年)到期的非流动负债，应在"一年内到期的非流动负债"项目内反映。

3.所有者权益项目的填列说明

(1)"实收资本(或股本)"项目。

"实收资本(或股本)"项目，反映企业各投资者实际投入的资本(或股本)总额。本项目应根据"实收资本(或股本)"科目的期末余额填列。

【例14-28】 甲公司注册成立时注册资本为人民币2 000万元。12月10日，甲公司重新办理了公司注册手续，注册资本由2 000万元变更为5 000万元。12月10日，甲公司的投资者根据之前签订的投资协议分别办理了投入资本和相关资产交接过户手续。则12月31日，甲公司资产负债表中：

"实收资本(或股本)"项目"期末余额"栏的列报金额＝5 000(万元)。

（2）"其他权益工具"项目。

"其他权益工具"项目，反映资产负债表日企业发行在外的除普通股以外分类为权益工具的金融工具的期末账面价值，并下设"优先股"和"永续债"两个项目，分别反映企业发行的分类为权益工具的优先股和永续债的账面价值。

（3）"资本公积"项目。

"资本公积"项目，反映企业收到投资者出资超出其在注册资本或股本中所占的份额以及直接计入所有者权益的利得和损失等。本项目应根据"资本公积"科目的期末余额填列。

【例14-29】 12月31日，甲公司"资本公积"科目的期末余额为3 600万元，则甲公司12月31日资产负债表中：

"资本公积"项目"期末余额"栏的列报金额＝3 600（万元）。

（4）"库存股"项目。

"库存股"项目，反映企业持有尚未转让或注销的本公司股份金额。本项目应根据"库存股"账户的期末余额填列。

（5）"其他综合收益"项目。

"其他综合收益"项目，反映企业其他综合收益的期末余额。本项目应根据"其他综合收益"科目的期末余额填列。

（6）"专项储备"项目。

"专项储备"项目，反映高危行业企业按国家规定提取的安全生产费的期末账面价值。本项目应根据"专项储备"科目的期末余额填列。

（7）"盈余公积"项目。

"盈余公积"项目，反映企业盈余公积的期末余额。本项目应根据"盈余公积"科目的期末余额填列。

【例14-30】 12月31日，甲公司"盈余公积"科目的期末余额为215万元，则甲公司12月31日资产负债表中：

"盈余公积"项目"期末余额"栏的列报金额＝215（万元）。

（8）"未分配利润"项目。

"未分配利润"项目，反映企业尚未分配的利润。本项目应根据"本年利润"科目和"利润分配"科目的余额计算填列。未弥补的亏损在本项目内以"－"号填列。

【例14-31】 12月31日，甲公司"利润分配——未分配利润"科目的期末贷方余额为830万元，则甲公司12月31日资产负债表中：

"未分配利润"项目"期末余额"栏的列报金额＝830（万元）。

知识总结：

表14-1 "应收账款""预付款项""预收款项""应付账款"项目期末余额填列方法

报表项目	填列方法
应收账款	"应收账款"明细科目借方余额＋"预收账款"明细科目借方余额－相应的"坏账准备"科目期末余额

报表项目	填列方法
预付款项	"应付账款"明细科目借方余额+"预付账款"明细科目借方余额－相应的"坏账准备"科目期末余额
预收款项	"应收账款"明细科目贷方余额+"预收账款"明细科目贷方余额
应付账款	"应付账款"明细科目贷方余额+"预付账款"明细科目贷方余额

【例14-32】 承【例14-1】至【例14-31】，甲公司编制的12月31日的资产负债表如表14-2所示。

表14-2 资产负债表　　会企01表

编制单位:甲公司　　12月31日　　单位:元

资产	期末余额	上年年末余额	负债和所有者权益（或股东权益）	期末余额	上年年末余额
流动资产:			流动负债:		
货币资金	2 000 000	5 000 000	短期借款	3 500 000	
交易性金融资产	12 000 000		交易性金融负债		
衍生金融资产			衍生金融负债		
应收票据	2 890 000	1 500 000	应付票据	2 350 000	
应收账款	9 660 000	5 600 000	应付账款	9 418 500	5 370 000
应收款项融资			预收款项	2 300 000	1 200 000
预付款项	2 000 000	1 000 000	合同负债		
其他应收款	400 000	300 000	应付职工薪酬	800 000	445 000
存货	12 750 000	4 900 000	应交税费	4 500 000	185 000
合同资产			其他应付款	3 100 000	
持有待售资产	3 150 000		持有待售负债		
一年内到期的非流动资产			一年内到期的非流动负债		
其他流动资产			其他流动负债		
流动资产合计	44 850 000	18 300 000	流动负债合计	25 968 500	7 200 000
非流动资产:			非流动负债:		
债权投资	5 000 000		长期借款	4 400 000	
其他债权投资			应付债券		
长期应收款			其中:优先股		

续表

资产	期末余额	上年年末余额	负债和所有者权益(或股东权益)	期末余额	上年年末余额
长期股权投资	36 000 000		永续债		
其他权益工具投资			租赁负债	2 300 000	
其他非流动金融资产			长期应付款		
投资性房地产	12 000 000		预计负债		
固定资产	18 820 000	9 270 000	递延收益		
在建工程	1 180 000		递延所得税负债	300 000	
生产性生物资产			其他非流动负债		
油气资产			非流动负债合计	7 000 000	
使用权资产	2 300 000		负债合计	32 968 500	7 200 000
无形资产	5 490 000	6 240 000	所有者权益(或股东权益):		
开发支出	3 000 000		实收资本(或股本)	50 000 000	20 000 000
商誉			其他权益工具		
长期待摊费用	216 000		其中:优先股		
递延所得税资产	562 500	500 000	永续债		
其他非流动资产			资本公积	36 000 000	6 000 000
非流动资产合计	84 568 500	16 010 000	减:库存股		
			其他综合收益		
			专项储备		
			盈余公积	2 150 000	350 000
			未分配利润	8 300 000	760 000
			所有者权益(或股东权益)合计	96 450 000	27 110 000
资产总计	129 418 500	34 310 000	负债和所有者权益(或股东权益)总计	129 418 500	34 310 000

第三节 利润表

一、利润表概述

(一)利润表的概念

利润表,又称损益表,是反映企业在一定会计期间的经营成果的报表。它是在会计凭证、会计账簿等会计资料的基础上进一步确认企业一定会计期间经营成果的结构性表述,综合反映企业利润的实现过程和利润的来源及构成情况,是对企业一定会计期间经营业绩的系统总结。

(二)利润表的结构原理

利润表主要由表首、表体两部分组成。表首部分应列明报表名称、编制单位名称、编制日期、报表编号和计量单位;表体部分是利润表的主体,列示了形成经营成果的各个项目和计算过程。

利润表表体部分的基本结构主要根据"收入－费用＝利润"平衡公式,按照各具体项目的性质和功能作为分类标准,依次将某一会计期间的收入、费用和利润的具体项目予以适当的排列编制而成。

利润表项目的性质是指各具体项目的经济性质,如营业利润是指企业一定会计期间通过日常营业活动所实现的利润额,利润总额则是指营业利润和非经常性损益净额(即利得和损失)的总和,净利润是指利润总额减去所得税费用后的净额。利润表项目的功能是指各具体项目在创造和实现利润的经营业务活动过程中的功能与作用,如利润表中对于费用列报通常按照功能进行分类,包括从事经营业务发生的成本、管理费用、销售费用、研发费用和财务费用等。

利润表的表体结构有单步式和多步式两种。单步式利润表是将当期所有的收入列在一起,所有的费用列在一起,然后将两者相减得出当期净损益。我国企业的利润表采用多步式格式,即通过对当期的收入、费用、支出项目按性质加以归类,按利润形成的主要环节列示一些中间性利润指标,分步计算当期净损益,以便财务报表使用者理解企业经营成果的不同来源。

为了使财务报表使用者通过比较不同期间利润的实现情况,判断企业经营成果的未来发展趋势,企业需要提供比较利润表。为此,利润表金额栏分为"本期金额"和"上期金额"两栏分别填列。

(三)利润表的作用

利润表的主要作用是有助于使用者分析判断企业净利润的质量及其风险,评价企业经营管理效率,有助于使用者预测企业净利润的持续性,从而作出正确的决策。利润表可以反映企业在一定会计期间的收入实现情况,如实现的营业收入、取得的投资收益、发生的公允价值变动损益及营业外收入等对利润的贡献大小;可以反映企业一定会计期间的费用耗费情况,如发生的营业成本、税金及附加、销售费用、管理费用、财务费用、营业外支出等对利润的影响程度;可以反映企业一定会计期间的净利润实现情况,分析判断企业受托责任的履行情况,进而还可以反映企业资本的保值增值情况,为企业管理者解脱受托责任提供依据;将利润表资料及信息与资产负债表资料及信息相结合进行综合计算分析,如将营业成本与存货或资产总额的平均余额进行比较,可以反映企业运用其资源的能力和效率,便于分析判断企业资金周转情况及盈利能力和水平,进而判断企业未来的盈利增长和发展趋势,作出相应经济决策。

二、利润表的编制

(一)利润表的编制要求

利润表中一般应单独列报的项目主要有营业利润、利润总额、净利润、其他综合收益的税后净额、综合收益总额和每股收益等。其中,营业利润单独列报的项目包括营业收入、营业成本、税金及附加、销售费用、管理费用、研发费用、财务费用、信用减值损失、资产减值损失、其他收益、投资收益、公允价值变动收益、资产处置收益等;利润总额项目为营业利润加上营业外收入减去营业外支出;净利润项目为利润总额减去所得税费用,包括持续经营净利润和终止经营净利润等项目;其他综合收益的税后净额包括不能重分类进损益的其他综合收益和将重分类进损益的其他综合收益等项目;综合收益总额为净利润加上其他综合收益的税后净额;每股收益包括基本每股收益和稀释后每股收益两个项目。

利润表各项目需填列"本期金额"和"上期金额"两栏。其中"上期金额"栏内各项数字,应根据上年该期利润表的"本期金额"栏内所列数字填列。"本期金额"栏内各期数字,除"基本每股收益"和"稀释每股收益"项目外,应当按照相关科目的发生额分析填列。如"营业收入"项目,根据"主营业务收入""其他业务收入"科目的发生额分析计算填列;"营业成本"项目,根据"主营业务成本""其他业务成本"科目的发生额分析计算填列。

(二)利润表的填列方法

利润表的"本期金额"栏的填列方法,一般应根据损益类科目和所有者权益类有关科目的发生额填列。

(1)"营业收入"项目。

"营业收入"项目,反映企业经营主要业务和其他业务所确认的收入总额。本项目应根据"主营业务收入"和"其他业务收入"科目的发生额分析填列。

【例14-33】 甲公司是从事生产和销售家用电器产品的一家制造业企业,为一般纳税人。甲公司"主营业务收入"科目年度发生额合计6 120万元。则甲公司年度利润表中:

"营业收入"项目"本期金额"栏的列报金额=6 120(万元)。

（2）"营业成本"项目。

"营业成本"项目,反映企业经营主要业务和其他业务所发生的成本总额。本项目应根据"主营业务成本"和"其他业务成本"科目的发生额分析填列。

【例14-34】　甲公司"主营业务成本"科目年度发生额合计3 680万元,则甲公司年度利润表中:

"营业成本"项目"本期金额"栏的列报金额=3 680(万元)。

（3）"税金及附加"项目。

"税金及附加"项目,反映企业经营业务应负担的消费税、城市维护建设税、教育费附加、资源税、土地增值税、房产税、车船税、城镇土地使用税、印花税、环境保护税等相关税费。本项目应根据"税金及附加"科目的发生额分析填列。

【例14-35】　甲公司"税金及附加"科目的年度发生额如下:城市维护建设税合计5万元,教育费附加合计3万元,房产税合计40万元,城镇土地使用税合计2万元。则甲公司年度利润表中:

"税金及附加"项目"本期金额"栏的列报金额=5+3+40+2=50(万元)。

（4）"销售费用"项目。

"销售费用"项目,反映企业在销售商品过程中发生的包装费、广告费等费用和为销售本企业商品而专设的销售机构的职工薪酬、业务费等经营费用。本项目应根据"销售费用"科目的发生额分析填列。

【例14-36】　甲公司"销售费用"科目的年度发生额合计数为120万元。则甲公司年度利润表中:

"销售费用"项目"本期金额"栏的列报金额=120(万元)。

（5）"管理费用"项目。

"管理费用"项目,反映企业为组织和管理生产经营发生的管理费用。本项目应根据"管理费用"科目的发生额分析填列。

【例14-37】　甲公司"管理费用"科目年度发生额合计数为780万元,其中"研发费用"明细科目发生额为300万元。则甲公司年度利润表中:

"管理费用"项目"本期金额"栏的列报金额=780-300=480(万元)。

（6）"研发费用"项目。

"研发费用"项目,反映企业进行研究与开发过程中发生的费用化支出以及计入管理费用的自行开发无形资产的摊销。本项目应根据"管理费用"科目下的"研发费用"明细科目的发生额以及"管理费用"科目下"无形资产摊销"明细科目的发生额分析填列。

【例14-38】　甲公司计入当期损益的研发费用年度合计数为300万元。则甲公司年度利润表中:

"研发费用"项目"本期金额"栏的列报金额=300(万元)。

（7）"财务费用"项目。

"财务费用"项目,反映企业为筹集生产经营所需资金等而发生的应予费用化的利息支出。本项目应根据"财务费用"科目的相关明细科目发生额分析填列。其中:"利息费用"项目,反映企业为筹集生产经营所需资金等而发生的应予费用化的利息支出,本项目应根据"财务费用"科目的相关明细科目的发生额分析填列。"利息收入"项目,反映企业应冲减财务费用的利息收入,本项目应根据"财务费用"科目的相关明细科目的发生额分析填列。

【例14-39】 甲公司"财务费用"科目的年度发生额如下所示:银行借款利息费用合计17.5万元,银行存款利息收入合计25万元,银行手续费等支出合计82.5万元。则甲公司年度利润表中:

"财务费用"项目"本期金额"栏的列报金额=17.5+82.5-25=75(万元)。

(8)"其他收益"项目。

"其他收益"项目,反映计入其他收益的政府补助,以及其他与日常活动相关且计入其他收益的项目。本项目应根据"其他收益"科目的发生额分析填列。企业作为个人所得税的扣缴义务人,根据《中华人民共和国个人所得税法》收到的扣缴税款手续费,应作为其他与日常活动相关的收益在本项目中填列。

(9)"投资收益"项目。

"投资收益"项目,反映企业以各种方式对外投资所取得的收益。本项目应根据"投资收益"科目的发生额分析填列。如为投资损失,本项目以"-"号填列。

【例14-40】 甲公司"投资收益"科目的年度发生额合计为120万元,则甲公司年度利润表中:

"投资收益"项目"本期金额"栏的列报金额=120(万元)。

(10)"净敞口套期收益"项目。

"净敞口套期收益"项目,反映净敞口套期下被套期项目累计公允价值变动转入当期损益的金额或现金流量套期储备转入当期损益的金额。本项目应根据"净敞口套期损益"科目的发生额分析填列。如为套期损失,本项目不计入。以"-"号填列。

(11)"公允价值变动收益"项目

"公允价值变动收益"项目,反映企业应当计入当期损益的资产或负债公允价值变动收益。本项目应根据"公允价值变动损益"科目的发生额分析填列,如为净损失,本项目以"-"号填列。

(12)"信用减值损失"项目。

"信用减值损失"项目,反映企业按照《企业会计准则第22号——金融工具确认和计量》(2018)的要求计提的各项金融工具信用减值准备所确认的信用损失。本项目应根据"信用减值损失"科目的发生额分析填列。

【例14-41】 甲公司"信用减值损失"科目的年度发生额合计为28万元,则甲公司年度利润表中:

"信用减值损失"项目"本期金额"栏的列报金额=28(万元)。

(13)"资产减值损失"项目。

"资产减值损失"项目,反映企业有关资产发生的减值损失。本项目应根据"资产减值损失"科目的发生额分析填列。

【例14-42】　甲公司"资产减值损失"科目的年度发生额为固定资产减值损失合计30万元,则甲公司年度利润表中:

"资产减值损失"项目"本期金额"栏的列报金额=30(万元)。

(14)"资产处置收益"项目。

"资产处置收益"项目,反映企业出售划分为持有待售的非流动资产(金融工具、长期股权投资和投资性房地产除外)或处置组(子公司和业务除外)时确认的处置利得或损失,以及处置未划分为持有待售的固定资产、在建工程、生产性生物资产及无形资产而产生的处置利得或损失。债务重组中因处置非流动资产(金融工具、长期股权投资和投资性房地产除外)产生的利得或损失和非货币性资产交换中换出非流动资产(金融工具、长期股权投资和投资性房地产除外)产生的利得或损失也包括在本项目内。本项目应根据"资产处置损益"科目的发生额分析填列。如为处置损失,本项目以"-"号填列。

(15)"营业利润"项目。

"营业利润"项目,反映企业实现的营业利润。如为亏损,本项目以"-"号填列。

(16)"营业外收入"项目。

"营业外收入"项目,反映企业发生的除营业利润以外的收益,主要包括非流动资产毁损报废收益、与企业日常活动无关的政府补助、盘盈利得、捐赠利得(企业接受股东或股东的子公司直接或间接的捐赠,经济实质属于股东对企业的资本性投入的除外)等。本项目应根据"营业外收入"科目的发生额分析填列。

【例14-43】　甲公司"营业外收入"科目的年度发生额为固定资产报废清理净收益63万元,则甲公司年度利润表中:

"营业外收入"项目"本期金额"栏的列报金额=63(万元)。

(17)"营业外支出"项目。

"营业外支出"项目,反映企业发生的除营业利润以外的支出,主要包括公益性捐赠支出、非常损失、盘亏损失、非流动资产毁损报废损失等。本项目应根据"营业外支出"科目的发生额分析填列。

(18)"利润总额"项目。

"利润总额"项目,反映企业实现的利润。如为亏损,本项目以"-"号填列。

(19)"所得税费用"项目。

"所得税费用"项目,反映企业应从当期利润总额中扣除的所得税费用。本项目应根据"所得税费用"科目的发生额分析填列。

【例14-44】　甲公司"所得税费用"科目的年度发生额合计350万元,则甲公司年度利润表中:

"所得税费用"项目"本期金额"栏的列报金额=350(万元)(购入环保节能设备抵免所得税额32.5万元)。

(20)"净利润"项目。

"净利润"项目,反映企业实现的净利润。如为亏损,本项目以"-"号填列。

（21）"其他综合收益的税后净额"项目。

"其他综合收益的税后净额"项目，反映企业根据企业会计准则规定未在损益中确认的各项利得和损失扣除所得税影响后的净额。

（22）"综合收益总额"项目。

"综合收益总额"项目，反映企业净利润与其他综合收益的税后净额的合计金额。

（23）"每股收益"项目。

"每股收益"项目，包括基本每股收益和稀释每股收益两项指标，反映普通股或潜在普通股已公开交易的企业，以及正处在公开发行普通股或潜在普通股过程中的企业的每股收益信息。

【例14-45】 承【例14-33】至【例14-44】，甲公司编制的年度利润表如表14-3所示。

表14-3 利润表 会企02表

编制单位：甲公司 ××年

单位：元

项目	本期金额	上期金额
一、营业收入	61 200 000	（略）
减：营业成本	36 800 000	
税金及附加	500 000	
销售费用	1 200 000	
管理费用	4 800 000	
研发费用	3 000 000	
财务费用	750 000	
其中：利息费用	175 000	
利息收入	250 000	
加：其他收益		
投资收益（损失以"－"号填列）	1 200 000	
其中：对联营企业和合营企业的投资收益		
以摊余成本计量的金融资产终止确认收益（损失以"－"号填列）		
净敞口套期收益（损失以"－"号填列）		
公允价值变动收益（损失以"－"号填列）		
资产减值损失（损失以"－"号填列）	−300 000	
信用减值损失（损失以"－"号填列）	−280 000	
资产处置收益（损失以"－"号填列）		
二、营业利润（亏损以"－"号填列）	14 770 000	
加：营业外收入	630 000	
减：营业外支出		

项 目	本期金额	上期金额
三、利润总额(亏损总额以"-"号填列)	15 400 000	
减:所得税费用	3 500 000	
四、净利润(净亏损以"-"号填列)	11 900 000	
(一)持续经营净利润(净亏损以"-"号填列)	11 900 000	
(二)终止经营净利润(净亏损以"-"号填列)		
五、其他综合收益的税后净额		
(一)不能重分类进损益的其他综合收益		
1.重新计量设定受益计划变动额		
2.权益法下不能转损益的其他综合收益		
3.其他权益工具投资公允价值变动		
4.企业自身信用风险公允价值变动		
(二)将重分类进损益的其他综合收益		
1.权益法下可转损益的其他综合收益		
2.其他债权投资公允价值变动		
3.金融资产重分类计入其他综合收益的金额		
4.其他债权投资信用减值准备		
5.现金流量套期储备		
6.外币财务报表折算差额		
六、综合收益总额	11 900 000	
七、每股收益		
(一)基本每股收益		
(二)稀释每股收益		

第四节 现金流量表

一、现金流量表概述

(一)现金流量表的概念

现金流量表,是指反映企业在一定会计期间现金和现金等价物流入和流出的报表。它是以资产负债表和利润表等会计核算资料为依据,按照收付实现制会计基础要求对现金流量进行结构性表述,揭示企业在一定会计期间获取现金及现金等价物的能力。

现金,是指企业库存现金以及可以随时用于支付的存款。不能随时用于支付的存款不属于现金。

现金等价物,是指企业持有的期限短、流动性强、易于转换为已知金额现金、价值变动风险很小的投资。期限短,一般是指从购买日起3个月内到期。现金等价物通常包括3个月内到期的债券投资等。权益性投资变现的金额通常不确定,因此不属于现金等价物。企业应当根据具体情况,确定现金等价物的范围,一经确定不得随意变更。在以下表述现金时,除非同时提及现金等价物,均包括现金和现金等价物。

现金流量,是指现金和现金等价物的流入和流出。

(二)现金流量表的结构原理

1.现金流量表的结构内容

现金流量表的基本结构根据"现金流入量-现金流出量=现金净流量"公式设计。现金流量包括现金流入量、现金流出量、现金净流量。根据企业业务活动的性质和现金流量的功能,主要现金流量可以分为3类并在现金流量表中列示,即:经营活动产生的现金流量、投资活动产生的现金流量和筹资活动产生的现金流量。每一项分为流入量、流出量和净流量3部分分项列示。

经营活动产生的现金流量,是指与销售商品、提供劳务有关的活动产生的现金流量,包括企业投资活动和筹资活动以外的所有交易和事项产生的现金流量。如销售商品收到现金、购买商品支付现金、经营性租赁、制造产品、广告宣传、缴纳税款等,经营活动产生的现金流量分为经营活动产生的现金流入量、经营活动产生的现金流出量以及经营活动产生的现金净流量。

投资活动产生的现金流量,是指与非流动资产的取得或处置有关的活动产生的现金流量,包括企业长期资产的购建和不包括在现金等价物范围内的投资及其处置活动产生的现金流量,如购买股票或债券支付现金、销售长期投资收回现金、购建或处置固定资产、无形资产等。投资活动产生的现金流量分为投资活动产生的现金流入量、投资活动产生的现金流出量以及投资活动产生的现金净流量。

筹资活动产生的现金流量,是指涉及企业财务规模的更改或财务结构组成变化的活动,也就是指导致企业资本及债务规模和构成发生变动的活动产生的现金流量。如向银行借入款项收到现金、归还银行借款支付现金、吸收投资、发行股票、分配利润等。筹资活动产生的现金流量分为筹资活动产生的现金流入量、筹资活动产生的现金流出量以及筹资活动产生的现金净流量。

除上述3类主要现金流量外,企业持有除记账本位币外的以外币为计量单位的资产负债及往来款项时,现金流量表应列示汇率变动对现金及现金等价物的影响。

2.现金流量表的格式

现金流量表的格式,是指现金流量表结构、内容的编排顺序和方式。现金流量表的格式应有利于反映企业业务活动的性质和现金流量的来源,其基本原理是根据以权责发生制为基础提供的会计核算资料,按照收付实现制进行调整计算,以反映现金流量增减变动及其结果,即将以权责发生制为基础编制的资产负债表和利润表资料按照收付实现制调整计算编制现金流量表。调整计算方法通常有直接法和间接法两种。

直接法,是指通过现金收入和现金支出的主要类别来列示企业经营活动现金流量的一种方法。例如,某企业某年度利润表中列示的营业收入为100万元,资产负债表中列示的应收账款年末金额为20万元、上年年末金额为15万元,不考虑其他因素影响,则表明该企业当年度100万元的营业收入中有5万元尚未收到现金,即销售商品收到的现金为95万元。

间接法,是指将净利润调整为经营活动现金流量的一种方法。例如,某企业某年度利润表中列示的净利润为10万元,资产负债表中列示的应收账款年末金额为20万元、上年年末金额为15万元,不考虑其他因素影响,则表明该企业当年度10万元的净利润中有5万元尚未收到现金,即经营活动产生的现金流量净额为5万元。

由此可见,直接法是以利润表中的营业收入为起算点调整计算经营活动产生的现金流量净额,而间接法则是以净利润为起算点调整计算经营活动产生的现金流量净额,二者的结果是一致的。调整计算的经营活动产生的现金流量净额加上投资活动产生的现金流量净额和筹资活动产生的现金流量净额为报告期的现金及现金等价物净增加额,再加上报告期期初现金及现金等价物余额等于期末现金及现金等价物余额。

以直接法编制的现金流量表便于分析经营活动产生的现金流量的来源和用途,预测企业现金流量的未来前景;而以间接法编制的现金流量表则便于将净利润与经营活动产生的现金流量净额进行比较,了解净利润与经营活动产生的现金流量差异的原因,从现金流量的角度分析净利润的质量,二者可以相互验证和补充。

按照我国现行会计准则规定,企业应当采用直接法列示经营活动产生的现金流量。同时规定,企业应当在附注中披露将净利润调整为经营活动现金流量的信息。因此,现金流量表的格式分为直接法格式和间接法格式两种,分别如表14-4、表14-5所示。

表14-4 现金流量表(简表)　　　　　　　　　　　　　会企03表

编制单位:乙公司　　××年　　　　　　　　　　　　　　　　单位:万元

项目	本期金额	上期金额
一、经营活动产生的现金流量		(略)
销售商品、提供劳务收到的现金	2 800	
收到的税费返还		
收到其他与经营活动有关的现金		
经营活动现金流入小计	2 800	
购买商品、接受劳务支付的现金	1 491	
支付给职工以及为职工支付的现金	436.80	
支付的各项税费	294.40	
支付的其他与经营活动有关的现金	52.20	

续表

项目	本期金额	上期金额
经营活动现金流出小计	2 274.40	
经营活动产生的现金流量净额	525.60	
二、投资活动产生的现金流量		
收回投资收到的现金		
取得投资收益收到的现金	205	
处置固定资产、无形资产和其他长期资产收回的现金净额		
处置子公司及其他营业单位收到的现金净额		
收到其他与投资活动有关的现金		
投资活动现金流入小计	205	
购建固定资产、无形资产和其他长期资产支付的现金	1 800	
投资支付的现金	205	
取得子公司及其他营业单位支付的现金净额		
支付其他与投资活动有关的现金		
投资活动现金流出小计	2 005	
投资活动产生的现金流量净额	−1 800	
三、筹资活动产生的现金流量		
吸收投资收到的现金	1 400	
取得借款收到的现金		
收到其他与筹资活动有关的现金		
筹资活动现金流入小计	1 400	
偿还债务支付的现金	300	
分配股利、利润或偿付利息支付的现金	10	
支付其他与筹资活动有关的现金		
筹资活动现金流出小计	310	
筹资活动产生的现金流量净额	1 090	
四、汇率变动对现金及现金等价物的影响		
五、现金及现金等价物净增加额	−184.40	
加:期初现金及现金等价物余额	500	
六、期末现金及现金等价物余额	315.60	

表 14-5 现金流量表补充资料(简表)

编制单位:乙公司   ××年   单位:万元

项目	本期金额	上期金额
1.将净利润调节为经营活动现金流量		(略)
净利润	90.75	
加:资产减值准备		
信用损失准备	150	
固定资产折旧、油气资产折耗、生产性生物资产折旧	350	
无形资产摊销	40	
长期待摊费用摊销		
处置固定资产、无形资产和其他长期资产的损失(收益以"-"号填列)		
固定资产报废损失(收益以"-"号填列)		
净敞口套期损失(收益以"-"号填列)		
公允价值变动损失(收益以"-"号填列)		
财务费用(收益以"-"号填列)	10	
投资损失(收益以"-"号填列)	-205	
递延所得税资产减少(增加以"-"号填列)		
递延所得税负债增加(减少以"-"号填列)		
存货的减少(增加以"-"号填列)	351	
经营性应收项目的减少(增加以"-"号填列)	-200	
经营性应付项目的增加(减少以"-"号填列)	-61.15	
其他		
经营活动产生的现金流量净额	525.60	
2.不涉及现金收支的重大投资和筹资活动		
债务转为资本		
一年内到期的可转换公司债券		
融资租入固定资产		
3.现金及现金等价物净变动情况		
现金的期末余额	315.60	
减:现金的期初余额	500	
加:现金等价物的期末余额		
减:现金等价物的期初余额		
现金及现金等价物净增加额	-184.40	

（三）现金流量表的作用

现金流量表相较于资产负债表和利润表具有许多不同的重要作用，主要表现在以下4个方面：

（1）现金流量表提供了企业一定会计期间内现金和现金等价物流入和流出的现金流量信息，可以弥补基于权责发生制基础编报提供的资产负债表和利润表的某些固有缺陷，在资产负债表与利润表之间架起一条连接的纽带和桥梁，揭示企业财务状况与经营成果之间的内在关系，便于会计报表使用者了解企业净利润的质量。

（2）现金流量表分别提供了经营活动、投资活动和筹资活动产生的现金流量，每类又分为若干具体项目，分别从不同角度反映企业业务活动的现金流入、流出及其影响现金净流量的因素，弥补了资产负债表和利润表分类列报内容的某些不足，从而帮助使用者了解和评价企业获取现金及现金等价物的能力，包括企业支付能力、偿债能力和周转能力，进而预测企业未来的现金流量情况，为其决策提供有力依据。

（3）现金流量表以收付实现制为基础，对现金的确认和计量在不同企业间基本一致，提高了企业之间更加可比的会计信息，有利于会计报表使用者提高决策的质量和效率。

（4）现金流量表以收付实现制为基础编制，降低了企业盈余管理程度，提高了会计信息质量，有利于更好发挥会计监督职能作用，改善公司治理状况，进而促进实现会计决策有用性和维护经济资源配置秩序、提高经济效益的目标要求。

二、现金流量表的编制

（一）现金流量表的编制要求

现金流量表应当分别按照经营活动、投资活动和筹资活动列报现金流量。现金流量应当分别按照现金流入和现金流出总额列报。但是，下列各项可以按照净额列报：

（1）代客户收取或支付的现金。

（2）周转快、金额大、期限短项目的现金流入和现金流出。

（3）金融企业的有关项目，包括短期贷款发放与收回的贷款本金、活期存款的吸收与支付、同业存款和存放同业款项的存取、向其他金融企业拆借资金，以及证券的买入与卖出等。

（4）自然灾害损失、保险索赔等特殊项目，应当根据其性质，分别归并到经营活动、投资活动和筹资活动现金流量类别中单独列报。

（5）外币现金流量以及境外子公司的现金流量，应当采用现金流量发生日的即期汇率或按照系统合理的方法确定的、与现金流量发生日即期汇率近似的汇率折算。汇率变动对现金的影响额应当作为调整项目，在现金流量表中单独列报"汇率变动对现金及现金等价物的影响"。

（二）直接法

运用直接法编制现金流量表可采用工作底稿法或 T 型账户法（表 14-6），也可以根据有关会计科目记录分析填列。

表 14-6 直接法编制现金流量表

项目	工作底稿法	T 型账户法
内容	以工作底稿为手段,以资产负债表和利润表数据为基础,分别对每一项目进行分析并编制调整分录,进而编制现金流量表的一种方法	以 T 型账户为手段,以资产负债表和利润表数据为基础,分别对每一项目进行分析并编制调整分录,进而编制现金流量表的一种方法
步骤	1. 将资产负债表的期初数和期末数分别过入工作底稿的期初数栏和期末数栏	1. 为所有非现金项目(包括资产负债表项目和利润表项目)分别开设 T 型账户,并将各项目的期末期初变动数额过入各账户
	2. 对当期业务进行分析并编制调整分录	2. 开设一个大的"现金及现金等价物" T 型账户分设"经营活动""投资活动""筹资活动"三个二级 T 型账户,左方为借方登记现金流入,右方为贷方登记现金流出,借方余额为现金流入净额,贷方余额为现金流出净额
	3. 将调整分录过入工作底稿中的相应部分	3. 对当期业务进行分析并编制调整分录
	4. 核对工作底稿中各项目的借方、贷方合计数是否相等	4. 将调整分录过入各 T 型账户,并进行核对
	5. 根据工作底稿中的现金流量表项目部分编制正式的现金流量表	5. 根据 T 型账户编制正式的现金流量表

(三)间接法

企业采用间接法编制现金流量表的基本步骤如下:

第一步,将报告期利润表中净利润调节为经营活动产生的现金流量。

具体方法为以净利润为起算点,加上编制利润表时作为净利润减少而报告期没有发生现金流出的填列项目,减去编制利润表时作为净利润增加而报告期没有发生现金流入的填列项目,以及不属于经营活动的现金流量。

第二步,分析调整不涉及现金收支的重大投资和筹资活动项目。

本项目反映企业一定会计期间内影响资产或负债但不影响该期现金收支的各项投资或筹资活动的信息资料。如企业报告期内实施的债务转为资本、一年内到期的可转换的公司债券、融资租入固定资产等。该类项目虽然不涉及报告期实际的现金流入流出,但对以后各期的现金流量有重大影响。

第三步,分析调整现金及现金等价物净变动情况。

本项目反映现金及现金等价物增减变动及其净增加额。本项目可根据资产负债表中"货币资金"项目及现金等价物期末期初余额及净增额分析计算填列。

第四步,编制正式的现金流量表并补充资料。

第五节　所有者权益变动表

一、所有者权益变动表的基本原理

（一）所有者权益变动表的概念

所有者权益变动表，是指反映构成所有者权益各组成部分当期增减变动情况的报表。它是对资产负债表的补充及对所有者权益增减变动情况的进一步说明。

其主要作用有两个方面：一是通过所有者权益变动表，既可以为财务报表使用者提供所有者权益总量增减变动的信息，也能为其提供所有者权益增减变动的结构性信息，特别是能够让财务报表使用者理解所有者权益增减变动的根源；二是所有者权益增减变动表将综合收益和所有者（或股东）的资本交易导致的所有者权益的变动分项列示，有利于分清导致所有者权益增减变动的缘由与责任，对于考察、评价企业一定时期所有者权益的保全状况、正确评价管理当局受托责任的履行情况等具有重要的作用。

（二）所有者权益变动表的内容

在所有者权益变动表上，企业至少应当单独列示反映下列信息的项目：综合收益总额；会计政策变更和差错更正的累积影响金额；所有者投入资本和向所有者分配利润等；提取的盈余公积；实收资本、其他权益工具、资本公积、其他综合收益、专项储备、盈余公积、未分配利润的期初和期末余额及其调节情况。

所有者权益变动表的主要项目内容及其功能如下所述。

1."上年年末余额"项目

"上年年末余额"项目反映企业上年资产负债表中实收资本（或股本）、其他权益工具、资本公积、库存股、其他综合收益、专项储备、盈余公积、未分配利润的年末余额。

2."会计政策变更""前期差错更正"项目

"会计政策变更""前期差错更正"项目分别反映企业采用追溯调整法处理的会计政策变更的累积影响金额和采用追溯重述法处理的会计差错更正的累积影响金额。

追溯调整法是指对某项交易或事项变更会计政策，视同该项交易或事项初次发生时采用变更后的会计政策，并以此对财务报表相关项目进行调整的方法。

追溯重述法是指在发现前期差错时，视同该项前期差错从未发生过，从而对财务报表相关项目进行更正的方法。

前期差错通常包括计算错误、应用会计政策错误、疏忽或曲解事实以及舞弊产生的影响以及固定资产盘盈等。

3."本年增减变动金额"项目

"本年增减变动金额"项目反映所有者权益各项目本年增减变动的金额，具体内容如下：

（1）"综合收益总额"项目,反映净利润和其他综合收益扣除所得税影响后的净额相加后的合计金额。

（2）"所有者投入和减少资本"项目,反映企业当年所有者投入的资本和减少的资本。本项目内容包括:

①"所有者投入的普通股"项目,反映企业接受投资者投入形成的实收资本(或股本)和资本溢价或股本溢价。

②"其他权益工具持有者投入资本"项目,反映企业发行的除普通股以外分类为权益工具的金融工具的持有者投入资本的金额。

③"股份支付计入所有者权益的金额"项目,反映企业处于等待期中的权益结算的股份支付当年计入资本公积的金额。

（3）"利润分配"项目,反映企业当年的利润分配金额。

（4）"所有者权益内部结转"项目,反映企业构成所有者权益的组成部分之间当年的增减变动情况。本项目内容包括:

①"资本公积转增资本(或股本)"项目,反映企业当年以资本公积转增资本或股本的金额。

②"盈余公积转增资本(或股本)"项目,反映企业当年以盈余公积转增资本或股本的金额。

③"盈余公积弥补亏损"项目,反映企业当年以盈余公积弥补亏损的金额。

④"设定受益计划变动额结转留存收益"项目,反映企业因重新计量设定受益计划净负债或净资产所产生的变动计入其他综合收益,结转至留存收益的金额。

⑤"其他综合收益结转留存收益"项目,主要反映:第一,企业指定为以公允价值计量且其变动计入其他综合收益的非交易性权益工具投资终止确认时,之前计入其他综合收益的累计利得或损失从其他综合收益中转入留存收益的金额;第二,企业指定为以公允价值计量且其变动计入当期损益的金融负债终止确认时,之前由企业自身信用风险变动引起而计入其他综合收益的累计利得或损失从其他综合收益中转入留存收益的金额等。

（三）所有者权益变动表的结构

所有者权益变动表结构为纵横交叉的矩阵式结构。

1. 纵向结构

纵向结构按所有者权益增减变动时间及内容分为"上年年末余额""本年年初余额""本年增减变动金额"和"本年年末余额"4栏。

上年年末余额+会计政策变更、前期差错更正及其他变动＝本年年初余额

本年年初余额+本年增减变动金额＝本年年末余额

其中,本年增减变动金额按照所有者权益增减变动的交易或事项列示,即:

本年增减变动金额＝综合收益总额±所有者投入和减少资本±利润分配±所有者权益内部结转

2. 横向结构

横向结构采用比较式结构,分为"本年金额"和"上年金额"两栏,每栏的具体结构按照所有者权益构成内容逐项列示,即:

实收资本(或股本)+其他权益工具+资本公积-库存股+其他综合收益+未分配利润=所有者权益合计

纵横填列结果归结到本年年末所有者权益合计数,保持所有者权益变动表的表内填列数额的平衡。

所有者权益变动表以矩阵式结构列报:一方面,列示导致所有者权益变动的交易或事项,即所有者权益变动的来源,对一定时期所有者权益的变动情况进行全面反映;另一方面,按照实收资本、其他权益工具、资本公积、库存股、其他综合收益、盈余公积、未分配利润等所有者权益各组成部分及其总额列示交易或事项对所有者权益各部分的影响。此外,所有者权益变动表采用逐项的本年金额和上年金额比较式结构,能够清楚地表明构成所有者权益的各组成部分当期的增减变动情况以及与上期的增减变动情况的对照和比较。

二、所有者权益变动表的填列方法

所有者权益变动表的填列方法是在上年度所有者权益变动表和本年已编制的资产负债表、利润表及相关会计政策、前期差错更正和会计科目记录等资料的基础上分析计算填列。各项目具体填列方法如下。

(一)"上年金额"栏的填列方法

所有者权益变动表"上年金额"栏内各项数字,应根据上年度所有者权益变动表"本年金额"栏内所列数字填列。上年度所有者权益变动表规定的各个项目的名称和内容同本年度不一致的,应对上年度所有者权益变动表各项目的名称和数字按照本年度的相关规定进行调整,填入所有者权益变动表的"上年金额"栏内。

(二)"本年金额"栏的填列方法

所有者权益变动表"本年金额"栏内各项目金额一般应根据资产负债表所有者权益项目金额或"实收资本(或股本)""其他权益工具""资本公积""库存股""其他综合收益""专项储备""盈余公积""利润分配""以前年度损益调整"等科目及其明细科目的发生额分析填列。

所有者权益变动表格式如表14-7所示。

表 14-7　所有者权益变动表（简表）

xx年

编制单位：乙公司　　　　　　　　　　　　　　　　　　　　　　　会企 04 表

单位：万元

项目	本年金额											上年金额										
	实收资本（或股本）	其他权益工具			资本公积	减：库存股	其他综合收益	专项储备	盈余公积	未分配利润	所有者权益合计	实收资本（或股本）	其他权益工具			资本公积	减：库存股	其他综合收益	专项储备	盈余公积	未分配利润	所有者权益合计
		优先股	永续债	其他									优先股	永续债	其他							
一、上年年末余额																						
加：会计政策变更																						
前期差错更正																						
其他																						
二、本年年初余额																						
三、本年增减变动金额（减少以"-"号填列）																						
（一）综合收益总额																						
（二）所有者投入和减少资本																						
1.所有者投入的普通股																						
2.其他权益工具持有者投入资本																						
3.股份支付计入所有者权益的金额																						
4.其他																						

续表

项目	本年金额											上年金额										
	实收资本（或股本）	其他权益工具			资本公积	减：库存股	其他综合收益	专项储备	盈余公积	未分配利润	所有者权益合计	实收资本（或股本）	其他权益工具			资本公积	减：库存股	其他综合收益	专项储备	盈余公积	未分配利润	所有者权益合计
		优先股	永续债	其他									优先股	永续债	其他							
（三）利润分配																						
1. 提取盈余公积																						
2. 对所有者（或股东）的分配																						
3. 其他																						
（四）所有者权益内部结转																						
1. 资本公积转增资本（或股本）																						
2. 盈余公积转增资本（或股本）																						
3. 盈余公积弥补亏损																						
4. 设定受益计划变动额结转留存收益																						
5. 其他综合收益结转留存收益																						
6. 其他																						
四、本年年末余额																						

第六节 财务报表附注及财务报告信息披露的要求

一、财务报表附注的作用

财务报表附注的主要作用有三方面：

第一，财务报表附注的编制和披露，是对资产负债表、利润表、现金流量表和所有者权益变动表列示项目含义的补充说明，以帮助财务报表使用者更准确地把握其含义。例如，通过阅读财务报表附注中披露的固定资产折旧政策的说明，使用者可以掌握报告企业与其他企业在固定资产折旧政策上的异同，以便进行更准确的比较。

第二，财务报表附注提供了对资产负债表、利润表、现金流量表和所有者权益变动表中未列示项目的详细或明细说明。例如，通过阅读财务报表附注中披露的存货增减变动情况，财务报表使用者可以了解资产负债表中未单列的存货分类信息。

第三，通过财务报表附注与资产负债表、利润表、现金流量表和所有者权益变动表列示项目的相互参照关系，以及对未能在财务报表中列示项目的说明，可以使财务报表使用者全面了解企业的财务状况、经营成果和现金流量以及所有者权益的情况。

二、财务报表附注的主要内容

财务报表附注是财务报表的重要组成部分。根据企业会计准则的规定，企业应当按照如下顺序编制并披露财务报表附注的主要内容。

（一）企业简介和主要财务指标

（1）企业名称、注册地、组织形式和总部地址。

（2）企业的业务性质和主要经营活动。

（3）母公司以及集团最终母公司的名称。

（4）财务报告的批准报出者和财务报告的批准报出日。

（5）营业期限有限的企业，还应当披露有关营业期限的信息。

（6）截至报告期末，公司近3年的主要会计数据和财务指标。

（二）财务报表的编制基础

财务报表的编制基础是指财务报表是在持续经营基础上还是在非持续经营基础上编制的。企业一般是在持续经营基础上编制财务报表，清算、破产属于非持续经营基础。

（三）遵循企业会计准则的声明

企业应当声明编制的财务报表符合企业会计准则的要求，真实、完整地反映了企业的财务状况、经营成果和现金流量等有关信息，以此明确企业编制财务报表所依据的制度基础。

（四）重要会计政策和会计估计

企业应当披露采用的重要会计政策和会计估计,不重要的会计政策和会计估计可以不披露。在披露重要会计政策和会计估计时,企业应当披露重要会计政策的确定依据和财务报表项目的计量基础,以及会计估计中所采用的关键假设和不确定因素。

会计政策的确定依据,主要是指企业在运用会计政策过程中所作的对报表中确认的项目金额最具影响的判断,有助于财务报表使用者理解企业选择和运用会计政策的背景,增加财务报表的可理解性。财务报表项目的计量基础,是指企业计量该项目采用的是历史成本、重置成本、可变现净值、现值还是公允价值,这直接影响财务报表使用者对财务报表的理解和分析。

在确定财务报表中确认的资产和负债的账面价值过程中,对于不确定的未来事项,企业需要在资产负债表日对这些资产和负债的影响加以估计,如企业预计固定资产未来现金流量采用的折现率和假设。这类假设的变动对这些资产和负债项目金额的确定影响很大,有可能会在下一个会计年度内作出重大调整,因此,强调这一披露要求,有助于提高财务报表的可理解性。

（五）会计政策和会计估计变更以及差错更正的说明

企业应当按照会计政策、会计估计变更和差错更正会计准则的规定,披露会计政策和会计估计变更以及差错更正的有关情况。

（六）报表重要项目的说明

企业对报表重要项目的说明,应当按照资产负债表、利润表、现金流量表、所有者权益变动表及其项目列示的顺序,采用文字和数字描述相结合的方式进行披露。报表重要项目的明细金额合计应当与报表项目金额相衔接,主要包括以下重要项目:应收款项、存货、长期股权投资、投资性房地产、固定资产、无形资产、职工薪酬、应交税费、短期借款和长期借款、应付债券、长期应付款、营业收入、公允价值变动收益、投资收益、资产减值损失、营业外收入、营业外支出、所得税费用、其他综合收益、政府补助、借款费用。

（七）或有事项、承诺事项、资产负债表日后非调整事项、关联方关系及其交易等需要说明的事项

（八）有助于财务报表使用者评价企业管理资本的目标、政策及程序的信息

三、财务报告信息披露的要求

（一）财务报告信息披露的概念

财务报告信息披露,又称会计信息披露,是指企业对外发布有关其财务状况、经营成果、现金流量等财务信息的过程。按照我国会计准则的规定,披露主要是指会计报表附注的披露。广义的信息披露除财务信息外,还包括非财务信息。信息披露是公司治理的决定性因素,是保护投资者合法权益的基本手段和制度安排,也是会计决策有用性目标所决定的内在必然要求。就上市公司而言,信息披露也是企业的法定义务和责任。

(二)财务报告信息披露的基本要求

财务报告信息披露基本要求,又称财务报告信息披露的基本质量,主要有真实、准确、完整、及时和公平5个方面。

企业应当真实、准确、完整、及时地披露信息,不得有虚假记载、误导性陈述或者重大遗漏,信息披露应当同时向所有投资者公开披露信息。

真实,是指上市公司及相关信息披露义务人披露的信息应当以客观事实或者具有事实基础的判断和意见为依据,如实反映客观情况,不得有虚假记载和不实陈述。虚假记载,是指企业在披露信息时,将不存在的事实在信息披露文件中予以记载的行为。

准确,是指上市公司及相关信息披露义务人披露的信息应当使用明确、贴切的语言和简明扼要、通俗易懂的文字,不得含有任何宣传、广告、恭维或者夸大等性质的词句,不得有误导性陈述。公司披露预测性信息及其他涉及公司未来经营和财务状况等信息时,应当合理、谨慎、客观。误导性陈述,是指在信息披露文件中或者通过媒体,作出使投资人对其投资行为发生错误判断并产生重大影响的陈述。

完整,是指上市公司及相关信息披露义务人披露的信息应当内容完整、文件齐备,格式符合规定要求,不得有重大遗漏。信息披露完整性是公司信息提供给使用者的完整程度,不得忽略、隐瞒重要信息,使信息使用者了解公司治理结构、财务状况、经营成果、现金流量、经营风险及风险程度等。重大遗漏,是指信息披露义务人在信息披露文件中,未将应当记载的事项完全或者部分予以记载。不正当披露,是指信息披露义务人未在适当期限内或者未以法定方式公开披露应当披露的信息。

企业披露信息应当忠实、勤勉地履行职责,保证披露信息的真实、准确、完整、及时、公平。勤勉尽责,是指企业应当本着对投资者等利害关系者,对国家、对社会、对职业高度负责的精神,应当爱岗敬业,勤勉高效,严谨细致,认真履行会计职责,保证会计信息披露工作质量。

企业应当在附注中对"遵循了企业会计准则"作出声明。同时,企业不应以在附注中披露代替对交易和事项的确认和计量,即,企业采用的不恰当的会计政策,不得通过在附注中披露等其他形式予以更正,企业应当对交易和事项进行正确的确认和计量。此外,如果按照各项会计准则规定披露的信息不足以让报表使用者了解特定交易或事项对企业财务状况、经营成果和现金流量的影响时,企业还应当披露其他的必要信息。

【课程思政】

IASB 发布第三版中小主体国际财务报告会计准则

2025年2月27日,国际会计准则理事会(IASB)完成对《中小主体国际财务报告会计准则》(以下简称中小主体准则)的第二次全面审议,发布第三版中小主体准则,生效日期为2027年1月1日,允许中小主体提前采用。

中小主体准则是国际财务报告会计准则体系的组成部分,适用于不具有公共受托责任的主体(即 IASB 所指的中小主体)。按照 IASB 的界定,如果主体的权益或债务工具在公开市场上交易,或其以受托方式持有资产,则该主体具有公共受托责任,上市公司、金融机构以及公开发行债券的企业符合这一界定。目前,已有 85 个国家或地区允许或要求采用该准则。

中小主体准则是 IASB 以完整版国际财务报告会计准则为基础进行简化,以满足中小主体财务报表使用者信息需求并平衡中小主体编报成本的一套独立准则。IASB 采用的简化方式包括:省略与中小主体无关的内容,删除完整版国际财务报告会计准则中的一些会计政策选项,简化确认和计量要求,减少披露要求,简化语言。

主要简化

IASB 本轮审议在以完整版国际财务报告会计准则为基础对中小主体准则进行更新时,主要在以下方面进行简化,以保持中小主体准则的简洁性。

其一,修订"第 2 章　概念和一般原则"所作的主要简化。

IASB 在根据 2018 年发布的《财务报告概念框架》对中小主体准则"第 2 章　概念和一般原则"进行修订时,保留了"不当成本或努力"的概念。该概念有助于 IASB 平衡中小主体准则中特定要求所带来的成本和效益,也有利于中小主体充分利用其资源并针对特定要求获得豁免。使用豁免规定的中小主体需要披露如何以及为何应用该豁免规定。

其二,修订"第 9 章　合并和单独财务报表"所作的主要简化。

IASB 在根据《国际财务报告准则第 10 号——合并财务报表》对中小主体准则"第 9 章　合并和单独财务报表"进行修订时,为了简化对"控制"的应用,保留了可推翻的假设,即当投资方持有被投资方的多数表决权时,投资方控制被投资方。

其三,修订"第 11 章　金融工具"所作的主要简化。

IASB 将中小主体准则原来的"第 11 章　基本金融工具"和"第 12 章　其他金融工具问题"合并为"第 11 章　金融工具",使其与《国际财务报告准则第 9 号——金融工具》(以下简称《国际财务报告准则第 9 号》)相衔接。简化内容主要包括以下几个方面:一是基于《国际财务报告准则第 9 号》的分类要求,引入了一项补充原则,即要求中小主体根据金融工具的合同现金流量特征对金融工具进行分类,但省略了根据企业管理金融工具的业务模式对金融工具进行分类的要求,中小主体很少在多个业务模式下持有金融资产,省略对业务模式的评估不太可能显著影响中小主体对其金融资产的分类;二是简化了以零对价签发的集团内部财务担保合同的要求,将这类合同纳入"第 21 章　准备和或有事项"的范围;三是保留了以摊余成本计量的金融资产减值所采用的已发生损失模型,未引入预期信用损失模型。

其四,修订"第 19 章　企业合并和商誉"所作的主要简化。

IASB 在根据《国际财务报告准则第 3 号——企业合并》对中小主体准则"第 19 章企业合并和商誉"进行修订时,简化内容主要包括以下几个方面:一是简化了企业合并中取得无形资产的确认原则,即只要无形资产的公允价值能够在不涉及不当成本或努力的情况下可靠计量,中小主体即可确认企业合并中取得的无形资产。由于中小主体准则要求将企业合并中取得的商誉在其使用寿命内摊销,且将未单独确认的无形资产计入商誉,因此合并成本在无形资产或商誉中的分配不影响摊销。二是省略关于回购权的额外指南,因为回购权在中小主体中并不普遍。三是简化了非控制性权益的计量要求,即不允许购买方选择按购买日的公允价值计量被购买方的非控制性权益。

其五,修订"第23章 客户合同收入"所作的主要简化。

IASB 将"第23章 收入"更名为"第23章 客户合同收入",使其与《国际财务报告准则第15号——客户合同收入》(以下简称《国际财务报告准则第15号》)相衔接。

考虑到中小主体与客户签订的合同通常比采用完整版国际财务报告会计准则的企业的合同更为简单,IASB 简化《国际财务报告准则第15号》中的"五步法",简化内容主要包括以下几个方面:一是使用简单明了的语言,使其与中小主体同客户讨论合同时使用的语言保持一致,如使用"承诺"一词表示同客户签订的合同中承诺提供的商品和服务,代替《国际财务报告准则第15号》中的"履约义务"一词;二是限制中小主体应用"第23章 客户合同收入"时所运用的判断,如要求中小主体将取得合同的成本在发生时确认为费用,取消了有关评估这些成本是否构成资产的要求;三是删除与中小主体无关的内容,如应付客户对价;四是简化披露要求。

衔接规定与豁免

IASB 要求中小主体追溯适用中小主体准则中的新要求和修订要求,但为应用以下章节的中小主体提供追溯适用的豁免规定:一是修订后的"第9章 合并和单独财务报表";二是修订后的"第11章 金融工具",适用于采用《国际会计准则第39号——金融工具:确认和计量》后备方案的中小主体;三是新增的"第12章 公允价值计量";四是修订后的"第19章 企业合并和商誉";五是修订后的"第23章 客户合同收入"。

未修订项目

中小主体准则本轮审议未修订的项目主要包括以下几项。

其一,与《国际财务报告准则第14号——管制递延账户》的衔接。当 IASB 完成费率管制项目时,《国际财务报告准则第14号——管制递延账户》将被取代。因此,IASB 决定在本次审议中不修订相应章节,并将在中小主体准则的未来审议中重新考虑是否引入管制资产和管制负债的要求。

其二,与《国际财务报告准则第16号——租赁》(以下简称《国际财务报告准则第16号》)的衔接。IASB 决定在本次审议中不修订相应章节,并将在中小主体准则的下一次全面审议中根据 IASB 开展《国际财务报告准则第16号》实施后审议的结果决定是否以及如何将相应章节与《国际财务报告准则第16号》相衔接。

其三,关于加密货币的会计处理。调查显示,中小主体很少持有加密货币或出售加密资产。IASB 正在密切关注加密货币的使用情况,并将在中小主体准则的下一次全面审议中重新讨论该项目。

资料来源:中国会计报

【关键术语】

财务报告 资产负债表 利润表 现金流量表 经营活动产生的现金流量 投资活动产生的现金流量 筹资活动产生的现金流量 直接法 间接法 所有者权益变动表 财务报表附注 财务报告信息披露

【学习评价】

专业能力测评表

(在○中打√,A 掌握,B 基本掌握,C 未掌握)

业务能力	评价指标	自测结果	备注
财务报告概述	1. 财务报告的概念	○A　○B　○C	
	2. 财务报告的编制要求	○A　○B　○C	
资产负债表	1. 资产负债表概述	○A　○B　○C	
	2. 资产负债表的编制	○A　○B　○C	
利润表	1. 利润表的概述	○A　○B　○C	
	2. 利润表的编制	○A　○B　○C	
现金流量表	1. 现金流量表概述	○A　○B　○C	
	2. 现金流量表的编制	○A　○B　○C	
所有者权益变动表	1. 所有者权益变动表的基本原理	○A　○B　○C	
	2. 所有者权益变动表的填列方法	○A　○B　○C	
财务报表附注及财务报告信息披露的要求	1. 财务报表附注的作用	○A　○B　○C	
	2. 财务报表附注的主要内容	○A　○B　○C	
	3. 财务报告信息披露的要求	○A　○B　○C	
教师评语:			
成绩		教师签字	

练习题　　　　　答案

参考文献

［1］企业会计准则编审委员会.企业会计准则案例讲解(2023年版)［M］.上海：立信会计出版社,2023.

［2］企业会计准则编审委员会.企业会计准则详解与实务：条文解读+实务应用+案例讲解(2023年版)［M］.北京：人民邮电出版社,2023.

［3］中国注册会计师协会.会计［M］.北京：中国财政经济出版社,2022.

［4］财政部会计资格评价中心.初级会计实务［M］.北京：经济科学出版社,2021.

［5］财政部会计资格评价中心.中级会计实务［M］.北京：经济科学出版社,2022.

［6］刘永泽,陈立军.中级财务会计［M］.6版.大连：东北财经大学出版社,2018.

［7］迈克尔·查特菲尔德.会计思想史［M］.文硕,董晓柏,王骥,等译.上海：立信会计出版社,2017.